Les spécificités du droit canonique

Approches de quelques sujets controversés

Religions et Spiritualité
fondée par Richard Moreau,
Professeur émérite à l'Université de Paris XII
dirigée par Gilles-Marie Moreau

La collection « Religions et Spiritualité » est généraliste et publie des ouvrages qui concernent tous les grands courants religieux : christianisme (catholicisme, orthodoxie, protestantisme), mais aussi bouddhisme, islam, judaïsme...

Elle couvre différentes disciplines : théologie, histoire, spiritualité, droit canon, essais et témoignages.

À travers la multiplicité des approches et des styles, elle souhaite étudier le fait religieux aussi bien sur le temps long qu'autour des débats les plus actuels.

Dernières parutions

Louis ROY, *Penser avec Bernard Lonergan*, 2024.
Calixte Pontife TUTU, *La tempête calmée, Exégèse contextualisée de Marc 4, 35-41*, 2024.
Francis BARBEY, *Réaction à* Fiducia supplicans. *Lettres d'un prêtre africain au pape François*, 2024.
Mohamed KHOUTOUL, Bienveillance, Au cœur de la vie et du sacré, 2024.
Jean-Claude MULEKYA KINOMBE, *Catholique, malgré tout ! De la logique de la foule à la logique des disciples,* 2024.
Raphael Mukendi Kadima, *La protection juridique de la vocation à la vie religieuse à la lumière du Canon 700*, 2024.
Ulrich TCHICAYA (dir.), *Les Actes de la paroisse de l'Immaculée Conception. Onze témoins contemporains du Christ ressuscité*, 2024.
Giscard Kevin DESSINGA, *Dieu... et après ? La foi à l'épreuve de la précarité en Afrique,* 2024.
Giscard Kevin DESSINGA, *Humaniser la vie consacrée. De la grâce des origines à la rareté des vocations aujourd'hui,* 2024.
Marina Copsidas, *Le Christ Pantocrator*, *Nouvelle édition*, 2024.
Elisabeth SMADJA, *L'Esprit saint de la Torah aux Evangiles. Dans le souffle hébraïque de son nom*, 2024.
Gérard LAMBIN, *Les Hyperboréens, Du mythe à l'histoire,* 2023.
Joël HILLION, *Qui dit-on que je suis ? Le mystère Jésus*, 2023.

Jean-René Kiedi Kionga

Les spécificités du droit canonique

Approches de quelques sujets controversés

L'Harmattan

Du même auteur

Jean-René KIEDI Kionga, *la dispense en droit canonique. Pour des adoucissements d'applications de règles en catholicisme romain*, Paris, éd. du Cerf, 2020, 621 p.

5-7, rue de l'École-Polytechnique, 75005 Paris

http://www.editions-harmattan.fr

ISBN : 978-2-336-43800-9
EAN : 9782336438009

À Jean-Marc et Nicole EVRARD
Esquennoy, France.

« La vérité scientifique sera toujours plus belle que les créations de notre imagination et que les illusions de notre ignorance. »

Claude BERNARD

Né le 12 juillet 1813 à Saint-Julien (Rhône) et mort le 10 février 1878 à Paris

« La vérité scientifique a pour signe la cohérence et l'efficacité. La vérité poétique a pour signe la beauté. »

Aimé CESAIRE

Né le 26 juin 1913 à Basse-Pointe (Martinique) et est mort le 17 avril 2008 à Fort-de-France (Martinique).

Avant-propos

Le présent volume est un recueil d'articles sur divers sujets en Droit, en Droit canonique et en Histoire de droit canonique. Les différents thèmes présentés expriment, pour la plupart, nos préoccupations de recherche dans ces domaines. Ils visent à présenter, chacun, un point de vue sur les questions que certains se posent au sujet de la science juridique ecclésiastique. En effet, le droit canonique, dont les normes font souvent l'objet de citations maladroites, a une particularité qui fait d'ailleurs son originalité. Comme chacun peut l'imaginer, le droit canonique, tout en étant un droit confessionnel, est du domaine des sciences juridiques. Il ne laisse personne indifférent, aussi bien les civilistes que les chercheurs de sciences ecclésiastiques, les fidèles de l'Église romaine et des Églises orientales et les autres profanes. C'est un droit à caractère universel. Des centaines de milliers de personnes s'y réfèrent au quotidien, soit lorsqu'elles sollicitent les services de l'Église, ici catholique latine, soit lorsqu'elles entreprennent des études sur cette Église, soit lorsqu'elles regardent de l'extérieur, peut-être, l'action de ses fidèles.

Il ne suffit pas de savoir lire les différentes normes (canons) qu
composent le *Codex iuris canonici* pour prétendre connaître la structur
complexe de la législation canonique et ecclésiastique. Encore, faut-il, savo
décortiquer ses concepts et ses terminologies, ses traditions et ses cultur
son histoire et la canonicité de ses institutions. Bref, il faut connaître
canonistique.

Il va sans dire que toute discipline scientifique a son histoire, celle d
balbutiements, celle de sa constitution, celle de son développement, cel
sa structuration, de sa positivité, celle de son affirmation au milieu d'
disciplines et celle de son effort à surmonter son cloisonne
L'interdisciplinarité étant de nos jours un principe indispensable.

Au clair, tout savoir scientifique est socialement, culturel
technologiquement et historiquement marqué. Dans le cas du droit p
nous semble que la dogmatique peut nous entraîner à ne lire les nor
selon une méthodologie de l'autonomisation des lois, évitant
connexions possibles entre elles. Ce qui conduit forcément au
d'interprétations. Toute loi est en connexion avec d'autres, forma
corpus iuris, *civilis* ou un *corpus iuris canonici*, dans le sens d'u

lois. De fait, les lois doivent toujours se lire selon une méthode comparative pour en découvrir les liens intrinsèques, leurs appartenances selon les matières, leurs complémentarités et leurs exactes significations.

Cet ouvrage, à travers les différents thèmes, préconise justement cette méthode comparative des normes tant canoniques que civiles. Cette méthode est la voie de recherche que devrait privilégier tout chercheur en science juridique. Elle ne peut qu'ouvrir les perspectives à l'historicité ou mieux à la dimension historique de chaque norme et de chaque institution juridique. La science juridique ne peut donc pas faire l'économie de l'histoire. C'est à travers elle que nous comprenons les origines des lois ou des institutions juridiques pour mieux appréhender leur importance dans nos régimes juridiques actuels.

D'autre part, les mutations sociales que connaît le monde moderne nous poussent à une réflexion toujours renouvelée de certains sujets qui ont longtemps été des certitudes pour le monde des sciences. La globalisation de notre monde bouscule nos certitudes. Ce qui était tenu pour vrai est brusquement mis en cause. Nos vérités scientifiques deviennent illusoires, provisoires et circonstanciées. Les défis des mutations du monde moderne ne peuvent que faire naître dans les esprits des uns et des autres une certaine ulation.

Ces deux constats, celui relatif à la méthode historique et comparative ois et des canons d'une part, et celui sur le relativisme de nos vérités es, d'autre part, ont été parmi nos motivations dans la rédaction de ce L'ouvrage aborde plusieurs sujets regroupés autour de neuf titres. er est centré sur *les laïcs et la prise en charge matérielle de l'Église latine* (Titre I). Nous proposons une étude analytique et ur ce groupe de fidèles. Les laïcs forment le groupe de fidèles le nt en nombre dans l'Église latine. Les laïcs, longtemps oubliés ée et l'affirmation du cléricalisme peuvent bénéficier d'une ïcat positive avec le second Concile du Vatican. L'une des l importe de souligner dans ce domaine est l'accent mis sur mun à côté du sacerdoce ministériel. Le baptême qui fidèles dans le Christ en les constituant en peuple de Dieu ui les unit. Incorporés au Christ par le baptême, intégrés t participant à leur manière à la fonction sacerdotale, du Christ, les laïcs exercent pour leur part, dans le, la mission qui est celle de tout le peuple chrétien. s ont un grand rôle à jouer dans l'Église. Ils *tas* et participent au gouvernement de l'Église, s par le droit. De fait, ils ont des droits à faire bligations à accomplir. Ce cadre juridique ne liberté dont ils jouissent dans l'Église. Ainsi, participe à l'édification de la communauté sa prise en charge matérielle.

Le deuxième sujet est celui sur les *Associations des fidèles* (Titre II). Se réunir en association pour promouvoir l'œuvre de l'Évangélisation est un droit propre et inaliénable reconnu aux fidèles laïcs. La complexité du monde associatif, tant sur le plan du droit civil que sur celui du droit canonique, n'échappe à personne. Le monde associatif est réglementé par ces deux législations. Sur le plan canonique, les associations de fidèles ont des particularités dont il faut tenir compte selon qu'elles sont publiques ou privées, reconnues ou non par l'autorité ecclésiastique ; selon qu'elles sont diocésaines, supra-diocésaines ou internationales. Elles répondent aux besoins propres de l'Église et contribuent à la promotion de son apostolat. Deux notions encadrent la détermination canonique des associations de fidèles, la canonicité et l'ecclésialité. Il revient à l'autorité ecclésiastique compétente de définir la nature canonique des associations de fidèles et d'établir leurs critères d'ecclésialité.

Le troisième et le quatrième sujets sont centrés sur les Églises africaines subsahariennes (Titres III et IV). D'abord sur les *Éléments épistémologiques d'un droit canonique particulier pour les Églises particulières et locales en Afrique subsaharienne*. Depuis plusieurs décennies, les Églises subsahariennes sont en quête d'un ordre juridique, d'un droit particulier des situations concrètes, tout en gardant la communion avec l'Église universelle. Quel doit être le visage d'une Église africaine subsaharienne ? C'est une question d'actualité renouvelée pour chaque génération. C'est une tâche de recherches tant en théologie qu'en droit canonique. Repenser un discours théologique et canonique qui favorise l'émergence d'une Église qui tient compte des cultures et des traditions authentiquement africaines est une nécessité pour chaque génération. Un discours qui crée des conditions d'une réception heureuse du droit de l'Église. Ainsi, ce dernier ne sera plus, pour les communautés chrétiennes africaines dans leur diversité, un corps de lois étranger ou étrange. De nos jours, plusieurs modèles s'offrent à la recherche : celui d'une Église canoniquement *inculturée*, celui qui reprend le modèle des Églises orientales et des Églises *sui iuris*, celui d'une *nouvelle écriture* du droit qui s'efforce de maintenir la communion ecclésiale, etc.

Ensuite sur le *consentement et le mariage en Afrique subsaharienne*. L'institution du mariage est importante dans toutes les cultures. Elle est réglementée par diverses conceptions qui tirent leurs origines dans des traditions fortement ancrées dans les représentations anthropologiques, philosophiques et culturelles de chaque peuple. Au regard du mariage chrétien, le mariage traditionnel en Afrique est un terrain problématique qui a toujours suscité un grand nombre de débats. Les missionnaires catholiques ont essayé à leur manière d'adapter le christianisme au mode de vie matrimonial des Africains. Cette adaptation est devenue depuis plusieurs décennies, autant que faire se peut, un lieu de rencontre et de dialogue entre le christianisme et les cultures africaines. L'élément central de ce dialogue est le consentement. Nous savons, par ailleurs, que le consentement qui fait l'essentiel du mariage-chrétien prend ses origines dans le droit de l'Empire romain et dans la culture romaine. Avec le temps, il a été repris par divers régimes juridiques. Mais, cette reprise n'a jamais résolu, de manière satisfaisante, la question du mariage dans certaines cultures. Ainsi, le consentement du mariage chrétien demeure l'objet de nombreuses influences qui proviennent, soit de la modernisation de nos sociétés, soit des traditions des peuples, ici africains. Ce quatrième sujet propose une analyse de l'institution canonique de consentement aux prises avec, d'une part, la modernité et d'autre part les traditions africaines.

Comme indiqué plus haut, la compréhension du droit est toujours guidée par une démarche historique. Quelle qu'en soit l'orientation, l'aspect historique demeure important, voire nécessaire pour la science juridique. Comment peut-on comprendre l'importance d'une institution juridique en vigueur si on n'explore pas ses racines historiques ? Comment peut-on comprendre la pertinence d'une loi en vigueur si on ne connaît pas sa provenance historique ? Comment peut-on interpréter correctement une norme si ses contours historiques, diachronique et synchronique, font défaut à notre connaissance ? Nous proposons deux sujets autour de l'institution de *dispense canonique* (Titres V et VI) l'un sur *quelques repères historiques de l'institution canonique de dispense* et l'autre sur *L'influence du Gallicanisme français dans la conception du droit canonique*. Ces deux titres sont complémentaires. Dans le premier, l'institution de dispense est étudiée dans sa constitution en suivant les grandes étapes de l'histoire du droit en général et du droit canonique en particulier. Il explore le monde de l'Antiquité chrétienne jusqu'aux Codifications modernes, en passant par le droit médiéval et le droit romain revisité au Moyen-Âge. Cette démarche purement scientifique rend compte, non seulement des origines institutionnelles de la dispense canonique mais, aussi, son importance dans la pratique juridique toujours actuelle. Dans le deuxième, l'institution canonique de dispense participe à la formation du droit durant la longue période du Moyen-Âge. L'influence du Gallicanisme français sera déterminante sur la constitution des institutions canoniques, ici la dispense canonique. Singularité française, le Gallicanisme exercera son influence au-delà des frontières de la France médiévale et au-delà du domaine juridique. Son influence s'étendra sur plusieurs domaines de la vie publique et ecclésiale.

De nos jours, aucune science ne peut réclamer une stricte autonomie, aucune science n'évolue indépendamment des autres. Aucune science n'embrasse tout le savoir. Chacune d'elle ne peut être comprise que comme complétant les autres. Il existe toujours des connexions entre les sciences. La méthode interdisciplinaire est celle préconisée par les scientifiques. C'est ce qui justifie notre étude sur *la sociologie*. Cette dernière se met volontiers au service du droit. Le titre VII de ce volume aborde un sujet qui, pour certains, est du domaine de l'imagination permise : *la sociologie juridique au service du droit canonique*. Un tel sujet ne peut que réveiller la curiosité tant des civilistes que des canonistes. La nature particulière de la communauté ecclésiale permet-elle une telle orientation d'étude ? La sociologie juridique ne vise-t-elle pas uniquement une société civile ? *Sui generis* soit-elle, la communauté ecclésiale reste et demeure une société. La notion de *Societas Perfecta*, même si elle a été abandonnée dans le langage théologique et canonique, définissait mieux l'Église. Selon cette notion, l'Église est une société autosuffisante et indépendante qui dispose de toutes les ressources nécessaires et de toutes les conditions possibles pour atteindre son but, le salut universel de l'humanité. L'Église est une communauté de fidèles, donc une société d'hommes et de femmes régie par un droit interne, confessionnel. Le droit canonique comme toutes les sciences juridiques ne peut se dispenser de l'orientation interdisciplinaire, non seulement avec les autres sciences ecclésiastiques mais, aussi avec les sciences dites *profanes*, quand celles-ci contribuent à élucider ses concepts, ses pratiques, ses institutions, etc. Ainsi, à plus d'un endroit, le droit canonique préconise l'observance des lois civiles des nations. Au regard du droit canonique, la sociologie juridique contribue à identifier les lieux d'émergence des lois ; les lieux où une loi serait nécessaire et utile pour telle ou telle communauté, pour tel ou tel groupe de personnes. Elle définit le degré d'acceptation d'un système juridique par les intéressés. Elle décèle les situations d'inadéquation entre la règle édictée et la pratique quotidienne du sujet de loi. Elle permet de constater l'efficacité ou l'inefficacité d'une loi promulguée.

Le Titre VIII est centré sur *La portée significative du principe de subsidiarité*. Ce dernier est bien connu des chercheurs en sciences humaines. Il était déjà présent dans l'Antiquité dans les écrits d'Aristote et, au Moyen-Âge, dans la théologie Thomiste. Le principe de subsidiarité peut s'appliquer dans toutes les structures de la société étatique. Sa signification et sa finalité résident dans la recherche d'une certaine autonomie des structures inférieures dans leur rapport avec les structures supérieures. Il permet une certaine indépendance d'une autorité locale envers le pouvoir central. C'est un principe de partage des compétences entre les différents degrés de pouvoir. Il est le fondement institutionnel des États fédéraux. L'Église catholique, ici latine, a adopté le principe de subsidiarité dans sa doctrine sociale. Mais, à vrai dire, son application dans ses propres structures (internes) est restée hésitante. L'Église catholique romaine préfère les expressions de *saine autonomie* et de *saine décentralisation* en lieu et place de *subsidiarité*. Craint-elle, en son sein, l'émergence incontrôlée des *Églises nationales* ou des *Églises régionales* ? Dans tous les cas, en droit canonique, malgré qu'il ait été retenu comme l'un des principes de la révision du Code Pio-bénédictin, son application est restée discrète. Le besoin d'une centralisation, sans doute modérée de nos jours, semblait être la règle dans l'élaboration de la législation en vigueur. Dans ce titre, nous proposons une réflexion sur la subsidiarité : étymologie de ce concept, son application dans l'action sociopolitique, son approche par le Pape Jean XXIII à la veille de la célébration du second Concile du Vatican, les hésitations de l'Église dans sa mise en œuvre.

Enfin, le Titre IX est un regard d'un canoniste sur les régimes canoniques des offices ecclésiastiques et de la provision canonique. Souvent, nous pouvons observer une non-observance de certains principes et de certaines normes canoniques en matière des offices ecclésiastiques et de leurs attributions. Il faut avouer que ce sont des sujets très peu étudiés en droit canonique. Et pourtant, ce vaste domaine cache plusieurs particularités qui, si l'on n'y prend garde, peuvent invalider l'action de l'autorité compétente. Les notions des offices ecclésiastiques et de la *provisio canonica* sont tributaires de plusieurs autres notions, entre autres, celui du *pouvoir de gouvernement* dans sa double nature, divine et canonique, celui de la *sacra potestas*, celui de la compétence de l'autorité ecclésiastique et celui de modes d'attribution des offices ecclésiastiques. D'autre part, il peut paraître curieux à certains qu'un juriste-canoniste évoque, dans le traitement d'un sujet qui bénéfice d'une réglementation canonique stricte, le principe d'équité. En effet, ce dernier est un principe modérateur du droit objectif selon lequel chacun peut prétendre à un traitement juste et raisonnable. Mais, le principe d'équité ne doit-il pas toujours accompagner l'agir de l'homme ? Étant considérée comme *le juste qui dépasse la loi écrite*, l'équité canonique est un principe de charité, de tempérance, d'humanité et de modération. Grâce à l'équité canonique, le pouvoir de gouvernement ecclésiastique ne peut être considéré que comme un service à rendre à la communauté ecclésiale.

Ces neuf titres qui forment cet ouvrage ne peuvent prétendre épuiser ce qu'il convient de dire pour chacun des sujets approchés. Ces derniers peuvent encore faire objets de réflexions plus larges et plus documentées. La prochaine *Exhortation post-synodale sur le synode d'octobre 2023 et octobre 2024* pourra apporter plus de lumières sur certains points des sujets traités.

Titre I.

Les laïcs et la prise en charge matérielle de l'Église. Études analytiques et canoniques

Il y a quelques années, les discours sur les biens matériels et sur l'argent en particulier étaient mal perçus dans l'Église catholique romaine. Ces discours passaient mal dans la conscience populaire, tant chrétienne que non chrétienne. D'aucuns avaient longtemps estimé que, de par sa vocation surnaturelle, l'Église ne doit s'adonner qu'aux choses spirituelles. La dichotomie entre le spirituel et le charnel, le matériel et l'immatériel, était très marquée dans la conscience collective. Selon cette perspective, les préoccupations matérielles, pour l'Église, ne devaient être que secondaires. De son image d'une *société parfaite*, c'est-à-dire autosuffisante, on a fait de l'Église une communauté qui n'avait pas besoin d'une puissance extérieure pour pourvoir à ses besoins tant spirituels que matériels.

Force est de constater qu'il y a quelques décennies, la question de l'autosuffisance de l'Église universelle et des Églises particulières est devenue une question d'actualité prioritaire, surtout dans les pays des continents moins développés. Les aides matérielles apportées par des missionnaires qui ont évangélisé ces Églises au XIXe siècle n'assurent plus des revenus suffisants pour entretenir l'œuvre de l'évangélisation. La croissance démographique et le dynamisme spirituel n'ont pas eu d'effet sur les vœux pieux de l'autofinancement des communautés chrétiennes. Plusieurs structures d'aides ont vu cependant le jour, avec pour mission de soutenir les Églises du tiers monde, selon l'expression des années 1950. Au XXIe siècle, les Églises particulières des continents en développement demeurent encore dépendantes des Églises du vieux continent.

Les discours sur les biens matériels et sur l'argent devraient-ils rester tabous dans l'Église ? Un regard sur les pratiques néotestamentaires ne peut être qu'édifiant. En effet, le milieu néotestamentaire nous met en présence de certaines situations où la question matérielle s'était posée et devait être résolue. Nous en retenons quelques-unes. Aux disciples des pharisiens et aux partisans d'Hérode envoyés pour poser la question à Jésus : *est-il permis, oui ou non, de payer l'impôt à César, l'empereur ?* Jésus leur répond : « Rendez donc à César ce qui est à César, et à Dieu ce qui est à Dieu. »[1] Comment devons-nous interpréter une telle réponse ? Est-elle un rejet de l'argent, symbole du matériel, appartenant à César ? N'est-ce pas là une façon d'accentuer la dichotomie à laquelle nous faisions allusion plus haut ? Certainement pas. Il n'est nullement question de dire qu'il faut donner le matériel aux uns et le spirituel aux autres. Il est prudent pour nous de nous arrêter à ce constat et de laisser cette préoccupation aux exégètes bibliques. Pour notre part, nous notons simplement que la préoccupation matérielle était bien réelle à l'époque de Jésus. Il est en outre rapporté, à deux reprises, par l'évangéliste saint Jean que Judas Iscariote, connu plus pour son acte de trahison contre son Maître, était aussi celui qui tenait la bourse commune. Quel est le sens de cette dernière ? Dans tous les cas, de sa signification française moderne, la bourse commune signifie la caisse commune gérée par une personne, l'économe. Il est de toute évidence question des biens matériels. D'autre part, l'épisode d'Ananie et de Saphira que l'on trouve dans le livre des *Actes des Apôtres* (5, 1-11) est une preuve que, ni les Apôtres, ni les membres de leurs communautés, n'étaient indifférents aux questions relevant des biens matériels. D'ailleurs, ce même livre nous rapporte que : « la multitude de ceux qui étaient devenus croyants avait un seul cœur et une seule âme ; et personne ne disait que ses biens lui appartenaient en propre, mais ils avaient tout en commun. »[2] En sus, l'histoire de l'institution du diaconat est étroitement liée aux soucis dus à la gestion des biens matériels.[3] Tout compte fait, les questions sur l'acquisition et l'administration des biens matériels étaient présentes, aussi bien à l'époque du Jésus qu'à celle des apôtres et des communautés ecclésiales naissantes.

Il y a lieu ici d'évoquer, de façon indicative, le système de *recours à Rome* connu par les historiens de l'Église primitive. Cette question a fait l'objet d'une analyse assez large dans notre ouvrage sur *La dispense en droit canonique. Pour des adoucissements d'applications de règles en catholicisme romain*[4]. Cette pratique de l'Église antique avait plusieurs aspects. En effet, en ses débuts, principalement au cours de deux premiers siècles, la vie ecclésiastique était centrée sur la vie de la communauté locale. Les Églises locales étaient définies en lien avec leur évêque, Centre de

[1]Marc, 12, 13-17 ; Matthieu, 22, 21 ; Luc, 20, 25.

[2]Actes des Apôtres, 4, 32.

[3]Actes des Apôtres, 6, 1-6.

[4] Jean-René KIEDI Kionga, *La dispense en droit canonique. Pour des adoucissements d'applications de règles en catholicisme romain*, Paris, Éd. du Cerf, p. 89-100.

communion et Pasteur d'une Église déterminée.[5] Chacune de ces Églises possédait la plénitude de la catholicité et jouissait d'une certaine autonomie, même sur le plan matériel. Et, par des échanges *intra-ecclésiaux*, elles entretenaient entre elles la communion ecclésiale, surtout en matière doctrinale. Peu à peu, ces échanges évolueront et les évêques feront de plus en plus recours au Siège de Rome. Du statut symbolique du défenseur de l'Église universelle, le Siège de Rome devient le Centre où convergeaient les évêques dans le but de faire accepter leurs doctrines comme étant conformes à la pratique ecclésiale. Mais, il est attesté que, de l'estime spirituelle et doctrinale, on passera à l'aide matérielle que le Siège apostolique devrait fournir aux Églises locales.[6] Rome, c'est l'Église qui *préside à la charité*. Et, l'Église de Rome a toujours gardé ce statut en subventionnant les Églises locales de différents continents. Cette pratique de recours à Rome, l'Église qui *préside à la charité*, atteste une fois de plus de la présence des préoccupations matérielles, argent et biens, pour soutenir les œuvres d'apostolat.

De nos jours, parmi les droits innés que l'Église revendique, celui sur les biens matériels demeure plus explicite et plus compréhensif. Le premier canon du livre V du *Code de droit canonique* de 1983 déclare que l'Église catholique a, *en vertu d'un droit inné*, la capacité, indépendamment du pouvoir séculier, d'acquérir, de posséder, d'administrer et d'aliéner des biens temporels pour poursuivre les fins qui lui sont propres.[7] C'est l'une des lois qui a survécu de la suppression de la notion de l'Église *Societas Perfecta*. Ce canon pose comme principe que l'Église jouit d'une indépendance par rapport au pouvoir civil pour exercer sa juridiction sur son patrimoine. Ce principe a l'avantage d'affirmer, *ad intra*, le caractère de l'Église en tant que société visible et qui trouve son fondement dans le droit divin positif et dans le droit naturel. Il a aussi l'avantage de s'assurer, *ad extra*, que l'État n'a aucune souveraineté sur les biens de l'Église. Le maintien de ce *droit inné* par l'Eglise nous paraît aujourd'hui anachronique. En droit civil, les lois relatives aux associations diocésaines et aux associations publiques placent la gestion des biens sous la seule compétence de leurs responsables légaux.

---

[5] L'Église de Dieu à *Antioche, Corinthe, Smyrne, Pergame, Thyatire, Sardes, Philadelphie, Laodicée, Magnésie du Méandre, Tralles, Rome, Philippes*, etc.

[6] C'est ce qu'atteste une des lettres de Denys de Corinthe : « Depuis le commencement, c'est votre usage de faire de diverses manières du bien à tous les frères, d'envoyer des secours dans chaque ville à de nombreuses Églises. Vous soulagez ainsi le dénuement des indigents, vous soutenez les frères qui sont aux mines par les ressources que vous envoyez dès le début. Romains, vous gardez l'usage traditionnel des Romains, usage que non seulement conserve votre bienheureux Évêque Soter [166-175], mais qu'il accroît en fournissant abondamment les secours envoyés aux saints qui viennent à lui, comme un père tendrement aimant le fait pour ses enfants. » Voir EUSÈBE, *Histoire ecclésiastique,* t.1/ 1-4, texte grec d'E. SCHWARTZ, GCS, traduction et annotations de Gustave BARDY, Paris, Éd. du Cerf, (Coll. *SC.*), 2001, 221 p (voir ici les pages 204-205).

[7] Can. 1254.

Il reconnaît en plus à ces associations les droits d'acquérir et d'aliéner leurs biens. Néanmoins, une précision s'avère importante à ce niveau : dans plusieurs législations civiles, le principe de l'autonomie dont jouit l'Église dans l'administration des biens se heurte au principe de la validité des actes administratifs. Le droit civil établit les conditions pour que les actes, dans l'acquisition, l'administration et l'aliénation des biens, soient valides. C'est ce que les canonistes qualifient des *lois civiles canonisées*.

Réunis en assemblée plénière[8], les évêques du Zaïre (République Démocratique du Congo) rappelaient à tous les fidèles que l'exigence de l'annonce de l'Évangile et le témoignage des valeurs chrétiennes engagent tous les membres de l'Église. Elle est une obligation pour toute l'Église. L'urgence de la proclamation de la Bonne Nouvelle s'impose aujourd'hui, plus qu'hier, dans l'Église. Bien plus, il est important, voire nécessaire que les pasteurs d'âmes prennent en compte tous les aspects de la vie, tant des fidèles pris individuellement que collectivement. C'est l'évangélisation en profondeur de tout l'homme et de tous les hommes. Les évêques rappelaient en outre que cette évangélisation implique une prise en charge matérielle de l'Église par ses fidèles. Cette prise en charge doit s'inscrire dans *une dynamique de conversion*. Elle suppose avant tout une conversion profonde et radicale des mentalités. C'est ce que disait d'ailleurs, en 1995, le Pape Jean-Paul II dans son *Exhortation apostolique Post-Synodale Ecclesia in Africa* : « il s'agit de passer d'une conception de l'Église affaire des autres à celle de l'Église Famille de Dieu, où tous les membres sont solidaires et responsables de la mission ecclésiale, des moyens matériels, et de leur gestion dans le dialogue, la confiance et la transparence. »[9] Elle suppose en réalité, d'une part, une prise de conscience de l'état de dépendance des Églises particulières africaines[10] et, d'autre part, une confiance mutuelle entre les fidèles et les pasteurs qui, eux, sont censés diriger et encadrer les diverses initiatives des fidèles.

De tout ce qui précède, nous pensons que les questions matérielles ne sont pas étrangères à l'Église qui se veut autonome dans la réalisation de sa mission et dans la poursuite de ses objectifs. Les pages qui suivent se donnent donc une fonction bien modeste. Elles visent seulement à clarifier, dans un contexte canonique, la nature de cette prise en charge matérielle de

---

[8] *XXXIe Assemblée Plénière des Évêques du Zaïre* (Aujourd'hui : République Démocratique du Congo). Cf. *Les Directives et orientations pastorales des Évêques du Zaïre,* éd. du Secrétariat générale, Kinshasa, 1995.

[9] Jean-Paul II, *Exhortation apostolique post-synodale Ecclesia in Africa*, *DC.*, n° 2123 (1995), n°104.

[10] En lien avec la question de l'autofinancement des Églises d'Afrique, on lira par exemple l'ouvrage collectif : RECCHI, Silvia (dir.), *Autonomie financière et gestion des biens dans les jeunes Eglises d'Afrique*, Paris, Éd. L'Harmattan, 2007, 242 p. C'est une contribution du Département de Droit Canonique de l'Institut Catholique de Yaoundé à la croissance des Églises encore jeunes de la région d'Afrique centrale.

l'Église par ses propres fidèles. Il sera évidemment d'abord question de proposer un discours analytique sur les *laïcs* : qui sont-ils ? Quelle est leur place dans l'Église catholique latine ? Quels sont leurs droits et libertés, leurs capacités et obligations ? Notre attention se fixera, en dernier lieu, sur la prise en charge matérielle de l'Église comme une *obligation spéciale de fidèles laïcs*.

I. Les laïcs : Histoire et Rôles.

La problématique du statut des laïcs dans l'Église catholique romaine a refait surface, de manière plus pressante, peu de temps avant la célébration du second concile du Vatican.[11] Elle a souvent été accompagnée de revendications aux tendances modernistes. Avec l'orientation nouvelle initiée par Vatican II dans la théologie du laïcat, certains ont pensé tout de suite à la suppression de la hiérarchie, faisant parfois, de manière irréfléchie, la promotion d'une Église dont les structures doivent désormais être entièrement gérées par les laïcs. On se retrouve ainsi en présence d'une Église qui, de l'intérieur, vit dans une tension permanente entre le clergé et les laïcs. D'autres voyaient dans la situation récurrente de manque de prêtres[12], une occasion inespérée pour faire vivre l'Église par les laïcs. Les *célébrations dominicales de la Parole* sans prêtre avaient même été proposées. D'autres encore n'avaient aucunement l'intention d'abandonner la définition, alors jugée péjorative, du terme *laïc*, qui signifiait : *celui ou celle qui n'appartient ni au clergé ni à l'état religieux*.

Il faut bien admettre à ce niveau deux choses : les laïcs, c'est le groupe le plus important en nombre dans l'Église catholique romaine, d'une part et d'autre part, que l'esprit du droit canonique, surtout après Vatican II, avait fait largement appel au sens de la responsabilité des fidèles et avait prôné leur collaboration *libre* et *volontaire*. Mais, qui sont-ils vraiment ? Comment les définir ? Quelle est leur réelle place dans l'Église latine ? Pour répondre à cette question, nous nous contenterons, dans un premier temps, d'une analyse historique et théologique.

1. Les laïcs : notes d'histoire.

Le mot *laïc* a été longtemps pris dans son sens péjoratif. Il forme, au regard de certains, la *populace ecclésiale*, signifiant ainsi le *bas peuple* de l'Église, sujet de la sollicitude et de l'affection ecclésiastiques et, plus encore, l'objet de la compassion sacerdotale, appelée à subir passivement les

---

[11]Voir *L'œuvre scientifique de Jean Gaudemet. Actes du colloque tenu à Sceaux et à Paris les 26 et 27 janvier 2012*, texte réunis par Michèle BEGOU-DAVIA, Franck ROUMY, Olivier DESCAMPS, François JANKOWIAK, Paris, Éd. Panthéon-Assas, 2014, p. 124.

[12]Le cas de l'Occident chrétien.

enseignements de la hiérarchie instruite et noble. Dans ce sens, les laïcs ne pouvaient pas être des participants actifs à la mission de l'Église et ne pouvaient pas jouir des personnalités juridiques du fait de leur régénération dans le Christ. Mais, disons-le déjà, par la suite des événements, le concept *laïc* avait bénéficié d'une signification nettement plus positive.

Le concept *laïc* est apparu vers le XIIIe siècle. Cependant, jusqu'au XVIe siècle, son usage est rare. Il nous semble qu'il est issu du mot latin *laicus* et qui signifie *commun, du peuple*. *Laicus* est lui-même un terme ecclésiastique d'origine grecque *λαϊκός* (*laikos, laïc*), par opposition au terme *κληρικός*, *klerikos* (*clerc*) et qui désigne des institutions religieuses. Mais, bien avant le Moyen-Âge, l'utilisation du mot *laicus* est attestée dans le vocabulaire des églises chrétiennes dès l'Antiquité tardive. Il sert à désigner toute personne de la communauté qui n'est ni clerc, ni religieux ; c'est-à-dire profane en matière de théologie. Cette personne appartient cependant à l'Église, parce qu'elle suit son culte et ses croyances. Ainsi, au Moyen-Âge, le mot *laïc* sert à distinguer l'homme commun qui doit être enseigné par une personne *instruite,* consacrée par son état religieux.[13]

Le Dominicain Yves CONGAR donne une intéressante description du *laïc* lorsqu'il écrit :

> « Un trait caractéristique du renouveau de l'Église est le rôle actif qu'y assument les laïcs, conscients de la dignité et des responsabilités que leur confère la consécration baptismale, en communion avec leur évêque et les religieux plutôt qu'en subordination par rapport à eux. Ils savent que leurs tâches temporelles peuvent prendre une valeur éternelle dans le dessein de Dieu qui confère à l'homme l'usage et l'achèvement de la création. Ils travaillent à transformer la société humaine pour la rendre plus juste et plus fraternelle. »[14]

Une telle description positive du laïc est l'aboutissement d'un parcours que seuls les états de lieux historiographiques sur l'émergence du laïcat dans le système de représentations de l'Église romaine peuvent élucider.[15]

Le professeur émérite André VAUCHEZ, l'un des spécialistes du Moyen-Âge, a étudié la question relative aux laïcs durant la période médiévale. En effet, à en croire son témoignage,

> « Depuis le haut Moyen-Âge, on distinguait au sein de l'Église trois *ordres* (*ordo*) de fidèles : *les pasteurs*, qualifiés aussi de recteurs et de

---

[13] Cf. Maryse EMEL, « La laïcité au cœur du catholicisme », dans *Dossier sur la religion consacré au rapport religion-laïcité* à partir des travaux de Jean BAUBEROT, Philippe PORTIER et Céline BERAUD. Voir le lien, https://www.nonfiction.fr/article-7772-dossier-la-laicite-au-cur-du-catholicisme.htm. Consulté le 30 septembre 2023.

[14]Yves CONGAR, « Laïc et laïcat », *Dictionnaire de Spiritualité*, t. 9, Paris, Beauchesne, 1975, col. 103-107.

[15] Voir par exemple les analyses du professeur André VAUCHEZ, « Les laïcs au Moyen-Âge entre ecclésiologie et histoire », dans *Études*, t. 402, n° 1 (2005), p. 55-67

docteurs, dans la mesure où ils leur incombaient d'encadrer et d'instruire les fidèles en matière de foi : les *continents*, expression qui désignait toutes les formes d'engagement dans la vie religieuse (moines, pénitents, veuves consacrées). Les *continents* sont appelés ainsi suite à leur pratique d'abstinence de relations sexuelles (la Continence sexuelle) par opposition aux *conjugati* (*gens mariés*). Grégoire le Grand (+ 604) avait donné une interprétation symbolique à ces trois catégories de chrétiens en les associant aux diverses situations évoquées par le Christ[16] dans lesquelles les hommes se trouveront à l'heure du Jugement dernier : *au champ* (l'action pastorale pour les clercs), *au lit* (la contemplation pour les religieux) et *au moulin* (travail manuel pour les laïcs). Mais ce Père de l'Église d'Occident ne concevait pas ces distinctions comme des degrés hiérarchiques, dans la mesure où les membres de chacun des trois ordres pouvaient parvenir à la perfection à travers la pratique des valeurs propres à leur état. »[17]

On observe une certaine harmonie dans la société avec cette distinction, au moins au niveau des principes.

Un bouleversement intervient à la Réforme grégorienne au XIe siècle avec le Pape Grégoire VII (1073-1085). Dans un climat fortement marqué par l'essor du monachisme clunisien en France[18] et par les courants érémitiques en Italie[19], les distinctions mentionnées plus haut se transformèrent en clivages hiérarchiques. Cela ne pouvait en être autrement car, avec la Réforme grégorienne, la société médiévale vivra un âge de confusion des pouvoirs politique et religieux. La primauté de l'homme spirituel, affirmée par saint Paul[20], sera désormais interprétée comme une *supériorité intrinsèque* du spirituel sur le temporel. Les textes de l'époque opposent volontiers l'ordre des *clercs*, tant *séculiers* que *réguliers*, désormais confondus dans une même catégorie, à celui des *laïcs* présentés comme des êtres charnels, vivant plutôt mal en général, dans les liens du mariage et absorbés par les affaires de ce monde.[21] Ainsi se dessinaient déjà les deux ordres : des *clercs* et des *laïcs*.

De fait, avec la Réforme grégorienne et avec l'organisation du clergé, les laïcs furent relégués au second rang. Ils furent chargés des tâches purement terrestres, tandis que les ecclésiastiques se considéraient comme supérieurs

---

[16]Lc. 17,34-36 ; Mt. 24,40-41.

[17] Cf. André VAUCHEZ, « La lente valorisation de l'état laïque (XIIe-XVe siècle) », dans Marie-Madeleine DE CEVINS, Jean-Michel MATZ, *Structures et dynamiques religieuses dans les sociétés de l'occident latin (1179-1449)*, Rennes, PUR, (Coll. *Histoire*), 2010, p. 217.

[18] Cf. Guy De VALOUS, *Le monachisme clunisien des origines au XVe siècle. Vie intérieure des monastères et organisation de l'ordre. Tome premier : L'abbaye de Cluny, les monastères clunisiens. L'ordre de Cluny*, Paris, Éd. A. et J. Picard, 1970, 430 p.

[19] Cf. André VAUCHEZ (dir.), *Ermites de France et d'Italie (XIe-XVe siècle)*, Rome, École française de Rome, (Coll. *De l'École française de Rome*, 313), 2003, 525 p.

[20] 1 Cor 2,15 : « Celui qui est animé par l'Esprit soumet tout à examen, mais lui, personne ne peut l'y soumettre. »

[21] Cf. André VAUCHEZ, « La lente valorisation de l'état laïque (XIIe-XVe siècle) », p. 18.

et seuls compétents pour traiter des affaires de l'Église, qu'il s'agisse des élections épiscopales ou abbatiales, ou du ministère de la parole. Les fidèles faisaient certes partie de l'Église, mais ils n'y occupaient plus qu'un rang subalterne en tant que sujets passifs et obéissants des clercs qui les gouvernaient, comme l'esprit doit commander à la chair.[22]

À cette exclusion s'ajoutait *l'infériorité culturelle*. En effet, le XIIe siècle de l'Occident a été marqué par une renaissance de la culture savante. Les monastères et les écoles cathédrales étaient des foyers du rayonnement de cette culture et étaient des centres de vie intellectuelle très actifs. C'est l'époque de la culture cléricale inspirée par la Bible, les Pères de l'Église et quelques auteurs de l'Antiquité païenne comme Cicéron et Virgile. Elle reposait sur la connaissance du latin et s'exprimait dans cette langue. Ceux qui ne la maîtrisaient pas, ce qui était le cas de la grande majorité des laïcs, se trouvaient exclus du monde de la pensée subtile et abstraite, bref, du monde de la science.[23] Cette ignorance creusait encore un peu plus le fossé de séparation entre les clercs et les laïcs. Elle discréditait encore un peu plus l'état de laïcs. Ces derniers étaient assimilés aux ignorants. Pour le moins que l'on puisse dire, les laïcs étaient cantonnés dans une situation d'infériorité structurelle tant sur le plan ecclésiologique, spirituel que culturel.

Entre le XIIe et le XIIIe siècle, on assiste à une floraison d'initiatives de laïcs. Ce qui récompense sur le plan spirituel ce qu'ils avaient perdu en pouvoir dans l'Église face au clergé. Ainsi, naquirent plusieurs formes de vies, chacune liée à la particularité que choisissaient les uns et les autres : le mouvement des pénitents, les groupements de *laici religiosi*, le mouvement des Flagellants (au cours de la seconde moitié du XIIIe et au XIVe siècle), etc. En gros, c'est entre le XIIe et le XVe siècle que les fidèles se regroupèrent, en nombre sans cesse croissant, sur une base territoriale, le village, le quartier ou sur une base socio-professionnelle, les associations qui se créaient spontanément afin de pratiquer l'entraide mutuelle en lien avec le clergé.[24]

Cependant, au fil du temps, cette tendance de coopération prometteuse entre les clercs et les laïcs s'estompa avec la montée de la *monachisation du laïcat*. Les clercs, soucieux de demeurer pour les fidèles des intermédiaires obligés dans le domaine religieux, commencèrent à voir dans les laïcs les plus engagés dans la vie spirituelle des concurrents dangereux et cherchèrent à les faire rentrer dans le rang.[25]Ainsi, se sentant menacés dans leur rôle de médiateurs entre la sphère du profane et celle du sacré, les clercs réagirent

---

[22] Cf. *Idem*, p. 218.
[23] Cf. *Idem*, p. 219.
[24] Cf. *Idem*, p. 225. Voir aussi Marie-Madeleine DE CEVINS et Jean-Michel MATZ (dir.), *Structures et dynamiques religieuses dans les sociétés de l'Occident latin (1179-1449)*, Rennes, PUR., (Coll. *Histoire*), 2010, p. 223-226.
[25] Cf. André VAUCHEZ, « La lente valorisation de l'état laïque (XIIe-XVe siècle) », p. 228.

par une exaltation effrénée du sacerdoce, qui visait aussi à maintenir leur statut social.[26] Ainsi vont s'établir, avec le temps, les trois ordres. Le premier était constitué par le pape et les cardinaux, le second par les prélats, les prêtres ayant charge d'âmes et les supérieurs religieux ; le troisième par les simples religieux et religieuses ainsi que par les laïcs.[27] Dans cette structure d'ordres, les laïcs ne pouvaient être que de simples objets du ministère pastoral des clercs au sein d'une Église qui n'existait que par sa hiérarchie et n'était pleinement réalisée que par elle.[28]

La fin du XIIIe et le début du XIVe siècle verront naître deux événements importants qui changeront le paysage religieux connu jusqu'alors. Le premier est, à la suite du Pape Grégoire VII, la difficulté, pour Boniface VIII (1294-1303), de mettre sur pieds la théocratie pontificale à cause de sa lutte contre Philippe IV le Bel (roi de France entre 1285-1314)[29]. Le deuxième événement est le Grand Schisme d'Occident (1378-1417) qui acheva de faire passer la réalité du pouvoir entre les mains des rois, des princes et des villes dans le domaine politique mais aussi ecclésiastique.[30] Minée par de longues luttes internes avec le Grand Schisme d'Occident, la supériorité culturelle du clergé n'était plus aussi évidente que dans le passé. On va assister peu à peu à la naissance de la *religion civique* qui exprimait plutôt mieux les aspirations des laïcs et en particulier des bourgeoisies municipales. Ces dernières prendront elles-mêmes en main, avec la collaboration d'un clergé désormais soumis à leur contrôle, la gestion de la religion. Jusqu'au moment où, dans les pays où s'imposera la Réforme protestante (1517-1648), les élites municipales décideront de se passer des clercs et des moines. C'est la fin de la dichotomie entre l'Église et l'État. On insistait plus sur le sacerdoce universel ou le sacerdoce commun des fidèles que sur le sacerdoce ministériel.[31]

De toute façon, le clergé n'avait pas perdu l'estime de son rang. Avec la découverte des nouvelles terres et l'organisation des expéditions missionnaires à la fin du Moyen-Âge, les religieux qui s'engageaient pour l'évangélisation, les prêtres des villes et ceux des campagnes ne pouvaient que se prévaloir d'un engagement exemplaire pour le salut des âmes. Ces expéditions évangélisatrices ont eu un double effet. D'abord, à la suite des découvertes des nouvelles terres, les missionnaires apportaient des modèles

---

26 Cf. *Idem*, p. 229.
27 Cf. *Ibidem*.
28 Cf. *Ibidem*, p. 229.
29 Voir dans Paul GRAZIANI, *Boniface VIII et le premier conflit entre la France et le Saint-Siège*, Paris, Bloud, 1906 ; Maurice VAUSSARD, *La fin du pouvoir temporel des papes*, Paris, Spes, 1964.
30 Cf. Cf. André VAUCHEZ, « La lente valorisation de l'état laïque (XIIe-XVe siècle) », p. 230. Voir aussi Augustin FLICHE, « La réforme grégorienne », dans *RHEL*, t. 12/55, 1926, p. 145-167
31 Cf. André VAUCHEZ, « La lente valorisation de l'état laïque (XIIe-XVe siècle) », p. 230.

d'Églises, le catholicisme et le protestantisme, inconnus des populations non occidentales. Et ensuite, ces expéditions missionnaires pouvaient donner un nouvel élan au cléricalisme mis à mal par la religion laïque en Occident.

À la Renaissance (XIVe– fin XVIe siècle), on constate un affaiblissement de l'Église face à la société. On note néanmoins une certaine évolution des croyances religieuses à partir des idées nées de la Renaissance. Les thèmes humanistes refont surface. Ils tournent autour de la tolérance, de la liberté de pensée, de la paix, de l'éducation visant l'épanouissement de l'individu. On explore le monde de la mythologie antique. Dans l'Église catholique, une tendance se fait remarquer : le développement d'une volonté de retour aux sources du christianisme, aux idées de l'Antiquité gréco-romaine. Cet environnement des sociétés qui s'interrogent sur elles-mêmes affectera très négativement les milieux religieux et intellectuels et surtout l'univers des laïcs.

Il nous semble que, sur le plan structurel, les trois ordres seront gardés jusqu'à nos jours. Le concile de Trente (1545-1563), engagé dans la contre réforme, était occupé à fixer la doctrine de l'Église catholique face aux demandes de Martin Luther (1483-1546) et de Jean Calvin (1509-1564), les réformateurs protestants. De même, le premier Concile du Vatican (1869-1870) qui, à l'origine était convoqué pour examiner la position de l'Église catholique face au monde moderne, ne fut consacré qu'à la doctrine sur la primauté et l'infaillibilité pontificale. Ces deux conciles étaient plus attentifs aux dogmes et à la doctrine sur les sacrements qu'aux pratiques des fidèles laïcs. De même, entre les deux guerres mondiales, celle de 1914 à 1918 et celle de 1939 à 1945, la préoccupation de l'Église n'était pas celle de fixer une doctrine sur les laïcs. Il était plutôt question de développer une théologie religieuse de la guerre.[32] Comme on peut le constater, entre les XVIe et XIXe siècles, malgré l'implication des laïcs dans la vie de l'Église, aucune doctrine sur le laïcat ne verra le jour.

Le second Concile du Vatican aura un impact très visible en ce qui concerne la considération et la place des laïcs dans l'Église catholique romaine. C'est une révolution dans la théologie du laïcat. Elle tourne autour de deux concepts : le sacrement du baptême et le sacerdoce commun, le sacerdoce universel ou royal. En effet, le baptême dont la doctrine a déjà été fixée au Concile de Trente est, non seulement d'institution divine, mais aussi une *incorporation* de la personne dans une communauté ecclésiale. Le laïc est d'abord un membre de l'Église qui y est incorporé par le sacrement de baptême. Quant au sacerdoce commun, il ne s'oppose pas au sacerdoce

---

[32]Annette Becker, « L'histoire religieuse de la guerre 1914-1918 », dans *RHEF*, t. 217 (2000), p. 539-549. Aussi, pour avoir une idée sur une telle orientation théologique, on peut lire Jean-Philippe SCHREIBER (éd.), *Théologies de la guerre*, Bruxelles, Éditions de l'Université de Bruxelles, 2006, (Coll. « Spiritualités et pensées libres »), 146 p.

ministériel. Le paragraphe 10 de la *Constitution dogmatique sur l'Église, Lumen Gentium* est très éclairant à ce sujet :

« Le sacerdoce commun des fidèles et le sacerdoce ministériel ou hiérarchique, qui ont entre eux une différence essentielle et non seulement de degré, sont cependant ordonnés l'un à l'autre : l'un et l'autre, en effet, chacun selon son mode propre, participent à l'unique sacerdoce du Christ. Celui qui a reçu le sacerdoce ministériel jouit d'un pouvoir sacré pour former et conduire le peuple sacerdotal, pour faire, dans le rôle du Christ, le sacrifice eucharistique et l'offrir à Dieu au nom du peuple tout entier ; les fidèles eux, de par le sacerdoce royal qui est le leur, concourent à l'offrande de l'Eucharistie et exercent leur sacerdoce par la réception des sacrements, la prière et l'action de grâces, le témoignage d'une vie sainte, leur renoncement et leur charité effective. »[33]

Sans nul doute, ce qui est annoncé insinue déjà une définition plus claire et plus positive du *laïc*. Ainsi qu'il est dit dans cette même *Constitution :*

> « Sous le nom de *laïcs*, on entend ici tous les fidèles, en dehors des membres de l'ordre sacré et de l'état religieux reconnu dans l'Église qui, étant incorporés au Christ par le baptême, intégrés au Peuple de Dieu, et participants à leur manière de la fonction sacerdotale, prophétique et royale du Christ, exercent pour leur part, dans l'Église et dans le monde, la mission qui est celle de tout le peuple chrétien. »[34]

Nous retiendrons de ces analyses que *les laïcs, c'est l'ensemble des chrétiens qui ne sont pas membres de l'ordre sacré et de l'état religieux sanctionné par l'Église et qui, de par leur consécration baptismale, sont membres du peuple de Dieu, exerçant chacun l'apostolat dû à son rang et selon un mode propre, en communion avec la hiérarchie*. Nous l'avions signalé plus haut, le groupe constitué de laïcs est, depuis les origines de l'Église catholique romaine, le plus important en nombre. C'est dire que l'institution qu'est l'Église ne peut se réduire seulement à son organisation hiérarchique.

Pour situer la question de la prise en charge matérielle de l'Église par ses fidèles, il nous semble qu'il faut préciser au préalable le rôle des laïcs dans l'Église tel qu'il est établi aussi bien par le second Concile du Vatican, par la législation canonique que par les Pontifes romains dans leurs interventions diverses.

2. Les laïcs : rôles dans l'Église.

Longtemps considérés comme ne devant bénéficier que du secours spirituel de la part du clergé, les laïcs se révèlent, au XXIe siècle, comme de vrais acteurs de l'apostolat de l'Église. Il sied de rappeler que le fondement de l'apostolat des laïcs, subordonné depuis des siècles aux ministres

[33] *LG.*, 10. Voir 11 et 34.
[34] *LG.*, 31.

ordonnés, a été recentré par le second Concile du Vatican sur le Christ lui-même, selon la belle formulation du *Décret sur l'apostolat des laïcs, Apostolicam Actuositatem* :

> « Insérés qu'ils sont par le baptême dans le Corps mystique du Christ, fortifiés grâce à la confirmation par la puissance du Saint-Esprit, c'est le Seigneur lui-même qui les députe à l'apostolat. S'ils sont consacrés sacerdoce royal et nation sainte, c'est pour faire de toutes leurs actions des offrandes spirituelles, et pour rendre témoignage au Christ sur toute la terre. Les sacrements et surtout la sainte Eucharistie leur communiquent et nourrissent en eux cette charité qui est comme l'âme de tout apostolat. »[35]

Par conséquent, à tous les fidèles laïcs incombe la tâche de travailler sans cesse pour faire connaître et faire accepter le message du salut à tous les hommes sur toute la terre. Pour l'exercice de cet apostolat, le Saint-Esprit accorde aux fidèles des dons particuliers et chacun selon la grâce reçue se met au service des autres, en vue de l'édification de l'Église dans la charité. De la réception de ces charismes, même les plus simples, résulte pour chacun des fidèles laïcs le droit et le devoir d'exercer ces dons dans l'Église et dans le monde, pour le bien des hommes et l'édification de l'Église, dans la liberté du Saint-Esprit, de même qu'en communion avec ses frères dans le Christ et très particulièrement avec ses pasteurs.[36]

Nous ne le dirons jamais assez, le Concile Vatican II a été à l'origine d'une réflexion plus approfondie sur le laïcat. Plusieurs documents de ce Concile abordent les questions relatives au rôle des laïcs, parmi lesquels nous citons la *Constitution dogmatique* sur l'Eglise, *Lumen gentium*, la *Constitution pastorale* sur l'Église dans le monde de ce temps, *Gaudium et spes* et le *Décret* sur l'apostolat des laïcs, *Apostolicam actuositatem*. Nous en ferons mention au fur et à mesure de l'évolution de notre réflexion. Le moins que l'on puisse dire, à ce stade, c'est le fait que les enseignements du Concile ont été répétés, relayés et développés par différents Papes postconciliaires. Nous signalons ici l'*Exhortation apostolique* du pape Paul VI *sur l'évangélisation dans le monde moderne*, *Evangelii Nuntiandi* du 8 décembre 1975. Paul VI s'arrête largement sur le rôle des laïcs dans le monde et dans la société. Comme on peut le lire d'ailleurs au numéro 70 de ce document :

> « Les laïcs, que leur vocation spécifique place au cœur du monde et à la tête des tâches temporelles les plus variées, doivent exercer par là même une forme singulière d'évangélisation. Leur tâche première et immédiate n'est pas l'institution et le développement de la communauté ecclésiale, c'est là le rôle spécifique des Pasteurs … Le champ propre de leur activité évangélisatrice, c'est *le monde vaste et compliqué de la politique, du social, de l'économie, mais également de la culture, des sciences et des*

---

[35] *AA.*, n° 3.
[36] Cf. *AA.*, n° 3. Voir aussi le Can. 225, § 1.

arts, de la vie internationale, des mass media ainsi que certaines autres réalités ouvertes à l'évangélisation comme sont l'amour, la famille, l'éducation des enfants et des adolescents, le travail professionnel, la souffrance. Plus il y aura de laïcs imprégnés d'évangile responsables de ces réalités et clairement engagés en elles, compétents pour les promouvoir et conscients qu'il faut déployer leur pleine capacité chrétienne souvent enfouie et asphyxiée, plus ces réalités sans rien perdre ou sacrifier de leur coefficient humain, mais manifestant une dimension transcendante souvent méconnue, se trouveront au service de l'édification du Règne de Dieu et donc du salut en Jésus-Christ. »[37]

On s'aperçoit que les laïcs sont principalement appelés à rendre l'Église présente et agissante en des lieux et des circonstances où ce n'est que par eux qu'elle peut être le sel de la terre. De fait, en vertu des dons qu'il a reçus, tout laïc est à la fois témoin et instrument vivant de la mission de l'Église elle-même.[38] Il est donc clair que, pour Paul VI, le *laïc est un chrétien dans le monde*. Il est aussi *l'homme moderne dans l'Église*. C'est dans le monde, à l'intérieur des réalités terrestres qu'un *laïc* met en pratique sa vocation spécifique.[39]

En insistant sur la part revenant aux laïcs dans la mission de l'Église, conséquence du baptême et de la confirmation, Jean-Paul II, de son côté, relevait, dans ses discours et dans ses autres interventions, des aspects importants de la doctrine chrétienne en la matière. Les discours et les homélies dans lesquels il développe ces aspects sont fort nombreux.[40] Reprenons quelques-unes de ses idées. Depuis le début de son pontificat, Jean-Paul II n'avait cessé de rappeler, sur le fond des textes du Concile Vatican II, le rôle du laïcat et l'importance que l'Église lui accorde dans la

---

[37] *EN.*, n° 70.

[38] *LG.*, n° 31.

[39] On peut lire par exemple quelques discours de Paul VI dans lesquels il exprime largement ses idées sur les *laïcs* : Le *IIIe Congrès mondial pour l'apostolat des laïcs* du 11 au 18 octobre 1967 ; *Discours du Pape Paul VI aux Évêques de la région du nord en visite «Ad limina apostolorum»,* le 28 mars 1977 : « Les différents milieux de vie constituent un terrain privilégié, dans la mesure où les laïcs s'y emploient à évangéliser les mentalités particulières et à susciter des engagements inspirés d'un esprit chrétien. Les réalités proprement familiales, les responsabilités éducatives, les problèmes de conscience de la vie professionnelle et civique, etc. . . . ne doivent pas être négligés. » ; *Discours du 18 avril 1977 aux Évêques de la Région Sud-Ouest.* Ces deux discours soulignent l'importance de l'apostolat des laïcs dans les différents milieux de vie. On peut aussi consulter la synthèse théologique de l'ecclésiologie de Paul VI sur *communion entre hiérarchie et laïcat.* Voir Piergiorgio DEBERNARDI, *Tempo di comunione*, Rome Ed. Rogate, 1979 ; Rosemary GOLDIE, *Paul VI, « les laïcs et le laïcat »,* dans *Publications de l'École Française de Rome*, n° 72 (1984), p. 295-316.

[40] À titre indicatif, nous citons : l'Exhortation Apostolique Post-synodal *Christifideles laici,* du 30 décembre 1988, n° 32-44. Le texte dans *AAS.*, vol. 81 (1989), p. 393-521, traduction française dans *DC.*, 86 (1989), p. 153-196. Voir aussi *Vocation et mission des laïcs dans l'Église et dans le monde vingt ans après le Concile Vatican II,* Document de travail du Secrétariat du Synode des Évêques, n° 22-24, 27-37 et passim, dans *DC*, n° 1894, le 21 avril 1985, pp. 444 - 456.

tâche immense d'évangéliser la société. Il le dit spécialement dans quatre de ses discours. Le premier est le *discours au conseil pontifical pour les laïcs*, le 5 octobre 1981 :

> « Vous avez voulu centrer le thème de l'*Assemblée plénière du Dicastère* sur des aspects particuliers de la vocation primordiale des laïcs chrétiens, à savoir, la gérance des choses temporelles qu'ils ordonnent selon Dieu, l'imprégnation par l'esprit évangélique des multiples structures de la vie sociale… la vocation spécifique et la forme singulière d'évangélisation du laïcat se réalisent à travers des tâches variées accomplies dans l'ordre temporel, afin de mettre en œuvre... toutes les possibilités chrétiennes et évangéliques cachées, mais déjà présentes et actives dans les choses du monde… Au cœur des situations et des problèmes où se joue l'avenir de l'homme, il doit, en particulier, être le témoin d'une humanité nouvelle, créer de nouveaux espaces où l'on puisse faire l'expérience de la fraternité, nourrir son imagination créatrice du dynamisme de l'Évangile, donner l'exemple du sacrifice généreux »[41]

Le deuxième est le *discours aux participants à la VIe Assemblée plénière du conseil pontifical pour les laïcs*, le 12 octobre 1982. Jean-Paul II écrit : « Les laïcs ont pour vocation d'étendre le Règne de Dieu en s'engageant dans tous les divers devoirs et travaux du monde, dans les conditions ordinaires de la vie familiale et sociale dont leur existence est comme tissée. Mais leur engagement dans le monde n'exclut pas leur participation à la vie de l'Église, sous la direction des Pasteurs. »[42]

Le troisième est le *discours lors de la rencontre avec le clergé, les religieux et les laïcs*, le 11 mai 1984 à Bangkok. Jean-Paul II affirmait :

> « Dans la communion qu'est l'Église, les laïcs ont leur spécifique, indispensable et propre part à réaliser. Et je vous dis, chers laïcs : en raison de votre incorporation baptismale au Christ, vous prenez activement part, et d'une manière qui vous est véritablement propre, à la responsabilité de transformer le monde conformément à la vérité et aux valeurs de l'Église. Vous avez pour tâche de vivre de telle manière que votre foi chrétienne s'exprime aussi dans les activités sociales, culturelles, professionnelles et humaines dans lesquelles vous êtes engagés quotidiennement »[43]

Enfin, dans son *discours aux participants à l'Assemblée plénière du Conseil Pontifical pour les laïcs* du 23 octobre 1990, Jean-Paul II disait :

> « Le vaste tour d'horizon auquel vous vous livrez au cours de votre assemblée vous amènera sans doute à prendre également en considération les champs multiples où les fidèles laïcs ont à manifester leurs

---

[41] Jean-Paul II, *Discours à la Ve Assemblée du Conseil pontifical pour les laïcs,* Castelgandolfo du 5 octobre 1981, dans *OssRom. du* 13 octobre, 1981, n° 2.

[42] Jean-Paul II, *Le discours aux participants à la VIe Assemblée plénière du conseil pontifical pour les laïcs, le 12 octobre 1982*, Dicastero per la Comunicazione, Libreria Editrice Vaticana, 1982.

[43] Jean-Paul II, *Discours lors de la rencontre avec le clergé, les religieux et les laïcs à Bangkok*, le 11 mai 1984, n° 5, dans *OssRom.*, le 22 mai 1984, p. 6.

convictions et à donner leurs témoignages, en fonction de leur condition proprement séculière. Ce sont de véritables mondes que nous souhaiterions voir éclairés par le message chrétien. Je pense à ceux de la famille, de la culture, au monde de l'économie - celui des travailleurs et celui des responsables des entreprises - au monde de la science et des techniques, à celui des communications sociales ... Mais il est bon que vous portiez un regard d'ensemble sur la présence chrétienne dans le monde de ce temps... Car il s'agit bien d'aller dans le monde entier, de proclamer l'Évangile à toute la création, d'enraciner l'Église dans tous les milieux de vie, de rayonner la charité sans lui assigner de frontières. »[44]

Les idées de Benoît XVI sur le rôle des laïcs dans l'Église ne s'éloignent pas de celles de ses prédécesseurs. Dans son *discours du 15 novembre 2008 aux participants de l'Assemblée plénière du Conseil pontifical pour les laïcs*, le Pape affirmait : « Tout contexte, toute circonstance et toute activité où l'on s'attend à ce que puisse resplendir l'unité entre la foi et la vie est confié à la responsabilité des fidèles laïcs, mus par le désir de transmettre le don de la rencontre avec le Christ et la certitude de la dignité de la personne humaine. »[45] En 2010, dans son *discours aux participants de la XXIVe Assemblée plénière du Conseil pontifical pour les laïcs,* Benoît XVI s'attèle, très explicitement, sur les perspectives d'un engagement politique pour les laïcs. Ce champ où se croisent des opinions diverses est aussi le domaine de l'engagement laïc :

> « Il revient [alors], écrit-il, aux fidèles laïcs de participer activement à la vie politique, de manière toujours cohérente avec les enseignements de l'Église, en partageant les raisons bien fondées et les grands idéaux dans la dialectique démocratique et dans la recherche d'un large consensus avec tous ceux qui ont à cœur la défense de la vie et de la liberté, la protection de la vérité et du bien de la famille, la solidarité avec les plus indigents et la recherche nécessaire du bien commun. »[46]

---

[44]Jean-Paul II, *Discours aux participants à l'assemblée plénière du conseil pontifical pour les laïcs,* dans *OssRom.*, n° 1 (11 juin 1991), n° 4, p. 4. On peut ainsi continuer la liste avec : *Homélie pour la clôture du Synode hollandais*, n° 6, le 31 janvier 1980, dans *OssRom.*, le 5 février 1980, p. 1-2 ; *Discours à Campo Grande, Salvador de Bahia*, le 6 juillet 1980, dans *OssRom.*, le 29 août 1980, p. 4- ; *Homélie à Tolède*, le 4 novembre 1982, dans *OssRom.*, le 16 novembre 1982, p. 13-14 ; *Discours à la Conférence épiscopale de Papouasie, Nouvelle-Guinée et Îles Salomon, Port Moresby*, le 8 mai 1984, dans *OssRom.* du 15 mai 1984, p. 9-10 ; *Homélie à Angra do Heroismo*, le 11 mai 1991, n° 5, dans *OssRom.* du 21 mai 1991, p. 7 ; *Message à la Journée mondiale des missions*, 1991, n° 1, dans *OssRom.* du 11 juin 1991, p. 12.

[45] Benoît XVI, *Discours aux participants à l'Assemblée plénière du Conseil Pontifical pour les laïcs* du 15 novembre 2008, Dicastero per la Comunicazione, Libreria Editrice Vaticana, 2008.

[46] Benoît XVI, *Discours aux participants de la XXIVe Assemblée plénière du Conseil pontifical pour les laïcs,* du 21 mai 2010, Dicastero per la Comunicazione, Libreria Editrice Vaticana, 2010. Ce discours est à situer dans le contexte du thème de cette *XXIVe Assemblée plénière du Conseil pontifical pour les laïcs* (Témoins du Christ dans la communauté politique). D'ailleurs Benoît XVI précise : « Assurément, la formation technique des hommes

De même, s'inscrivant dans la ligne doctrinale de ses prédécesseurs, le Pape François, s'adressant aux participants au *Congrès* du 18 février 2023[47], donne une réflexion sur l'Église et le rôle des laïcs. Il insiste sur une notion simple de l'ecclésiologie mise en valeur par le Concile du Vatican II, *l'appartenance commune au Christ de tous les baptisés*. De ce point de vue, dit-il :

> « Dans cette vision unitaire de l'Église, où nous sommes avant tout chrétiens baptisés, les laïcs vivent dans le monde et en même temps font partie du Peuple fidèle de Dieu. »[48] Citant le *document de Puebla*[49], il écrit : « les laïcs sont *des hommes et des femmes d'Église au cœur du monde et des hommes et des femmes du monde au cœur de l'Église.* Il est vrai que les laïcs sont appelés à vivre principalement leur mission dans les réalités séculières où ils sont immergés chaque jour, mais cela n'exclut pas qu'ils aient aussi les capacités, les charismes et les compétences pour contribuer à la vie de l'Église : dans l'animation liturgique, dans la catéchèse, dans la formation, dans les structures de gouvernement, dans l'administration des biens, dans la programmation et la mise en œuvre des programmes pastoraux. »[50]

Il n'est nul besoin de s'étendre indéfiniment sur le discours et les interventions des Papes au sujet du rôle des laïcs dans le monde. Que devenons-nous retenir de ce qui vient d'être dit ? Il nous semble important de comprendre l'évolution de la pensée sur le laïcat. Le bref parcours historique esquissé nous permet de situer le laïcat, sa nature et son rôle dans l'Église et dans le monde. Comme il a été dit ci-dessus, l'Église est passée du cléricalisme médiéval démesuré à la communion ecclésiale où tous les

---

politiques n'appartient pas à la mission de l'Eglise. Différentes institutions existent en effet dans ce but. Mais il appartient à sa mission de porter un jugement moral, même en des matières qui touchent le domaine politique, quand les droits fondamentaux de la personne ou le salut des âmes l'exigent, en utilisant tous les moyens, et ceux-là seulement, qui sont conformes à l'Evangile et en harmonie avec le bien de tous, selon la diversité des temps et des situations. L'Eglise se concentre en particulier sur l'éducation des disciples du Christ, afin qu'ils soient toujours davantage des témoins de sa Présence, partout. » Voir Benoît XVI, *Discours aux participants de la XXIVe Assemblée plénière du Conseil pontifical pour les laïcs*, du 21 mai 2010. Voir aussi *GS.,* n° 76. Signalons que, tout en soulignant le rôle irremplaçable et indispensable du laïcat, Mgr. Dominique REY dans un de ses ouvrages, insiste aussi sur le besoin de la formation que ressentent les laïcs, en plein cœur d'un monde sécularisé. Voir Mgr Dominique REY, *Les laïcs dans l'Eglise aujourd'hui*, Salvator, 2010, p. 31 et 35.

[47] *Congrès pour les Évêques et les référents des commissions épiscopales pour les laïcs*, organisé le 18 février 2023 au Vatican par le dicastère pour les Laïcs, la famille et la vie sur le thème *Pasteurs et fidèles laïcs appelés à marcher ensemble.*

[48] *Congrès pour les Évêques et les référents des commissions épiscopales pour les laïcs*, organisé le 18 février 2023.

[49] IIIe *Conférence générale* de *l'Épiscopat latino- américain et Caribéen. Document final*, Puebla (Mexique), 1979, n. 786. Voir *celam.org*, site du *Conseil épiscopal latino-américain* (consulté le 06 octobre 2023).

[50] *Congrès pour les Évêques et les référents des commissions épiscopales pour les laïcs*, organisé le 18 février 2023.

baptisés, clercs, religieux et laïcs ne forment qu'un seul peuple, le peuple de Dieu. Il est indispensable, dans cette communion ecclésiale, de ne pas regarder les laïcs, dit le Pape François :

> « comme s'ils étaient membres de *second ordre*, au service de la hiérarchie et simples exécuteurs d'ordres d'en haut, mais comme des disciples du Christ qui, par la force de leur baptême et de leur naturelle insertion *dans le monde*, sont appelés à animer tout environnement, toute activité, toute relation humaine selon l'esprit de l'Évangile, en portant la lumière, l'espérance, la charité reçue du Christ dans ces lieux qui, autrement, resteraient étrangers à l'action de Dieu et abandonnés à la misère de la condition humaine. Personne ne peut mieux qu'eux accomplir l'objectif essentiel d'inscrire la loi divine dans la vie de la cité terrestre. »[51]

Les laïcs sont à la fois *au cœur de l'Église et au cœur du monde*. Au cœur de l'Église, en vertu du sacrement de baptême, ils sont investis d'une dignité sacerdotale, prophétique et royale et sont engagés dans l'apostolat de toute l'Église. Au cœur du monde, ils trouvent dans leurs engagements séculiers les champs privilégiés de leurs actions.[52]

Cela étant dit, les pages qui suivent seront celles qui considèrent la prise en charge matérielle de l'Église comme faisant partie du vaste domaine d'apostolat du laïcat. Elles vont spécifier les droits et les obligations des fidèles en général et des laïcs en particulier. Elles vont préciser qu'à titre spécial, il revient aux laïcs de subvenir aux besoins matériels de leur Église. Ces différents aspects seront analysés selon la perspective de la canonistique moderne.

II. Les laïcs : Perspectives canoniques.

Après cette littérature à caractère théologique et pastoral dans sa formulation, il sied à présent de nous recentrer sur sa canonisation dans la législation ecclésiastique. Loin de nous l'idée de faire du juridisme, c'est-à-dire de conférer, à tout prix, un caractère juridique à ce qui a été bien dit par le magistère au concile Vatican II et par les théologiens post-conciliaires. Nous ne voulons pas non plus dissocier la théologie du droit canonique. Ce dernier se nourrit des données théologiques. Le droit canonique étant, ici,

---

[51]*Message du Pape François à l'occasion du 50e anniversaire du décret Apostolicam Actuositatem,* le 22 octobre 2015, Dicastero per la Comunicazione - Libreria Editrice Vaticana, 2015.

[52]*L'Instruction sur quelques questions concernant la collaboration des fidèles laïcs au ministère des prêtres* du 15 aout 1997 l'exprime en ces termes : « Il y a en effet une collaboration de tous les fidèles dans chacun des deux domaines de la mission de l'Église : tant dans la sphère spirituelle pour porter aux hommes le message du Christ et sa grâce, que dans la sphère temporelle pour imprégner et perfectionner l'ordre des réalités du monde de l'esprit de l'Évangile. » Voir *Avant-propos.*

une traduction, en langage canonique, des enseignements du magistère sur les laïcs dans l'Église, leurs rôles, leurs droits et leurs obligations. Le fondement juridique de l'apostolat des fidèles laïcs a donc un présupposé théologique.

Selon le canon 96 du *Codex* de 1983, tout baptisé est une *personne* au sens juridique du terme, c'est-à-dire un sujet de droits, doué de capacités et de responsabilités propres aux chrétiens, restant sauves les clauses dirimantes de la loi canonique, des décisions du tribunal ecclésiastique qui peuvent en juger autrement et du pouvoir discrétionnaire des Ordinaires. Dans l'Eglise, la *personnalité juridique des personnes physique* s'acquiert donc dès la réception du baptême.

1. Les laïcs : droits et obligations.

Pour bien saisir l'aspect de la prise en charge matérielle de l'Église par ses fidèles, il importe de rappeler les droits et les obligations que le *Codex* de 1983 reconnait aux fidèles laïcs.[53] Ces droits et ces obligations établissent, de toute évidence, une véritable égalité, quant à la dignité, en vertu de laquelle tous coopèrent à l'édification de la communauté ecclésiale, selon la condition et la fonction propres de chacun.[54]

Dans l'apparence, le Code de droit canonique de 1983 ne tient pas toujours compte des sens, strictement juridiques, des termes *obligation*, *droit*, *liberté*, *devoir* et *capacité*. D'ailleurs, ce *Codex* regroupe, sans aucune distinction et sous une même rubrique, *les obligations et les droits des fidèles laïcs* [Livre II, Partie I, Titre II, canons 224- 231]. La confusion ne vient-elle pas du caractère polysémique de ces termes, confondant le langage courant du langage juridique ? Sans nous engager, plus qu'il ne convient, dans des définitions terminologiques, nous prenons quelques exemples. Le concept *d'obligation*, sous un sens général, désigne tout devoir auquel un individu est astreint en vertu de règles morales, familiales, professionnelles ou encore sociales. L'*obligation*, dans son sens purement juridique, renvoie à l'idée d'un lien de droit entre deux personnes ou entre une personne et une institution, en vertu duquel l'une d'elles, le créancier, peut exiger de l'autre, le débiteur, une prestation précisément prédéterminée. Nous pouvons faire de même avec le concept de *droit* qui, de sa signification usuelle, peut renvoyer à la droiture, c'est-à-dire à une disposition à se conduire, à se comporter toujours conformément aux règles du devoir ou à la qualité de ce qui est droit ; alors que, le même terme, d'un point de vue juridique, signifie un ensemble de règles juridiques officielles ordonnant les rapports humains. Exigence juridique et contrainte normative y sont attachées. La *liberté* peut être, dans son sens courant, un état d'esprit, c'est-à-dire la situation d'une

[53] Cf. Can. 225, § 1 et 2.
[54] Can. 208.

personne qui n'est pas sous la dépendance de quelqu'un, qui ne fait pas l'objet de pressions. Elle est, juridiquement, un droit reconnu par la loi dans certains domaines. Et le *devoir*, considéré sous sa forme générale, est une obligation morale, une obligation particulière imposée par la morale, un règlement ou une convention sociale ou, encore, un ensemble des règles générales qui guident la conscience morale. Dans un sens juridique, le mot *devoir* est employé comme synonyme de l'obligation. La *capacité* est couramment utilisée pour signifier une aptitude de quelqu'un dans tel ou tel domaine. Par contre, dans son sens juridique, elle est une aptitude légale à faire quelque chose. Elle est une aptitude définie par la loi de conclure un acte juridique valable ayant pour conséquence d'engager la responsabilité de celui qui le souscrit.

Il importe de noter en outre que certains de ces concepts exigent un pouvoir de coercition pour que leur signification juridique soit pleinement accomplie.[55] C'est le cas des concepts de *droit* et d'*obligation.* La non-observance de ces derniers peut entraîner des sanctions. Il y a donc lieu, ici, de s'interroger sur la nature du *pouvoir coercitif de l'Église.* Sans doute, c'est la délicate et traditionnelle problématique du droit pénal canonique [Livre V, canons 1311-1399]. Il est vrai que, selon le canon 1311, l'Église a le *droit inné et propre* de contraindre par des sanctions pénales les fidèles délinquants. Mais quelle est l'effectivité de ce droit ? Le droit canonique, tout en étant du domaine de la science juridique, est un droit de conscience. De fait, le lien juridique par lequel les fidèles sont tenus de poser un acte ou de s'en abstenir découle plus de la conscience chrétienne de chacun qu'il ne relève de l'obligation au sens strictement juridique du terme. Pourtant, ceci n'enlève rien au caractère obligatoire des normes canoniques. C'est de la conscience chrétienne et religieuse que découle l'obligation pour tous les fidèles de « s'efforcer de mener une vie sainte et de promouvoir la croissance et la sanctification continuelle de l'Église. »[56] Aussi, c'est en vertu de cette conscience chrétienne et religieuse que les laïcs sont tenus « d'adhérer par obéissance chrétienne à ce que les pasteurs sacrés, comme représentants du Christ, déclarent en tant que maîtres de la foi ou décident en tant que chefs de l'Église. »[57]

---

[55] La coercition – en termes de pouvoir social – est en fait un dispositif d'ordre juridique, socio-organisationnel ou relationnel, qui contraint quelqu'un à accomplir son devoir, à se comporter de telle ou telle façon, à obéir à un règlement ou à respecter une loi, sous peine de sanction en cas de manquement ou de désobéissance. Activer son pouvoir coercitif, c'est en effet cadrer la conduite d'un individu ou d'une communauté par l'injonction, la menace de sanctions, voire la force, le tout étant de persuader un acteur de faire ce qu'il ne ferait pas naturellement en l'absence de la menace en question. Voir Philippe GABILLET, Martin Sergent, « Pouvoir coercitif », dans Raphaëlle LAUBIE (dir.), *Pouvoirs et influences. Abus de pouvoir, argent, célébrité..., les détecter et les comprendre*, Paris, Dunod, p. 51.

[56] Can. 210.

[57] Can. 212, §1.

S'il nous est permis de pousser encore plus loin ce qui semble être une critique au *Codex* de 1983, nous dirons que, dans les énoncés et même dans la structuration, *les obligations* précèdent *les droits*. Lorsqu'on observe attentivement la présentation des Titres I et II de la Première Partie du Livre II du *Codex* de 1983, on peut s'interroger sur l'enchaînement des matières. En droit, rien ne peut être laissé au hasard. Pour le cas en présence, on constate que, dans la formulation, les obligations passent avant les droits.[58] Ne doit-on pas insinuer par là que, dans l'Église, les fidèles ont d'abord des obligations avant d'avoir des droits ? C'est comme si, remplir ses obligations dans l'Église fait naître certains droits. Ne doit-on pas dire, d'un point de vue positif, qu'on doit d'abord avoir des droits puis, par la suite, des obligations à remplir ? Une telle structure n'est-elle pas une des survivances d'une Église pyramidale où les fidèles étaient au service de la hiérarchie et rien de plus ? Disons-le : une réponse affirmative serait dérangeante !

Néanmoins, ces précisions nous permettent de cerner la spécificité de chacun des canons auxquels nous recourons dans la suite de nos propos. De même, nous recommandons de comprendre les concepts que nous évoquerons dans leurs significations juridiques.

Il va sans dire que le premier rôle des laïcs dans l'Église est l'apostolat dans le monde et dans la société. Comme nous pouvons le lire aux termes du canon 227 :

> « Les fidèles laïcs ont le *droit* de se voir reconnaître dans le domaine de la cité terrestre la *liberté* qui appartient à tous les citoyens ; mais dans l'exercice de cette liberté, ils auront soin d'imprégner leur action d'esprit évangélique et ils seront attentifs à la doctrine proposée par le magistère de l'Église, en veillant cependant à ne pas présenter dans des questions de libre opinion leur propre point de vue comme doctrine de l'Église. »

Le Code fait sienne la liberté reconnue à tous les citoyens dans le domaine de la cité terrestre. Ce qui oriente notre esprit vers la *Déclaration universelle des droits de l'homme* de 1948 et d'autres textes du droit international tels que les Pactes internationaux.[59]

---

[58] Voir le Livre II (*Le Peuple de Dieu*), Première Partie (*Les Fidèles du Christ*), Titre I (*Obligations et Droits de tous les fidèles*) et Titre II (*Les Obligations et les Droits des fidèles laïcs*).

[59] *Pacte international relatif aux droits économiques, sociaux et culturels* (PIDESC) adopté le 16 décembre 1966 par l'Assemblée générale des Nations unies dans sa résolution 2200A (XXI). Il entre en vigueur le 3 janvier 1976 et est ratifié par 171 États en date du 1er septembre 2021 et le *Pacte international relatif aux droits civils et politiques* (PIDCP) a été adopté à New York le 16 décembre 1966 par l'Assemblée générale des Nations unies dans sa résolution 2200 A (XXI). Il comprend les droits et libertés classiques qui protègent les particuliers contre les ingérences de l'État, comme le droit à la vie, l'interdiction de la torture, de l'esclavage et du travail forcé, le droit à la liberté, etc. Le Pacte est complété par deux protocoles : le 1er daté du 16 décembre 1966, et le 2e, interdisant la peine de mort, en date du 15 décembre 1989. Le Pacte II de l'ONU est entré en vigueur après la ratification par 35 États le 23 mars 1976. Il est en principe applicable directement par les juridictions des États signataires. Voir *www.ohchr.org* consulté le 07 octobre 2023.

Pour remplir fidèlement cette tâche évangélisatrice, les laïcs « jouissent du *droit* d'acquérir une connaissance plus profonde des sciences sacrées enseignées dans les universités ou facultés ecclésiastiques. »[60] Le curé, pour sa part, « veillera à ce que les laïcs soient instruits des vérités de la foi, surtout par l'homélie… et par la formation catéchétique à dispenser… »[61] Ceci n'est pas une simple exhortation pastorale faite au curé, mais une exigence juridique dans la mesure où, il est reconnu aux laïcs « le *droit* de recevoir de la part des pasteurs sacrés l'aide provenant des biens spirituels de l'Église, surtout de la parole de Dieu et des sacrements. »[62] On voit aussi par là l'apport du *droit à l'éducation* promulgué dans la *Déclaration universelle des droits de l'homme*[63] et que le Code de 1983 canonise.[64] Dans le même sens, les canons 214[65], 219[66], 220[67] et 221, § 2-3[68] prescrivent successivement, pour les laïcs, les *droits* reconnus à tout homme par le *Droit international*, notamment ceux de rendre culte à Dieu selon les dispositions de leur rite propre approuvé par le pasteur légitime de l'Église[69] ; du choix libre de vie[70], de la préservation de l'intimité[71], d'être jugés selon les

[60] Can. 229, §1-2.

[61] Can. 528, §1.

[62] Can. 213.

[63] Voir l'Art. 26, 1 et 2.

3. Les parents ont, par priorité, le droit de choisir le genre d'éducation à donner à leurs enfants. »

[64] Can. 217 : « Parce qu'ils sont appelés par le baptême à mener une vie conforme à la doctrine de l'Évangile, les fidèles ont le droit à l'éducation chrétienne, par laquelle ils sont dûment formés à acquérir la maturité de la personne humaine et en même temps à connaître et à vivre le mystère du salut. »

[65]Can. 214 : « Les fidèles ont le droit de rendre le culte à Dieu selon les dispositions de leur rite propre approuvé par les Pasteurs légitimes de l'Église, et de suivre leur forme propre de vie spirituelle qui soit toutefois conforme à la doctrine de l'Église. »

[66]Can. 219 : « Tous les fidèles jouissent du droit de n'être soumis à aucune contrainte dans le choix d'un état de vie. »

[67]Can. 220 : « Il n'est permis à personne de porter atteinte d'une manière illégitime à la bonne réputation d'autrui, ni de violer le droit de quiconque à préserver son intimité. »

[68]Can. 221, §2 -3 : « § 2. Les fidèles ont aussi le droit, s'ils sont appelés en jugement par l'autorité compétente, d'être jugés selon les dispositions du droit qui doivent être appliquées avec équité.

§ 3. Les fidèles ont le droit de n'être frappés de peines canoniques que selon la loi.

[69] L'art. 10 de la *Déclaration des droits de l'homme et du citoyen de 1789* qui consacre la liberté d'opinion, même religieuse. *La loi de 1905* dans son article 1er reconnaît la liberté religieuse. Elle garantit le libre exercice des cultes sous les seules restrictions édictées ci-après dans l'intérêt de l'ordre public La *Convention européenne des droits de l'homme* (entrée en vigueur le 3 septembre 1953) prévoit également dans son article 9 que la liberté de manifester sa religion ou ses convictions ne peut faire l'objet d'autres restrictions que celles qui, prévues par la loi, constituent des mesures nécessaires, dans une société démocratique, à la sécurité publique, à la protection de l'ordre, de la santé ou de la morale publiques, ou à la protection des droits et libertés d'autrui. Sont ainsi garanties la liberté de conscience et la liberté de manifester son appartenance religieuse.

[70] Voir Art. 3 de la *DUDH*.

[71] Voir Art. 12 de la *DUDH*.

dispositions du droit avec équité et de n'être frappés des peines canoniques que selon la loi.[72]

Il nous semble que la confusion terminologique dont nous avons fait mention récemment apparaît avec évidence lorsqu'on aborde la question relative aux obligations. Disons-le, la contradiction est apparente. Pour ce faire, il serait correct ici de considérer les obligations comme renforçant les droits. Ainsi, pour les laïcs, *travailler à l'expansion du message du salut n'est pas seulement un droit mais aussi une obligation* surtout lorsque ce n'est que par eux que les hommes peuvent entendre l'Évangile et connaître le Christ.[73]

Exerçant leur apostolat plus directement dans la société, les laïcs, spécialement, les parents *sont tenus* par la très *grave obligation* d'éduquer leurs enfants et jouissent du *droit* de le faire. Ils réalisent en ce sens un *droit particulier* de l'état conjugal et travaillent à l'édification du peuple de Dieu par le mariage et la famille.[74] La codification de ce *droit divin* révèle, ici encore, l'extrême importance de l'éducation dans la vie de tout homme et son influence sur la croissance de la famille et sur le développement de la société.[75]

Dans le *Codex* de 1983, le Législateur reconnaît aux laïcs certaines *capacités* et certaines *libertés* dans l'exercice de leurs droits. Cela nous semble juridiquement logique. Accorder un droit à une personne fait naître une double reconnaissance. Il suppose la reconnaissance de la *capacité* dans leur mise en œuvre. Il implique ensuite la reconnaissance des *libertés* dans leur exercice. À vrai dire, dans certains cas, *capacité* et *liberté* vont ensemble. Ainsi, par exemple, après avoir approuvé la *capacité* de certains

---

[72] Voir Art. 10 et 11 de la *DUDH* ; Art. 6, 1 de Convention européenne des droits de l'homme.

[73]Can. 211 : « Tous les fidèles ont le *devoir* et le *droit* de travailler à ce que le message divin du salut atteigne sans cesse davantage tous les hommes de tous les temps et de tout l'univers. »

[74] Can. 226, § 1 et 2.

[75] Le droit à l'éducation a toujours fait l'objet d'une réflexion attentive et profonde de l'Église. La Déclaration sur l'éducation chrétienne, *GEM.*, bien que moins connue est un condensé d'une importance capitale de cette réflexion. Elle affirme, par exemple : « Le but que poursuit la véritable éducation est de former la personne humaine dans la perspective de sa fin la plus haute et du bien des groupes dont l'homme est membre et au service desquels s'exercera son activité d'adulte. Il faut donc, en tenant compte du progrès des sciences psychologique, pédagogique et didactique, aider les enfants et les jeunes gens à développer harmonieusement leurs aptitudes physiques, morales, intellectuelles, à acquérir graduellement un sens plus aigu de leur responsabilité, dans l'effort soutenu pour bien conduire leur vie personnelle et la conquête de la vraie liberté, en surmontant courageusement et généreusement tous les obstacles... De plus, qu'ils soient formés à la vie sociale de telle sorte que, convenablement initiés aux techniques appropriées et indispensables, ils deviennent capables de s'insérer activement dans les groupes qui constituent la communauté humaine, de s'ouvrir au dialogue avec l'autre et d'apporter de bon cœur leur contribution à la réalisation du bien commun. » Voir n°1. On peut lire aussi *GS.*, n° 52, §2 ; n° 60, § 1 et 3.

laïcs, l'autorité ecclésiastique compétente peut leur donner la *liberté*, d'être admis à des offices et charges ecclésiastiques[76], d'être établis experts ou conseillers[77] et de recevoir de cette autorité le mandat d'enseigner les sciences sacrées[78]. De même, au canon 230, §1, les laïcs « qui ont *l'âge* et les *qualités requises* établies par décret de la conférence des évêques, peuvent être admis d'une manière stable par le rite liturgique prescrit aux ministères de lecteur et d'acolyte. »[79] Ils peuvent aussi, *en vertu d'une députation,* exercer la fonction de lecteur dans les actions liturgiques.... la fonction de commentateur, de chantre, de catéchiste[80] ou encore d'autres fonctions. Ils peuvent enfin, là où le besoin de l'Église le demande par défaut de ministres, suppléer à certaines de leurs fonctions, à savoir exercer le ministère de la parole, présider les prières liturgiques, conférer le baptême et distribuer la Sainte communion.[81]

Aux fidèles laïcs est garantie aussi la liberté « de fonder et de diriger des associations ayant pour but la charité ou la piété, ou encore destinées à promouvoir la vocation chrétienne dans le monde, ainsi que de se réunir afin

---

[76] Can. 228, §1 : « § 1. Les laïcs reconnus idoines ont capacité à être admis par les Pasteurs sacrés à des offices et charges ecclésiastiques qu'ils peuvent exercer selon les dispositions du droit. »

[77] Can. 228, §2 : « § 2. Les laïcs qui se distinguent par la science requise, la prudence et l'honnêteté, ont capacité à aider les Pasteurs de l'Église comme experts ou conseillers, même dans les conseils selon le droit. ». Le Can 231, § 1 est un bel exemple dans le cadre de nos propos ici : « Les laïcs, qui sont affectés de manière permanente ou temporaire à un service spécial de l'Église, sont tenus par l'obligation d'acquérir la formation appropriée et requise pour remplir convenablement leur charge, et d'accomplir celle-ci avec conscience, soin et diligence. »

[78] Can. 229, §3 « § 3. De même, en observant les dispositions concernant l'idonéité requise, ils ont capacité à recevoir de l'autorité ecclésiastique légitime le mandat d'enseigner les sciences sacrées. »

[79] Le canon 230, §1 était, anciennement, formulé de la manière suivante : « § 1. *Les laïcs hommes* qui ont l'âge et les qualités requises établies par décret de la conférence des Évêques, peuvent être admis d'une manière stable par le rite liturgique prescrit aux ministères de lecteur et d'acolyte ; cependant, cette collation de ministère ne leur confère pas le droit à la subsistance ou à une rémunération de la part de l'Église. » Pape François a, par son *Motu Proprio Spiritus Domini* du 11 janvier 2021, modifié sa formulation. Ce *Motu Proprio,* accompagné d'une lettre que le Pape adresse au *cardinal* Luis Francisco LADARIA FERRER, Préfet de la Congrégation pour la Doctrine de la foi, donne *accès aux femmes aux ministères du lectorat et de l'acolytat* rendu publique le 10 janvier 2021.

[80]Can. 230, §2. Nous ne pouvons pas ici oublier de noter le *Motu Proprio* du Pape François *Antiquum Ministerium,* du 10 mai 2021 établissant le ministère de catéchiste. Voir le texte : François, Lettre apostolique sous la forme de Motu proprio, *Antiquum ministerium,* établissant le ministère de catéchiste, du 10 mai 2021, Libreria Editrice Vaticana, 2021, 20 p. Ce *Motu Proprio* renforce le Can. 785, §1 du *Codex* de 1983 : « Pour accomplir l'œuvre missionnaire, des catéchistes seront choisis, c'est-à-dire des fidèles laïcs dûment instruits et remarquables par leur vie chrétienne qui, sous la direction du missionnaire, s'adonneront à l'enseignement de la doctrine évangélique et à l'organisation des célébrations liturgiques et des œuvres de charité. »

[81] Can. 230, §3.

de poursuivre ensemble ces mêmes fins. »[82] Aussi, au canon 218[83], la législation ecclésiastique entend protéger les libertés d'opinion, d'expression et de recherche, garanties par ailleurs à l'article 19 de la *Déclaration universelle des droits de l'homme* de 1948.

Le Code de droit canonique de 1983 ouvre plusieurs *possibilités* aux laïcs en matière de coopération avec les ministres ordonnés. Ces diverses possibilités sur le plan, typiquement juridique, sont des moyens ou des occasions, pour eux, de faire quelque chose qui ne soit pas expressément réservé à ceux qui ont le pouvoir de juridiction. À cet effet, conformément au canon 129, §2, les fidèles laïcs ont la possibilité de *coopérer au pouvoir de gouvernement ou de juridiction ecclésiastique* selon le droit. Ce canon est fondamental et déterminant. Il fait entrer les laïcs dans des domaines longtemps réservés aux ministres ordonnés. C'est le cas du canon 517, §2 pour lequel les laïcs peuvent exercer une charge pastorale d'une paroisse. »[84] Ce canon prescrit ce que l'on appelle la *forme extraordinaire de collaboration* au pouvoir de juridiction.[85] L'exemple qui peut être évoqué est l'institution du *ministère laïc* (*Bakambi*[86]) en République Démocratique du Congo.

---

[82] Can. 215. Voir aussi *La Déclaration universelle des droits de l'homme de 1948*, article 20, § 1-2.

[83] Can. 218 : « Ceux qui s'adonnent aux disciplines sacrées jouissent d'une juste liberté de recherche comme aussi d'expression prudente de leur opinion dans les matières où ils sont compétents, en gardant le respect dû au magistère de l'Église. »

[84] Can. 517, §2 : « Si, à cause de la pénurie de prêtres, l'Évêque diocésain croit qu'une participation à l'exercice de la charge pastorale d'une paroisse doit être confiée à un diacre ou à une autre personne non revêtue du caractère sacerdotal, ou encore à une communauté de personnes, il constituera un prêtre pour être muni des pouvoirs et facultés du curé, le modérateur de la charge pastorale. »

[85] C'est une coopération spécifique, plus que d'autres, qui établissent les laïcs dans une participation directe au ministère ordonné. Elle est une coopération participative. Il convient donc de redéfinir clairement la théologie sous-jacente qui serait une base juridique valable d'un éventuel doit particulier en la matière. Cependant, il est aussi important de comprendre la nature d'une telle participation. Pour ce faire, l'*Instruction sur quelques questions concernant la collaboration des fidèles laïcs au ministère des prêtres* du 15 aout 1997 peut aider à mieux la comprendre.

[86] Les *Bakambi* (ou *Mokambi* au singulier) sont des laïcs responsables des paroisses. C'est une institution voulue et créée par le Cardinal Joseph-Albert MALULA, pour l'Église locale du Zaïre (l'actuel République Démocratique du Congo). Il y a quelques documentations sur ce sujet (citées selon les années de leur parution) : Pierre LEFEBVRE, « Les *Bakambi* ou responsables de communauté à Kinshasa », dans *TLM*, 9 (janvier-mars 1977), p. 15 ; Joseph-Albert MALULA (Cardinal), « La tâche du prêtre-animateur dans une paroisse confiée à un *mokambi* laïc », dans Vie pastorale, 11 (septembre 1982), p. 19-22 ; Gérard KOENEN (dir.), Les ministères laïcs à Kinshasa. Documents de la Commission des Ministères laïcs de Kinshasa, Foncaba, Bruxelles, 1987 ; Archidiocèse de Kinshasa, *Rôle et fonctions du mokambi (responsable laïc) de paroisse*, Kinshasa, Éditions de l'Archidiocèse de Kinshasa, 1985 ; Maurice CHEZA, « La création des ministères laïcs dans l'Église de Kinshasa », dans Gilles ROUTHIER, Frédéric LAUGRAND (éds.) ; *L'espace missionnaire. Lieu d'innovations et de rencontres interculturelles, Actes du colloque du CREDIC à Québec (23-27 août 2001)*,

Outre ce cas extraordinaire, les laïcs, selon le canon 537, peuvent apporter leurs aides au curé pour l'administration des biens de la paroisse comme membres du conseil pour les affaires économiques.[87] Ils peuvent exercer la charge des modérateurs dans les associations non cléricales[88], être membres du Conseil pastoral[89], être consultés pour aider l'évêque diocésain à juger de l'*idonéité* d'une personne à qui il confie la charge pastorale d'une paroisse[90], être consultés lors de la nomination d'un évêque diocésain ou d'un évêque coadjuteur[91] et être convoqués au synode diocésain[92]. De même, de la *coopération au pouvoir de gouvernement*, les laïcs peuvent être appelés, avec l'évêque et les prêtres, à l'exercice de ministère de la parole.[93] En conséquence, ils sont admis à prêcher dans une église ou un oratoire si le

---

Paris, Karthala, 2001, p. 343-351 ; KEMBIE, « Lecture critique du statut des laïcs en responsabilité pastorale dans le diocèse de Kikwit », dans *Pour une institution des laïcs dans l'Église. Africains et Européens en quête de renouveau conciliaire*, Paris, L'Harmattan, 2004, p. 252-253 ; Antoine MATENKADI FINI FINI, « Les *Bakambi* : état de la question », dans Léonard SANTEDI Kinkupu (Éd.), *L'avenir des ministères laïcs: enjeux ecclésiologiques et perspectives pastorales : actes du colloque célébrant le 20ème anniversaire de l'institution des ministères laïcs à Kinshasa (du 19 au 24 novembre 1995),*Édition "Signes des temps", 2008, 234 p ; Antoine MATENKADI FINI FINI, « L'expérience pastorale des responsables laïcs des paroisses au Zaïre : histoire et perspectives », dans *StCan.*, 28 (1994), p. 155-164 ; Cyprien MBUKA, « Création des ministères laïcs au Zaïre : enjeux ecclésiologiques », dans Léonard SANTEDI Kinkupu (Éd.), *L'avenir des ministères laïcs: enjeux ecclésiologiques et perspectives pastorales : actes du colloque célébrant le 20ème anniversaire de l'institution des ministères laïcs à Kinshasa (du 19 au 24 novembre 1995),*Edition "Signes des temps", 2008, p. 37 ; Léon DE SAINT MOULIN, « Origine et développement des ministères laïcs », dans Léonard SANTEDI Kinkupu (Éd.), *L'avenir des ministères laïcs: enjeux ecclésiologiques et perspectives pastorales : actes du colloque célébrant le 20ème anniversaire de l'institution des ministères laïcs à Kinshasa (du 19 au 24 novembre 1995),*Edition "Signes des temps", 2008, p. 54-55 ; Daniel DELANOTE, *À la recherche de l'âme africaine. Ministères laïcs dans l'Église de Kinshasa*, Bruxelles, 2008, 71 p ; MOKE (Mgr), « Les ministères laïcs et l'organisation de la pastorale dans l'archidiocèse de Kinshasa », dans Léonard SANTEDI Kinkupu (Éd.), *L'avenir des ministères laïcs: enjeux ecclésiologiques et perspectives pastorales : actes du colloque célébrant le 20ème anniversaire de l'institution des ministères laïcs à Kinshasa (du 19 au 24 novembre 1995),*Edition "Signes des temps", 2008, p. 32 ; Marco MOERSCHBACHER, « Les ministères dans l'Église. L'exemple des ministères laïcs à Kinshasa », dans *Les Eglises d'Afrique entre fidélité et invention. Du synode romain de 1994 aux défis du XXIe siècle*, Paris, Karthala, (Coll. *Chrétiens en liberté*), 2022, p. 211-232.

[87] Can. 537 : « Il y aura dans chaque paroisse le conseil pour les affaires économiques qui sera régi, en plus du droit universel, par les règles que l'Évêque diocésain aura portées ; dans ce conseil, des fidèles, choisis selon ces règles, apporteront leur aide au curé pour l'administration des biens de la paroisse, restant sauves les dispositions du Canon 532. » Lire aussi le Can. 1282

[88] Can. 317, §3.

[89] Can. 512, §2.

[90] Can. 524.

[91] Can. 377, §3.

[92] Can. 426, §2.

[93] Can. 759.

besoin le requiert en certaines circonstances ou si l'utilité le suggère dans des cas particuliers.[94] De fait, ils ont la possibilité d'être choisis à accomplir l'œuvre missionnaire[95] et à participer à la formation catéchétique des adultes, des jeunes et des enfants[96].

Dans cette *coopération* avec les ministres non-ordonnés, le législateur ordonne que, restant sauve l'interdiction du canon 907[97], les laïcs dûment instruits peuvent, le cas échéant, assister un prêtre aveugle ou atteint d'une infirmité dans la célébration de l'Eucharistie avec des textes approuvés pour la messe.[98] Au jugement de l'Ordinaire du lieu, les laïcs ayant les qualités voulues peuvent aussi administrer certains sacramentaux selon les règles liturgiques.[99]

Enfin, au tribunal ecclésiastique, les laïcs de bonne conduite, qui se distinguent par leur mœurs, prudence et doctrine, peuvent être adjoints au juge unique à titre de conseillers-assesseurs[100], être désignés auditeurs pour instruire une cause[101], être constitués juges, avec la permission de la conférence des Évêques[102] et être nommés promoteurs de justice et défenseurs du lien.[103]

Au regard de toutes ces indications, force est de constater que l'ère nouvelle inaugurée par le second concile du Vatican a inspiré des formes d'engagements, mais aussi des formes de souplesses équilibrées et contrôlées, dans les domaines qui nécessitent la collaboration des laïcs à l'œuvre de l'Église. Les structures de l'Église post-conciliaire les recommandent vivement à nos consciences. On doit donc se laisser convaincre que la croissance de l'engagement des laïcs dans les domaines fort longtemps réservés aux clercs ne peut être qu'une opportunité pour tous, afin de continuer à bâtir l'Église qui soit vraiment un peuple de Dieu.

---

[94] Can. 766.
[95] Can. 784.
[96] Can. 776.
[97] Can. 907 : « Dans la célébration eucharistique, il n'est permis ni aux diacres ni aux laïcs de réciter les prières, surtout la prière eucharistique, ou de remplir les actes propres au prêtre célébrant. »
[98] Can. 930, §3.
[99] Can. 1168 : « Le ministre des sacramentaux est le clerc muni du pouvoir requis ; certains sacramentaux, selon les règles des livres liturgiques, peuvent aussi, au jugement de l'Ordinaire du lieu, être administrés par des laïcs ayant les qualités voulues. » Les sacramentaux sont des signes sensibles et sacrés qui, tout en ayant une analogie avec les sacrements, n'en sont pas. Ils sont porteurs d'une réalité spirituelle. Ce sont les consécrations et les bénédictions. Ce sont aussi les objets bénits : eau bénite, médailles, scapulaires sont des sacramentaux.
[100] Can. 1424.
[101] Can. 1428, §1-2.
[102] Can. 1421, §2.
[103] Can. 1435.

2. Les laïcs : obligation spéciale.

C'est à dessein que nous faisons de la prise en charge matérielle de l'Église par les laïcs, *une obligation spéciale*. Cette formulation n'est pas du *Codex* de 1983 même si, pour les laïcs, subvenir aux besoins matériels de l'Église demeure un fait ecclésial réel. L'on trouve, *passim*, dans le *Codex*, des canons qui y font référence.

Mais, il nous semble qu'il faut d'abord préciser ce que l'on entend par *Église* dans le *régime canonique des biens temporels*. Le canon 1258 nous en donne la substance : « Dans les canons suivants, sous le terme d'*Église*, on entend non seulement *l'Église tout entière* ou *le Siège Apostolique*, mais aussi *toute personne juridique publique dans l'Église*, à moins que le contexte ou la nature des choses ne laisse entendre autrement. »[104] Il n'est pas surprenant qu'une *personne juridique publique* soit considérée comme *Église* dans la mesure où elle est érigée par une autorité ecclésiastique compétente et agit au nom de l'Église, selon le canon 116, § 1, "à moins que le contexte ou la nature des choses ne laisse entendre autrement". La *personne juridique privée* n'est pas considérée comme faisant partie de l'Église.[105] Son régime juridique est celui qui est établi par ses statuts. Elle ne possède, ni ne gère les biens ecclésiastiques. Mais, étant une personnalité juridique de droit canonique privé, ces biens peuvent par contre être qualifiés *des biens ecclésiaux privés*. Ce qui ne l'empêche pas d'acquérir des biens, selon le droit étatique, conformément au *régime civil*.[106]

La prise en charge matérielle de l'Église par ses propres fidèles se fonde sur les bases d'une double prescription. Elle est, en premier lieu, un *droit inné de l'Église* d'exiger des fidèles ce qui est nécessaire à ses fins propres, selon le canon 1260. Elle est, en second lieu, une obligation de la part des fidèles, selon le canon 222, § 1. Ce dernier stipule : « Les fidèles sont tenus par l'obligation de subvenir aux besoins de l'Église afin qu'elle dispose de ce qui est nécessaire au culte divin, aux œuvres d'apostolat et de charité et à

---

[104] C'est l'un des canons introductifs du Livre V sur *les biens temporels de l'Église*. C'est dire que tous les canons qui constituent ce *Livre V* se rapportent à ce qui est dit dans les canons introductifs. Cf. le canon 1257, § 1 et 2 « § 1. Tous les biens temporels qui appartiennent à l'Église tout entière, au Siège Apostolique et aux autres personnes juridiques publiques dans l'Église, sont biens ecclésiastiques et sont régis par les canons suivants ainsi que par les statuts propres de ces personnes. § 2. Les biens temporels d'une personne juridique privée sont régis par les statuts propres de celle-ci et non par ces canons, sauf autres disposition expresse. »

[105] D'ailleurs, le Can. 1265, § 1 prescrit : « Restant sauf le droit des religieux mendiants, il est interdit à toute personne privée physique ou juridique de faire la quête pour toute institution ou fin pieuse ou ecclésiastique, sans la permission écrite de son Ordinaire propre et de l'Ordinaire du lieu. »

[106] Voir SCHOUPPE, Jean-Pierre, *Elementi di diritto patrimoniale canonico* [Éléments de droit canonique patrimonial], Milano, Giuffrè ed. (Coll. *Pontificio ateneo della Santa Croce : trattati di diritto*, n. 4), 1997, p. 36-40.

l'honnête subsistance de ses ministres. »[107] Ce canon est complété par le canon 222, § 2 : « Ils [les fidèles] sont aussi tenus par l'obligation de promouvoir la justice sociale et encore, se souvenant du commandement du Seigneur, de secourir les pauvres sur leurs revenus personnels. »

Plusieurs canons sont corollaires au canon 222, § 1. D'abord, le canon 1263 pour lequel :

> « L'évêque diocésain a le droit, après avoir entendu le conseil pour les affaires économiques et le conseil presbytéral, de *lever* pour les besoins du diocèse, sur *les personnes juridiques publiques soumises à son gouvernement*, un *impôt modéré*, proportionnel à leurs revenus. Aux *autres personnes physiques et juridiques*, il lui est seulement *permis d'imposer*, en cas de grave nécessité et dans les mêmes conditions, une contribution extraordinaire et modérée[108], restant sauves les lois et coutumes particulières qui lui accorderaient des droits plus étendus. »

Ensuite, le canon 1266 qui dispose : « L'Ordinaire du lieu peut prescrire que, dans toutes les églises et oratoires, même appartenant à des instituts religieux qui sont de fait habituellement ouverts aux fidèles, une quête spéciale soit faite pour des projets paroissiaux, diocésains, nationaux ou universels déterminés, qu'il faudra ensuite envoyer soigneusement à la curie diocésaine. » Enfin, le canon 1299, § 1 et 2 prescrivent : « § 1. Qui peut disposer librement de ses biens en vertu du droit naturel et du droit canonique peut laisser ses biens pour des causes pies, par acte entre vifs ou pour cause de mort. § 2. Dans les dispositions pour cause de mort en faveur de l'Église, les formalités juridiques du droit civil seront autant que possible observées ; si elles ont été omises, les héritiers doivent être avertis de l'obligation à laquelle ils sont tenus d'accomplir la volonté du testateur. »

Tout bien considéré, ces canons précités constituent les fondements de l'obligation dite *spéciale* qu'est *la prise en charge matérielle de l'Église par ses propres fidèles*. Mais, à vrai dire, la pratique qui recommande aux laïcs de venir en aide, matériellement, à leur Église n'a pas été instituée par le *Codex* de 1983. C'est une pratique qui est attestée dans l'Église depuis l'Antiquité chrétienne. Il ne sert à rien de remonter plus loin que le Moyen-Âge, ni de donner les formes de prise en charge de l'Église connues historiquement, pour s'en convaincre.

---

[107] Le Can. 222, § 1. L'édition de 1998 du *Catéchisme de l'Église catholique* qui modifie celui de 1992 énonce : « les fidèles sont tenus de subvenir aux nécessités matérielles de l'Église, chacun selon ses possibilités ; les conférences épiscopales peuvent établir d'autres préceptes ecclésiastiques pour leur territoire. » Voir *CEC*/1998, n°2043.

[108] Ce mécanisme simple en apparence peut se révéler complexe selon les régimes de fiscalités de différents pays. Car, les fonds passent d'une personne juridique publique à une autre personne juridique. Les fonds de celle-ci sont-ils destinés à soutenir une autre personne juridique ? Le droit de l'Évêque de lever un *impôt modéré* sur ces autres personnes juridiques est fondé sur une législation interne (de l'Église) et peut être contredit par les législations étatiques. Il serait souhaitable, sur cette question, d'avoir l'avis et l'accompagnement des fiscalistes.

À la suite de la Réforme grégorienne, entre le XIe et le XIIe siècle, les laïcs furent marginalisés. Les ecclésiastiques furent les seuls compétents pour gérer les biens de l'Église. Nous l'avions largement souligné plus haut. Mais, il ne faut pas durcir les traits de cette séparation entre ces deux groupes, ecclésiastiques et laïcs. En réalité, il n'existe pas de dichotomie dans les tâches à accomplir par les uns et les autres. Alors que le premier groupe, les ecclésiastiques, était occupé au ministère de la Parole et de la gouvernance, le second, les laïcs, s'adonnait aux œuvres caritatives. On observe une certaine complémentarité dans l'apostolat. C'est ainsi par exemple, parmi les laïcs détenteurs du pouvoir, il y avait ceux qui travaillaient pour favoriser l'essor de la vie religieuse par la construction de monastères et d'églises et ceux qui, par leur travail, assistaient les pauvres. De la floraison d'initiatives chez les laïcs au XIIIe siècle, certains parmi eux, les *donnés*, se proposèrent même d'offrir leurs biens aux monastères de leur vivant ou après leur mort, en échange de la protection des moines qui les entretenaient jusqu'à la fin de leurs jours. D'autres, des *travailleurs manuels* d'origine modeste, se mettaient à la disposition des communautés religieuses pour lesquelles ils accomplissaient des tâches matérielles, surtout agricoles.

Revenons au canon 222, § 1 qui, de façon explicite, énonce l'obligation faite aux laïcs de subvenir aux besoins de l'Église. Cette disposition n'a aucune correspondance dans le Code de droit canonique de 1917.[109] Elle trouve son origine dans le projet de *Lex Ecclesiæ Fundamentalis*. Comment alors justifier, canonique et juridique, une telle disposition ? Selon le canon 1260, l'Église a le *droit inné* d'exiger des fidèles ce qui est nécessaire à ses fins propres.

En effet, pour l'Église, ce *droit inné* est légitimé par un autre de ces droits innés, celui du canon 1254, § 1 : « L'Église catholique peut, en vertu d'un *droit inné*, acquérir, conserver, administrer et aliéner des biens temporels, indépendamment du pouvoir civil, pour la poursuite des fins qui lui sont propres. »[110] Ce droit inné est un *droit divin positif*. Il correspond à la volonté du Christ de fonder une communauté autosuffisante et indépendante qui dispose de tous les moyens nécessaires pour atteindre sa

[109] Certains canonistes mettent en parallèle le Can. 222, § 1/*CIC* de 1983 avec le Can. 1496/*CIC* de 1917 qui stipule : « L'Église a aussi le droit, indépendant du pouvoir civil, d'exiger des fidèles les prestations qui sont nécessaires pour assurer le culte divin, la subsistance honnête des clercs et autres ministres, et les autres fins qui lui sont propres. » Mais, il nous semble qu'il n'y a aucune correspondance au sens strict entre les deux canons. À notre avis, les sources du Can. 222, § 1 sont à chercher dans le Can. 25 du schéma de la *Legis Ecclesiae Fundamentalis. Textus emendatus*. Il sera repris au Can. 23 du *Schema postremum*.

[110] Il faut donc lire en parallèle ces trois canons : 1254, § 1, 1260 et 222, § 1. On peut aussi lire avec intérêt l'article de Daniel CENALMOR PALANCA, « *Iter esquemático y fuentes de las obligaciones y derechos de todos los fieles en el CIC 83 y en el CCEO* [Schéma et sources des obligations et droits de tous les fidèles du CIC 83 et au CCEO] », dans *Fidelium iura : suplemento de derechos y deberes fundamentales de fiel*, n° 5 (1995p p. 51-84.

fin surnaturelle. C'est cette interprétation authentique que nous tenons du Magistère sur la *Révélation divine*. Plusieurs autres arguments ont été avancés pour le justifier. Il est dit d'abord qu'il relève du *droit naturel*. L'Église en tant qu'institution humaine est une association, un regroupement d'hommes et de femmes qui poursuit un but commun sans aucune intention de s'enrichir. Et comme telle, elle a un droit naturel d'acquérir et d'administrer librement les biens dont elle a besoin pour réaliser son objet social.[111] Ici, c'est une combinaison de *droit d'association* et de *droit de propriété*. Ensuite, ce droit inné est conséquence de la reconnaissance de la *liberté religieuse* qui a pour fondement la dignité de la personne humaine. Or, la dignité humaine passe aussi par la liberté de s'accomplir sur le plan matériel, individuellement ou collectivement. Le second Concile du Vatican l'affirme avec clarté, dans sa *Déclaration sur la liberté religieuse, Dignitatis Humanae* : « Les communautés religieuses ont également le droit de ne pas être empêchées, par les moyens législatifs ou par une action administrative du pouvoir civil ...de construire des édifices religieux, ainsi que d'acquérir et de gérer les biens dont ils ont besoin. »[112] Et enfin, le droit inné, d'acquérir, de conserver, d'administrer et d'aliéner des biens temporels est garanti par le *droit international*. Plusieurs traités de ce dernier protègent ces droits, conséquences de la liberté religieuse dont mention a été faite précédemment. Nous pouvons citer entre autres l'article 17 de la *Déclaration universelle des droits de l'homme* (10 décembre 1948)[113], l'article 1er du *Protocole additionnel n°1 de la Convention Européenne des Droits de l'Homme* (4 novembre 1950)[114] et l'article 17 de la *Charte des droits fondamentaux de l'Union européenne* (7 décembre 2000).[115]

Quant au Code de droit canonique de 1983, le livre V donne des normes à observer en matière d'acquisition, d'administration, d'aliénation des biens de l'Église. Ces normes sont complétées, à plus d'un endroit, par les lois des

---

[111] Voir le Can. 1259 : « L'Église peut acquérir des biens temporels par tout moyen juste qui est permis aux autres personnes selon le droit naturel ou positif. »

[112] *DH.*, n° 4.

[113] « 1. Toute personne, aussi bien seule qu'en collectivité, a droit à la propriété. 2. Nul ne peut être arbitrairement privé de sa propriété. »

[114] « Toute personne physique ou morale a droit au respect de ses biens. Nul ne peut être privé de sa propriété que pour cause d'utilité publique et dans les conditions prévues par la loi et les principes généraux du droit international. Les dispositions précédentes ne portent pas atteinte au droit que possèdent des Etats de mettre en vigueur les lois qu'ils jugent nécessaires pour réglementer l'usage des biens conformément à l'intérêt général pour assurer le paiement des impôts ou d'autres contributions ou amendes »

[115] « Toute personne a le droit de jouir de la propriété des biens qu'elle a acquis légalement, de les utiliser, d'en disposer et de les léguer. Nul ne peut être privé de sa propriété, si ce n'est pour cause d'utilité publique, dans des cas et conditions prévus par une loi et moyennant en temps utile une juste indemnité pour sa perte. *L'usage des biens peut être réglementé par la loi dans la mesure nécessaire à l'intérêt général.* » Voir *Journal officiel de l'Union européenne*, C 303/17 – 14 décembre 2007.

codes civils non opposées à elles. Il est d'ailleurs de coutume, pour l'Église, de recommander l'observance des lois civiles lorsqu'une matière s'y réfère.[116] Les canons du livre V orientent l'action des fidèles dans la gestion immédiate et quotidienne des biens temporels pour que les différentes initiatives en faveur de la prise en charge matérielle de l'Église par ses propres fidèles échappent à l'arbitraire.

Reprenons ici, d'un point de vue canonique, la doctrine annoncée par le concile Vatican II, canonisée au canon 204, § 1 et selon laquelle les fidèles du Christ :

> « Ceux qui, en tant *qu'incorporés au Christ par le baptême*, sont constitués en peuple de Dieu et qui, pour cette raison, faits participants à leur manière à la fonction sacerdotale, prophétique et royale du Christ, sont appelés à exercer, chacun selon sa condition propre, la mission que Dieu a confiée à l'Église pour qu'elle l'accomplisse dans le monde. »[117]

En effet, ce canon est, pour les laïcs, l'un des fondements de leur participation à la prise en charge matérielle de l'Église. D'ailleurs, l'expression utilisée par le législateur, *accomplissement de l'Église dans le monde*, renvoie, pour les fidèles, à plusieurs agissements en lien avec, soit l'ordre spirituel, soit l'ordre temporel. Nous ne nous arrêtons pas sur l'ordre spirituel, non pas que son contenu est plus théologique, pourtant si riche, mais parce qu'il n'entre pas directement dans notre préoccupation. Nous nous intéressons aux actions d'ordre matériel.

Il va sans dire qu'on reconnaît aux fidèles le droit de prendre les initiatives qu'ils jugent nécessaires pour remplir leur devoir de financement dans l'Église. Ce droit a une incidence canonique et Étatique. Son accomplissement ne peut être empêché ni par l'Église, *ad intra*, ni par une loi étatique, *ad extra*. Et ces initiatives sont des divers moyens justes prévus par le droit séculier : aumônes, offrandes à l'occasion de la célébration de messes[118], dons, fondation, legs, etc.

Dans le domaine des biens temporels, écrit Jean-Pierre SCHOUPPE :

---

[116]Les normes canoniques sur les *modes d'acquisition* de biens temporels par l'Église et leur *aliénation* sont presque les mêmes que celles prévues par les droits civils. Ce sont des moyens tout à fait classiques des droits modernes, héritages du droit romain. Ce sont des normes relatives aux actes juridiques des contrats (occupation, accession, fructification, spécification, la prescription, etc.

[117] En guise des compléments, on peut aussi lire le Can. 208 et 210.

[118] À ce sujet, le Can. 531 prescrit : « Même si quelqu'un d'autre a rempli une fonction paroissiale, il versera l'offrande des fidèles reçue à cette occasion au fonds de la paroisse, à moins que ne soit clairement établie la volonté contraire du donateur en ce qui regarde les offrandes volontaires; il revient à l'Évêque diocésain, après avoir entendu le conseil presbytéral, de prendre les mesures par lesquelles il sera pourvu à la destination de ces offrandes et à la rémunération des clercs remplissant cette fonction. Aussi, au Can. 1267, § 3 : « Les offrandes faites par les fidèles pour un but déterminé ne peuvent être affectées qu'à ce but. »

> « L'Église encourage les laïcs à prendre conscience que c'est surtout sur eux que repose le poids de son autofinancement. Elle les invite à assumer leur responsabilité de manière opportune, sans attendre que les solutions soient dictées à l'avance ni que la mise en œuvre de celles-ci soit nécessairement commandée par la hiérarchie. En raison de leur mentalité séculière, les laïcs seront naturellement portés à ne pas se cantonner aux possibilités offertes par le droit canonique et à créer ou à promouvoir des entités civiles. »[119]

Ces initiatives passent, par exemple, par le biais des associations non lucratives, des fondations[120] ou par d'autres entités civiles. Les dons recueillis par ces entités peuvent constituer un soutien financier aux institutions ecclésiastiques. Comme on peut l'imaginer, dans nos sociétés, il n'est pas inhabituel que les institutions civiles financent des *personnes juridiques canoniques*, ici, des personnes *juridiques publiques ecclésiastiques*. Ainsi que nous l'avions noté auparavant, « Les contributions financières que des fidèles effectuent au plan civil en vue de venir en aide aux besoins de *personnes juridiques publiques ecclésiastiques* peuvent être considérées comme une subvention aux besoins de l'Église tout aussi valable que celles qui ont lieu au plan ecclésial, telles que la constitution d'une fondation pieuse ou n'importe quelle autre volonté pieuse. »[121] Ce sont des sources de financements possibles qui participent à la prise en charge de l'Église par les laïcs.

Nous devons aussi nous tourner vers le *droit canonique particulier*. Ce dernier peut prescrire certaines dispositions complémentaires au Code de

---

[119]Jean-Pierre SCHOUPPE, « Le droit-devoir des fidèles de subvenir aux besoins de l'église », *Fidelium Iura*, n°9 (1999), p. 221-222. Le Concile Vatican II le recommande dans son *Décret sur l'apostolat des laïcs, AA.,* 10 : « « Les laïcs se préoccupent donc des exigences du Peuple de Dieu répandu sur toute la terre. Ils feront leurs en particulier les œuvres missionnaires en leur apportant une aide matérielle, voire même en concours personnel : c'est pour les chrétiens un devoir et un honneur que de restituer à Dieu une partie des biens qu'ils reçoivent de lui. » Les personnes juridiques privées n'entrent pas dans cette catégorie.

[120] Voir les normes canoniques sur la question des pieuses volontés en générale et les fondations pieuses (Can. 1299-1310.

[121]Jean-Pierre SCHOUPPE, « Le droit-devoir des fidèles de subvenir aux besoins de l'église », p. 223. D'ailleurs le Can. 1267, § 1 et 2 ordonnent : « § 1. Sauf constatation du contraire, les offrandes faites aux Supérieurs ou aux administrateurs de toute personne juridique ecclésiastique, même privée, sont présumées faites à la personne juridique elle-même. § 2. Les offrandes dont il s'agit au § 1 ne peuvent être refusées si ce n'est pour une juste cause et, dans les affaires importantes, avec la permission de l'Ordinaire s'il s'agit d'une personne juridique publique ; la permission de ce même Ordinaire est requise pour l'acceptation de biens grevés d'une charge ou d'une condition, restant sauves les dispositions du Canon 1295. »

droit canonique universel[122] pour favoriser la prise en charge de l'Église par ses propres fidèles. Le canon 1262 note : « Les fidèles aideront l'Église en s'acquittant des contributions demandées *selon les règles établies par la conférence des Évêques.* » De même, selon le canon 1265, § 2, il revient à la *conférence des Evêques* d'établir des règles concernant l'organisation des quêtes, qui doivent être observées par tous, y compris ceux qui, par institution, sont appelés mendiants. Ces contributions sont en fait des *subventiones rogata* pour lesquelles les initiatives viennent de l'Église, par les conférences des Évêques. La sollicitation des *subventiones rogata* est une exigence pour les fidèles à respecter leur devoir d'apporter leur coopération financière. La sollicitation peut être adressée à des fidèles déterminés, de vive voix ou par écrit ou, de manière indéterminée, à des groupes plus ou moins importants, qu'ils soient réunis en raison d'un acte religieux ou qu'ils soient dispersés ; dans ce cas, la demande d'aide financière peut être faite sous forme d'appels publics adressés par les moyens ordinaires et extraordinaires de communication individuelle et sociale.[123]

À l'analyse de quelques *normes complémentaires* promulguées par des Conférences des Évêques francophones[124], nous nous rendons bien compte que chacune d'elles essaye de s'adapter à l'environnement et aux lois étatiques de chaque pays. Sur ce point, l'Église catholique du Bénin, par exemple, a promulgué huit articles pour expliciter le canon 1262. Le premier article est sans ambiguïté : « la participation des fidèles en ressources pour l'existence, l'entretien et le progrès de la vie de leur Église, spécialement au plan matériel et humain, pourra consister en espèces monétaires, en don en nature et en prestation volontaire de travail. » Il faut signaler, dans ce même cadre, trois autres articles que nous jugeons importants. Ce sont les articles 6 : « Que les fidèles s'acquittent du denier du culte, lorsqu'ils exercent une activité rentable, en payant au moins l'équivalent de trois journées de travail par an, suivant les catégories. », 7 : « Les catégories de fidèles, les modalités d'acquittement du denier du culte, les montants, peuvent être déterminés à partir de l'avis du presbyterium. » et 8 : « Les kermesses, les ventes de charité, les souscriptions et autres quête demeurent approuvées afin de fournir aux fidèles l'occasion d'aider matériellement la croissance de leur

---

[122] Nous signalons, à ce sujet, deux documents de référence : Martin De AGAR JOSE, Luis NAVARRO, *Legislazione delle conferenze episcopali complementare al CIC*, Ed. Coletti a san Pietro, 2009, p. 1372 ; Martin De AGAR JOSE, *Legislazione delle conferenze episcopali complementare al CIC*, Millano, Ed. Giuffrè, (Collana : Ateneo romano S. Croce-Trattati diritto), 1990, p.768.

[123] Voir le commentaire du Can. 1262 du *Code de droit canonique bilingue annoté*, 2e édition révisée et mise à jour sous la direction d'Ernest CAPARROS, Michel THERIAULT, Jean THORN, Wilson &Lafleur Itée, Montréal, 1999.

[124]Ici, nous utilisons l'*Appendice III* sur les Normes complémentaires au Code de droit canonique promulguées par des Conférences des Évêques francophones. Voir le *Code de droit canonique bilingue annoté*, 2e édition révisée et mise à jour sous la direction d'Ernest CAPARROS, Michel THERIAULT, Jean THORN, Wilson &Lafleur Itée, Montréal, 1999.

Église. Que les mouvements d'action catholique, les associations pieuses, continuent à cet égard de collaborer étroitement avec les paroisses et les fidèles. » Comme on peut le comprendre, l'Église du Bénin détaille plus clairement les actions qui pourront être menées en réponse au canon 1262.

D'autre part, en Afrique du Sud, pour demander la contribution financière des fidèles au denier du culte, une exhortation est faite aux Évêques de tenir compte des usages propres à chaque communauté nationale. Ce qui nous paraît judicieux, vu la diversité des communautés sud africaines. Les conférences épiscopales de la Belgique et du Rwanda se contentent d'annoncer le caractère obligatoire du denier de l'Eglise et des collectes prévues et publiées dans les églises et les Oratoires de chaque diocèse. Les évêques Français, Canadiens et Suisses, réunis dans leurs conférences épiscopales respectives, rendent les Ordinaires des lieux (les Évêques de chaque diocèse) compétents pour réglementer la question relative au denier de l'Église.

Nous ne voulons pas ici porter une critique sur ces différentes *normes complémentaires* qui, en réalité, relèvent du *droit particulier de chaque Église particulière*. Certes, il est vrai que l'Église, dans sa diversité, fait souvent face à des réalités diverses qui appellent une adaptation de la législation canonique universelle. S'ajoute à cette constatation, les inégalités que l'on pourra observer, sur un même territoire, entre les diocèses. Dans certains pays, les conférences des Évêques se retrouvent face à des inégalités sociales, quant aux moyens financiers des fidèles, selon que ces derniers vivent dans des milieux urbains ou ruraux. Il est difficile dans ces cas de promulguer une loi pour tous, particulière soit-elle. Nous pensons que, les Évêques diocésains, chacun, jugeant de la capacité financière de fidèles de son diocèse, sont les seuls compétents à définir les règles à observer pour les *subventiones rogata*.

Nous terminons ces analyses en faisant deux observations. La première est celle sur la confiance mutuelle. En effet, de nos jours, toute action en lien avec les finances exige une grande confiance mutuelle aussi bien de la part des contribuables que des administrateurs. Cette *vertu* qui doit être surtout celle des administrateurs des biens ecclésiastiques est encadrée par la loi canonique. Notons à cet effet que l'Église demande aux administrateurs d'accomplir leur fonction à l'instar d'un *bon père de famille*.[125] Ils doivent, par conséquent, veiller à ce que les biens qui leur sont confiés ne périssent pas et ne subissent aucun dommage, de quelque manière que ce soit, en concluant pour cela, si nécessaire, des contrats d'assurances ; veiller à garantir par des moyens valides en droit civil la propriété des biens ecclésiastiques ; observer les dispositions du droit tant canonique que civil,

[125] Can. 1284, § 1.

ou celles qui seraient imposées par le fondateur, le donateur[126] ou l'autorité légitime, et prendre garde particulièrement que l'Église ne subisse un dommage à cause de l'inobservation des lois civiles ; percevoir avec soin et en temps voulu les revenus et profits des biens, les conserver en sécurité une fois perçus, et les employer selon l'intention du fondateur ou selon les règles légitimes ; payer au temps prescrit les intérêts d'un emprunt ou d'une hypothèque, et veiller à rembourser à temps le capital ; employer aux fins de la personne juridique, avec le consentement de l'Ordinaire, les sommes disponibles après le solde des dépenses et qui peuvent être utilement placées ; tenir en bon ordre les livres des recettes et des dépenses ; préparer à la fin de chaque année un compte rendu de leur administration ; classer soigneusement et garder en des archives sûres et convenables les documents et instruments qui fondent les droits de l'Église ou de l'institut sur ces biens ; déposer en plus, là où cela peut se faire commodément, des copies authentiques de ces actes aux archives de la curie[127] ; établir chaque année les prévisions des revenus et des dépenses.[128]

Il découle de cette délicate mission d'un administrateur des biens ecclésiastiques une double exigence. D'abord, n'ayant pas été soustraits juridiquement du gouvernement de l'Évêque diocésain, les administrateurs des biens ecclésiastiques, tant clercs que laïcs, sont tenus à lui présenter chaque année leurs comptes qui les soumettra à l'examen du conseil pour les affaires économiques.[129] Ils sont ensuite tenus par obligation canonique à rendre compte aux fidèles de l'usage des biens donnés par eux.[130] Cette dernière exigence n'est pas toujours respectée dans certaines paroisses. Pourtant, sa mise en application éviterait des suspicions de part et d'autre, c'est-à-dire des donateurs comme des administrateurs. Elle éviterait en outre des abus faciles, et des fraudes comportant de graves discrédits à l'Église.

Dans le souci d'une gestion saine des biens ecclésiastiques, le canon 1298 interdit formellement, sauf pour une affaire de peu d'importance, qu'un bien ecclésiastique soit vendu ou loué à leurs propres administrateurs ou à

---

[126] Il convient de faire observer ici que la *donation entre vif* bénéficie d'une législation spéciale en droit canonique et en droit civil. La donation entre vif est l'acte par lequel le donateur se dépouille actuellement et irrévocablement d'un bien ou d'un droit au profit du donataire, qui l'accepte. Elle permet au donateur de transmettre une partie de son patrimoine de son vivant. Dans ce domaine, les volontés des fidèles seront très soigneusement exécutées, en ce qui concerne le mode d'administration et d'utilisation de ces biens sous réserve du pouvoir discrétionnaire de l'Ordinaire. Pour cette question, voir le *Code civil* Français [Livre III : Des différentes manières dont on acquiert la propriété (Art. 711 à 2278), Titre II : Des libéralités (Art. 893 à 1099-1), Chapitre IV : Des donations entre vifs (Art. 931 à 966)] et le Code de droit canonique /1983 [Livre V : Les biens temporels de l'Église (Can.1254à 1310), Titre IV : Les pieuses volontés en général et les fondations pieuses (Can. 1299 à1310)]

[127] Can. 1284, § 2.

[128] Can. 1284, § 3.

[129] Can. 1287, § 1.

[130] Can. 1287, § 2.

leurs proches jusqu'au quatrième degré de consanguinité ou d'affinité sans autorisation spéciale écrite de l'autorité compétente.

La seconde observation est celle qui consiste à éviter un grand nombre de demandes adressées aux mêmes destinataires. Il peut arriver que les sollicitations soient adressées aux mêmes fidèles et à la même période. C'est ce qui arrive quand il y a un déficit au niveau de la coordination des actions. Cependant, il faut avouer, il est facile de coordonner les actions sur le plan diocésain. Ce qui n'est pas le cas sur l'échelle nationale. Il nous semble qu'en matière de prise en charge matérielle de l'Église par les fidèles, le pire à éviter est de laisser la charge des dépenses aux seuls laïcs. Se voulant plus efficace, l'action de l'Église pour sa prise en charge matérielle ne se contentera pas de recevoir des laïcs des offrandes et autres dons pour subventionner ses besoins immédiats et urgents ou pour ses projets à long ou à moyen terme. La hiérarchie de l'Église, à travers ses structures de gestions matérielles, doit montrer plus d'inventivités dans l'acquisition et l'administration des biens ecclésiastiques. De cette manière, on éviterait de construire une Église dans laquelle, certains sont des donateurs et d'autres des utilisateurs, des consommateurs. La prise en charge matérielle de l'Église doit être le résultat d'un effort conjugué de tous les fidèles du Christ, clercs et laïcs. Elle est une forme de mise en commun de compétences en vue d'un même objectif, celui de construire l'Église de Dieu. Cela étant, ne faudrait-il pas changer la coutume observée lors des célébrations Eucharistiques où, seuls les fidèles sont conviés à glisser, dans des paniers à quêtes, quelques billets de banque ou quelques pièces de monnaies, prétextant que, pour les célébrants et pour les concélébrants, leur vie consacrée est déjà une offrande au Christ et à l'Église ? Le célébrant ainsi que les concélébrants ne devraient-ils pas s'impliquer dans cette démarche si symbolique et si riche en signification ? À travers ce geste, ils manifesteraient leur communion avec l'ensemble des fidèles. Ils témoigneraient d'un esprit soucieux aux besoins de nécessiteux de la communauté ?

Conclusion

Partant des textes de Magistère, nous avons mis en lumière la compréhension d'une Église, communauté des fidèles, qui reconnait les potentialités, les facultés et les richesses tant spirituelles qu'humaines des laïcs. Ces derniers participent pleinement à la réalisation, et de l'Église universelle, et des Églises particulières.

Il ressort des pages précédentes que la notion du laïcat et la présence des laïcs dans l'Église s'étaient imposées, de manière lente, à l'époque médiévale. La définition du concept *laïc* et la gestation de quelques doctrines, encore fragile, autour du laïcat ont été marquées par les conflits entre l'Église et l'État. Dans ce contexte, les interprétations sur la nature et le rôle des laïcs dans la communauté ecclésiale ne pouvaient qu'être défavorables à cette catégorie de fidèles. Le second Concile du Vatican a été un moment déterminant pour une Église qui pouvait, en toute sérénité, reconstruire enfin une théologie positive du laïcat. De cette réforme est née une législation qui, tenant compte de la modernisation des sociétés, fixe les droits, les devoirs, les obligations et les libertés de fidèles laïcs. Dans cette démarche, les législations internationales ont été d'un grand secours. Excepté quelques ajouts dus au caractère *sui generis* de la communauté ecclésiale, les droits, les obligations et les libertés de la personne humaine et des personnes juridiques décrits dans différents instruments des droits internationaux ont été intégrés dans la législation canonique. Par conséquent, il nous paraît important de lire en parallèle ces différentes législations, civiles et ecclésiastiques. Elles doivent donc faire l'objet d'une étude comparée.

En sus, étant donné que les communautés ecclésiales œuvrent dans les espaces réglementés par les droits étatiques, il serait inconcevable de ne pas en tenir compte. De fait, l'Église recommande, dans le domaine d'acquisition des biens, de leur aliénation ainsi que de leur administration, que les lois civiles de chaque pays soient observées, respectant ainsi les *conditions d'existence* et *les conditions de validité* des actes juridiques à poser. D'où, un double regard pour les administrateurs, sur les critères *intra* et *extra ecclésiaux*.

Ces perspectives avaient orienté notre réflexion *sur la prise en charge matérielle de l'Église par les laïcs*, une *obligation spéciale*. La terminologie *obligation spéciale* n'est pas utilisée par le Législateur ecclésiastique, avions-nous précisé. C'est donc à dessein que nous l'avions ainsi intitulé. C'est simplement pour établir, sur le plan méthodologique, une différence avec les autres obligations reconnues aux laïcs. Quoi qu'il en soit, cette *obligation spéciale* a été inscrite dans un contexte plus large, montrant ainsi, que les laïcs ont des droits, des obligations et des libertés autres que l'obligation de subvenir aux besoins matériels de leur Église.

D'autre part, on ne peut concevoir l'obligation, pour les laïcs, de prendre matériellement en charge leur l'Église sans qu'elle soit fondée sur *les libertés* reconnues à l'homme pris individuellement et aux hommes regroupés en association religieuse (*la liberté religieuse*). Ces *libertés* relèvent des droits fondamentaux de toute personne humaine. En effet, la *liberté religieuse*, comme l'a si bien dit Jean-Pierre SCHOUPPE, tend à rapprocher l'autofinancement ecclésial du financement extra ecclésial, et à assouplir les frontières entre l'Église et l'État : frontières qu'avaient durcies les antagonismes du passé[131].

Il va de soi que la prise en charge de l'Église par les laïcs ne se limite pas aux seuls aspects matériels. Les potentialités que l'on reconnaît aux fidèles, tant individuel que regroupés en communautés, contribuent à bâtir une Église-famille (de Dieu) pour tous. On s'accordera aussi à dire que l'aspect matériel devrait être compris comme un *préalable nécessaire* pour la survie d'une Église prise, dans la plupart de temps, dans l'engrenage des crises sociétales modernes. De fait, l'Église y verse toute son intelligence pour rendre possible sa survie en tant qu'une institution humaine à visée surnaturelle.

Enfin, dans l'accomplissement de cette *obligation spéciale* de subvenir aux besoins matériels de l'Église, la loi suprême, le *salus animarum*, sera, au-delà de toutes normes canoniques, le guide de l'action chrétienne, de sorte que, ce qui relève de l'apostolat ne devienne pas de l'activisme mondain fondé sur la gloire personnelle des individus. Car, ce qui concerne le droit doit conduire à l'édification de la charité désintéressée.

---

[131] Référence est faite ici à la longue lutte entre les princes et la papauté, l'Église et l'État jusqu'à l'établissement, du moins en France, de la séparation entre les deux institutions en 1905.

Titre II.

Les associations de fidèles : canonicité et ecclésialité.

Le décret *Apostolicam Actuositatem*[132] du second concile du Vatican *sur l'apostolat des laïcs*, en son numéro 29, fait un constat qui, au XXIe siècle, reste d'une étonnante actualité : « Ces derniers temps, déclarent les pères au Concile, le phénomène d'association entre laïcs a pris des formes particulièrement variées et une grande vitalité. Si, dans l'histoire de l'Église, les associations de fidèles ont constitué une ligne continue, comme en témoignent jusqu'à nos jours les diverses confréries, les tiers-ordres et les fraternités, dans les temps modernes, ce phénomène a pris un essor spécial ; on a vu naître et se répandre différentes formes de groupements : associations, groupes, communautés, mouvements. »[133] En effet, ce constat était déjà celui du Pape Jean XXIII, bien avant la célébration du Concile Vatican II, et pour qui, il y a *une grande variété dans les associations d'apostolat.* Certaines se proposent d'atteindre le but apostolique général de l'Église. Elles travaillent pour l'évangélisation et la sanctification, envisagées sous des angles différents et particuliers ; d'autres visent l'animation chrétienne de l'ordre temporel et enfin, d'autres encore rendent témoignage au Christ plus spécialement par les œuvres de miséricorde et de charité.[134] Toutes ces associations ont fait preuve de leur engagement dans l'histoire de l'Église, surtout au XXe siècle. Elles ont été d'une grande nécessité et d'une utilité certaine pour l'œuvre missionnaire de l'Église.

S'interroger sur la canonicité et l'ecclésialité des associations de fidèles de l'Église catholique romaine peut apparaître, à première vue, comme une

---

132 Le décret voté presque à l'unanimité par les Évêques réunis au Concile du Vatican II et promulgué par le Pape Paul VI le 18 novembre 1965.

133 Jean- Paul II, *Exhortation apostolique post-synodale christifideles laici. Sur la vocation et la mission des laïcs dans l'Eglise et dans le monde,* n°29.

134Cf. *AA.*, n.19. Voir aussi Jean XXIII, *Encyclique Princeps Pastorum,* 10 décembre 1959, dans *AAS.*, vol. 51(1959), p. 856.

entreprise vaine. D'aucuns pensent que l'univers associatif est trop complexe pour qu'il soit l'objet d'une analyse unifiée et vérifiable partout. D'autres trouvent que, en matière d'acquisition et d'aliénation des biens ainsi que de leur destination en cas de dissolution de l'association, la loi civile offre un cadre plus souple et plus large que le droit canonique. D'autres encore considèrent les lois canoniques comme insuffisantes pour légiférer sur des structures que le droit civil revendique, parce qu'exerçant dans les sphères qui relèvent de sa seule compétence. Selon cette dernière catégorie, les normes canoniques n'ont aucune valeur face aux exigences de la législation civile, seule capable d'attester de la validité des actes de gestion dans la société civile. À savoir que, toutes les associations, ecclésiastiques et civiles, considèrent les communautés dont l'État a la charge comme leurs champs d'action.

Nous estimons pour notre part que, si complexe soit-il, le monde des associations de fidèles nécessite un regard à la fois, analytique et critique. Certes, le terrain d'actions des associations de fidèles est la société civile mais, en son sein, l'on trouve des communautés ecclésiales qui s'engagent pour des causes d'apostolat spécifique. En vertu de la distinction entre la politique et le confessionnel et en raison de la spécificité du droit canonique face au droit civil, le domaine des associations de fidèles ne peut pas relever de la seule autorité du pouvoir public ou de la seule compétence de la juridiction civile. D'autre part, les facilités dont il est question en matière d'acquisitions, d'aliénations et de destinations des biens ne peuvent être prouvées. Déjà en amont, le texte de statuts de toute association devrait définir la procédure à suivre dans toutes ces opérations. De toute évidence, les normes canoniques ne peuvent pas rivaliser avec les lois civiles. Ce n'est d'ailleurs pas l'objectif de la législation canonique. Cette dernière poursuit des finalités qui ne sont pas toujours celles de la législation civile.

La canonicité est le caractère canonique d'une institution. C'est le degré d'acceptation d'une institution comme canonique par l'autorité ecclésiastique. L'ecclésialité est le caractère d'une institution qui répond aux critères définis par l'Église. C'est l'attestation de conformité aux principes recommandés par l'Église ici, catholique romaine. Ces critères ne renvoient pas toujours aux normes canoniques. Ils ne doivent pas non plus s'y opposer. Et, comme telle, toute association doit avoir ces deux caractéristiques, cette double conformité : canonicité et ecclésialité.

Mais, au fait, ces notions, canonicité et ecclésialité, sont-elles encore pertinentes pour caractériser ce monde des associations de fidèles ? On constate que plusieurs associations qui existent aujourd'hui l'ont été bien avant la promulgation du Code de droit canonique de 1983. Les autres qui naissent dans l'Église, spécialement en France, sont sous le régime de la loi du 1er juillet 1901 relative au contrat d'association, complétée par le décret du 16 août de la même année.[135] Ce sont des textes fondamentaux sur lesquels se fonde le fonctionnement des associations. En Belgique, c'est le *Code des sociétés et des associations* introduit par la loi du 23 mars 2019, en remplacement de la loi du 27 juin 1921, qui régit toutes les formes associatives. Elles prennent la forme des associations sans but lucratif (ASBL). En République Démocratique du Congo, c'est la loi n° 004/2001 du 20 juillet 2001 qui fixe les dispositions générales applicables aux Associations Sans But Lucratif et aux établissements d'utilité publique. On peut ainsi continuer indéfiniment la liste. Chaque pays a son régime, son cadre législatif général de fonctionnement des associations. Nos analyses ne se limitent qu'au domaine des associations confessionnelles, catholiques, publiques et privées, avec pour référence le Code de droit canonique de 1983 et d'autres documents ecclésiaux qui abordent cette question.

Dans presque tous les dispositifs légaux civils, une association est définie comme une convention par laquelle deux ou plusieurs personnes mettent en commun, d'une façon permanente, leurs connaissances ou leur activité dans un but autre que de partager des bénéfices. Elle est régie, quant à sa validité, par les principes généraux du droit applicables aux contrats et obligations.[136] Parallèlement, ni l'ancien code de droit canonique, ni celui de 1983 ne donnent une définition, au sens strict, d'une association de fidèles. Le canon 298, § 1 du Livre II, Ière partie, Titre V qui introduit les normes sur les associations de fidèles ne s'attarde qu'à donner une description du phénomène associatif : « Dans l'Église, il existe des associations distinctes des instituts de vie consacrée et des sociétés de vie apostolique, dans lesquelles des fidèles, clercs ou laïcs, ou encore clercs et laïcs ensemble, tendent par un agir commun à favoriser une vie plus parfaite, à promouvoir le culte public ou la doctrine chrétienne, ou à exercer d'autres activités d'apostolat, à savoir des activités d'évangélisation, des œuvres de piété ou de charité, et l'animation de l'ordre temporel par l'esprit chrétien. »

En droit canonique, les associations de fidèles peuvent revêtir plusieurs formes. Le *Corpus* codifié de droit associatif canonique en vigueur au XXIe

---

135 Exception faite d'Alsace-Moselle où le Concordat n'a pas été abrogé. Les associations sont régies dans ces régions de la France par les articles 21 à 79 du *Code Civil local* maintenu en vigueur par la loi d'introduction de la législation civile française du 1 juin 1924.

136 Article 1 de la loi du 1er 1901. Quelle soit une association selon la loi du 1er juillet 1901 ou une association sous sa forme d'une Association Sans But Lucratif, le principe fondamental reste le même : le non partage de bénéfices. Elles sont à but non lucratif. La loi du 23 mars 2019 sur la *loi belge introduisant le Code des sociétés et des associations et portant des dispositions diverses* définit, dans son premier Livre, Titre 1, 1, statue : « Une association est constituée par une convention entre deux ou plusieurs personnes, dénommées membres. Elle poursuit un but désintéressé dans le cadre de l'exercice d'une ou plusieurs activités déterminées qui constituent son objet. Elle ne peut distribuer ni procurer directement ou indirectement un quelconque avantage patrimonial à ses fondateurs, ses membres, ses administrateurs ni à toute autre personne sauf dans le but désintéressé déterminé par les statuts. Toute opération violant cette interdiction est nulle. »

siècle distingue deux types de regroupements ou communautés : les *communautés hiérarchiques* qui sont les diocèses, les paroisses, les aumôneries[137] et les *communautés associatives*. Cette dernière catégorie est constituée des associations à plusieurs régimes. Il y a d'une part, celui des *vies associatives des instituts de vie consacrée* et *des sociétés de vie apostolique* et d'autre part, celui des *vies d'associations de fidèles* qui peuvent être des associations des clercs ou des laïcs, ou encore des clercs et des laïcs. Elles sont soit publiques, soit *privées*. Seul le régime de ces associations de fidèles publiques et privées intéresse la suite de nos analyses.

En droit français, la *communauté hiérarchique*, le diocèse, dispose de la capacité civile en se constituant en *association diocésaine*, forme spécifique d'associations cultuelles. Cette association d'un type particulier est justifiée par la loi du 9 décembre 1905 *concernant la séparation des Eglises et de l'Etat* et de l'avis du Conseil d'État du 13 décembre 1923. Juridiquement, ce regroupement de type particulier prend la forme d'une association non lucrative. C'est aussi le cas dans certains autres pays.

La distinction en *communautés hiérarchiques* et *communautés associatives* ne supprime pas la liberté et les droits des personnes de se réunir en association, sans aucune autorisation, ni déclaration. Elle n'interdit pas non plus les formes d'associations qui fonctionnent au sein des diocèses ou sous couvert des statuts des associations diocésaines, tels que les *mouvements d'apostolat*. Ces associations n'ont aucune personnalité juridique propre. Elles ont des statuts pour leur fonctionnement *ad intra*. Mais, juridiquement, *ad extra*, au civil par exemple, elles ont pour référence les associations diocésaines ou l'ASBL-diocèse.

Une nette distinction doit aussi être faite entre les associations dont il sera question dans les pages qui suivent et les *communautés nouvelles*. Michel DORTEL-CLAUDOT décrit ces communautés en ces termes : « [...] certains groupes de baptisés, érigés ou non en associations de fidèles, qui, d'un côté, à la différence des formes canoniques de vie consacrée, rassemblent indistinctement des hommes et des femmes, des célibataires et des couples, des prêtres (et diacres) et des membres non ordonnés, mais qui, d'un autre côté, à la façon des instituts de vie consacrée, pratiquent un certain partage, voire une vraie vie communautaire, et vivent les valeurs

---

[137] Les *communautés hiérarchiques* sont érigées par l'autorité ecclésiastique compétente indépendamment de la volonté des fidèles. C'est le cas pour un diocèse, une paroisse, une aumônerie. Elles sont déterminées par le droit universel de l'Église et le droit particulier du diocèse. Elles dépendent, directement ou indirectement, de l'autorité de l'Évêque diocésain. C'est l'Évêque diocésain, par exemple qui, en s'appuyant sur ses conseils, érige une paroisse territoriale, qui en nomme le curé, et non pas les paroissiens. Voir les analyses de *Dominique* LE TOURNEAU, *Les communautés hiérarchiques de l'Eglise catholique*, Paris, Éd. Wilson Lafleur, 2017, 418 p ; Jean-Pierre SCHOUPPE, « Les circonscriptions ecclésiastiques ou communautés hiérarchiques de l'Église catholique », dans *ETL*, vol 81, n° 4 (2005), p 435-467

évangéliques désignées par les mots traditionnels de pauvreté et d'obéissance. »[138] De son avis, ces *communautés nouvelles* sont issues pour la plupart du Renouveau Charismatique.[139]

Par ailleurs, il existe une autre forme d'associations, les Organisation Non-Gouvernementales (ONG) qui peuvent aussi être des ONG du développement (ONGD). Ici, mention est faite aux ONG d'inspiration catholique. Elles sont apolitiques et confessionnelles.[140] Ces organisations sont souvent *supra-territoriales*, c'est-à-dire que leurs activités dépassent les frontières des lieux qui les ont vues naître.[141]

Comme nous l'avions noté plus haut, nos propos ne concernent que des associations d'apostolat des laïcs. Ils s'articulent autour de deux moments : d'une part celui sur la canonicité des associations de fidèles. Nous mettrons ici l'accent sur le droit fondamental de toutes personnes d'agir seule ou de se

---

[138] Voir dans Comité Canonique Français des Religieux, *Vie religieuse, Ermitisme, Consécration des vierges, communautés nouvelles*, Paris, Éd. du cerf, 1993, p. 214. Voir aussi ; PHILIPPE GONZALEZ, PAUL PHILIBERT, « Les communautés nouvelles : une réception de Vatican II », dans *LV.*, vol. 62, n° 4 (2007), p. 419-431 ; Alphonse BORRAS, « À propos des « communautés nouvelles ». Réflexion d'un canoniste », dans *Vie Consacrée*, n° 4 (1992), p. 228-246 ; Feliciani GIORGIO, « Quel statut canonique pour les communautés nouvelles? », dans *AC.*, vol. 42 (2000), p. 151-165 ; Rick VAN LIER, « Communautés Nouvelles et Nouvelles Formes de Vie Consacrée. Bilan et prospectives », dans *Vie consacrée*, n°2 (2012), p. 97-114 ; Honoré BEUGRE DAPKA, *Le statut canonique des communautés nouvelles*, Paris, Éd. L'Harmattan, 2018, 376 p.

[139]Les *communautés nouvelles* dont il est question ici sont nées à partir de la seconde moitié des années 1960 et le début des années 1970 dans le sillage du Renouveau charismatique. Ce sont des mouvements nés aux États-Unis de la rencontre entre catholiques et pentecôtistes. Dans un sens large, le terme de communauté nouvelle désigne les mouvements de renouveau évangélique. Le fait est très remarquable, en France particulièrement, avec les communautés nouvelles telle que : L'Emmanuel (Paris depuis 1974), Le Chemin Neuf (Lyon, 1973), Le Lion de Juda et l'Agneau Immolé dénommée actuellement Les Béatitudes (Cordes, diocèse d'Albi, 1974), Le Pain de Vie (Evreux 1976), Le Puits de Jacob (Strasbourg, 1976), Communauté « Réjouis-toi » (Coutances, 1977), La fondation (Poitiers, 1974), La théophanie (Montpellier 1972), Le Buisson-ardent (Roanne, diocèse de Lyon 1978), La communauté du Pain (Le Mans 1975). Mais aussi en Afrique en République Démocratique du Congo avec : Le Magnificat (Archidiocèse de Kinshasa), … Ces communautés nouvelles se présentent comme des regroupements de membres appartenant à tous les états de vie et qui font preuve d'une vitalité spirituelle et d'une générosité apostolique accrochant fortement le regard ; certains d'entre eux vivent en commun. Pour une meilleure compréhension, lire Comité Canonique Français des Religieux, *Vie religieuse, Ermitisme, Consécration des vierges, communautés nouvelles*, *Op. Cit.*, p. 219-243.

[140] Dans ce groupe, il faut distinguer les Organisations Non-Gouvernementales humanitaires, apolitiques et non-confessionnelles. Elles voient le jour en France autour des années 60. Ce caractère atypique se rencontre dans les ONG humanitaires françaises d'aide internationale comme Médecins sans frontières (fondée en 1971), Action contre la faim (1979), Médecins du monde (1980) et Handicap international (1982). Voir dans JOHANNA SIMEANT-GERMANOS, « Socialisation catholique et biens de salut dans quatre ONG humanitaires françaises », dans *Le Mouvement Social*, vol. 2, n° 227(2009), p. 101-122

[141] C'est le cas du Comité catholique contre la faim et pour le développement (CCFD-Terre solidaire), du Secours catholique.

constituer en association. D'autre part celui sur le régime canonique de ces regroupements dans l'Église catholique du rite latin.

Nous aborderons dans un second moment la question relative aux critères d'ecclésialité des associations de fidèles et le rôle de l'autorité ecclésiastique compétente en la matière.

I. La canonicité des associations de fidèles.

La canonicité est le caractère canonique d'une institution. C'est le degré d'acceptation, sur le plan canonique, d'une institution par une autorité ecclésiastique compétente. On le voit, les associations dans l'Église doivent répondre à un certain nombre d'exigences canoniques. Même relevant des initiatives privées des fidèles, les associations qui œuvrent au sein de l'Église ont un cadre juridique et canonique bien défini. Ce cadre juridique respecte d'une part, le droit fondamental propre aux fidèles de se regrouper en association et d'autre part, la réglementation canonique fixant le fonctionnement de toute association se réclamant de l'Église.

1. Un droit propre des fidèles laïcs.

Au cours de la célébration du premier Concile du Vatican (1869-1970), trente trois évêques demandent au Pape Pie IX de procéder à la rédaction d'un Code de droit canonique. Ce dernier sera à l'image de ce Concile. Les circonstances qui entourent sa célébration[142] n'avaient pas permis une sérieuse réflexion sur les laïcs. Deux canons concernaient expressément cette catégorie de fidèles, ce sont les canons 682 et 683. Le premier reconnaît aux ''laïques'' le droit de recevoir du clergé, conformément aux règles de la discipline ecclésiastique, les biens spirituels et spécialement les secours nécessaires au salut. Le second interdit aux laïques de porter l'habit clérical. Ce sont là des indices d'une Église pyramidale à double niveau, une enseignante et une autre enseignée.

Les étapes successives qui ont abouti à l'ordonnancement institutionnel actuel des associations sont suggestives pour comprendre les facteurs d'émergence du droit de fidèles se regroupant en association. Ces facteurs sont occasionnés par des événements divers, à l'intérieur et à l'extérieur de l'Église. Sans prétendre faire œuvre d'historien ni de sociologue, on se souvient que, quelques années après, le Pape Léon XIII, avec son Encyclique *Rerum novarum* du 15 mai 1891, s'était engagé dans la lutte pour améliorer les conditions ouvrières. À cette époque, cette lutte ouvrière était l'une des façons pour l'Église de défendre les droits de l'homme en général et les droits des ouvriers en particulier. Cette expérience de lutte ouvrière ne

---

[142] Voir le Concile Vatican I dans notre Article sur *Quelques repères historiques d'une institution canonique : la dispense.*

pouvait pas laisser indifférente l'Église. Dans son droit canonique publié vingt six ans après *Rerum novarum*, en 1917, l'Église insère, dans son système législatif, quelques canons sur les associations de fidèles (les canons 684-725). L'expression *droit de fidèles* n'est pas expressément employée. Cette normative du Code de droit canonique de 1917 est, ici encore, défini à l'image de son Église, c'est-à-dire pyramidale et cléricale.

Mais, à la lecture de la *Resolutio Corrienten*[143],une décision de la *Sacrée Congrégation du Concile* de 1921[144], sur le litige opposant l'évêque de Corrientens (une ville d'Argentine) à la société Saint-Vincent de Paul, nous permet de nous rendons bien compte qu'un cap décisif avait été franchi dans le domaine des associations de fidèles. En reconnaissant la légitime autonomie des laïcs dans la constitution et la direction des associations laïques, la *Sacrée Congrégation du Concile* fait une distinction claire entre les associations ecclésiastiques et les associations laïques.[145] Cette décision se démarque avantageusement pour les fidèles laïcs des prescriptions canoniques du Code Pio-bénédictin.

Il nous faut évoquer ici le trouble que provoqua, quelques années après la *Resolutio Corrienten*, la proclamation de la *Déclaration universelle des droits de l'homme*, le 10 décembre 1948. C'est un acte important de l'*Organisation des Nations Unies* en réaction à la barbarie qui avait choqué l'humanité lors de la seconde guerre mondiale (1939-1945). Il est noté plus clairement le droit et la liberté de toute personne d'agir en association à son Art. 20 : « 1. Toute personne a droit à la liberté de réunion et d'association pacifiques. 2. Nul ne peut être obligé de faire partie d'une association. »[146]

Il a fallu attendre le second Concile du Vatican (1962-1965) pour que la théologie du laïcat subisse un véritable *aggiornamento*. Elle est une des conséquences de l'ecclésiologie promue par ce concile et qui aboutit à une vision renouvelée de l'Église. Le deuxième Concile du Vatican présente une conception nouvelle sur les laïcs. Elle est aussi le résultat d'une maturation théologique commencée quelques années auparavant. En effet, cet effort d'ajustement est l'œuvre de plusieurs Papes. Nous en retenons trois, Pie XI, Pie XII et Jean XXIII. Au début du XXe siècle, on assiste à une expansion de l'*Action catholique* soutenue et encouragée par Pie XI (1922-1939).[147] Par

---

143 Voir dans Sacrée Congrégation du Concile, *Resolutio Corrienten*, dans *AAS.*, vol. 13 (1921), p. 135-140.

144 Quatre années après la promulgation du Code de droit canonique de 1917.

145 Voir HERVE MIAYOUKOU, « Droit canonique des associations privées de fidèles : quelle actualisation depuis l'innovation de la codification de 1983 ? Contexte français », dans *AC.*, t. 53 (2011), p. 321.

146Le 23 mars 1976, le *Pacte International de Religion et des droits Civils et Politique* entre en vigueur. Il précise les droits et libertés civils et politiques énumérés dans la Déclaration Universelle des Droits de l'Homme.

147Alain-René MICHEL, « Pie XI et l'Action catholique en France », dans Actes du colloque de Rome (15-18 mars 1989) organisé par l'École française de Rome en collaboration avec l'Université de Lille III - Greco n° 2 du CNRS, l'Università degli studi di Milano, l'Università

rapport au laïcat, le pontificat de Pie XII (1939-1958) s'illustre avec la publication de deux Encycliques, *Summi pontificatus* (en 1939) et *Mystici Corporis* (1943). Dans la première, Le Pape met l'accent sur la *collaboration* des laïcs dans l'apostolat de la hiérarchie et dans la seconde, il recentre son attention sur la place des laïcs dans l'Église. Ils sont des membres à part entière de l'Église. C'est un pas décisif que l'Église franchissait. À la fin de son pontificat, Pie XII organisa deux grands Congrès à Rome sur l'apostolat des laïcs, les 14 octobre 1951[148] et 5 octobre 1957[149]. Ces deux Congrès soulignent l'importance des laïcs, leur irremplaçable mission dans la vie de l'Église.[150] Jean XXIII, à la veille de l'ouverture du second Concile du Vatican, se retrouve devant une Église qui ne pouvait pas continuer à ignorer le grand dynamisme des laïcs. L'ouverture de l'Église voulue par ce Pontife romain ne pouvait que faire évoluer positivement la théologie du laïcat. Dans son Encyclique *Mater et Magistra* (1961), Jean XXIII insiste sur la tâche des associations d'apostolat des laïcs dans l'éducation sociale.[151] De même, dans son Encyclique *Pacem in terris* (1963), il reconnaît les droits de réunion et d'association.[152] Par ailleurs, Jean XXIII, dans son Encyclique *Princeps Pastorum* (1959) met en garde à la dispersion. Celle-ci se produit si l'on érige de nouvelles associations et des nouvelles œuvres sans raison suffisante, si l'on en conserve d'autres

---

degli studi di Roma - «La Sapienza», la Biblioteca Ambrosiana, Publications de l'École Française de Rome, n° 223, (1996), p. 657-673 ; Pierre BARRAL, « Le magistère de Pie XI sur l'Action catholique », dans Actes du colloque de Rome (15-18 mars 1989) organisé par l'École française de Rome en collaboration avec l'Université de Lille III - Greco n° 2 du CNRS, l'Università degli studi di Milano, l'Università degli studi di Roma - « La Sapienza », la Biblioteca Ambrosiana, Publications de l'École Française de Rome, n° 223, (1996),p. 591-603 ; Jean DAUJAT, *Pie XI Pape Action Catholique*, Paris, Tequi, 1999, 240 p ; Marcel LAUNAY, Pie XI, *le Pape de l'action catholique*, Paris, Éd. du Cerf, 2018, 237 p.

[148] Voir *Discours du pape Pie XII aux participants au premier congrès mondial de l'apostolat des laïcs,* 14 octobre 1951, dans *AAS*., vol. 43, n° 16(1951), p. 784-792.

[149] *Discours du pape Pie XII aux participants au IIe congrès mondial de l'apostolat des laïcs,* 5 octobre 1957, dans *AAS*., vol. 49 (1957), p. 922.

[150] Voir aussi Philippe CHENAUX, *Le temps de Vatican II. Une introduction à l'histoire du Concile*, Paris, Éd. Desclée de Brouwer, 2012, 227 p.

[151] Jean XXIII, *Lettre Encyclique Mater et Magistra* du 15 mai 1961, n° 65 : « C'est pourquoi, dans l'éducation sociale, une tâche importante est réservée aux associations et aux organisations d'apostolat des laïcs, à celles en particulier qui se proposent comme objectif propre l'animation chrétienne de quelque secteur d'ordre temporel. En effet, beaucoup de membres de ces associations peuvent utiliser leurs expériences quotidiennes pour s'éduquer toujours mieux et contribuer à l'éducation sociale des jeunes. »

[152] Jean XXIII, *Lettre Encyclique Pacem in terris* du 11 avril de l'année 1963 : « n° 23- Du fait que l'être humain est ordonné à la vie en société découle le droit de réunion et d'association, celui de donner aux groupements les structures qui paraissent mieux servir leurs buts, le droit d'y assumer librement certaines responsabilités en vue d'atteindre ces mêmes buts. N° 24 - L'encyclique *Mater et Magistra* dit à bon droit que la création de bon nombre d'associations ou corps intermédiaires, capables de poursuivre des objectifs que les individus ne peuvent atteindre qu'en s'associant, apparaît comme un moyen absolument indispensable pour l'exercice de la liberté et de la responsabilité de la personne humaine. »

devenues inutiles, si l'on garde des méthodes périmées et enfin, si, de manière inopportune, on transplante dans un pays déterminé les formes d'apostolat qui existent dans un autre.[153]

Les thèmes sur les ‘‘laïcs’’, avec des contenus divers, sont évoqués dans plusieurs *Constitutions* et *Décrets* du second concile du Vatican, notamment dans *Lumen Gentium* (Constitution dogmatique sur l'église), *Sacrosanctum Concilium* (Constitution sur la liturgie), *Gaudium et Spes* (Constitution pastorale sur l'église dans le monde de ce temps), *Ad Gentes* (Décret sur l'activité missionnaire de l'église), *Apostolicam Actuositatem* (Décret sur l'apostolat des laïcs). Dans ces divers documents conciliaires, le laïcat bénéficie d'une compréhension théologique positive. Les laïcs ne sont plus seulement membres du peuple de Dieu, mais aussi des consacrés au Christ par le sacerdoce commun des fidèles, le sacerdoce royal ou le sacerdoce baptismal. Ce dernier est le fondement même de la théologie du laïcat. Il justifie très clairement la participation des fidèles à la triple mission du Christ, sacerdotale, prophétique et royale. Cette compréhension théologique positive élève en dignité les laïcs. Mais, c'est dans la Constitution *Gaudium et Spes* et dans le Décret *Apostolicam Actuositatem* que l'on trouve des notes évoquant expressément les droits des fidèles laïcs.[154]

Force est de constater que l'Église n'avait pas oublié les efforts des sociétés civiles et internationales qui s'étaient employées à fixer les droits et les libertés individuelles et communautaires, avant la célébration du concile Vatican II. D'ailleurs, parmi les dix principes qui guideront l'amendement du Code de droit canonique de 1917, il y en a un qui rejoint cette préoccupation. C'est le sixième principe qui déclare :

> « En raison de l'égalité fondamentale de tous les fidèles et de la diversité des offices et des charges, fondés sur l'ordre hiérarchique lui-même de l'Église, il convient que les droits des personnes soient correctement définis et protégés ; ceci entraîne que l'exercice du pouvoir apparaisse plus clairement comme un service, que son usage soit mieux assuré et que disparaissent les abus. »[155]

Nous notons ici la volonté du Législateur de définir les droits de tous les fidèles sur le fond d'une reconnaissance explicite de l'égalité fondamentale des fidèles. Ainsi, l'on aura, par exemple, dans le nouveau Code de 1983, le canon 215 qui prescrit : « Les fidèles ont la liberté de fonder et de diriger librement des associations ayant pour but la charité ou la piété, ou encore destinées à promouvoir la vocation chrétienne dans le monde, ainsi que de se réunir afin de poursuivre ensemble ces mêmes fins. »

---

[153] Jean XXIII, *Encyclique Princeps Pastorum*, 10 décembre 1959 dans, *AAS.*, vol. 51, n° 16 (1959), p. 856.

[154] *Gaudium et Spes* : n° 25, 2 ; 26, 2 ; 41, 1 et 3 ; 42, 5 ; 59, 2 ; 65, 3 ; 67 ; 68, 2 ; 71, 3 ; 73, 2 ; 75, 2 ; 76, 5. *Apostolicam Actuositatem* : n° 3 ; 11 ; 19 ; 25.

[155] *Communicationes*, 1, 1969.

Cinq années après qu'il ait promulgué le nouveau Code de droit canonique, Jean-Paul II, le 30 décembre 1988, publie l'*Exhortation apostolique Christifideles laici*. Celle-ci est d'une grande importance pour comprendre les droits propres de fidèles en matière d'associations. Ce Pontife romain met en évidence l'élan charismatique des fidèles se regroupant en association, comme une forme collective de participation à la mission de l'Église. La liberté d'association des fidèles laïcs est un droit véritablement propre qui ne dérive pas d'une concession de l'autorité ecclésiastique, mais qui découle du baptême, en tant que sacrement. Il appelle les fidèles laïcs à participer activement à la communion et à la mission de l'Église.[156]

Les laïcs peuvent ainsi initier des actions associatives pour la vitalité des Églises particulières. Cette ouverture est un appel aux laïcs à coopérer au pouvoir de gouvernement de l'Église, conformément au canon 129, §1-2 : « § 1. Au pouvoir de gouvernement qui dans l'Eglise est vraiment d'institution divine et est encore appelé pouvoir de juridiction, sont aptes, selon les dispositions du droit, ceux qui ont reçu l'ordre sacré. §2. A l'exercice de ce pouvoir, les fidèles laïcs peuvent coopérer selon le droit ». La coopération dont il est question ici est, pour Jean-Paul II, une nouvelle saison d'association de fidèles laïcs.[157] Elle n'est pas l'expression d'un désir de gouverner à l'exemple des communautés politiques. Elle est, positivement, une éclosion des charismes de l'Esprit qui souffle où il veut et quand il veut. Elle rend visible l'élan missionnaire des laïcs. Elle est une forme de prise en charge de la mission de l'Église par les laïcs en se consacrant pour l'un ou l'autre aspect de la vie spirituelle ou apostolique. En définitif, ce nouvel élan n'est pas signe d'une diversité négative décriée par l'Église mais un renforcement de la communion ecclésiale. Il est une expression de la *saine autonomie* et révèle le vrai visage et la vraie identité de la communauté des croyants.

---

[156]Jean- Paul II, *Exhortation apostolique post-synodale christifideles laici. Sur la vocation et la mission des laïcs dans l'Eglise et dans le monde,* n°29. Voir aussi. Can. 96 : « Par le baptême, un être humain est incorporé à l'Eglise du Christ et y est constitué comme personne avec les obligations et les droits qui sont propres aux chrétiens, toutefois selon leur condition, pour autant qu'ils sont dans la communion de l'Eglise et pourvu qu'aucune sanction légitimement portée n'y fasse obstacle »

[157]Jean- Paul II, *Exhortation apostolique post-synodale christifideles laici. Sur la vocation et la mission des laïcs dans l'Eglise et dans le monde*, n° 29. Nous retrouvons dans cette idée de Jean-Paul II ce que Paul VI disait déjà en 1963 dans une allocution à la cathédrale San Pietro de Frascati le 1er septembre 1963 : « C'est l'heure, l'heure des laïcs... ce sera toujours au nom de la hiérarchie elle-même qui veut avoir le laïcat à côté d'elle pour l'aider. » Voir *Allocution prononcée dans la cathédrale de Frascati*, le 1er septembre 1963. Voir Santa Messa a Frascati, *Omelia di Paolo VI, Domenica, 1e settembre 1963,* Dicastero per la Comunicazione, Libreria Editrice Vaticana

Le lien nécessaire avec l'autorité ecclésiastique étant assuré et les normes canoniques respectées[158], les laïcs ont le droit de fonder des associations, de les diriger et d'adhérer aux associations et mouvements existants[159]. Par conséquent, ces associations de laïcs jouissent d'une certaine autonomie[160] et même, sur le plan canonique, elles peuvent avoir des personnalités juridiques. Elles sont conduites selon leurs statuts par des dirigeants librement élus.

Ce parcours historique nécessaire nous met en présence de l'évolution positive de la théologie du laïcat. Celle-ci légitime les droits des laïcs en matière d'association. C'est un bouleversement sur le plan canonique. En effet, dans la vision pyramidale et cléricale de l'Église, avant le Concile Vatican II, les laïcs avaient peu de place dans le Code de droit canonique de 1917. Il était prescrit qu'aucune association ne devait être reconnue dans l'Église qui n'a pas été érigée ou au moins approuvée par l'autorité ecclésiastique. Au fil du temps, avec le développement de l'*Action catholique* et des *Organisations caritatives* animées par les laïcs, la législation de l'Église s'est enrichie de textes importants sur les droits de l'homme. Ainsi, elle va essayer de résoudre la question de la place des laïcs dans la communauté ecclésiale, jusqu'à la reconnaissance de leur droit fondamental en matière associative.[161]

2. Associations de fidèles : nature canonique

Il convient au préalable de rappeler que seules font l'objet de notre réflexion, les associations publiques de fidèles et les associations privées de fidèles. Faudra-t-il encore, dans cette deuxième catégorie, distinguer les associations privées de fidèles avec *recognitio* selon le canon 299, § 3[162] des associations privées de fidèles avec *approbatio* selon le canon 322, § 2[163]. La différence ici tient aux expressions *recognitio*[164] et *approbatio*[165]qu'on

---

[158] Dans le sens, le Can. 223 §1 stipule : « *Dans l'exercice de leurs droits, les fidèles, tant individuellement que groupés en associations, doivent tenir compte du bien commun de l'Église, ainsi que des droits des autres et des devoirs qu'ils ont envers eux* ».

[159]*Apostolicam Actuositatem*, n° 15 et 19 ; *Lumen Gentium*, n°37

[160] Nous aborderons cette question de l'autonomie des associations de fidèles dans la suite de nos réflexions. Pour l'instant, nous nous accordons de dire que les associations de fidèles jouissent *d'une certaine autonomie* car cette autonomie reste relative.

[161] Voir Ann JACOBS, « Les laïcs, membres du Peuple de Dieu, à travers le Code de droit canonique », dans *RTL*., vol. 18, n° 1 (1987), p. 30.

[162] Can. 299, § 3 : « Aucune association privée de fidèles n'est admise dans l'Église à moins que ses statuts ne soient reconnus par l'autorité compétente. »

[163] Can. 322, § 2 : « Aucune association privée de fidèles ne peut acquérir la personnalité juridique à moins que ses statuts n'aient été approuvés par l'autorité compétente dont il s'agit au Canon 312, § 1 ; mais l'approbation des statuts ne modifie pas la nature privée de l'association. »

[164]La *recognitio* est l'acte de reconnaître quelque chose en l'identifiant. La *recognitio* est un acte par lequel l'autorité ecclésiastique reconnaît que telle association appartient à l'Église.

applique aux unes et aux autres. Cette distinction tient aussi dans le fait que certaines sont constituées en *personnes juridiques* [166]et ont ainsi des *personnalités juridiques*, alors que d'autres ne bénéficient que d'une simple reconnaissance et d'un enregistrement sur les annuaires prévus à cet effet.

Par contre, une précision s'impose : la légitimité d'une association privée de fidèles n'est pas liée à sa reconnaissance par l'autorité ecclésiastique. Il serait important de ne pas confondre l'existence d'une association privée de fidèles de son admission comme telle. C'est dire qu'il ne faut pas subordonner la légitimité de son existence à la reconnaissance de ses statuts par l'autorité ecclésiastique. Ce qui serait contraire au droit. Le droit d'association, y compris pour les fidèles de l'Église catholique romaine, est un droit naturel, comme nous l'avons souligné plus haut. L'exercice de ce droit ne requiert pas, au préalable, l'intervention de l'autorité ecclésiastique. L'existence des associations privées de fidèles découle du droit et de la liberté d'association reconnus aux fidèles. L'admission, c'est-à-dire la *recognitio*, par l'octroi de la personnalité juridique de la part de l'autorité ecclésiastique compétente est un acte postérieur à l'existence d'une association privée de fidèles.

La personnalité juridique est la capacité pour une personne physique ou une personne morale à être sujet de droit. Elle se voit reconnaître des droits avec la capacité d'en jouir et de les exercer. Elle est aussi assujettie à des obligations. La notion canonique de *personne morale*[167] du Code de droit canonique de 1917, synonyme de *personne juridique* dans celui de 1983, était une réponse aux problèmes pratiques de l'autonomie de l'Église

---

Concrètement, il s'agit d'un simple enregistrement. Une association pourvue de la *recognitio* peut, sous réserve de la volonté de l'autorité légitime, être inscrite dans l'annuaire diocésain. Mais cette inscription ne constitue pas un droit, et surtout, la *recognitio* ne donne pas à l'association d'autre droit que celui d'être reconnue.

[165] L'*approbatio*, c'est l'action d'approuver quelqu'un ou quelque chose. C'est l'action qui consiste à donner son consentement. L'*approbatio* est un acte de l'autorité ecclésiastique compétente qui peut ouvrir à l'association un certain nombre de droits et de devoirs réciproques entre elle et ladite autorité, donnant à l'association une plus grande visibilité dans la sphère ecclésiale que la seul *recognitio*.

[166] Une personne juridique est l'ensemble de personnes (*universitas personarum*) ou de choses (*universitas rerum*) qui jouit de droits et est soumis à des obligations dans l'ordre canonique

[167] Le terme personne morale du code de droit canonique de 1917 est synonyme à celui de personne juridique dans le code de droit canonique de 1983. Selon certaines interprétations, en référence au Can. 113, §1 (du CIC/1983), l'appellation de personne morale est réservée uniquement à l'Eglise Catholique en tant que telle, et au Siège Apostolique qui, de par leur nature, ont des personnalités « pré-juridiques » ou métajuridiques, étant antérieurs au droit canonique. Selon d'autres commentaires, personne juridique et personne morale restent des expressions synonymes, les variations d'appellations constatées dans le code de 1983 étant simplement dues à une mauvaise harmonisation entre le vocabulaire du Code de 1917 et de la *Lex Ecclesiae Fundamentalis*. Cf. Jean WERCKMEISTER, *Petit Dictionnaire de Droit Canonique*, Paris, Éd. du Cerf, 1993, p. 157Pour les associations de fidèles, le Code actuel préfère la terminologie de « personne juridique ».

considérée comme une *société parfaite*[168], de ses institutions et de tout ce qui se rapportait à la possession de biens extérieurs.[169]

Le Code de droit canonique de 1983 évoque déjà les concepts de *personnes juridiques* dans son premier livre sur les *normes générales* (canons 96-123). Les matières abordées dans cette partie de la législation ecclésiastique peuvent constituer un préliminaire nécessaire pour une juste compréhension des associations de fidèles qui, elles, font partie du deuxième livre, *le Peuple de Dieu* (canons 298-329). C'est dire, à l'évidence, qu'une lecture parallèle de ces deux séries de canons s'impose.

En effet, comme on peut le lire dans le premier livre, au canon 113, §2 : « Dans l'Église, outre les personnes physiques, il y a aussi des personnes juridiques, c'est-à-dire en droit canonique des sujets d'obligations et de droits en conformité avec leur nature ». Et au canon 115 de préciser :

> « §1. Les personnes juridiques dans l'Église sont des ensembles de personnes ou des ensembles de choses. §2. Un ensemble de personnes, qui doit être constitué d'au moins trois personnes[170], est collégial si ses membres en déterminent l'action en prenant part en commun aux décisions à prendre à l'égalité de droit ou non, selon le droit et les statuts ; sinon, il est non collégial. §3. Un ensemble de choses ou fondation autonome consiste en des biens ou des choses spirituelles ou matérielles ; il est dirigé, selon le droit et des statuts, par une ou plusieurs personnes physiques. »[171]

Ce canon est à lire en parallèle avec ce dont dispose le canon 114, §1 : « Sont constituées en personnes juridiques par disposition du droit ou par concession spéciale de l'autorité compétente donnée par décret, des ensembles de personnes ou de choses ordonnés à une fin qui s'accorde avec la mission de l'Église et dépasse les intérêts des individus. »

En établissant la distinction entre *les personnes juridiques publiques et privées*, le canon 116, §1 apporte une lumière nécessaire aux prescriptions

---

[168] La notion juridico-théologique de l'Eglise *société parfaite* est d'origine médiévale. Elle plonge ses racines dans la tendance apologétique du Moyen Age qui justifiait l'importance des institutions ecclésiastiques qui permettent à l'Eglise d'atteindre ses objectifs ou mieux son but spirituel. Elle justifiait notamment l'importance du droit pour l'Eglise comme instrument incontournable, parmi tant d'autres, de la gestion de ses membres et de ses institutions. Pour cette notion, voir le Titre I sur *La sociologie juridique au service du droit canonique*

[169] Cf. Note introductive du chapitre II (les personnes juridiques) dans le *Code de droit canonique bilingue et annoté*, Montréal, Wilson & Lafleur Itée, 1999, p.99.

[170] C'est la survivance de l'antique principe du droit romain qui facilite une majorité au moment de la prise de décision.

[171] L'ancien Code de Droit Canonique (1917) se fondait sur le principe de collégialité pour établir la distinction entre les personnes juridiques : les personnes juridiques (morales) étaient soit collégiales, soit non collégiales. Ainsi, l'on parlait de : *universitas personarum (collégiales ou non collégiales)* et de *universitas rerum (*ou fondation autonome). L'activité de cette dernière catégorie peut être réalisée par des *personnes physiques* ou par *un collège* selon une procédure de collégialité. Le Code de Droit Canonique de 1983 ne reprend par cette forme de raisonnement. Il se base plutôt sur leur contenu réel.

des canons cités précédemment : « Les personnes juridiques publiques sont des ensembles de personnes ou de choses, constitués par l'autorité ecclésiastique compétente afin de remplir au nom de l'Église, dans les limites qu'elles se sont fixées et selon les dispositions du droit, la charge propre qui leur a été confiée en vue du bien public ; les autres personnes juridiques sont privées ». Cette distinction ne se fonde pas sur la finalité de la personne juridique. Car toutes les personnes juridiques ecclésiastiques travaillent pour le bien de l'Église. Le critère de la distinction est à chercher du côté du moyen utilisé pour atteindre cette fin. D'un point de vue théorique, nous pouvons donc dire que *les personnes publiques* agissent au nom de l'Église. Elles s'engagent, d'une certaine façon, comme institution sociale de l'Église. Les *personnes privées*, quant à elles, agissent en leurs noms propres et sous la responsabilité exclusive de leurs membres.[172]

Comme on peut le remarquer, qu'elle soit *publique* ou *privée*, toute association doit se conformer à l'exigence fondamentale du canon 117 : « Aucun ensemble de personnes ou de choses désireux d'acquérir la personnalité juridique, ne peut l'obtenir sans que ses statuts n'aient été approuvés par l'autorité compétente ». Pour cette approbation, le jugement discrétionnaire de l'autorité sera guidé par le canon 114, §3 qui statue : « l'autorité compétente de l'Église ne conférera la personnalité juridique qu'à des ensembles de personnes ou de choses qui visent une fin réellement utile et qui, tout pesé, jouissent de moyens qui paraissent suffisants pour atteindre cette fin. »[173]

Les dispositifs juridiques analysés aux paragraphes précédents s'appliquent, avec quelques spécificités, au domaine des associations de fidèles. En effet, selon le canon 313, la notion de *personnalité juridique* en droit canonique a une double signification. Elle est soit de *jure*, soit de *facto*. Ainsi qu'il est dit : « L'*association publique* comme la *confédération d'associations publiques*, par le décret même de l'autorité ecclésiastique compétente selon le canon 312[174] qui les érige, sont constituées en personne

---

[172] Voir le commentaire du Can. 116 et 117 dans le *Code de droit canonique. Bilingue et annoté*, Montréal, Ed. Wilson & Itée, 1999.

[173] Le §2 de ce même canon donne le contenu de cette fin « utile » : « Les fins dont il est question au §1, s'entendent d'œuvres de piété, d'apostolat, de charité spirituelle et temporelle », qui du reste, est explicité au canon 298, §1.

[174] Can. 312, § 1-2 : « § 1. Pour ériger les associations publiques, l'autorité compétente est : 1- pour les associations universelles et internationales, le Saint-Siège; 2- pour les associations nationales, qui du fait de leur érection sont destinées à exercer leur activité dans toute la nation, la conférence des Évêques dans son territoire; 3- pour les associations diocésaines, l'Évêque diocésain dans son propre territoire, mais non pas l'administrateur diocésain, exception faite pour les associations dont l'érection est réservée à d'autres par privilège apostolique. § 2. Pour ériger validement dans un diocèse une association ou une section d'association, même en vertu d'un privilège apostolique, le consentement écrit de l'Évêque diocésain est requis ; cependant, le consentement donné par l'Évêque diocésain pour ériger

juridique et reçoivent la mission, dans la mesure où cela est requis, pour poursuivre au nom de l'Église les buts qu'elles se proposent elles-mêmes d'atteindre » (c'est la personnalité juridique de *iure* c'est-à-dire de droit). Les associations privées de fidèles peuvent acquérir des personnalités juridiques de *facto* (c'est-à-dire la personnalité juridique de fait), selon le canon 322 :

> « §1 Une association privée de fidèles peut acquérir la personnalité juridique par décret formel de l'autorité ecclésiastique compétente dont il s'agit au canon 312. §.2. Aucune association privée de fidèles ne peut acquérir la personnalité juridique à moins que ses statuts[175] n'aient été approuvés par l'autorité compétente dont il s'agit au canon 312, §.1 ; mais l'approbation des statuts ne modifie pas la nature privée de l'association. »[176]

L'épineuse question de la représentativité de la personne juridique est résolue par le canon 118 : « *Représentent la personne juridique publique*, en agissant en son nom, ceux à qui cette compétence a été reconnue par le droit universel ou particulier, ou par les statuts propres ; *représentent la personne privée* ceux qui tiennent cette compétence des statuts »[177].

Deux préoccupations restent à éclairer. En fait, sur le plan diocésain, la personnalité juridique des associations de fidèles tant publiques que privées, ci-dessus décrite, ne peut être comprise que par rapport au diocèse à la tête

---

une maison d'un institut religieux vaut également pour ériger dans la même maison ou l'église y annexée une association propre à cet institut.

[175] Voir, pour les statuts, le Can. 94 : « § 1. Les statuts sont des dispositions établies, selon le droit, pour des ensembles de personnes ou de choses par lesquelles sont définis leurs objets, structure, gouvernement et modes d'actions. § 2. Les statuts d'un ensemble de personnes n'obligent que les seules personnes qui en sont légitimement membres ; les statuts d'un ensemble de choses obligent leurs administrateurs. § 3. Les dispositions statutaires établies et promulguées en vertu du pouvoir législatif sont régies par les prescriptions des canons qui concernent les lois. » Voir pour plus d'information : MIGUEL DELGADO GALINDO, « Les statuts des associations de fidèles », dans *AC.*, t. 52, n° 1 (2010), p. 271-284.

[176] Can. 312 : « §1. Pour ériger les associations publiques, l'autorité compétente est :
1° pour les associations universelles et internationales, le Saint-Siège ;
2° pour les associations nationales, qui du fait de leur érection sont destinées à exercer leur activité dans toute la nation, la conférence des Evêques dans son territoire ;
3° pour les associations diocésaines, l'Evêque diocésain dans son propre territoire, mais non pas l'administrateur diocésain, exception faite pour les associations dont l'érection est réservée à d'autres par privilège apostolique.
§.2. Pour ériger validement dans un diocèse une association ou une section d'associations, même en vertu d'un privilège apostolique, le consentement écrit de l'Evêque diocésain est requis, cependant, le consentement donné par l'Evêque diocésain pour ériger une maison d'un institut religieux vaut également pour ériger dans la même maison ou l'église y annexée une association propre à cet institut »

[177] Les autres canons traitent des aspects internes aux personnes juridiques notamment : de la perpétuité, de la suppression, de la dissolution conformément aux statuts ou au jugement de l'autorité compétente (Can. 120, §1-2) ; de la fusion des personnes juridiques (Can.121) ; de la division (Can. 122) ; de la destination des biens en cas d'extinction ou de division (Can. 122 et 123)

duquel est l'évêque. De par sa nature, le diocèse a la personnalité juridique *de iure* (dans l'ordre canonique). Il a ensuite une personnalité juridique en tant qu'association diocésaine dans le système français ou une ASBL (dans d'autres législations). Or, fonctionnent au sein de ce même diocèse, des associations publiques qui, elles aussi, bénéficient des personnalités juridiques de *iure* (dans l'ordre canonique) et peuvent, en outre, acquérir des personnalités juridiques selon les législations civiles. L'on se retrouve ainsi en face d'une dualité du statut associatif civil et du statut associatif canonique.[178]

La coexistence, dans une même Église locale, d'institutions ayant chacune une personnalité juridique n'engendre aucune confusion. Il n'est pas ici question de l'égalité mais de la préséance. Les personnalités juridiques *de iure* des associations diocésaines (diocèses), d'une part et celles des associations publiques de fidèles, d'autre part, sont différentes, dans l'ordre théorique, en degré. Les associations publiques de fidèles sont des regroupements qui ont pour but l'accomplissement des missions particulières de l'Église locale, le diocèse. D'ailleurs, selon la législation canonique, les biens acquis par les associations publiques relèvent du patrimoine du diocèse qui, sous son statut d'une association diocésaine et non lucrative, les administre. Il en va différemment, par exemple, des associations qui n'ont aucun lien avec l'Église. Ces associations gèrent leurs patrimoines conformément à leurs propres statuts approuvés et reconnus par les instances étatiques sans aucune autre médiation institutionnelle.

Résumons-nous. Selon la doctrine canonique, les associations de fidèles sont des personnes juridiques, c'est-à-dire des sujets de droits et d'obligations. Une association publique de fidèles, selon le canon 301, §3, est érigée par une autorité ecclésiastique compétente. Le décret d'érection lui confère automatiquement (de *iure*) la personnalité juridique. Une association privée de fidèles naît des initiatives privées. Comme telle, elle n'a pas une personnalité juridique de manière automatique. Elle l'acquiert de l'autorité ecclésiastique compétente, après l'approbation des statuts et après une période *ad experimentum* jugée convenable.[179]

---

[178] Voir à ce sujet des analyses de Francis MESSNER, « Le droit associatif dans l'Église catholique et dans la société française », dans *PJR.*, t.1 (1984), p.111-132 ; Jean SCHLICK. « Association civile et association d'Église », dans *PJR*, t. 2006, n°2 (1985), p.248-265 (voir le titre : Problèmes de double appartenance).

[179] Schématiquement, cette démarche peut être présentée comme suit : Initiative privée ► Présentation des statuts ► [simple, *recognitio*] reconnaissance des statuts (pour une période *ad exprimentum*) ►Approbation des statuts et octroi de la personnalité juridique (pour une reconnaissance définitive, *approbatio*).

Tableau récapitulatif[180] de la normative (conformément au Code de droit canonique de 1983) sur des associations publiques et privées de fidèles.

	Association Publique de fidèles	**Association Privée de fidèles**
Érection	Autorité ecclésiastique compétente (*Can. 301, § 3)*	Initiative privée (*Can. 299, § 1)* Sauf exception du *Can. 301, § 1* Ou par suppléance de l'autorité ecclésiastique (*Can.301, § 2)*
Statuts	Doivent être approuvés *(Can. 313)*	Doivent être reconnus (*Can. 299, § 3)* Doivent être approuvés, si l'association désire la personnalité juridique *(Can. 322, § 2)*
Personnalité juridique	L'association a la personnalité juridique *(Can. 313)*	N'a pas la personnalité juridique, sauf décret spécial la lui conférant *(Can. 322)*
Gouvernement	Autorité ecclésiastique, d'après les statuts, confirme le modérateur élu ou institue celui qui est présenté ou nomme de sa propre autorité *(Can. 317, § 1)*	Désigne librement son modérateur et ses officiers, d'après les statuts *(Can. 324)*
Assistant spirituel	Est nommé par l'autorité ecclésiastique compétente *(Can. 317, § 1)* chapelain ou assistant	Choisit librement un conseiller spirituel qui doit être confirmé par l'ordinaire du lieu *(Can. 324, § 2)*
Biens temporels	Administre ses propres biens et doit rendre compte à l'autorité, même de l'emploi des aumônes et offrandes *(Can. 319)*	Administre librement ses biens sous la vigilance de l'autorité ecclésiastique S'il y a des dons pour des causes pies, appliquer le canon 1301 *(Can. 325, § 2)*
Cessation	Suppression par autorité qui a institué après avoir entendu modérateur et officiers majeurs *(Can. 320)*	Selon les statuts, mais aussi par autorité si grave danger ou scandale *(Can. 320, § 1)*

[180] Voir Roger PARALIEU, *Guide pratique du Code de Droit Canonique. Notes pastorales*, Bourges, Éd. Tardy, 1985, p.122

II. Ecclésialité des associations de fidèles.

Parler de l'ecclésialité, c'est évoquer les caractéristiques qui confèrent à une institution une nature ecclésiale. L'ecclésialité renvoie, en même temps, aux critères d'appartenance à une communauté ecclésiale, ici l'Église catholique du rite latin. C'est établir les caractéristiques de discernement et de reconnaissance d'une institution ecclésiale. L'ecclésialité est donc une marque d'identification d'une communauté ou d'une institution qui se veut être de l'Église catholique latine.

Pour l'ecclésialité des associations de fidèles, un certain nombre de critères ont été prescrits. Ainsi, toute association de fidèles doit répondre aux caractères et aux principes qui permettent de la définir et de l'identifier comme appartenant à l'Église ou, du moins, exerçant son apostolat au nom de l'Église.

Il va sans dire que toutes les institutions ecclésiales participent à l'accomplissement de la finalité de l'Église, le *salut des âmes*, qui est sa loi suprême. Toute l'action de l'Église tend vers ce but ultime.[181] Ce qui signifie donc que les critères d'ecclésialité définissent les moyens pour qu'une association, dans son apostolat, collabore le mieux possible à la réalisation de la finalité de l'Église.

1. Les critères fondamentaux d'ecclésialité.

Pour définir les critères d'ecclésialité d'une association de fidèles, nous nous référons à l'Exhortation apostolique post-synodale *Christifideles laici, Sur la vocation et la mission des laïcs dans l'Église et dans le monde*, publiée le 30 décembre 1988 par le Pape Jean-Paul II. Dans son *Exhortation*, le Pape rappelle cinq critères fondamentaux : le primat donné à la vocation de tout chrétien à la sainteté ; l'engagement à professer la foi catholique en accueillant et proclamant la vérité sur le Christ, sur l'Église et sur l'homme ; le témoignage d'une communion solide et forte dans sa conviction, en relation filiale avec le Pape et avec l'évêque ; l'accord et la coopération avec le but apostolique de l'Église qui est l'évangélisation et la sanctification des hommes ; l'engagement à être présent dans la société humaine pour le service de la dignité intégrale de l'homme, conformément à la doctrine sociale de l'Église.

- Le primat donné à la vocation de tout chrétien à la sainteté.

Dans son enseignement comme dans ses actions, l'Église adresse à tous un appel pressant à la sainteté. Dans sa Première lettre aux Thessaloniciens,

---

[181] Voir, pour les *Significations théologiques, philosophiques et juridiques du salut*, Jean-René KIEDI Kionga, *la dispense en droit canonique. Pour des adoucissements d'applications de règles en catholicisme romain*, Paris, Cerf, 2020, p. 507s.

saint Paul Apôtre écrit : « Oui, ce que Dieu veut, c'est votre sanctification. »[182] Pour comprendre cet appel, il nous semble important de considérer d'abord la sainteté même de l'Église car, « [...] le Christ, dit le second Concile du Vatican, Fils de Dieu qui, avec le Père et l'Esprit, est proclamé 'Seul Saint', a aimé l'église comme son épouse, il s'est livré pour elle afin de la sanctifier, il se l'est unie comme son Corps et l'a comblée du don de l'Esprit-saint pour la gloire de Dieu. »[183] Aussi, « dans l'Église, tous, qu'ils appartiennent à la hiérarchie ou qu'ils soient régis par elle, sont appelés à la sainteté. »[184] Cet appel à la sainteté peut d'ailleurs être considéré comme l'essentiel des enseignements de Jésus, Maître divin et modèle de toute perfection.[185]

La sainteté de l'Église, affirme Jean-Paul II, se manifeste constamment et doit se manifester par les fruits de la grâce que l'Esprit produit dans ses fidèles. Sous toutes les formes, la sainteté de l'Église s'exprime en chacun de ceux qui tendent à la charité parfaite dans leur propre ligne de vie, en édifiant les autres.[186] En ce sens, toute association de fidèles laïcs est appelée à être toujours davantage un moyen de sanctification des fidèles dans l'Église, un moyen qui favorise et encourage une union plus intime entre la vie concrète de leurs membres et leur foi.[187]

- L'engagement à professer la foi catholique en accueillant et proclamant la vérité sur le Christ, sur l'Église et sur l'homme.

En réalité, toutes les associations de fidèles sont au service d'une même et seule Église, apostolique et romaine. Appartenir à une association est une participation des fidèles laïcs, *suo modo*, à la mission de l'Église. L'engagement à professer la même foi catholique n'est pas seulement un critère fondamental pour l'ecclésialité mais une nécessité pour notre ''Être-Chrétien''. C'est dire qu'en accueillant et en proclamant la vérité sur le Christ et sur l'homme, selon l'enseignement de l'Église, toute association de fidèles laïcs doit être un lieu d'annonce, un lieu de proposition de la foi et un lieu d'éducation à cette même foi dans son contenu intégral.[188]

- Le témoignage d'une communion solide et forte dans sa conviction, en relation filiale avec le Pape et avec l'évêque.

La communion ecclésiale et l'unité parfaite dans la diversité des charismes sont des principes nécessaires de l'Église, à la fois Corps du

[182] 1Th. 4, 3
[183] Eph. 5, 25-26. Voir aussi *LG.*, n°39
[184] *LG.*, n°39.
[185] *L.G.*, n°40, cf. Mat. 5, 48 (Vous donc, soyez parfaits comme votre Père céleste est parfait)
[186] *L.G.*, n° 39
[187] Cf. Jean- Paul II, « *Exhortation apostolique post-synodale Christifideles laici. Sur la vocation et la mission des laïcs dans l'Eglise et dans le monde*, n°30.
[188] Cf. *Ibidem.*

Christ et Peuple de Dieu. La communion ecclésiale et l'unité parfaite sont aussi des éléments essentiels de la *saine décentralisation* que prône l'Église. Ils participent au témoignage au sein de la communauté ecclésiale.

La communion avec le Pape et avec l'évêque doit s'exprimer dans une disponibilité loyale à recevoir leurs enseignements doctrinaux et leurs directives pastorales. La communion ecclésiale exige, de plus, la reconnaissance du légitime pluralisme des fidèles laïcs dans l'Église et, en même temps, la disponibilité à une mutuelle collaboration.[189]

- L'accord et la coopération avec le but apostolique de l'Église qui est l'évangélisation et la sanctification des hommes.

Il est hors de doute que le but apostolique de l'Église est l'évangélisation et la sanctification des hommes. Pour le Pape Jean-Paul II, on demandera, dans cette perspective, à toutes les formes d'association de fidèles laïcs et à chacune d'elles, qu'elles soient animées d'un élan missionnaire qui en fasse des instruments toujours plus actifs d'une nouvelle évangélisation.

- L'engagement à être présents dans la société humaine pour le service de la dignité intégrale de l'homme, conformément à la doctrine sociale de l'Église.

La spécificité de l'apostolat du laïcat, dans sa participation à la mission évangélisatrice de l'Église, est d'imprégner le monde de l'esprit du Christ, de parfaire l'ordre temporel et de rendre un témoignage chrétien, spécialement dans la gestion et dans l'accomplissement de charges séculières.[190] Les associations de fidèles laïcs doivent donc être des courants vivants de participation et de solidarité pour créer des conditions plus justes et plus fraternelles à l'intérieur de la société.[191]

Les associations de fidèles qui, au jugement de la hiérarchie de l'Église et dans lesquelles peuvent se vérifier l'ensemble de ces critères fondamentaux d'ecclésialité sont considérées comme des associations d'action catholique, même si elles ont des structures et des noms variés selon les exigences des lieux et des peuples.[192] D'ailleurs, dans son Décret sur l'apostolat des laïcs, *Apostolicam Actuositatem,* le second Concile du Vatican recommande instamment les institutions qui répondent, dans beaucoup de pays, aux nécessités de l'apostolat de l'Église. Il invite les prêtres et les laïcs qui

---

[189] *Ibidem.*

[190] Cf. Can. 225, §2 « Chacun selon sa propre condition, ils sont aussi tenus au devoir particulier d'imprégner d'esprit évangélique et de parfaire l'ordre temporel, et de rendre ainsi témoignage au Christ, spécialement dans la gestion de cet ordre et dans l'accomplissement des charges séculières »

[191] Jean- Paul II, *Exhortation apostolique post-synodale Christifideles laici. Sur la vocation et la mission des laïcs dans l'Eglise et dans le monde*, n°30

[192] Cf. *Ibidem*

travaillent dans des associations à toujours coopérer, dans un élan plus fraternel, avec toutes les autres formes d'apostolat.[193]

Il résulte de ce qui précède que le but immédiat des associations de fidèles est l'apostolat de l'évangélisation, de la sanctification des hommes et de la formation de la conscience chrétienne, afin de pénétrer de l'esprit du Christ les diverses communautés et les divers milieux. De cette manière, les laïcs collaborent, selon des modes qui leur sont propres, avec la hiérarchie de l'Église. Ils apportent leur expérience et assurent leur responsabilité dans la direction de ses organisations, dans la recherche des conditions de mise en œuvre de la pastorale de l'Église, dans l'élaboration et la poursuite de leur programme d'action. Ils agissent unis à la manière d'un corps organisé, ce qui crée des vraies communautés ecclésiales et rend l'apostolat plus fécond.

Les laïcs, qu'ils soient venus à l'apostolat par la voie de leurs propres mouvements (associations privées de fidèles) ou en réponse à l'invitation des autorités ecclésiastiques pour participer à l'action ou pour coopérer directement à l'apostolat (associations publiques de fidèles), agissent sous la haute direction de la hiérarchie de l'Église, qui authentifie cette collaboration par un mandat explicite.

2. Le rôle de la hiérarchie ecclésiastique et l'autonomie relative des associations de fidèles.

Nous avons déjà noté que les autorités ecclésiastiques sont omniprésentes dans les associations publiques de fidèles. Elles en sont les initiateurs, octroient les personnalités juridiques et veillent à la bonne marche des actions. Elles interviennent aussi dans les associations privées de fidèles pour conférer les personnalités juridiques et veiller au respect des critères d'ecclésialité. Il appartient donc à la hiérarchie, par ces actions juridiques et pastorales, de favoriser l'apostolat des laïcs, de lui donner des orientations et de l'assistance spirituelle, d'ordonner son exercice au bien commun, de faire observer la doctrine et les dispositions fondamentales annoncées par l'Église.[194]

On le voit, en dépit de leurs caractères propres, les œuvres, les institutions d'ordre temporel et les associations de fidèles sont soumises au pouvoir de la hiérarchie ecclésiastique qui en assure l'enseignement et l'interprétation authentique des principes moraux à suivre en ce domaine. Après mûres réflexions et après consultations de personnes compétentes et averties, l'autorité ecclésiastique juge de la conformité de telle œuvre ou telle institution avec ces principes moraux. Elle se prononce ensuite sur ce qui est exigé pour la sauvegarde et la promotion des biens de l'ordre

---

[193] Cf. *AA.*, n° 20

[194] Cf. *AA.*, n° 24.

surnaturel.[195] En ce sens, les associations de fidèles en tant qu'œuvres ou institutions de l'Église jouissent d'une *autonomie relative.* Plus positivement, ces associations jouissent d'une autonomie selon l'ordre canonique.

Aucune association n'échappe à la vigilance soit de l'ordinaire du lieu, selon le canon 134, §1-3[196], soit du curé, comme le pasteur propre d'une juridiction déterminée. Ainsi, le principe de la territorialité pour toute association de fidèles doit être respecté pour faciliter la vigilance discrétionnaire de l'autorité compétente. Le problème se pose pour *des initiatives associatives supra-territoriales.* Elles peuvent être de deux ordres. Les associations publiques de fidèles qui, face aux impératifs et à la nécessité apostolique, sont devenues *supra-territoriales.* L'ordinaire à l'initiative duquel elles ont été érigées peut continuer à y exercer son pouvoir de vigilance. D'autre part, les associations privées de fidèles qui, par la force des choses, ont muté dans la sphère de la *supra-territorialité* peuvent être contrôlées par les ordinaires des lieux où elles s'implantent. Il serait d'ailleurs souhaitable qu'une association privée de fidèles commence son action dans une juridiction restreinte, c'est-à-dire paroissiale, avant de s'implanter sur toute l'étendue de la juridiction diocésaine. Ce qui permet d'en juger l'opportunité et la nécessité pour la pastorale diocésaine.

L'on constate, en outre, de nos jours, que plusieurs associations privées de fidèles s'ouvrent au monde. Elles s'implantent dans d'autres continents et dans d'autres Églises locales, différentes de leurs lieux d'origine. Si on n'y prend garde, ces associations risquent de devenir des *associations d'importation,* c'est-à-dire des copies impropres des spiritualités venues d'ailleurs et qui n'ont aucune originalité pour le territoire d'implantation. De telles associations ne peuvent pas répondre aux aspirations réelles des communautés ecclésiales d'accueil. Cela est d'autant plus vrai que l'érection d'une association doit, en principe, être toujours une réponse à une situation particulière donnée. Elle doit favoriser la promotion spirituelle ou l'éclosion des charismes de la vie chrétienne. Quand il est question d'une implantation

---

[195]Cf. *Ibidem.*

[196] Can. 134, § 1-3 : « § 1. Par Ordinaire, on entend en droit, outre le Pontife Romain, les Évêques diocésains et ceux qui, même à titre temporaire seulement, ont la charge d'une Église particulière ou d'une communauté dont le statut est équiparé au sien selon le Canon 368, ainsi que ceux qui y jouissent du pouvoir exécutif ordinaire général, c'est-à- dire les Vicaires généraux et épiscopaux; de même pour leurs membres, les Supérieurs majeurs des instituts religieux cléricaux de droit pontifical et des sociétés cléricales de vie apostolique de droit pontifical, qui possèdent au moins le pouvoir exécutif ordinaire.

§ 2. Par Ordinaire du lieu, on entend tous ceux qui sont énumérés au § 1, à l'exception des Supérieurs des instituts religieux et des sociétés de vie apostolique.

§ 3. Ce que les canons attribuent nommément à l'Évêque diocésain dans le domaine du pouvoir exécutif est considéré comme appartenant uniquement à l'Évêque diocésain et à ceux qui, selon le Canon 381, § 2, ont un statut équiparé au sien, à l'exclusion du Vicaire général et du Vicaire épiscopal, à moins qu'ils n'aient le mandat spécial. »

des associations privées de fidèles, le jugement discrétionnaire de l'autorité ecclésiastique est particulièrement sollicité.[197] Le *principe du besoin* doit être le leitmotiv principal de toute initiative associative.

Dans tous les cas, les associations de fidèles, publiques et privées, participent à l'œuvre d'apostolat de l'Église. En ce sens, il est important de toujours créer des conditions pour une *pastorale d'ensemble*. D'ailleurs, le décret conciliaire *Apostolicam Actuositatem* voudrait promouvoir, qu'au-delà de la diversité dans les associations de fidèles, cette *pastorale d'ensemble*. Ce faisant, l'apostolat des laïcs, individuel ou collectif, doit trouver sa vraie place dans l'apostolat de toute l'Église. Qui plus est, le lien de laïcs avec ceux que l'Esprit-saint a constitué pour gouverner l'Église de Dieu est un élément essentiel de tout apostolat chrétien. Il revient donc à la hiérarchie ecclésiastique d'harmoniser les diverses initiatives apostoliques.[198]

De cette *pastorale d'ensemble* résulte certaines exigences auxquelles la hiérarchie doit particulièrement veiller. Il nous semble qu'il faut mentionner en premier ce que soulignait déjà, en 1936, le Pape Pie XI dans son Encyclique *Quamvis Nostra :*

> « Une estime mutuelle et une bonne coordination de toutes les formes apostoliques de l'Église, respectant le caractère particulier de chacune sont en effet absolument nécessaires pour promouvoir l'esprit d'unité afin que la charité fraternelle éclate dans tout l'apostolat de l'Église, que les actes communs soient atteints et que les rivalités dommageables soient évitées »[199]

Il faut reconnaître que, dans la mise en œuvre de la *pastorale d'ensemble* qui, en réalité est une *philosophie de collaboration participative*, la hiérarchie peut confier aux laïcs certaines charges touchant aux devoirs des pasteurs : dans l'enseignement de la doctrine chrétienne, par exemple dans certains actes liturgiques et dans le soin des âmes, comme cela se fait souvent dans leurs associations. Néanmoins, par cette mission, les laïcs sont pleinement soumis à la direction du supérieur ecclésiastique pour l'exercice de ces charges[200].

---

[197] Le Can. 298, §1 peut guider le jugement de l'autorité compétente. Ces associations doivent permettre aux membres de mener « ... une vie parfaite, à promouvoir le culte public ou la doctrine chrétienne, ou à exercer d'autres activités d'apostolat, à savoir des activités d'évangélisation, des œuvres de piété ou de charité, et d'animation de l'ordre temporel par l'esprit chrétien »

[198]Cf. *AA.*, n°. 23.

[199] Pie XI, Encyclique *Quamvis Nostra* du30 avril 1936, *AAS.*, vol. 28(1936), p. 160-161.

[200] Cf. *Ibidem*

Conclusion.

De toute évidence, nous n'avons pas la prétention d'avoir tout dit sur ce sujet vaste et complexe. Ce n'était d'ailleurs pas notre objectif. Les analyses et les réflexions proposées nous offrent cependant un panorama de compréhension du monde des associations. Elles sont un regard heuristique de l'univers associatif. Elles sont aussi un rappel estimé nécessaire pour favoriser la bonne gouvernance des associations, tant publiques que privées, conformément aux normes de la législation ecclésiastique. Elles nous permettent enfin d'apprécier ce paysage ecclésial et son originalité dans l'apostolat de l'Église catholique romaine.

Partant d'un constat réel, celui de la floraison de charismes et du foisonnement de mouvements, groupes et associations de fidèles dans certaines Églises locales, nous avons essayé de mettre en évidence l'importance d'un cadre légal dans lequel doivent s'exprimer les diverses initiatives de fidèles laïcs, tout en reconnaissant que, se réunir en association est l'un des droits fondamentaux de l'homme en général et des fidèles laïcs en particulier.

Se fondant sur les textes du Code de droit canonique actuel, de la doctrine du second concile du Vatican, de l'Exhortation apostolique post-synodale *Christifideles laici* de Jean-Paul II, nous avons montré que, tout en étant une opportunité pour l'Église du XXIe, ce foisonnement d'associations et des mouvements catholiques est aussi une menace permanente de l'unité ecclésiale. Cela exige de la part des autorités ecclésiales un regard vigilant et un jugement équilibré.

Les associations de fidèles sous leurs formes de simples *mouvements de chrétiens*, celles qui se développent dans des paroisses sont des associations *modèles-courants*. Sans aucune reconnaissance juridique de la part de l'autorité ecclésiastique, elles interrogent pourtant la sollicitude de tout pasteur. Il est donc important de les gérer et de les encadrer selon ce *modèle courant*, en expliquant aux adhérents que chaque diocèse, sous sa forme d'association diocésaine ou d'association sans but lucratif, est reconnu, en droit civil, comme une personne juridique. Et comme tel, les associations *modèles-courants* participent aux prérogatives juridiques que l'autorité civile reconnaît à l'association diocésaine ou à l'association non lucrative (ASBL), selon la législation civile.

Il est utile, dans une structure diocésaine, de rappeler que toutes les institutions, associations de fidèles laïcs, y compris, participent à la promotion de la *pastorale d'ensemble*. Toutes les actions doivent être orientées vers l'objectif final de l'Église, le salut des âmes.

Tout compte fait, il est recommandé à la hiérarchie ecclésiastique de revenir continuellement aux textes canoniques, à la doctrine de l'Église universelle et aux clauses éventuelles des législations particulières pour l'approbation des statuts des associations. Sachant que le monde associatif est l'un des lieux de l'exercice de son pouvoir de juridiction.

Titre III.

Éléments épistémologiques d'un droit canonique particulier pour les Églises particulières et locales en Afrique subsaharienne.

Reposer aujourd'hui la question relative au droit canonique particulier, dans le cas des Églises locales et particulières en Afrique subsaharienne, c'est réfléchir en même temps sur les éléments épistémologiques qui plaident en faveur d'une telle approche scientifique. L'épistémologie étant comprise ici, comme une critique destinée à déterminer l'origine du droit canonique particulier, sa valeur et sa portée. Cette démarche se réalise à travers un certain nombre de théories émises sur les fonds de certaines hypothèses. En fait, le droit canonique particulier qui devrait être l'une des branches de la législation ecclésiastique universelle peut, en toute légitimité, s'entourer des théories qui plaident en sa faveur. Ces théories constituent, pour ainsi dire, les éléments de son épistémologie.

En effet, peu de temps après la célébration du dernier concile du Vatican, les thèmes sur *l'Église particulière* ont fait l'objet de plusieurs études, principalement en théologie. Les recherches dans ce domaine avaient, entre autres pour objectif, de redéfinir *l'identité des Églises particulières* : leur rapport avec l'Église universelle[201], la place de l'évêque, son pasteur propre, et leurs structures. Ces aspects ont été au cœur de toutes les analyses théologiques post-conciliaires.

---

[201]Henri de LUBAC, *Les églises particulières dans l'Église universelle*, Aubier Montaigne, 1971, 254 p. ; Georges BAVAUD, « Les rapports entre l'Eglise universelle et l'Eglise particulière. Un document de la Congrégation de la foi », Dans *Echos de Saint-Maurice*, t. 88 (1992), p. 157-165 (Document de la Congrégation de la foi, dans *L'Osservatore romano*, édition française, n° 24, 16 juin 1992)

Cependant, il faut reconnaître qu'une telle perspective d'étude était encore très balbutiante dans le domaine canonique latin.[202] Ce constat est celui de plusieurs canonistes. Il aura fallu attendre la promulgation du Code de Jean-Paul II pour scruter de plus près la traduction canonique de cette réalité ecclésiologique qu'est *l'Église locale et particulière.* Cette dernière devenait, pour les canonistes, un lieu d'analyses avec un premier objectif, celui d'éclairer la sagesse des évêques, pasteurs propres de leurs Églises locales et particulières. Plusieurs études seront ainsi menées par les théologiens et les canonistes, après la promulgation du Code de droit canonique de 1983, avec des orientations diverses les unes des autres.[203]

---

[202]Paul MAMBE SHAMBA Y'OKASA, Gianfranco GIROTTI, Patrick VALDRINI, *Inculturation et évangélisation : Dans le code de droit canonique*, Paris, L'Harmattan, 2008 ; Jean-René KIEDI Kionga, « Les enjeux canoniques d'une législation particulière », dans *RAT.*, vol. 27, 2003, 253-275.

[203]Gustave THILS, « La révision du droit canonique et les problèmes ecclésiologiques qu'elle rencontre », dans *RTL.*, vol. 9, n° 3 (1978), p. 329-341 (Plus tard se posera sans doute la question d'un *droit canonique* élaboré pour l'*Afrique* subsaharienne. Ce faisant, l'on resterait fidèle à Vatican II) ; Antoine MATENKADI Fini Fini, « Questions africaines au Code de droit canonique », dans *RAT.*, vol. 14, n° 27-28 (avril-octobre 1990), p. 253- 260 ; Valentin MASENGO Nkinda, « L'ordre juridique particulier des églises africaines selon le droit canonique. Application des principes de subsidiarité et de décentralisation », dans *Quelle Eglise pour l'Afrique du troisième millénaire ? Contribution au synode spécial des Évêques pour l'Afrique. Actes de la Dix-huitième Semaine Théologique de Kinshasa, du 21 au 27 avril 1991,* Kinshasa, FCK., 1991, p. 247-254 ; Dominique NOTHOMB, « Le mariage en Afrique : réflexions à l'occasion du prochain synode des Évêques », dans *NRT .*, vol. 114, n° 6 (1992), p. 852-869 ; Philippe ANTOINE, *Le mariage. Droit canonique et coutumes africaines*, Paris, Beauchesne, 1992, 626 p ; René KANDE-KATANKU, *Paul VI et les Églises africaines. Jalon d'un droit canonique africain,* Thèse Dirigée par Brigitte Basdevant, Patrick VALDRINI, 1993 (Université Paris XI) ; Achille MBALA-KYE, « Le mariage des catholiques en Afrique : lectures africaines du canon 1055 ou le droit canonique autrement », *PJR.* t. 14, n° 2 (1997), p. 155-190 ; J. Macaire MATAFWADI MUSENGI, *Droit canonique et droit coutumier africain en matière de consentement mutuel,* Lateran University Press, 2000 ; Silvia RECCHI, *Droit canonique et églises d'Afrique*, Yaoundé, Presses de l'UCAC, (Coll. *Les publications du conseil scientifique* et Sous – Collection : *Cahiers de droit ecclésial*), vol. 6, n° 24 6, (1999), 28 p ; Silvia RECCHI, *Le droit canonique en dialogue avec les Églises d'Afrique: hommage au Père Alfred Nothum*, Département de droit canonique, Université Catholique d'Afrique Centrale, Institut Catholique Yaoundé, 2001, 150 p ; Jean-René KIEDI Kionga, « Les enjeux canoniques d'une législation particulière », dans *RAT.*, vol. 27 (2003), p. 253-275 ; Jean-Bertrand SALLA, « Regard d'un théologien sur la pertinence du droit canonique dans les pratiques pastorales des Églises particulières d'Afrique centrale », dans *AC.,* t. 50, n° 1 (2008), p. 31-39 ; Jean-Paul BETENGNE, « De quelques exigences canoniques pour la réalisation effective de l' ''Église-famille de Dieu'' », dans *AC.*, t. 50, n° 1 (2008), p. 77-100; Paul MAMBE SHAMBA Y'OKASA , Gianfranco GIROTTI , Patrick VALDRINI, *Inculturation et évangélisation : Dans le code de droit canonique*, Paris, L'Harmattan, 2008 ; Jean-René KIEDI Kionga, « Le consentement matrimonial canonique et les épreuves de la modernité et de la culture africaine : analyse de quelques faits socio-culturels en République Démocratique du Congo », dans *RASM.*, vol. 12, n°24-25 (2008), p. 167-196 ; Arnaud JOIN-LAMBERT, « L'Église et les défis de la société africaine. D'un synode à l'autre », dans *L'Église et les défis de la société africaine. Perspectives pour la Deuxième assemblée spéciale du synode des Évêques pour l'Afrique Actes des journées*

Dans ce nouveau contexte et au-delà de la recherche d'une nouvelle compréhension de cette institution, ''*Églises particulières et locales*'', ces études des canonistes et des théologiens auront un deuxième objectif. Il était question de créer des conditions de compréhension réciproque entre l'Église universelle et les *Églises particulières et locales*'' d'une part et entre ces Églises et les cultures ou les génies de chaque peuple, d'autre part. Les Églises particulières et locales devraient donc être les lieux où se dévoile, dans toute sa splendeur, l'Église universelle, Une et Apostolique et où devraient s'exprimer le pluralisme culturel et la diversité des traditions de tous les peuples de croyants. Se sont donc invitées dans la discussion les questions relatives à l'inculturation, non plus seulement de la parole de Dieu, mais aussi de toutes les structures des Églises particulières et locales.

En effet, aujourd'hui encore, le thème de l'inculturation garde son actualité en théologie, en liturgie et en la théologie pastorale, en Afrique subsaharienne. Plusieurs études y sont consacrées. Les facultés et les universités africaines catholiques, n'en font aucune économie. Il suffit de consulter les *Actes des séminaires et des colloques* organisés dans ce domaine pour se rendre compte des inventivités des théologiens tant africains que d'ailleurs.[204]

La question autour de l'inculturation a trouvé un domaine d'application dans plusieurs Églises particulières et locales africaines, la liturgie. C'est le lieu de déploiement des théories des partisans de la théologie d'inculturation. Cette démarche a bénéficié, récemment, des louables encouragements du

---

d'études, Louvain-la-Neuve (Belgique), 2009, p. 205-208 ; JEAN-BERTRAND SALLA, « Regard d'un théologien sur la pertinence du droit canonique dans les pratiques pastorales des Églises particulières d'Afrique centrale », dans *AC.*, t. 50, n° 1, (2008), p. 31-39 ; Paolo BROGGIO, de Castelnau CHARLOTTE, PIZZORUSSO Giovanni. « Le temps des doutes : les sacrements et l'Église romaine aux dimensions du monde », dans *Mélanges de l'École française de Rome. Italie et Méditerranée*, t. 121, n° 1 (2009), p. 5 - 22 ; Constantin YATALA Nsomwe Ntambwe, « Le droit ecclésial et la « canonisation » du droit coutumier en Afrique Subsaharienne. Pour un droit canonique africain », dans *RSR.*, t. 84, n° 2(2010), p. 245-262 ; Gilbert Augustin RASAMIMANANA, *L'Indissolubilité du mariage et ses impacts dans le contexte Malagasy, en particulier chez les Betsimisaraka (c. 1056)*, (Thèse présentée à la Faculté de droit canonique de l'université Saint-Paul, Ottawa, Canada, en vue de l'obtention du grade de docteur en droit canonique), Ottawa, Canada Université Saint-Paul 2011 ;Georges MBOMA USUS, *Le droit canon face aux défis des réalités africaines - Cas du renvoi d'un religieux*, L'Harmattan, 2013, 106 p ;

204 A titre indicatif, citons par exemple : *Théologie africaine.* Actes de la Dix-septième Semaine théologique de Kinshasa. 2-8 avril 1989, Facultés Catholique de Kinshasa, Kinshasa, 1989 ; *Pédagogies missionnaires : traduire, transmettre, transculturer.* Colloque du Centre de Recherches et d'Échanges sur la diffusion et l'inculturation du christianisme, 2011, Lisbonne, Karthala, août 2012, 372 p ; Maurice CHEZA, Monique COSTERMANS, Jean PIROTTE (éd.), *Œcuménisme et pratiques missionnaires. Actes du 21e colloque du Centre de recherches et d'échanges sur la diffusion et l'inculturation du christianisme organisé avec la collaboration du Centre Vincent Lebbe,* Louvain-la-Neuve, 27-31 août 2000. Paris, Karthala, 2001, 379 p.

Pontife romain, le Pape François.[205] La liturgie selon un rite authentique est célébrée, *ad experimentum,* depuis plus d'une trentaine d'années dans les diocèses de la République démocratique du Congo (ancien Zaïre). Plusieurs autres tentatives ont été menées dans d'autres diocèses d'Afrique Centrale et d'Afrique de l'Ouest, notamment au Cameroun avec le jésuite Engelbert MVENG[206]. Nous devons préciser à cet effet que, presque dans tous les diocèses du Sud du Cameroun, les fidèles catholiques célèbrent, depuis plusieurs années, la Passion du Christ, le vendredi Saint, selon le rite traditionnel funèbre des peuples Ekang, le rite d'*Ossili Awu* (ce qui signifie en langue Fang-Béti : *demander les causes du deuil*). On peut évoquer plusieurs autres rites traditionnels aujourd'hui intégrés dans les différentes célébrations de l'Église catholique latine en Afrique.

Dans le domaine du droit canonique, les recherches sont encore balbutiantes. Les canonistes d'origine africaine tentent de percer le mur opaque d'un droit canonique universel et dogmatique pour proposer un modèle d'un droit ecclésiastique dit *inculturé.* Mais cette démarche épistémologique de recherche est-elle légitime au regard de ce droit universel ou, du moins, est-elle possible ? Peut-elle être un champ possible des recherches canonistiques ? À première vue, sur le plan théorique, la spéculation autour d'un tel projet n'est ni interdite, ni impossible. Qu'en est-il de la pratique ? Pouvons-nous envisager une recherche *identitaire* des Églises particulières et locales africaines sur le plan canonique ? Peut-on se fonder sur la notion de l'inculturation telle qu'elle est analysée par les théologiens pour proposer une ébauche d'une législation canonique propre aux Églises particulières et locales africaines ? L'espoir n'est-il pas permis quand nous savons que le Droit canonique des Églises catholiques latine et orientale sont essentiellement ou du moins, en grande partie, une codification des traditions théologiques millénaire ?

Avouons-le, une telle recherche s'inscrit dans un vaste projet. Elle ne peut pas être du seul ressort des canonistes. Elle embrasse d'autres domaines du savoir scientifique : anthropologique, sociologique, psychologique, géographique, ethnologique, … Elle doit tenir compte de l'Homme dans ses divers aspects socio-culturels.

Réfléchir sur une éventuelle élaboration d'un droit canonique particulier africain, c'est en même temps fixer un cadre référentiel, comme ce canal qui guide toute la recherche. C'est aussi être capable de faire l'évaluation de différentes approches qui, elle, nous permet de repérer des pierres d'attente et d'opérer ainsi un choix judicieux d'un modèle qui réponde aux aspirations

---

[205] Rita MBOSHU Kongo, *Papa Francesco e il ''Messale Romano per le Diocesi dello Zaire''. Un rito promettente per altre culture*, Libreria Editrice Vaticana, dicembre 2020, 228 p.

[206]Engelbert MVENG est né le 9 mai 1930 et décédé le 23 avril 1995. Il fut le premier jésuite camerounais, philosophe théologien, historien, artiste. Ses réflexions ont marqué la théologie de l'inculturation et de la libération dans le domaine des églises africaines.

du peuple croyant, historiquement et géographiquement situé. Ce sont ces deux orientations qui guident cette réflexion.

I. Cadres référentiels pour les canonistes de culture africaine.

Les canonistes de culture africaine, du moins ceux que la question intéresse, estiment que l'aboutissement d'un projet du droit canonique particulier contribuera à donner une identité propre aux Églises africaines subsahariennes. Nous mettons en évidence ici un éventuel cadre référentiel qui peut aider à l'avancement des recherches dans ce domaine. Ce cadre référentiel a trois axes. Ces derniers se fondent sur la quête de plus en plus manifeste d'un nouvel ordre juridique pour les Églises africaines, sur la conception d'un droit des situations concrètes et sur le besoin de maintenir l'unité ecclésiale dans la diversité et le pluralisme.

1. Églises d'Afrique en quête d'un nouvel ordre juridique.

Dans sa communication lors de la célébration du colloque, en 2004, sur le thème - *Pour une institution des laïcs dans l'Eglise. Africains et Européens en quête de renouveau conciliaire*-, le professeur Peter KANYANDAGO[207] fait un constat qui garde sa pertinence en 2023 :

> « La plupart des Églises africaines ont fêté leur centenaire, et pourtant elles n'affichent pas encore un ''visage'' africain dans leur théologie, liturgie, structures, ministères et discipline. Sans nier les efforts qui ont été faits par les pasteurs, fidèles et théologiens africains pour *inculturer* l'Évangile et l'Église dans l'âme et la terre africaine, néanmoins, on peut dire que cette inculturation n'a pas encore pénétré suffisamment des profondeurs, des pratiques et pensées des chrétiens d'Afrique...On peut donc dire que pour les Églises d'Afrique, un droit particulier n'est pas encore une réalité. »[208]

L'on pourra ainsi dire que les Églises d'Afrique n'ont pas encore, selon l'expression de Valentin MASENGO Nkinda, un *nouvel ordre juridique particulier.*[209] Ce prélat africain s'interroge : « les Églises particulières

---

[207] Peter KANYANDAGO, « Un droit particulier pour les Eglise d'Afrique- Rêve ou réalité ? », dans Félix MALOLO Massamba, *Pour une institution des laïcs dans l'Eglise ; Africains et Européens en quête de renouveau conciliaire*, Paris, Harmattan, 2004, p.135.

[208] Peter KANYANDAGO, « Un droit particulier pour les Eglise d'Afrique- Rêve ou réalité », p.135.

[209] Valentin MASENGO Nkinda, « L'ordre juridique particulier des Eglises africaines selon le droit canonique. Application des principes de subsidiarité et de décentralisation », dans *Quelle Eglise pour l'Afrique du Troisième millénaire ? Contribution au synode spécial des Évêques pour l'Afrique. Quelle Eglise pour l'Afrique du troisième millénaire ? Actes de la Dix-huitième Semaine Théologique de Kinshasa, (du 21 au 27 avril 1991)*, Kinshasa, Faculté Catholique de Kinshasa, 1991, p.247-254.

d'Afrique ont-elles une organisation juridique, des structures qui répondent au génie et au besoin de ce peuple ou se contentent-elles de calquer les structures juridiques des vieilles Églises qui nous ont évangélisés ? »[210]

De ces observations, plusieurs questions pourraient être posées : quelle serait la nature de ce droit particulier pour l'Afrique ? De quel *nouvel ordre juridique particulier* nous parle Valentin MASENGO Nkinda ? Ce droit particulier, devrait-il être un simple aménagement des canons du Code de droit canonique actuellement en vigueur ?[211] Devrait-il être un droit qui, tout en n'étant pas en contradiction avec le droit canonique universel, serait néanmoins différent de ce dernier ? Ces questions demeurent majeures et fondamentales pour les canonistes de culture africaine. D'elles découlent plusieurs autres questions : quel droit pour quelle Église particulière et locale ? Quel ordre juridique pour quelles Églises particulières et locales ?

Considérons le *nouvel ordre juridique* dans le sens d'un droit qui intègre dans le droit canonique particulier des nouvelles dispositions puisées dans des traditions culturelles et cultuelles des peuples de ces Églises locales en Afrique. Une telle démarche est-elle légitime au regard de la législation canonique universelle ? Deux faits plaident pour la légitimité d'une telle démarche.

Le premier fait : les Pères conciliaires, dans le *Décret sur l'activité missionnaire de l'Église, Ad Gentes*, notaient, au sujet de la maturation ''conséquente'' des jeunes Églises :

> « [...] la vie du Peuple de Dieu doit acquérir sa maturité dans tous les domaines de la vie chrétienne, qui doit être renouvelée selon les dispositions de ce Concile ; les assemblées de fidèles deviennent de jour en jour plus consciemment des communautés de foi, de liturgie et de charité ; par leur activité civile et apostolique les laïcs travaillent à instaurer dans la cité un ordre de charité et de justice ; les moyens de communication sociale sont employés de manière opportune et prudente ; grâce à une vie vraiment chrétienne, les familles deviennent des séminaires d'apostolat des laïcs et de vocations sacerdotales et religieuses. La foi enfin est enseignée selon une catéchèse adaptée, elle est célébrée dans une liturgie conforme au génie du peuple, et, par une *législation canonique appropriée*, elle passe dans les institutions honorables et dans les coutumes locales.... A l'instar de l'économie de l'incarnation, les jeunes Églises enracinées dans le Christ et construites sur le fondement des Apôtres, assument pour un merveilleux échange toutes les richesses des nations qui ont été données au Christ en héritage. Elles empruntent aux coutumes et aux traditions de leurs peuples, à leur sagesse, à leur science, à leur art, à leur discipline, tout ce qui peut

---

[210] Valentin MASENGO Nkinda, « L'ordre juridique particulier des Eglises africaines selon le droit canonique. Application des principes de subsidiarité et de décentralisation », p ; 248.

[211] Une élaboration, pour chaque Église particulière et locale, ce qu'on appelle : *Normes complémentaires au Code de droit canonique*.

contribuer à confesser la gloire du Créateur, mettre en lumière la Grâce du Sauveur, et ordonner comme il faut la vie chrétienne. »[212]

Comme on peut s'en apercevoir, pour le Concile, la maturité d'une jeune Église passe aussi par l'élaboration d'une *législation canonique appropriée.* Qu'en sera-t-il de son contenu ? Il nous semble, pour le concile, que cette *législation canonique appropriée* ne peut être que le résultat d'un processus d'adaptation de la législation universelle. Ce qu'il convient de noter, c'est le fait que, la *législation canonique appropriée* pour les jeunes Églises ici, les Églises locales africaines, est une nécessité qui doit être, non seulement un élément central de leur évolution dynamique mais aussi un principe essentiel qui leur confère une identité propre, dans la confession de la foi de l'Église Une, Sainte, Catholique et Apostolique.

Il importe de noter ici que le mouvement de la théologie de l'inculturation commencé vers les années soixante dix avec de grands espoirs et qui a connu par la suite des heures de gloire, semble s'enliser ou connaître un ralentissement avec les disparitions progressives de ses ténors.[213] Les jeunes générations de théologiens africains n'ont pas emboîté le pas de leurs aînés. Plusieurs thèses soutenues ces dernières années ne sont que des reprises des hypothèses de tels ou de tels théologiens des Églises du vieux continent, question de rester dans ce qui est universellement reconnu et accepté. De toute façon, les théologiens qui devraient proposer les *faits à canoniser* restent souvent évasifs dans leurs démonstrations. Il nous semble que, pour eux, l'inculturation ne peut s'appliquer qu'à la rencontre d'une culture avec la parole de Dieu. Et même dans ce domaine, les démonstrations théologiques de cette rencontre restent imprécises.

Le second fait : sur le plan démographique, l'Église universelle est en pleine mutation depuis plusieurs décennies. Walbert BULHMANN dans son ouvrage, *la tierce Eglise est là,* constatait, déjà en 1981, que la migration de l'Église vers l'hémisphère sud est indiscutable (le centre de l'Église se déplace du Nord au Sud).[214] C'est un événement ecclésial historique. Plus explicite encore, le dominicain français, Claude GEFFRE, en 1987, s'exprimait en ces termes : « du seul point de vue démographique, l'avenir du christianisme se joue davantage en Amérique latine, en Afrique, et en Asie [...] Les Églises du tiers monde affirment leur autonomie et leur originalité à l'intérieur de la catholicité [...] Il faut donc parler d'un polycentrisme culturel à l'intérieur de l'Église [...] Toutes les Églises sont des Eglises-sœurs qui ont en commun la responsabilité de l'évangélisation du monde »[215]. En 2001, il écrit : « [...] On constate de plus en plus que l'avenir démographique et spirituel du christianisme se joue moins en Occident que

[212]*AGd.*, n°19 et 22

[213] Et malgré les Colloques et Séminaires d'études organisés dans ce domaine.

[214] Walbert BUHLMANN, *La tierce Eglise est là*, Kinshasa, Éd. Saint Paul, 1981, p .35

[215]Claude GEFFRE, « Mission et Inculturation », *Spiritus*, vol. 78, n°109 (déc. 1987), p. 407

dans l'Amérique latine, l'Afrique et l'Asie. »[216] Ce constat est celui de beaucoup d'autres auteurs : Le christianisme, au XXe siècle, connaît ici une croissance sans précédent au point que, pour certains observateurs, le centre de gravité de cette religion se déplace déjà de l'Occident vers l'Afrique.[217]

De ce qui précède, force est de constater que les enjeux du christianisme en Afrique sont importants. Ils sont d'ordre théologique, pastoral, spirituel, liturgique, juridique, canonique, sociologique, politique, économique, démographique, ... Ce déplacement nommé par certains de "centre de gravité" et par d'autres de "décentralisation du christianisme" doit, pour chaque Église particulière et locale, ici africaine, s'inventer, pour ainsi dire, un cadre juridico-canonique, capable d'être à la fois, créateur des nouvelles structures ecclésiales, tout en préservant unité tant avec l'Église universelle qu'avec les autres Églises locales.

2. Un droit des situations concrètes.

Le droit canonique particulier pour les Églises particulières et locales en Afrique ne peut être un droit désincarné, un droit conçu pour lui-même, loin de la vie concrète de ceux et celles pour qui il est promulgué. C'est même contraire à la logique juridique de l'élaboration des lois. Ce qu'affirme Philippe ANTOINE nous semble important :

> « si on recherche la manière dont les règles juridiques canoniques se sont formées, notamment durant les dix premiers siècles de la vie de l'Eglise, on peut dire que ce fut, fondamentalement, par la voie du discernement effectué à partir des situations concrètes [...] dès lors, c'était dans la mesure seulement où le droit propre de cette société civile à laquelle appartenaient les fidèles, était incompatible avec la foi professée, que l'Église se voyait contrainte d'intervenir en édictant des normes auxquelles on donnerait le nom de canons. »[218]

Ce qui a été noté par PROVOST et Knut WALF en 1986 et par Philippe ANTOINE en 1991 trouve son écho en 2013 dans *Exhortation apostolique Evangelii Gaudium* du Pape François : dans son constant discernement, l'Église peut aussi arriver à reconnaître des usages propres qui ne sont pas

---

[216] Claude GEFFRÉ, « La modernité, un défi pour le christianisme et l'islam », *Théologiques*, vol. 9, n° 2(2001), p. 135.

[217] Claude GEFFRÉ, « La modernité, un défi pour le christianisme et l'islam », *Théologiques*, vol. 9, n° 2(2001), p. 135 ; Jean-Paul MESSINA, *Culture, christianisme et quête d'une identité africaine*, Paris, L'Harmattan, 2007, 201 p ; Henri TINCQ, « Le Sud, nouvel horizon du christianisme », dans *Le Monde des Religions*, n° Hors-séries, Atlas des religions, 2011, p. 45 ; Sébastien FATH et Cédric MAYRARGUE (dir.), « Les nouveaux christianismes en Afrique. Introduction thématique », dans *Afrique contemporaine*, Paris, De Boeck Supérieur, vol. 4, n°252 (2014), p. 13-26 ; Hélène d'ALMEIDA-TOPOR, *L'Afrique au XXe siècle*, Paris, Armand Colin, 2e Éd. Revue et augmentée, 383p ; Hannes WIHER (dir.), *L'Afrique d'aujourd'hui et les Églises. Quels défis ?*, Langham, Global Library, 2017.

[218] Philippe ANTOINE, « Le Code de Droit Canonique face aux exigences de l'Inculturation », dans *AC.*, t. 34 (1991), p. 176.

directement liés au cœur de l'Évangile. Aujourd'hui, certains usages, très enracinés dans le cours de l'histoire, ne sont plus désormais interprétés de la même façon et leur message n'est pas habituellement perçu convenablement. Ils peuvent être beaux, cependant maintenant ils ne rendent pas le même service pour la transmission de l'Évangile. N'ayons pas peur de les revoir. De la même façon, il y a des normes ou des préceptes ecclésiaux qui peuvent avoir été très efficaces à d'autres époques, mais qui n'ont plus la même force éducative comme canaux de vie. Saint Thomas d'Aquin soulignait que les préceptes donnés par le Christ et par les Apôtres au Peuple de Dieu ''sont très peu nombreux''. Citant saint Augustin, il notait qu'on doit exiger avec modération les préceptes ajoutés par l'Église postérieurement ''pour ne pas alourdir la vie aux fidèles'' et transformer notre religion en un esclavage, quand ''la miséricorde de Dieu a voulu qu'elle fût libre''. Cet avertissement, fait il y a plusieurs siècles, a une terrible actualité. Il devrait être un des critères à considérer au moment de penser une réforme de l'Église et de sa prédication qui permette réellement de parvenir à tous.[219]

De ce paragraphe 43 de *Evangelii Gaudium*, nous notons l'inutilité de garder les usages et les normes qui, ayant été importants à une période de l'histoire de l'Église, n'ont plus aucune nécessité pour les communautés chrétiennes d'aujourd'hui. Une question se pose : comment peut-on identifier, pour les Églises particulières et locales africaines, ces usages et ces normes ''inutiles'', erga omnes ? Une telle recherche dépasse le simple cadre juridique, le droit se situant d'ailleurs en aval du processus. Cette recherche ne peut être que le lieu d'interdisciplinarité où chaque science, apportant son expertise et son apport, propose une analyse systématique du phénomène socio-religieux des sociétés africaines du XXIe siècle. L'orientation d'une telle analyse, pour éviter une dispersion inutile, doit se focaliser sur les usages actuellement observables ; ces usages enracinés dans la vie des communautés chrétiennes et qui peuvent être matières à légiférer, d'une part et d'autre part, ceux qui ne peuvent pas contribuer à l'épanouissement des Églises (ici africaines).

3. Pour le maintien de l'unité ecclésiale.

L'unité ecclésiale est un impératif nécessaire. Cette exigence trouve son fondement dans l'histoire même de la formation du droit canonique. Celle-ci révèle la dimension historiographique de l'histoire du droit en général et du droit canonique en particulier. Elle tient compte de toutes les activités de tous les Hommes (la dimension interpersonnelle) et de tout l'Homme (la dimension individuelle) vivant dans une société ou une communauté déterminée.

---

219 EvG. n° 43. Voir François, *Exhortation apostolique Evangelii Gaudium*, du 24 novembre 2013, *AAS*., vol. 105, n° 12(2013), p. 1019-1137 *; DC*., n° 2513 (Janvier 2014), p. 32 ; aussi *ST*. Ier-IIe Qu. 107 a. 4.

Avec un regard rétrospectif, il nous semble que les membres de la commission pour la révision du droit canonique de 1917 avaient fait un choix judicieux et déterminant, celui de l'abandon du projet de la *Lex Ecclesiae Fundamentalis*, pour un Code de droit unique pour toute l'Église. Le besoin de l'unité ecclésiale, elle-même conséquence des facteurs ecclésiaux et sociétaire[220], était plus fort durant la période qui suivit le second Concile du Vatican.

Parlant du droit et de la réalité de l'Eglise, du point de vue du conservatisme juridique, James PROVOST et Knut WALF pensent que :

« L'une des raisons de légiférer (la tendance de la législation à portée universelle) est de conserver les valeurs qui ont résisté à l'épreuve du temps et que la communauté désire préserver. Le rôle conservateur du droit peut enrichir les générations futures en sauvegardant pour elles les idées et la sagesse du passé. Mais, en même temps, le droit conserve la compréhension d'une valeur dans l'état où elle existe au moment où est élaborée la législation. »[221]

Par contre et il convient de le noter aussi que, pour James PROVOST et Knut WALF, tout droit, y compris le droit ecclésial, est marqué par les valeurs, les préoccupations, les débats et les expériences du moment de l'histoire où il a été édicté. Mais les idées d'une époque, les préoccupations et les débats d'un moment particulier de l'histoire ne sont pas nécessairement les mêmes que ceux des générations qui suivent. Et puis, l'effort de légiférer pour une Eglise aux dimensions mondiales comporte les problèmes spéciaux du rapport à des Églises locales et à des cultures qui en sont, à des stades différents de leur histoire, à des degrés de développement

[220] L'unité ecclésiale est l'un des éléments essentiels de l'idée de l'universalisme de l'Église catholique latine en Occident. Ce qui est intéressant, c'est la corrélation entre l'unité ecclésiale et la notion de l'unité juridique. Alphonse BORRAS dit très justement que : « De la Réforme grégorienne jusqu'au concile de Trente et de la Contre-réforme jusqu'à Vatican II, différents facteurs ecclésiaux et sociétaires avaient en effet historiquement contribué à l'instauration d'une vision universaliste de l'Église latine en Occident et à une pratique centralisatrice de Rome. En principe comme dans les faits, une seule Église était pleinement l'Église, à savoir l'Église de Rome. L'unité ecclésiale en est venue à s'identifier avec l'unité non seulement de la foi, mais aussi de la théologie et une organisation uniforme du droit et des rites. Cela donnera lieu à une ecclésiologie abstraite et juridique : abstraite de la diversité des Églises locales, étrangère à leur apport à l'inculturation de l'Évangile et à la catholicité de la foi, et dès lors idéaliste se prêtant aux formalisations des manuels, eux-mêmes reflets d'une prétention intemporelle du discours ecclésiologique. Celui-ci tend à se réduire à une hiérarchologie vu son souci premier de justifier le pouvoir de la hiérarchie dans une société ecclésiale juridiquement parfaite qui peut se mesurer, à ce titre, aux États ». Voir dans Alphonse BORRAS, « Le droit ecclésial à l'intersection du « particulier » et de l'« universel » », dans *RTL.*, n° 32 (2001), p. 55-87 (ici p. 56). Lire aussi Ghislain LAFONT, *Histoire théologique de l'Église catholique. Itinéraire et formes de la théologie*, Paris, Cerf, (Coll. *Cogitatio Fidei*, 179), 1994, p. 115-120, 136-140.

[221] Voir James PROVOST et Knut WALF, *Droit de l'Eglise. Réalité de l'Eglise* (Editorial), dans *Concilium,* n° 205 (1986), p. 7

différents. Le droit, quand il conserve des valeurs, les exprime d'une manière culturellement limitée, datée.[222]

Comme on peut s'en rendre compte, deux axes devront guider toute recherche et toute élaboration éventuelle d'un droit canonique particulier pour les Églises particulières et locales en Afrique : unité ecclésiale et diversité culturelle. Ce binôme devient finalement l'expression d'un droit vraiment ecclésial ou mieux, un droit ecclésial à l'intersection du ''particulier'' et de l'''universel''.[223] C'est en réalité le vœu du second concile du Vatican formulé dans le *Décret Ad Gentes* aux numéros 19 et 22 cités plus haut. Cela est contraire à la tendance qui fait prévaloir le droit universel sur le droit particulier. Cette prépondérance du droit universel sur le droit particulier a longtemps marqué le Code de 1917 de l'Église latine. Encore, faudra-t-il définir la nature juridique de ce droit particulier. Plusieurs approches sont connues de nos jours. Nous en donnons trois, dans le cadre de nos réflexions.

II. Un droit canonique particulier pour l'africain : différentes approches.

Comme noté précédemment, la question relative au droit canonique particulier pour les Églises particulières et locales africaines nous paraît être, du moins en théorie, une voie possible de la recherche. En pratique, cette recherche doit encore définir, non seulement son objet formel mais plus encore, elle doit préciser son objet matériel. Elle doit répondre à la question : de quoi sera-t-il constitué ? L'objet formel est, lui, guidé par la méthodologie de toutes les sciences juridiques dans le respect du droit canonique universel, selon le canon 20[224].

L'objet matériel d'une telle étude peut s'orienter sur plusieurs axes. Notre hypothèse, pour l'instant, est d'affirmer la légitimité de toute recherche qui aboutirait à une éventuelle élaboration d'un droit canonique particulier pour les Églises particulières et locales en Afrique. Nos précédentes analyses semblent le démontrer. Cette hypothèse se base, non seulement sur les données démographiques des chrétiens dans le monde, mais aussi, sur la

---

[222]Idem, p. 8

[223] Alphonse BORRAS, « Le droit ecclésial à l'intersection du « particulier » et de l'« universel » », *Art. cit.*, p. 55-87. On lira aussi avec intérêt : Eugenio CORECCO, « *Ius universale - ius particulare* », dans *Ius et communio. Scritti di Diritto Canonico* (a cura di G. BORGONOVO e A. CATTANEO), Facoltà di Teologia di Lugano, Piemme, 1997, p. 549-579.

[224] Can. 20/CIC 1983 : « Une loi nouvelle abroge la précédente ou y déroge, si elle le déclare expressément, si elle lui est directement contraire ou si elle réorganise entièrement la matière ; mais une loi universelle ne déroge en aucune manière au droit particulier ou spécial, sauf autre disposition expresse du droit. »

préoccupation exprimée par les théologiens, celle qui consiste, notamment dans le rapprochement du moins *psychologique* entre l'Eglise universelle et les Églises particulières et locales[225]. Pour les canonistes, il est impérativement urgent de réduire le fossé entre l'universel et le particulier à travers des élaborations conséquentes des droits particuliers pour les Églises locales. Il faut reconnaître que, sur la question de ce rapprochement, il y a une abondante littérature dans le domaine théologique. Elle est, par contre, d'une pauvreté saisissante dans le domaine canonique.[226] C'est un champ de recherche qui reste à combler.

Mais, la législation canonique universelle en vigueur n'offre-t-elle pas déjà les moyens d'une telle démarche ? Une réflexion sur les structures canoniques internes des Églises particulières et locales ne peut-elle pas permettre de penser, déjà à un droit particulier qui réponde aux besoins du peuple de Dieu ? Il se constate aujourd'hui, dans nos Églises particulières et locales, des reprises des structures mises en place par le droit universel.

Peut-on donner aux Églises africaines, particulières et locales, une identité singulière tout en restant des lieux d'expression de l'Église universelle ? Plusieurs modèles peuvent être explorés.

1. Le modèle d'une Église canoniquement *inculturée*.

Nous l'avons dit maintes fois, de nos jours, *l'inculturation* est devenue un paradigme essentiel et incontournable en théologie, surtout chez les théologiens de culture africaine. Ces derniers accordent à cette notion une grande importance, chacun selon sa propre orientation, ecclésiologique, liturgique, dogmatique ou christologique. Dans la plupart de ces études théologiques, l'*inculturation* est comprise comme un moyen d'enracinement de l'Évangile chez les peuples à évangéliser. Son utilisation dans le domaine canonique est hésitante, sinon quasi inexistante.

Le vocable d'*Inculturation* est apparu vers les années 1975 dans le vocabulaire de la missiologie chrétienne et, depuis 1977, dans les textes officiels de l'Église catholique.[227] Le terme d'inculturation répond au souci

---

[225] Pour les non-initiés aux sciences ecclésiastiques, ces deux expressions, Église universelle et Église particulière, se trouvent dans un horizon des distances psychologiques. L'Église universelle signifie le Siège de Rome et l'Église locale est le siège épiscopal, diocésain. L'Église particulière est symbolisée par la Conférence des Évêques. Malgré ce qui est dit dans le Can. 368, ces distinctions persistent : « Les Églises particulières dans lesquelles et à partir desquelles existe l'Église catholique une et unique sont en premier lieu les diocèses auxquels sont assimilés, sauf s'il s'avère qu'il en va autrement, la prélature territoriale et l'abbaye territoriale, le vicariat apostolique et la préfecture apostolique, ainsi que l'administration apostolique érigée de façon stable. »

[226] Alphonse BORRAS, « Le droit ecclésial à l'intersection du ''particulier'' et de l'''universel'' » », dans *RTL.*, vol. 32, n° 1 (2001), p. 55-87.

[227] Voir à ce sujet Hervé CARRIER, *Guide pour l'inculturation de l'évangile,* Rome, Éditrice Pontificia Università Gregoriana, 1997, 382 p.

des missionnaires de prendre en compte la spécificité des cultures locales au lieu de leur imposer le modèle ecclésial des communautés européennes. Ce néologisme désigne une attitude qui s'apparente à l'» adaptation » (de l'anglais, *accommodation*), en ce sens que le missionnaire cherche à se rendre particulièrement attentif aux mœurs, mentalités et traditions des peuples auprès desquels il est envoyé et pour lesquels son message doit être intelligible.[228]

Depuis son apparition, le néologisme d'inculturation est essentiellement utilisé dans le cadre de l'annonce de la Bonne nouvelle de Jésus Christ et est en lien avec le mystère de la théologie de l'Incarnation.[229] Cette dernière, selon sa compréhension commune, se comprend d'abord comme l'histoire d'une rencontre d'un Dieu qui s'est fait chair avec l'homme. L'Inculturation s'inscrit donc dans cette dynamique de rencontre entre, au moins deux cultures.

La parole de Dieu telle qu'elle se révèle en nous aujourd'hui est déjà une inculturation. Né dans une tradition déterminée, le judaïsme, Jésus, dans la transmission de son message, parle dans la langue de sa culture, s'inspire de sa tradition culturelle. Au-delà de l'importance de parole à annoncer, la transmission elle, passe par des expressions et des gestes tirés des cultures et traditions humaines. Les paraboles racontées dans les Évangiles sont des expressions d'une culture bien déterminée et bien définie. Pour en comprendre le sens et la signification première, il est important de les inscrire dans la culture qui les ont vues naître. L'interprétation des Évangiles est donc tributaire de la compréhension de cette culture, le judaïsme. Ce qui, du reste, nous évite des interprétations fondamentalistes de la Parole de Dieu à annoncer.

L'Incarnation est une rencontre de la culture biblique et de la culture ou mieux, de l'histoire d'un peuple géographiquement et culturellement situé. L'inculturation est donc essentiellement une démarche d'échange culturel qui, dans le domaine des célébrations liturgiques peut être cultuel. Les domaines auxquels s'applique l'inculturation sont variés. Ils sont tous comme des échos de l'ingéniosité d'un peuple, d'une culture.

Alors que certaines Églises particulières et locales, celles des Amériques latines par exemple, ont fait le choix jugé audacieux par certains théologiens, de la Théologie de libération[230], les pères des Églises d'Afrique

---

[228]Charles BALADIER, « Inculturation », dans *Encyclopædia Universalis* [en ligne], URL : https://www.universalis.fr/encyclopedie/inculturation/ consulté le 20 août 2023

[229] Yatala NSOMWE Ntambwe, « Le droit ecclésial et la « canonisation » du droit coutumier en Afrique Subsaharienne. Pour un droit canonique africain », dans *RSR.*, t. 84, n°2 (2010), p. 246.

[230]Michel SCHOOYANS, « La théologie de la libération », dans *RTL.*, 7eannée, fasc. 3 (1976) p. 309-328 ; Joaquín LEPELEY Lüderitz , *Teología de la liberación : un análisis temático cronológico*, Caracas, Arte, 1985, 208 p ; Daniel LEVINE, « L'impact du discours de la théologie de la libération en Amérique latine : les communautés ecclésiales de

subsaharienne[231] ont opté pour la théologie de l'inculturation en situant celle-ci dans une dynamique de dialogue.[232]

Réfléchissant sur le devenir de la recherche de la théologie de l'inculturation qui a marqué et marque encore la vision théologique en Afrique, spécialement subsaharienne, nous observons la tendance des canonistes de vouloir fonder la pertinence et la nécessité d'un droit canonique particulier pour les Églises en Afrique sur le fond de ladite théologie. Ces canonistes s'emploient à mettre en évidence certaines données des traditions et des cultures locales pour, en fin de compte, dessiner le visage de l'identité canonique de l'Église africaine, c'est-à-dire d'une Église qui soit en même temps le lieu de la manifestation de l'Église universelle et le lieu de l'expression du génie local. Dans cette perspective, les canonistes souhaiteraient reprendre, en langage juridique, les thèses de l'inculturation développées par les théologiens.

2. Le modèle des Églises orientales et des Églises *sui iuris.*

Pour penser une identité juridique des Églises particulières africaines, certaines recherches s'attachent à considérer le modèle des Églises catholiques orientales comme point de départ, *sine qua non*. Ce mouvement s'intensifie peu après la promulgation du *Codex canonum Ecclesiarum orientalium*, le 18 octobre 1990 par la constitution apostolique *Sacri canones*[233] de Jean-Paul II. Ce Code entre en vigueur le 1er octobre 1991.

---

base », *ASSR.*, n° 71 (juillet-septembre 1990), p. 43-62 ; Luís DEL VALLE, « Teología de la liberación en América Latina », dans Roberto BLANCARTE, (comp.), *El pensamiento social de los católicos mexicanos*, Mexico, Fondo de Cultura Económica, 1996, p. 230-265. ; Phillip BERRYMAN, *Liberation Theology. The essential Facts about the Revolutionary Movement in Latin America and Beyond*, New York, Pantheon Books, 1987, 240 p ; Pierre BIGO, *Débat dans l'Église : théologie de la libération*, Mareil-Marly, Aide à l'Église en Détresse, 1990, 180 p; CONCHA Miguel, « Teología de la liberación », dans Noberto MATTEUCCI BOBBIO, Nicola PASQUINO, Gianfranco PASQUINO, *Diccionario de política*, Mexico, Siglo XXI, 1997, p. 1557-1563 ; MIGUEL de la Torre, *Liberation Theology for Armchair Theologians*, Westminster John Knox Press, 2013, 168 p.

231 Il nous semble que l'Afrique du Sud a fait la promotion de la Théologie politique à l'image de la *Théologie noire de libération* (*Black theology*), toujours sous les influences de la Théologie de libération prônée par les églises de l'Amérique du Sud. Un bilan sur la *contextualisation* de la Théologie en Afrique est proposé par Rémi CHÉNO dans son article sur « Théologie contextuelle africaine et pluralisme post-moderne », dans *RSPhTh.*, vol. 102, n° 4 (2018), p. 623-642. On peut aussi lire sur cette question : James H. CONE and Gayraud S.WILMORE, *Black Theology A Documentary History*, Vol. 2, 1980-1992,USA, Orbis Books, 1993, 462 p ; Richard ELPHICK, and Rodney DAVENPORT, *Christianity in South Africa a Political, Social and Cultural History*, (*Études religieuses*, vol., 55, *De Perspectives sur l'Afrique australe*), PUC., 1997, 480 p ; Marjorie HOPE and James Young, *The South African Churches in a Revolutionary Situation*, USA, Orbis Books, 1983.

232 Il faut noter aussi, comme d'ailleurs souligné plus haut, la culture Biblique ne peut être dissociée de la culture de ceux qui ont annoncé la parole de Dieu.

233 Voir dans *AAS.*, vol. 82, n° 11 (1990), p. 1033-1044

Certains ont vu dans ce modèle des Églises *sui iuris* (des Églises de droit propre), un salut pour les Églises particulières et locales d'Afrique subsaharienne.

En effet, le canon 27 du *Codex canonum Ecclesiarum orientalium* définit une église *sui iuris* comme « le groupement de fidèles unis selon la norme du droit par une hiérarchie, que l'autorité suprême de l'Église reconnaît expressément ou tacitement comme *sui iuris* ». Ces éléments, dans un ordre théorique, peuvent bien se retrouver dans les Églises particulières africaines : une communauté de fidèles, une hiérarchie propre et une reconnaissance expresse ou tacite du statut d'Église *sui iuris* accordée par l'autorité de l'Église, à savoir le Pontife romain ou le Concile œcuménique.

En rapport avec ce modèle, plusieurs éléments jouent en défaveur des Églises particulières d'Afrique subsaharienne, c'est le fondement historico-ecclésiologique : l'antiquité et l'apostolicité. Pour le Concile Vatican II, « L'histoire, les traditions et les nombreuses institutions ecclésiastiques attestent hautement combien les Églises orientales ont le mérite de l'Église universelle. C'est pourquoi, non seulement le Concile témoigne à ce patrimoine ecclésiastique et spirituel l'estime et la louange qui lui sont dues, mais encore il le considère fermement comme le patrimoine de toute l'Église du Christ »[234]

Pour Dimitri SALACHAS, l'antiquité et l'apostolicité justifient la vérité selon laquelle : « au sein de l'Église catholique, l'Église latine et les Églises orientales possèdent des traditions différentes de collégialité et de *synodalité*, qui permettent de comprendre de façon plus complète la nature de leur unité et le degré d'autonomie dont elles jouissent dans la pleine communion avec le Siège apostolique de Rome. »[235]

Ainsi, « la double codification, elle-même dans l'unique Eglise catholique, a une signification ecclésiologique fondamentale. Elle a pour but de déclarer, une fois pour toutes, que l'Église latine n'est, dans le catholicisme, que l'Église d'Occident, et point synonyme d'Église universelle ; en plus, elle implique un *statut* juridique différent des Églises orientales vis-à-vis de l'Église latine. »[236] Il se manifeste, chez les Orientaux, une forte volonté du recours au patrimoine juridique ancré dans la tradition apostolique. La création des Églises orientales par les apôtres ou leurs immédiats collaborateurs permet d'affirmer leur égalité en dignité avec l'Église catholique latine. De cette manière, les Églises de l'Orient aussi bien de l'Occident ont le droit et le devoir de se gouverner selon leurs propres disciplines particulières. Celles-ci, en effet, se recommandent par leur

[234]*OE*, n°5
[235]Dimitri SALACHAS, « Le "status" d'autonomie des églises catholiques orientales et leur communion avec le Siège Apostolique de Rome », dans *AC.*, t. 38(1996), p. 75
[236]*Ibidem.*

vénérable ancienneté, s'accordent mieux avec les habitudes de leurs fidèles et semblent plus adaptées pour assurer le bien des âmes.[237]

Les Églises d'Afrique n'ont pas de tradition apostolique propre. Elles se réclament de la tradition de ceux qui leur ont annoncé l'Évangile, c'est-à-dire les Églises de l'Europe missionnaire. Elles sont de la même souche apostolique que ceux qui leur ont annoncé l'Évangile c'est-à-dire l'Église latine pour les unes et orientales pour les autres. Les différentes Églises particulières et locales africaines sont comme des entités du patriarcat latin à côté des patriarcats et autres Eglises *sui iuris* se réclamant du modèle oriental.

En considérant l'antiquité et l'apostolicité des Églises orientales, Antoine MATENKADI, voit dans le recours au modèle patriarcal et au modèle *sui iuris*, un anachronisme. En effet, écrit-il :

> « Il est à peine besoin de dire que l'institution patriarcale, surtout dans les Églises orientales, est chargée d'une histoire et des traditions auxquelles l'Afrique ne peut prétendre. Créer aujourd'hui un nouveau patriarcat serait artificiel et anachronique. Car les vénérables Églises patriarcales que nous connaissons sont des matrices de la foi qui ont engendré des églises-filles, avec lesquelles elles gardent les mêmes institutions, rites liturgiques, traditions et discipline ecclésiastique à la suite d'une longue histoire. Un patriarcat même d'honneur uniquement, n'aura pas de sens en terre africaine. »[238]

Dans un des titres de son ouvrage[239], Ignace NDONGALA tente de poser le problème de la reprise du modèle patriarcal et des Églises orientales *sui iuris* pour le compte des Églises d'Afrique. Ce théologien africain met en évidence les deux concepts qui font problème. D'une part, *ritus* qu'il faudra sous-entendre, selon le canon 28 du *Codex canonum Ecclesiarum orientalium*, comme « un patrimoine liturgique, théologique, spirituel et disciplinaire distinct par la culture et l'histoire des peuples par lequel s'exprime la manière propre de vivre la foi de chaque Église de droit propre. »[240] D'autre part, l'expression *Église sui iuris* c'est-à-dire « qui possède son droit propre, qui se régit selon son statut spécial, qui a le droit d'exister et existe comme entité juridique, spécifique, en vertu d'une reconnaissance expresse ou tacite de la part de l'autorité suprême de l'Église, Concile œcuménique ou Souverain Pontife. »[241]

---

[237] *OE.*, n°5

[238] Antoine MATENKADI Fini Fini, « La collégialité épiscopale. Expérience africaine et réflexion », dans *Concilium*, 230(1990), p. 165.

[239] Ignace NDONGALA Maduku, *Pour des Eglises régionales en Afrique*, Éd. Karthala, Paris, 1999 Voir surtout les pages 269-279 (Patriarcats et Eglises « sui iuris » : des modèles pour les églises d'Afrique).

[240] Ignace NDONGALA Maduku, *Pour des Eglises régionales en Afrique*, *Op. cit.*, p. 278

[241] *Idem*, p. 276.

Pour Ignace NDONGALA, alors que le premier, *Ritus*, fait référence à l'aspect historique et apostolique et le second, *Église sui iuris* qui s'applique, très logiquement, à l'Église latine et aux Églises catholiques orientales, a l'avantage de sauvegarder le principe de la ''localité'' de l'Église, de garantir l'égalité entre les Églises, de manifester la catholicité. Cependant, il se défend de conclure à une éventuelle possibilité de créer de nouvelles Églises *sui iuris* en occident. [242]

De ce fait, Jean SCHILICK et Marie ZIMMERMANN vont encore plus loin :

> « Au regard des 800 millions de membres de l'Église latine, la minutieuse répartition des 10 millions de fidèles entre les 21 Églises de droit propre pourrait apparaître comme un problème mineur voire une simple curiosité historique. Mais, tant le canon 27[243] que le canon 28, §1[244], n'interrogent-ils pas des communautés qui ne sont latines que par les aléas d'une histoire coloniale récente et dont les recherches actuelles montrent combien elles sont en profondeur restées indociles face aux apports culturels occidentaux ? De plus, elles cherchent aujourd'hui à vivre leur foi selon leurs manières d'être et leurs cultures propres, elles aussi séculières. »[245]

Prenant l'exemple du « Zaïre » (République Démocratique du Congo), Jean SCHILICK et Marie ZIMMERMANN estiment que « les conditions exigées pour constituer une Église *sui iuris*/une Église de droit propre paraissent globalement réunies. »[246] Ainsi, ils proposent une recomposition du champ juridique. Cependant, « cette recomposition n'est possible que dans la mesure où, grâce à l'exemple des Églises orientales, on entrouvre au moins à l'intérieur de l'Eglise latine, la possibilité d'émergence d'Eglises de droit propre, enracinées dans la culture de leur peuple. »[247]

Dans tous les cas, dans les argumentations des uns et des autres, le défaut de la reconnaissance expresse ou tacite de l'autorité législative compétente risque de poser problème. Aussi, il faut le dire, l'historicité des Églises orientales n'est pas une simple ancienneté et les traditions ne sont pas simplement culturelles mais apostoliques.

---

[242]*Idem*, p. 279.

[243]Can. 27 de CCEO/1990 : « Le groupe des fidèles chrétiens uni par la hiérarchie selon le droit, que l'autorité suprême de l'Eglise reconnaît expressément ou tacitement comme de droit propre, est dénommé dans le présent Code Eglise de droit propre. »

[244]Can. 28, §1 (CCEO/1990) : « Le rite est le patrimoine liturgique, théologique, spirituel et disciplinaire qui se distingue par la culture et les circonstances historiques des peuples et qui s'exprime par la manière propre à chaque Eglise de droit propre de vivre la foi. »

[245]Jean SCHILICK, Marie ZIMMERMANN, « vers une mutation du champ juridique de l'Église catholique romaine ? Le code des canons des Église orientales », dans *PJR.*, t. 8(1991), p. 54.

[246]*Idem*, p. 55.

[247]*Idem*, p. 56.

Dans le cadre de la promotion des Églises régionales, plusieurs chercheurs soulignent le grand décalage entre le système juridique de l'Église universelle et celle des Églises particulières. Dans un bref article sur *le Centralisme romain et la consistance propre des Églises locales, la Catholicité de l'Eglise en question*, Ignace NDONGALA écrit :

> « La centralisation à l'heure qu'il est, dans l'organisme de l'Église, n'a que trop duré, il est temps qu'on y mette fin. Il me paraît non seulement opportun, mais bienfaisant et même nécessaire pour le gouvernement de l'Église qu'on commence à décentraliser, au lieu de réserver de plus en plus au centre les questions qui concernent les affaires particulières de chaque Eglise. Au reste, la préoccupation constante qui émaille bon nombre d'interventions des évêques est une requête en faveur de la décentralisation collégiale ainsi qu'une correcte articulation de l'Église entière avec les Eglises locales. »[248]

Cette affirmation fait suite à celle qui a été dit dans son ouvrage, *Pour des églises régionales en Afrique* : « nombreux sont les théologiens africains qui, réfléchissant sur cette situation de dépendance, plaident pour l'autonomie des jeunes Églises. L'épiscopat africain avait déjà amorcé une réflexion semblable autour du Concile Vatican II à travers laquelle s'exprimait déjà la quête de l'identité des Églises d'Afrique. »[249]

On le voit, aussi bien pour Jean SCHILICK et Marie ZIMMERMANN, Ignace NDONGALA qu'Antoine MATENKADI, les analyses des théologiens et canonistes ont la même préoccupation, celle de repenser les Églises particulières et locales en leur donnant une consistance juridique nouvelle de fond et un ordre juridique solide.

Au-delà de ce qui vient d'être dit, force est de constater que l'avenir et l'identité des Églises particulières et locales, au regard de l'Eglise universelle, est un problème réel qui demeure encore aujourd'hui sans solution satisfaisante.

Il se révèle que l'historicité et l'apostolicité sont des obstacles pour penser un modèle qui serait aussi celui des Églises particulières et locales africaines. Les quelques études citées présentent une idée générale de cette démarche ou mieux de cette voie possible de recherche, dans le cadre d'un droit canonique particulier pour les Églises africaines. C'est une voie de recherche qui doit se poursuivre.

3. Sur le modèle d'une *nouvelle écriture* ?

Les modèles précédents font état des recherches qui promeuvent une démarche d'adaptation des normes universelles de l'Église, en tenant compte du vécu culturel et ecclésial des fidèles des Églises d'Afrique Subsaharienne.

---

[248] Ignace NDONGALA Maduku, « centralisme romain et consistance propre des Églises locales. La catholicité de l'Église en question », dans *RAT.*, vol. 28, 55(avril 2004), p. 21.
[249] Ignace NDONGALA Maduku, *Pour des Eglises régionales en Afrique*, *Op. cit.*, p. 7.

Ce dernier modèle auquel nous faisons allusion renvoie plutôt à la promotion d'une *nouvelle écriture* pour le Code de droit canonique. Cette délicate démarche, il faut le dire, a été, plus d'une fois évoquée par certains théoriciens du droit canonique.

En effet, dans sa chronique des *Actes du Saint-Siège*, Charles LEFEBVRE révèle l'idée majeure du discours de Stephan KUTTNER à l'université de Yale :

> « Les pays slaves, le Moyen et l'Extrême Orient, l'Inde, les (certaines) nations du continent africain ne sont pas gouvernés par le droit romain ou romanique [...] la culture juridique de la *Common law* dans le *Commonwealth* britannique est encore aujourd'hui largement ignorée des juristes et des canonistes du continent européen, ou considérée à tort comme une coutume [...] Ce manque de considération pour le droit non romain est l'une des limites les plus sensibles du Code actuel [parlant du Code de 1917]. Nous devons aujourd'hui passer à une culture plus universelle, sans perdre ce qui est digne d'être conservé dans notre tradition ».[250]

Cette observation nous met devant une évidence que beaucoup des canonistes ont fustigée au cours de ces deux derniers siècles, le XIXe et le XXe siècle. Il est vrai que le Code de droit canonique de 1983, comme d'ailleurs, celui de 1917 ont été écrits sur le modèle du droit romain. Pour comprendre la pertinence de l'observation de Stephan KUTTNER, il faut se rapporter à l'histoire de la redécouverte, au Moyen-Âge, du droit romain en Occident. L'histoire du droit romain ne s'arrête pas avec la fin de la Rome antique, car il connaît une seconde vie, à travers l'influence profonde qu'il exerce sur la pensée médiévale et par sa réception dans des systèmes juridiques modernes. Au XIe siècle, alors que s'élabore le droit savant, la codification de Justinien est redécouverte, un peu par hasard, dans une bibliothèque italienne. C'est le point de départ de la renaissance du droit romain, progressivement étudié dans la plupart des universités européennes, qui se créent du XIIe au XVe siècle. De sorte que, même s'il n'est officiellement pas appliqué par les tribunaux, il joue un rôle déterminant à travers la formation des juristes. Il y a donc en Occident, deux systèmes juridiques : le droit coutumier, que l'on apprend sur le tas, par la pratique, et le droit savant, que l'on étudie à l'université. Le droit romain peut donner à l'Europe moderne des concepts, un vocabulaire et des raisonnements spécifiques.[251] Le droit romain aura un instrument de diffusion privilégié dans le Code civil des Français, encore appelé Code Napoléon, promulgué en 1804. Ce dernier s'efforcera de faire la synthèse des solutions coutumières et des règles du droit romain. Le Code Napoléon a exercé une influence considérable, au-delà du ressort territorial. Son expansion a

---

250 Voir Charles LEFEBVRE, « Chroniques des Actes du Saint-Siège », *AC.*, t. XII, 1968, p. 250.

251 Cf. René ROBAYE, *Le droit romain*, 5 éd., Academia-L'Harmattan, 2016, p. 27-28.

d'abord été réalisée par la force des armes. Les territoires et pays occupés par l'armée française se sont vu imposer le Code plus qu'ils ne l'ont adopté. Le Code fut introduit en Belgique, au Luxembourg, au Pays-Bas, dans de nombreux États allemands, en Pologne, en Italie et en Espagne, … Aux XIXe et au XXe siècles, par le fait de la colonisation, son influence s'étendit ensuite en Amérique latine et dans la plupart des pays d'Afrique francophone.[252]

Cette synthèse fait valoir l'importance du droit romain à travers le Code Napoléon. Nos législations modernes s'inspirent en grande partie du droit romain. Pour ce qui est du droit canonique, il convient de préciser que son élaboration précède la redécouverte du droit romain. En effet, avec l'Édit de Thessalonique (en 380), Théodose érige le christianisme en religion d'État au sein de l'Empire romain. À cette époque, l'Église se romanise et adopte de l'Empire, non seulement la langue (le latin) mais aussi son organisation bureautique et administrative, son droit. Avec la redécouverte du droit romain au Moyen-Âge, le droit canonique renforcera ce qu'elle connaissait déjà depuis l'Église antique.

Il est donc intéressant de voir que le droit canonique est, dans un certain nombre de cas, fait des traditions et cultures étrangères, celles de l'Empire romain. Ces cultures et traditions ont aujourd'hui un caractère universel. L'universalité du droit canonique est donc fondée, dans une certaine mesure, de l'universalité du droit romain et, au XIXe siècle, du droit Français. Dès lors, il nous paraît clair, comme d'ailleurs noté plus haut, qu'avec l'œuvre de l'évangélisation du monde par les missionnaires européens, la culture romaine et celle des Français ont revêtu un caractère universel. Pour plusieurs peuples, leurs coutumes, cultures et traditions, surtout celles qui sont en contradiction avec les valeurs dites chrétiennes, doivent être tenues comme supprimées.

Le modèle qualifié de *nouvelle écriture*, loin de paraître absurde pour les canonistes, est un lieu de recherche important. Il nécessite, par contre, une évaluation minutieuse des gestes, des paroles, des objets et d'autres effets des traditions et des cultures qui doivent être considérés comme des lieux des significations anthropologiques précis et, par ce fait, des lieux de vitalités, peut-être invisibles certes, mais qui sont des socles intrinsèques de l'harmonie sociale et ''religieuse'' de chaque peuple. L'évaluation dont il est question ici ne peut être qu'un effort interdisciplinaire.

Au-delà des éléments tenus comme essentiels (ceux, sans lesquels, la validité est mise à mal), ces gestes, objets et effets peuvent être, par exemple, intégrés dans les célébrations des sacrements, dans le système et

---

[252]*Idem.*, p. 28. Voir aussi Alain BIHR, « La réinvention du droit romain au Moyen-Âge », dans *Revue Interrogations*, n° 22. L'enquêteur face au secret, juin 2016 [en ligne], https://www.revue-interrogations.org/La-reinvention-du-droit-romain-au (Consulté le 17 juillet 2023)

les structures de gouvernance des Églises particulières et locales, dans les domaines des sanctions et des procédures ou dans le domaine de gestion des biens ecclésiastiques. Il ne sera pas ici question d'une simple reconnaissance mais d'une vraie codification canonique pour les Églises africaines.

La *nouvelle écriture* ne peut pas ne pas tenir compte des lois civiles canonisées par le Code de droit de 1983. Ces lois civiles canonisées sont, dans la plupart de cas, celles qui établissent le respect ou l'observance des formalités civiles afin que les actes à accomplir ne souffrent d'aucune invalidité, ni de licéité. C'est les cas des actes dus aux commerces, ceux relatifs aux biens mobiliers et immobiliers, ceux des transactions de n'importe quelle nature, ceux qui sont en lien avec l'administration civile publique, avec le système de l'éducation, ... Quand il est question des lois civiles canonisées, le respect de la double législation s'impose, celle canonique et celle civile.

Conclusion

Quelques éléments épistémologiques pour un droit canonique particulier dans les cas des Églises particulières et locales en Afrique subsaharienne, c'est le sujet auquel s'est fixée notre attention et que nous avons voulu analyser. La voie empruntée dans cette réflexion n'est pas celle que propose le Législateur, c'est-à-dire celle des *normes complémentaires au Code de droit canonique* ou celle des *lois civiles canonisées*. Bien sûr que ces deux voies officielles peuvent générer un droit canonique particulier. Nous n'avons pas, en tant que canoniste-juriste, l'idée de voir dans ces voies officielles une méthode caduque. Il ne nous appartient donc pas d'en juger la pertinence. Le *leitmotiv* qui soutient notre démarche est l'espoir de voir enfin s'émerger un droit canonique particulier qui tient compte d'une part, des aspirations des *traditions de chaque peuple* et d'autre part, qui soit un droit des situations concrètes et qui s'incarne dans le vécu quotidien de tous les fidèles du Christ dans leurs diversités culturelles et cultuelles.

Néanmoins, il était important de mettre en présence les voies légales, officielles et les voies jugées non-légales mais qui, du moins, ont l'avantage, pensons-nous, de s'accorder avec l'*âme juridique* des fidèles se trouvant dans les communautés géographiquement, historiquement et culturellement situées. C'est seulement dans cette condition que le droit canonique ne sera plus considéré comme un corps étranger ou étrange aux communautés chrétiennes dans leur diversité.

Cette observation nous a permis d'indiquer dans un premier temps, les cadres référentiels d'émergence d'un tel droit canonique particulier et, dans un second moment, de souligner trois approches ou modèles basés sur les notions de l'*inculturation*, des Églises orientales *sui iuris* et sur une nouvelle écriture d'une législation particulière des Églises particulières et locales.

Dans cette entreprise intellectuelle, il était utile de rappeler quelques frontières. Ainsi, avons-nous mis l'accent sur l'*unité ecclésiale*. C'est une exigence à la fois théologique et canonique. Cependant, il n'était pas question de mettre dos à dos l'*unité ecclésiale* et l'*unité juridique*, l'une ne renvoyant pas spécialement à l'autre. La *diversité juridique* qui s'exprimerait dans les divers droits particuliers ne pourra en aucune manière mettre en cause l'*unité ecclésiale*. Cette dernière est fondamentale pour l'Église Une et Apostolique. Toute législation canonique particulière ne pouvant pas être en contradiction avec le droit canonique universel.

Mais, paradoxalement, les thèmes de *diversité*, de *pluralisme théologique* ou mieux de la promotion de l'*unité de foi dans la diversité*, ne sont pas nouveaux dans le monde des réflexions théologiques. Malgré la reconnaissance de cette diversité dans l'Église, le *centralisme romain* demeure une évidence, sans laquelle il serait difficile de justifier un droit canonique à prétention universelle. Il nous faut donc interroger ce *centralisme romain* dans son rapport à la diversité culturelle observée dans nos Églises particulières et locales lorsque nous nous plaçons dans le domaine canonique.

Au terme de ces réflexions, il est possible d'émettre quelques hypothèses en vue d'un droit canonique particulier plus pertinent pour les Églises particulières et locales en Afrique subsaharienne. S'il est vrai que la recherche d'identité, sans une recherche identitaire, est constitutive à l'homme, elle est aussi constitutive à l'Être chrétien. L'identité va au-delà du droit. Ce dernier, pour sa pertinence, doit tenir compte du contexte socio-culturel des fidèles et de leurs communautés respectives. S'il est vrai que le droit a, fondamentalement, la vocation d'ordonner aux biens communs et personnels, à gérer les relations interpersonnelles, il doit être l'expression de l'expérience concrète qui resitue les fidèles dans l'aujourd'hui de leur histoire et de leur existence. S'il est vrai que le droit canonique universel contribue à réaliser l'unité ecclésiale, il doit aussi endosser le pluralisme culturel comme l'une de ses dimensions essentielles.

Titre IV.

Consentement et mariage en Afrique subsaharienne : Entre traditions et modernité.

Depuis le début de l'évangélisation jusqu'à nos jours, le mariage traditionnel en Afrique est resté un terrain problématique qui a toujours suscité un grand nombre de débats. D'une part, les missionnaires ont essayé à leur manière d'adapter le christianisme au mode de vie africain mais les obstacles rencontrés au niveau de la vie matrimoniale ont toujours été très nombreux. Les administrateurs coloniaux ont aussi, à leur tour, essayé d'imposer une discipline dans ce domaine - surtout en ce qui concerne la polygamie - mais leurs efforts n'ont pas abouti à une solution réelle. Les théologiens actuels parlent de l'inculturation du mariage traditionnel mais aucune proposition concrète n'a été présentée pour que cette institution soit réellement reconnue. D'autre part, l'Église refuse jusqu'à aujourd'hui de reconnaître la forme du mariage traditionnel comme mariage valable. Mais les chrétiens africains tiennent au mariage traditionnel comme leur vrai mariage qui est une alliance des familles et non un simple contrat. Et comme ils n'ont pas pris part à l'élaboration des règles canoniques régissant le mariage dit chrétien, ils trouvent que celles-ci doivent être revues afin de bien définir ce qu'on appelle mariage chrétien. Cette demande se justifie par le fait qu'à partir du moment où les Africains ont été confrontés au christianisme, ils célèbrent leur mariage en trois temps : selon la coutume (mariage coutumier), à la commune (mariage civil), à l'Eglise (mariage religieux). C'est une véritable dichotomie. Devant cette multitude de procédures, un chrétien catholique africain est marié quand il a accompli les trois étapes précédentes.[253]

---

[253] Voir Hilaire NKELENGE Mitendo, *Vers une sacramentalité du système matrimonial négro-africain : une analyse des concepts de contrat-alliance appliqués au mariage*,

Ce qui précède, pose, de manière claire et pertinente, la question du mariage dans le contexte de l'Afrique subsaharienne. En effet, dans le système juridique et canonique, hérité du droit romain, seul le consentement fait le mariage.[254] Le Code de droit canonique en vigueur, au canon1057, §2, définit le consentement comme « *un acte de la volonté par lequel un homme et une femme se donnent et se reçoivent mutuellement par une alliance irrévocable pour constituer le mariage.* »[255]Le consentement est le cœur du mariage religieux et civil. Il en est son élément constitutif. Du point de vue canonique, le consentement dûment échangé crée, à côté de la consommation, l'une des conditions principales de l'indissolubilité du mariage.[256] D'ailleurs, le §1 du canon précité stipule : « C'est le consentement des parties légitimement manifesté entre personnes juridiquement capables qui fait le mariage ; ce consentement ne peut être suppléé par aucune puissance humaine. »

Notons que, dans les procédures en nullité des mariages, les membres des tribunaux ecclésiastiques examinent en premier, et même en dernier, les conditions de l'échange de consentement. L'activité judiciaire canonique pour les causes en déclaration de nullité consiste, dans la plupart des cas, à chercher les empêchements et les vices qui auraient affecté le consentement.[257] Ces empêchements peuvent se cacher dans les histoires des

---

Fribourg, APF, (Coll. *Études d'Éthique Chrétienne*),2003, 411 p. Voir la quatrième page de couverture.

254 Lire par exemple Ernest Désiré GLASSON, *Du consentement des époux au mariage. D'après le droit romain, le Droit canonique, l'Ancien droit français, le Code Napoléon et les législations étrangères*, Paris, A. Durand, Libraire-éditeur, 1866, 320 p.

255 Et le § 1 de ce même canon stipule : « C'est le consentement des parties légitimement manifesté entre personnes juridiquement capables qui fait le mariage ; ce consentement ne peut être suppléé par aucune puissance humaine. »

256Jean BERNHARD, « A propos de l'indissolubilité du mariage chrétien », dans *RSR.*, t. 44, n° 1-2 (1970), p. 49-62. Aux termes du Can. 1141, l'indissolubilité est le fait qu'un mariage conclu et consommé ne peut être dissous par aucune puissance humaine ni par aucune cause, sauf par la mort.

257 Notons que dans l'Église catholique, ici latine, le divorce n'existe pas. Un mariage célébré et consommé est indissoluble jusqu'à ce que l'on découvre un empêchement ou un vice dans le consentement échangé. Le mariage catholique n'est pas un contrat mais un sacrement. Ce dernier marque d'un sceau indélébile le lien entre les époux. Il symbolise l'amour du Christ et son Église. Par contre, le droit canonique prévoit des cas ou le lien peut être dissolu : Le mariage non consommé entre des baptisés ou entre une partie baptisée et une partie non baptisée peut être dissous par le Pontife Romain pour une juste cause, à la demande des deux parties ou d'une seule, même contre le gré de l'autre (Can. 1142) ; Le mariage naturel contracté par deux non-baptisés est dissous en vertu du *privilège paulin* en faveur de la foi de la partie qui a reçu le baptême, par le fait même qu'un nouveau mariage est contracté par cette partie, pourvu que la partie non baptisée s'en aille (Can. 1143, § 1). Voir aussi le Can. 1144-1150). C'est aussi les cas de la séparation avec maintien du lien (Can. 1151-1155). Le mariage catholique n'est pas un contrat, avions-nous dit. Le mariage civil l'est. Sans entrer dans les détails de ce que prévoit la législation civile, le mariage-contrat (civil), en France par exemple, est réglementé par le Titre V, Art. 143-227 du Code Civil. Le législateur fixe les

vies des parties. Pour le dénicher, des enquêtes sérieuses et approfondies des vies des époux doivent être menées, y compris l'écoute des témoins, l'envoi de commissions rogatoires, si nécessaire.[258] D'où la durée assez longue de la procédure canonique tant décriée par certains.[259]

Nous ne voulons pas rependre ici les théories sur la forme canonique du mariage qui établit sa sacramentalité[260], ni sur les empêchements canoniques dirimants, en général[261] ou en particulier.[262]

---

qualités et les conditions requises pour pouvoir contracter mariage. Le Titre VI est celui relatif au divorce, Art. 228-309.

[258]Cf. Geoffrey ROBINSON, *Mariage divorce et nullité. Une introduction à la procédure suivie dans les causes en déclaration de nullité dans l'Église catholique*, Novalis/ Le Chalet, 1986, 95 p ; Carmen Pena GARCIA, *Mariage et cause de nullité dans le droit de l'Eglise*, Paris, Harmattan, 2021, 504 p.

[259] Heureusement que le Pape François, par sa *Lettre Apostolique en forme de Motu proprio, Mitis iudex dominus iesus*, a réformé le procès canonique pour les causes de déclaration de nullité du mariage dans le code de droit canonique, en rendant la procédure plus brève. Voir aussi les analyses de PHILIPPE TOXE, « La réforme des procès en nullité de mariage selon le Motu proprio *mitis iudex dominus iesus* », dans *AC.*, t. t. 56, n° 1 (2014), p. 87-127 ; BRUNO GONÇALVES, « Le procès matrimonial plus bref devant l'Évêque diocésain : présentation et mise en lumière de quelques enjeux », dans *AC,* t. 57, n° 1 (2016), p. 185-210 ; Bruno GONÇALVES (dir.), *Comprendre la réforme des procédures de nullité de mariage selon le motu proprio Mitis Iudex Dominus Iesus. Colloque de la Faculté de Droit Canonique de l'Institut catholique de Paris*, Paris, Artège Lethielleux, 2019, 357 p.

[260] Voir le Can. 1055 : « § 1. L'alliance matrimoniale, par laquelle un homme et une femme constituent entre eux une communauté de toute la vie, ordonné par son caractère naturel au bien des conjoints ainsi qu'à la génération et à l'éducation des enfants, a été élevée entre baptisés par le Christ Seigneur à la dignité de sacrement. § 2. C'est pourquoi, entre baptisés, il ne peut exister de contrat matrimonial valide qui ne soit, par le fait même, un sacrement. »

[261]Les empêchements canoniques dirimants en général (Can. 1073-1082). Un empêchement dirimant rend la personne incapable de contracter validement mariage. Il peut être externe ou occulte. Il revient à la seule autorité suprême de l'Église de déclarer de manière authentique quand le droit divin empêche ou dirime le mariage et c'est cette même autorité suprême qui a le droit d'établir d'autres empêchements pour les baptisés. L'Ordinaire du lieu peut, dans un cas particulier, interdire le mariage à ses propres sujets où qu'ils demeurent et à tous ceux qui résident de fait sur son propre territoire, mais cela pour un temps seulement, pour une cause grave et aussi longtemps qu'elle perdure. Les empêchements provenant des ordres sacrés ou du vœu public perpétuel de chasteté dans un institut religieux de droit pontifical et du crime dont il s'agit au Canon 1090 (le conjugicides ou assassinat d'un conjoint) sont réservés au Siège Apostolique.

[262] Les empêchements dirimants en particulier (Can. 1083-1094 : de l'âge (pas avant seize ans accomplis) ; de L'impuissance antécédente et perpétuelle à copuler de la part de l'homme ou de la part de la femme, qu'elle soit absolue ou relative ; du mariage antérieur, même non consommé ; du mariage entre deux personnes dont l'une a été baptisée dans l'Église catholique ou reçue dans cette Église et ne l'a pas quittée par un acte formel, et l'autre n'a pas été baptisée (nécessité d'une dispense) ; de ceux qui sont constitués dans les ordres sacrés ; des personnes qui sont liées par le vœu public perpétuel de chasteté dans un institut religieux ; entre l'homme et la femme enlevée ou au moins détenue en vue de contracter mariage avec elle, à moins que la femme, une fois séparée de son ravisseur et placée en lieu sûr et libre, ne choisisse spontanément le mariage ; de qui, en vue de contracter mariage avec une personne déterminée, aura donné la mort au conjoint de cette personne ou à son propre conjoint ; de la consanguinité en ligne directe ; du mariage entre tous les ascendants et descendants tant

Cet article ne prétend donc pas faire une représentation et encore moins une analyse de toutes les considérations sur le *mariage-sacrement*. Nous faisons simplement observer, qu'outre les empêchements établis par le Législateur, il existe d'autres réalités et faits extra-juridiques qui peuvent fragiliser le lien du mariage. Ainsi, partant de la compréhension canonique et juridique du lien matrimonial, de son élément constitutif qui est le consentement, nous mettons en lumière quelques réalités socioculturelles qui, sans être des causes principales ou des conditions de nullité du mariage, fragilisent gravement le consentement entre époux, lieu de la réalisation de l'union conjugale indissoluble et irrévocable. Ces réalités sont celles héritées des traditions africaines et celles qui naissent avec la modernité de nos sociétés. Ces dernières catégories sont certes nouvelles mais elles semblent s'installer très durablement dans les esprits des uns et des autres.

Comme on peut s'en apercevoir, ce vaste champ de recherche nous oblige à ne retenir que quelques éléments en rapport avec la modernité, conséquence de la mondialisation et de la globalisation du monde d'aujourd'hui. Il convient de le souligner, nos sociétés subissent des bouleversements remarquables sous l'effet de la mondialisation. Avec elles, sont entraînées dans cette nouvelle configuration du globalisme, les sciences, spécialement, les sciences sociales. Les concepts qui, jusqu'alors, jouissaient d'une certaine immuabilité découvrent brusquement la fragilité de leur contenu, surtout quand ils sont confrontés à d'autres réalités sociétales, sociologiques et culturelles. Les scientifiques de tout bord s'attèlent à un travail de réajustement conceptuel au risque de ne plus être audibles. La mutation de l'absolutisme scientifique vers un certain relativisme est évidente. L'ouverture au monde et la découverte d'autres cultures favorisées par un système d'information globalisante poussent à des aménagements de connaissances acquises et certifiées.

Pour les besoins méthodologiques, nous articulerons nos propos autour de trois points :

- Une note importante sur la problématique du mariage canonique en Afrique. Nous ne retenons ici, que les aspects problématiques lorsque, en Afrique, le mariage est célébré d'après les normes de la législation ecclésiastique ou canonique. Les quelques axes retenus sont en rapport avec l'objet général de notre réflexion, le consentement.

Les deux autres points sont une remise en question de la validité du consentement échangé dans certaines circonstances :

- Le premier est en rapport avec les influences de la modernité.

---

légitimes que naturels en ligne collatérale jusqu'au quatrième degré inclusivement ; de l'affinité en ligne directe à tous les degrés ; d'honnêteté publique née d'un mariage invalide ou d'un concubinage notoire ou public ; de ceux qui sont liés par la parenté légale issue de l'adoption, en ligne directe ou au second degré en ligne collatérale.

- Et le second qui, aussi déterminant, porte sur les marques des cultures et des traditions de l'Afrique subsaharienne.

I. Mariage- sacrement et la culture africaine.

Pour un africain du Sud du Sahara, le *mariage-sacrement* pose un double questionnement. D'abord celui de sa forme telle qu'elle est définie et décrite dans le Code de droit canonique. Ensuite, un deuxième questionnement corollaire au premier, celui de son aspect *statique* qui, comme dit précédemment, est calqué sur le modèle occidental hérité du droit romain. C'est dire que l'unique et le seul lieu de réalisation du *mariage-sacrement* est le consentement. Il lui manque cette dimension *dynamique* ou *progressive*. Celle-ci ne remet pas en cause la place centrale du consentement dans le *mariage-religieux*. C'est une prescription du droit universel aussi bien civil que canonique. Le consentement est au cœur du mariage. En marge de cette question de l'aspect *dynamique* du mariage se pose celle de la précarité et de la fragilité de l'administration ecclésiastique en Afrique. Ce qui ouvre la voie aux abus de toutes sortes dans le domaine du mariage, tel que le risque de célébrer des nouvelles noces pour les personnes volontairement fautives.

1. De la forme canonique du mariage.

Certains ont dénoncé la forme canonique du *mariage-chrétien* qui ne tient pas compte des cultures particulières mieux, des diverses coutumes du peuple de Dieu. Nous citons ici les travaux du professeur Vincent MULAGO Gwa Cikala autour du thème : *Le mariage traditionnel africain et le mariage chrétien*[263], mais aussi ceux du Cardinal Joseph-Albert MALULA : *Mariage et famille*.[264]

Dans un article, Frédéric INGETSI Imongia pose l'épineux problème de *la juste confrontation entre la forme canonique du mariage chrétien et les idées ancestrales* des coutumes millénaires des traditions africaines. Il écrit, pour le compte du Congo/Kinshasa :

> « La célébration du mariage continue à susciter, à moins qu'on soit indifférent, des problèmes sérieux dans la vie de l'Église en République Démocratique du Congo. L'homme congolais, intellectuel soit-il, continue à se marier selon les coutumes de ses ancêtres. Chrétiens et païens, tous se retrouvent unis dans le mariage coutumier comme condition *sine qua non* pour la célébration du mariage civil ou *in facie ecclesiae*. Beaucoup d'années se sont passées après la promulgation du

---

263 Vincent MULAGO Gwa Cikala, *Mariage traditionnel africain et mariage chrétien*, Kinshasa, Ed. St Paul Afrique, 1991.

264 Joseph-Albert MALULA, « Mariage et Famille », dans *DC.*, n° 1880(1984), 870-873

Code actuel (de 1983), le problème de la forme canonique du mariage des congolais continue à inquiéter un bon nombre de canonistes avisés »[265].

En fait, il pose ici le problème, non plus en aval, mais en amont. Il ne semble pas préconiser un processus d'adaptation du mariage chrétien aux coutumes congolaises. Il met plutôt en évidence la forte influence des coutumes locales dans les célébrations des *mariages chrétiens* ou canoniques.

En effet, pour un bon nombre d'africains, le vrai mariage est celui qui se célèbre entre les familles des futurs époux, sous sa forme coutumière. Celle-ci n'est pas une union entre deux personnes, la fiancée et le fiancé, mais entre les deux familles de ces derniers. Le mariage qui avait commencé avec la célébration des fiançailles traditionnelles, prend corps lorsque la dote donnée a été acceptée par la famille de la fiancée. En l'absence de ces deux étapes, les fiançailles traditionnelles et le mariage coutumier, l'union, même célébrée à l'Église, n'a aucune consistance certaine. C'est à travers cette forme traditionnelle que le mariage est scellé d'un sceau indélébile et pas seulement par un échange de consentement. Pour les mariés catholiques, la célébration chrétienne est une forme de régularisation, une formalité de conscience dans le but de participer à la table eucharistique. Elle est perçue comme une présentation des époux à la communauté chrétienne qui les accepte et les accueille comme légitimement mariés. Lorsque survient une difficulté dans le couple, la première démarche est celle d'un arrangement entre les deux familles, selon un code coutumier informel. C'est seulement après toutes ces démarches de conciliation entre les familles que la communauté ecclésiale peut être saisie dans l'espoir de résoudre les différends.

Il est donc un fait, on ne saurait résoudre la question de la forme du mariage en Afrique subsaharienne sans une confrontation entre la législation canonique et les réalités africaines. De cette orientation, Frédéric INGETSI Imongia conclut, du moins pour le Congo/Kinshasa :

> « En analysant le problème sous toutes ses facettes, il n'y a pas d'incompatibilité entre forme congolaise et forme canonique de la célébration du mariage. D'ailleurs nous rencontrons des éléments communs entre ces deux formes de mariage. Ainsi, le problème du mariage ne vient pas de la forme canonique ! La vraie solution ne peut se trouver que dans une évangélisation en profondeur. Par contre, on doit éviter tout propos discriminatoire à l'égard du mariage coutumier ou traditionnel. Car ce dernier est une vraie union matrimoniale pour les non-baptisés »[266].

---

[265] Frédéric INGESTI Imongia, « Vers une célébration intégrée du mariage canonique en République Démocratique du Congo à la lumière du code de 1983 », dans *RAT.*, vol 28, n°55(avril 2004), p.99.

[266] *Ibidem*

De ce qui précède, il importe de souligner avec insistance que la forme canonique du mariage en Afrique s'inscrit dans un processus. Ce dernier prévoit la célébration du mariage en plusieurs étapes d'égales valeurs les unes et les autres. C'est cet ensemble du processus qui constitue les éléments d'un mariage licite, pour ne pas dire valide. La validité d'un *mariage-sacrement* ne découlant essentiellement que du consentement.

2. De la *dynamicité* du mariage en Afrique.

La question de la forme canonique abordée précédemment plaide en faveur de la *dynamicité* du mariage religieux en Afrique. Dans sa forme naturelle, le mariage religieux conclu a pour point culminant l'échange de consentement d'où il tire sa validité. Cette manière de concevoir le mariage religieux a fait l'objet des réflexions critiques des chercheurs dans les sciences ecclésiastiques : théologiens, biblistes, liturgistes, canonistes, pasteurs.[267]En effet, nous ne perdons pas de vue que l'institution chrétienne du mariage a été très fortement influencée par des pratiques des peuples qui sont entrés en contact avec le christianisme, dès ses premiers siècles, les Grecs, les Romains, les peuples du Proche Orient, de la Babylonie, de l'Assyrie, de l'Egypte et autres. Au cours des quatre premiers siècles de son existence, l'Église romaine met en valeur toutes les pratiques de ces peuples. Ce qui lui permettra d'établir un rituel chrétien du mariage. Elle donnera ensuite un caractère proprement liturgique à tel ou tel élément des anciens rites familiaux de ces peuplades antiques. En étudiant donc l'évolution postérieure des rites nuptiaux des diverses régions, l'Église adopte, dans ses différents rituels, leurs usages locaux.[268] Ainsi, le 14 juin 1614, le Pape Paul V publia un premier vrai rituel pour la célébration des mariages dans l'Église romaine.[269]

Mais, le Second concile du Vatican avait bien perçu la difficulté dans la compréhension du mariage chrétien chez certains peuples qui ne sont de la culture romaine que par un accident de l'histoire. Ainsi, recommande-t-il, dans sa Constitution *Sacrosanctum Concilium* que :

---

[267] Les différentes théories, à notre avis, ont été résumées par KAKULE Mbakwira-Vusa, « Droit Canonique Particulier (Projet) selon le Nouveau Droit Canonique », dans *Théologie Africaine. Bilan et perspectives. La Dix-septième semaine Théologique de Kinshasa du 2-8 avril 1989*, Kinshasa, FCK., 1989. Voir surtout l'Annexe (sur Cérémonies des fiançailles/ Cérémonies des noces), p. 360-361.

[268] Cf. Vincent MULAGO Gwa Cikala, *Mariage traditionnel africain et mariage chrétien, Op. cit.*, p. 84.

[269]Par sa bulle *Apostolicæ sedi* du 14 juin 1614, le pape Paul V BORGHÈSE promulguait le *Rituale Romanum* ou *Rituel Romain*. Il a été traduit en français par Simon PAYRONET, *Rituel romain du Pape Paul V*, Toulouse, Chez J. F. CARONOVE, 1712. Mais bien avant ce rituel de Paul V, il a existé plusieurs d'autres rituels. La spécificité du rituel de 1614, c'est qu'elle mettait à la disposition des éditions diocésaines un livre pour la célébration de l'Eucharistie et aussi la célébration des sacramentaux et des sacrements dont le mariage.

> « Le rite de célébration du mariage qui se trouve dans le rituel romain sera révisé et enrichi pour signifier plus clairement la grâce du sacrement et souligner davantage les devoirs des époux. Aussi, si en certaines régions on utilise dans la célébration du mariage d'autres coutumes et cérémonies dignes d'être approuvées, le saint Concile souhaite beaucoup qu'on les garde complètement. En outre, faculté est laissée à l'autorité ecclésiastique sur le territoire, ayant compétence, d'élaborer un rite propre qui s'accorde avec les usages des lieux et des peuples, mais à la condition expresse que le prêtre qui assiste au mariage demande et reçoive le consentement des contractants. »[270]

Peu de temps après la clôture du Concile Vatican II, en 1969, le Pape Paul VI publie un nouveau rituel du mariage (ordo *Celebrandi Matrimonium*). Respectant les recommandations du dernier Concile, ce rituel est *un rituel modèle (Type)*. Il revient ainsi aux conférences épiscopales d'élaborer, pour leur territoire, un rituel particulier adapté aux besoins locaux et accueillant, lorsqu'il s'agit des peuples récemment convertis à l'Évangile, les éléments des civilisations locales qui sont compatibles avec l'esprit authentiquement liturgique.[271] Notons ici que, rares sont les Conférences des évêques qui ont saisi cette opportunité offerte par le second Concile de Vatican et qui ont élaboré des rituels propres des célébrations des mariages.

La *dynamicité* est l'idée selon laquelle la célébration d'un mariage est inscrite dans un processus à plusieurs étapes, s'accomplissant dans le temps, en commençant par des fiançailles dûment célébrées, jusqu'aux noces, c'est-

---

[270] Constitution *Sacrosanctum Concilium,* Art. 77. Seront aussi observés dans l'application de cet article, les articles 22 (Le droit de régler l'organisation de la liturgie dépend uniquement de l'autorité de l'Église ; il appartient au Siège apostolique et, selon les règles du droit, à l'Évêque. En vertu du pouvoir donné par le droit, l'organisation de la liturgie, appartient aussi, dans les limites fixées, aux diverses assemblées d'Évêques légitimement constituées, compétentes sur un territoire donné) et 63 (Puisque assez souvent dans l'administration des sacrements et des sacramentaux l'emploi de la langue du pays peut être d'une grande utilité auprès du peuple, on lui donnera une plus large place selon les règles qui suivent : a) dans l'administration des sacrements et des sacramentaux, on peut employer la langue du pays, conformément à l'article 36 ; Rituel romain et rituels particuliers. b) en suivant la nouvelle édition du rituel romain, des rituels particuliers, adaptés aux nécessités de chaque région, y compris en ce qui concerne la langue, seront préparés au plus tôt par l'autorité ecclésiastique qui a compétence sur le territoire, mentionnée à l'article 22 § 2 de la présente Constitution ; et, une fois les actes révisés par le Siège apostolique, ces rituels seront employés dans leurs régions respectives. Dans la composition de ces rituels ou de ces recueils particuliers de rites, on n'omettra pas les instructions mises en tête de chaque rite dans le rituel romain, qu'elles soient pastorales ou rubricales, ou bien qu'elles aient une importance particulière au point de vue social. C'est pourquoi absolument personne d'autre, même prêtre, ne peut, de son propre chef, ajouter, enlever ou changer quoi que ce soit dans la liturgie.

[271] Can. 1120 : « La conférence des Evêques peut élaborer un rite propre du mariage, qui devra être reconnu par le Saint Siège et qui tienne compte des usages locaux et populaires adaptés à l'esprit chrétien, restant sauve la loi selon laquelle l'assistant présent au mariage demandera et recevra la manifestation du consentement des contractants. »

à-dire à la célébration sacramentelle. Il n'est pas qu'une conclusion suivie d'une consommation, les deux moments qui le rendent indissoluble, selon la normative canonique observée à ces jours. Pour Joseph-Albert MALULA, la célébration des noces qui ne se limite qu'à ce moment ponctuel, l'échange de consentement, ne rejoint pas l'Africain dans ce qu'il a de vital que la vie elle-même, le mariage. En effet, continue-t-il, le plus grand problème du droit canonique pour les Africains est la non-prise en compte de l'aspect *dynamique, progressif* de la célébration du mariage[272]. Celle-ci est tristement réduite à un échange de consentement exprimé par la récitation des *simples formules* apprises lors de la catéchèse et devient l'expression de la volonté par lequel un homme et une femme se donnent et se reçoivent mutuellement par une alliance irrévocable.[273]

Compris comme un *cheminement progressif*, le mariage pour un Africain tend à être considéré comme un échange perpétuel, un échange qui trouve sa source dans les fiançailles dûment célébrées selon les traditions de chaque peuple et dans le mariage coutumier, avant la conclusion à l'Église et qui poursuit sa pleine réalisation dans la consommation nuptiale. Cette conception dynamique du mariage africain a l'avantage de faire participer activement, non seulement les deux futurs époux mais aussi leurs familles. Cependant, il faut noter qu'une telle participation peut avoir, si on n'y prend garde, une influence négative dans l'accomplissement du consentement qui se veut un acte libre et personnel. Nous en parlerons dans la suite de notre réflexion.

3. La culture de l'oralité et la fragilité de l'administration ecclésiastique en Afrique.

Nous posons ici l'hypothèse que la fragilité de l'administration ecclésiastique en Afrique est l'une des conséquences de la culture de l'oralité qui a longtemps prévalu dans les sociétés traditionnelles subsahariennes.

En effet, l'oralité est une culture en Afrique subsaharienne. Elle est un canal par lequel passe des informations et des connaissances de divers ordres. Ainsi, l'écrivain malien Amadou HÂMPATÉ BÂ avait raison de dire que : « En Afrique un vieillard qui meurt c'est une bibliothèque qui brûle. » Un vieillard qui meurt disparaît avec toutes les connaissances acquises et les souvenirs de toute une vie. L'oralité est une manière particulière d'approcher la connaissance et la vérité, une façon de préserver et de transmettre les histoires, la littérature et les lois. Elle procède de la parole et du symbole. L'oralité est une forme d'écriture abstraite dans la mémoire d'un peuple.

---

[272] Cf. Joseph-Albert MALULA, *Mariage et Famille*, dans *D.C.*, n° 1880(1984), 870-873.

[273] Selon le Can.1057, §2. Lire aussi le Can. 1061.

En effet, l'Afrique des traditions a longtemps repoussé l'écriture bien qu'elle ait été introduite par l'Islam, avec l'alphabet arabe et par le Christianisme avec l'alphabet latin.[274] Il suffit, pour s'en convaincre, de lire la littérature des romanciers africains francophones post-coloniaux.[275] De nos jours, l'oralité est devenue une vraie source d'inspiration de la littérature moderne.[276]

La fragilité de l'administration ecclésiastique que l'on observe dans certaines parties du continent africain n'est-elle pas une conséquence de cette culture de l'oralité ? Il est vrai que, pour le cas d'un mariage religieux, l'administration n'est pas un élément *ad validitatem*. Elle peut néanmoins occasionner des actes contraires aux lois canoniques. Nous évoquons ce point dans le cadre de cette réflexion parce qu'une administration défaillante peut être une occasion pour les personnes véreuses de célébrer des noces, alors que les premières n'ont jamais été déclarées nulles. Il faut avouer que l'administration ecclésiastique fait figure de parent pauvre. Le droit canonique administratif est enseigné dans les séminaires de manière incidente et accessoire. Aussi, ceux qui ont la charge de l'administration de nos évêchés ne reçoivent, très souvent, aucune formation appropriée à cet effet. Nos paroisses ne bénéficient pas toujours d'une administration irréprochable. Les inscriptions des sacrements célébrés ne sont pas toujours à jour. Par manque de formation adéquate et d'information juste, certains agents pastoraux et beaucoup de secrétaires paroissiaux n'inscrivent plus les différentes célébrations des sacrements dans des livres approuvés par l'autorité ecclésiastique. Combien de mariages ont-ils été célébrés sans aucune vérification préalable de l'état libre des fiancés ? Combien de mariages n'ont-ils pas été célébrés sans une proclamation des bans dans les diocèses ou les paroisses des baptêmes des fiancés ? On croit souvent résoudre le problème de mariage d'un *perigrinus*, par une simple information portée à la connaissance de la communauté où le sujet a son habitation actuelle. Le problème est bien réel.

L'administration ecclésiastique a ses règles et sa spécificité qui la distingue de l'administration en générale. Le manque de dextérité dans ce domaine peut avoir de graves conséquences dans la gestion administrative diocésaine et paroissiale. Un baptême, un mariage ou une ordination

---

[274] Nous n'entrons pas dans la discussion de ceux qui pensent que l'Afrique avait plusieurs formes d'écritures. Nous nous arrêtons au constat selon lequel les formes d'écritures que l'Afrique connaît aujourd'hui viennent de l'alphabet arabe pour certains et de l'alphabet pour d'autres.

[275] Frantz FANON, EBOUSSI BOULAGA, Cheikh Hamidou KANE, Amadou HÂMPATÉ BÂ, Léopold Sédar SENGHOR, Marcel NTSONI (*Sony Labou Tansi*), Camara LAYE et beaucoup d'autres encore.

[276] Voir LOUIS-VINCENT THOMAS, « De l'oralité à l'écriture : le cas négro-africain », dans *Négritude : traditions et développement*, sous la direction de GUY MICHAUD, Éditions Complexe, 1979, p. 119-150

presbytérale non enregistrés peuvent entraîner des graves conséquences dans la vie d'un ou d'une fidèle.

L'inscription d'un sacrement dans un livre approprié ne doit pas être facultative. C'est une exigence et même une obligation canonique. Dans le domaine du mariage par exemple, le canon 1121 recommande : « une fois le mariage célébré, le curé ou son remplaçant, même si ni l'un ni l'autre n'y ont assisté, inscrira aussitôt que possible dans les registres des mariages, de la manière prescrite par la conférence des évêques ou par les évêques diocésains, les noms des époux, de l'assistant et des témoins, le lieu et la date de la célébration du mariage. » Cette prescription doit être complétée par les canons 491, §1-3[277] et 486, §1-3[278].

À l'heure de l'évolution des techniques de l'informatique, il nous semble que l'inscription informatisée est le meilleur moyen pour conserver les traces des documents importants et des documents utiles. Vers le début des années soixante dix, un ordinateur était un outil quasi inexistant, sinon très rare en Afrique subsaharienne. Nous avons été témoin de l'évolution fulgurante de l'informatique avec l'arrivée de l'internet et de ses réseaux sociaux. Il n'est plus impossible de trouver un ordinateur, même dans des villages le plus reculés de grandes villes. De nos jours, l'ordinateur est un outil indispensable. Il est temps que nos églises locales qui continuent à entretenir les vieilles méthodes passent à la documentation informatisée. Plusieurs logiciels permettent un tel passage. Les fichiers peuvent être logés dans des endroits différents, évitant ainsi leur corruption. Cette méthode de la numérisation permet la sauvegarde des informations même en temps de pillages, de guerres et d'autres troubles. Elle permet en même temps de trouver très rapidement des informations et de les transférer à qui de droit tout en protégeant les données personnelles.[279] En outre, les documents

[277] Can. 491, § 1. L'Évêque diocésain veillera à ce que soient aussi conservés les actes et les documents des archives des églises cathédrales, collégiales, paroissiales et des autres églises se trouvant sur son territoire, et que soient établis en deux exemplaires les inventaires ou catalogues dont l'un sera conservé dans leurs archives propres, l'autre dans les archives diocésaines. § 2. L'Évêque diocésain veillera encore à ce qu'il y ait dans le diocèse des archives historiques et qu'y soient conservés soigneusement et rangés systématiquement les documents ayant une valeur historique. § 3. Pour examiner ou pour sortir les actes ou les documents dont il s'agit aux §§ 1 et 2, les règles établies par l'Évêque diocésain seront observées. »

[278] Can. 486, § 1. Tous les documents qui concernent le diocèse ou les paroisses doivent être conservés avec le plus grand soin.

§ 2. Dans chaque curie, il faut établir en lieu sûr les archives ou le dépôt d'archives diocésaines, dans lequel seront conservées les documents et les écrits concernant les affaires diocésaines tant spirituelles que temporelles, classés et soigneusement enfermés.

§ 3. Un inventaire ou un catalogue des documents contenus dans les archives sera dressé avec un bref résumé de chaque pièce.

[279] Aujourd'hui plusieurs nations se sont dotées des normes pour la protection des données personnelles. Il y a un vide juridique à combler impérativement pour beaucoup de pays

numérisés sont le plus souvent de grande qualité. Ils bénéficient d'une certaine indépendance, c'est-à-dire qu'ils peuvent exister sur n'importe quel support sans perdre leur qualité première. Ils sont d'une grande malléabilité.

Sans aucune exagération, un grand nombre de difficultés rencontrées dans les institutions ecclésiastiques et civiles, problèmes qui ruinent leurs structures et dérangent leurs fonctionnements, ne sont que des corollaires de la mauvaise gestion administrative. Il est temps, pour les institutions ecclésiastiques, que les évêques et les conférences des évêques prennent conscience de la défaillance administrative de nos structures, et tirent la sonnette d'alarme. Que les évêques et les conférences des évêques en Afrique subsaharienne cherchent des solutions propices, efficaces et idoines à cette précarité et fragilité de l'administration ecclésiastique. Nous plaidons, à cet effet, pour l'insertion d'un *cours d'administration ecclésiastique*, surtout documentaire dans le cursus de formation des séminaristes en théologie. Ce cours serait un enseignement documenté de tous les aspects de la vie quotidienne de nos églises locales, aspects canoniques et pastoraux, obligations et droits [devoirs] dans leur rapport avec la législation canonique et civile.

Enfin, il importe de relever que, dans la plupart des pays africains ravagés par des guerres, des pillages de toutes sortes et d'autres actes malveillants, la destruction des documents ecclésiaux importants, diocésains ou paroissiaux est inévitable. Dans plusieurs diocèses, les registres paroissiaux sont quasi inexistants. Ils ont été soit brûlés, soit déchirés, soit jetés. Ce problème se pose avec une certaine gravité pour ceux qui s'établissent, par exemple, dans d'autres Églises locales et qui veulent contracter un mariage religieux. Comment peut-on, dans de tels cas, vérifier si la personne a été baptisée ou n'a pas déjà contracté un autre mariage antérieurement ?

Concluons ce premier point sur la forme canonique, sur la *dynamicité* du mariage en Afrique et sur la fragilité de l'administration ecclésiastique des Églises locales subsahariennes. Trois questions que nous avons jugées utiles d'évoquer dans ce premier moment de notre réflexion. En droit canonique, ces questions posées n'invalident pas un consentement dûment échangé par les parties ou les époux. Les deux premières s'inscrivent dans la perspective d'un droit canonique particulier pour les célébrations des mariages. Elles sont comme une interpellation pastorale et canonique. Nous pensons que, pour ''la pleine réalisation'' de ce sacrement dans le contexte des Églises locales subsahariennes, il est important de le situer dans une dynamique graduelle. L'échange de consentement ne doit pas être qu'une reprise des formules à un moment ponctuel de la célébration. Pour ce faire, il doit être inséré dans une toile tissée des relations entre les deux familles, celle de la

---

africains subsahariens. Le but d'une telle démarche juridique est la protection des vies privées des citoyens.

fiancée et celle du fiancé. Cette toile est aussi faite des actes et actions qui tirent leur source vitale dans des cultures et des traditions des parties. Le troisième, l'administration ecclésiastique, est une question non de moindre importance. Le manque de rigueur dans ce domaine peut, dans certaines circonstances, fragiliser le consentement. Ce qui pourrait arriver lorsque les parties n'ont pas manifesté des intentions sincères dans le processus de préparation au *mariage-sacrement*.

La modernité et son pendant, la mondialisation, s'imposent dans nos sociétés. Elles ont été, depuis plusieurs décennies, renforcées par la cyberculture qui élargit nos horizons. Incontestablement, la modernité influence nos modes d'agir dans une société globalisée. Elle influence aussi nos institutions ecclésiastiques comme le consentement matrimonial.

II. *Mariage-sacrement* et les influences de la modernité.

Le consentement matrimonial s'exprime à la fois à travers une donation sincère et une acceptation mutuelle des époux. Ces deux moments, donation sincère et acceptation mutuelle, donnent corps à la décision irrévocable des époux pour constituer une communauté indissoluble pour toute la vie.

La suite de nos propos ici va s'atteler à présenter quelques faits nés de la modernisation de nos sociétés, surtout africaines et qui, sans être des causes de défaut de consentement, l'influencent négativement. Il sera question de la mondialisation, de la recherche effrénée des profits matériels et des pièges des doctrines sectaires.

1. L'influence de la mondialisation[280].

La mondialisation de nos sociétés et de nos modes de penser mettent fin à l'*Eurocentrisme*. Elle bouscule toutes les idées considérées jusqu'à lors comme des vérités immuables. La notion de mondialisation renvoie souvent au phénomène complexe d'interdépendance croissante dans le domaine des économies et crée un espace économique mondial intégré. La mondialisation est aussi un phénomène multidimensionnel, à la fois politique, social,

280 La mondialisation peut signifier ici la globalisation. Les anglophones n'ont qu'un mot, « globalization », pour désigner ce que nous appelons « mondialisation » ou « globalisation ». La mondialisation fait référence à l'avènement du Monde, comme espace, comme société, et comme échelle pertinente d'analyse dans de nombreux domaines. Son histoire se confond avec celle de l'émergence des échanges et des circulations humaines. La globalisation est également un récit de la mise en relation des lieux du monde, à travers le rayonnement des métropoles, la généralisation mondiale du néolibéralisme, la financiarisation de l'économie-monde, et la connexion instantanée des acteurs du capitalisme. Cf. Cynthia GHORRA-GOBIN, « Notion en débat : mondialisation et globalisation », Géoconfluences, décembre 2017.
http://geoconfluences.ens-lyon.fr/informations-scientifiques/a-la-une/notion-a-la-une/mondialisation-globalisation. Consulté le 07 août 2023.

économique et culturel. Nous ne nous intéressons ici qu'à ses dimensions sociales et culturelles, dans la mesure où elles intègrent la notion d'inter-culturalité[281]. C'est dire que la diversité culturelle d'une société s'enrichit avec le métissage des autres cultures. Les effets de la mondialisation sont en rupture avec les anciens modèles de l'Occident. Ils influencent les mœurs, les us et coutumes des peuples.

La mondialisation devient de plus en plus un argument de prédilection pour l'expansion des traditions religieuses du Moyen-Orient, des Amériques, de l'Asie et de l'Afrique. Dans un tel contexte, l'Église catholique romaine doit faire preuve d'une certaine adaptabilité. Le constat de Claude GEFFRÉ trouve ici sa pertinence : « Face au défi des autres cultures et des autres religions, l'Église ne peut être fidèle à sa catholicité qu'en acceptant une conversion, c'est-à-dire en acceptant une remise en question de son mode d'expression occidentale. »[282] Ce qui est dit ici peut s'appliquer dans le domaine du mariage. Les autres cultures remettent en question la conception traditionnelle du mariage chrétien fondée, comme dit précédemment, sur une culture déterminée, la culture romano-occidentale.

Les effets de la mondialisation se manifestent très visiblement dans notre mode de vie moderne. Geoffrey Robinson le perçoit bien : « Les communications et transports modernes ont pour effet d'augmenter de plus en plus le nombre de mariages entre personnes qui possèdent un bagage différent au plan de l'éducation, dans les domaines culturel, social, économique et religieux »[283]. La vie des foyers est aussi marquée par ces influences d'ordre culturel. Pour illustrer ces propos, nous prenons deux événements, d'apparence anodine, mais qui, plus que dans le passé, sont actuellement célébrés avec attention dans des nombreux pays africains : la Saint Valentin (journée des amoureux), le 14 février et la journée mondiale de la femme, le 08 mars. Ces deux événements, inconnus jusqu'alors dans la société traditionnelle africaine, renforcent l'idée de la dignité de la femme et sa considération dans le mariage. Les sociétés qui conçoivent autrement cette dignité de la femme loin de toutes ces célébrations en prennent un coup.

---

[281] L'inter-culturalisme est une philosophie d'échange entre les groupes culturels d'une société. Sur ce concept, lire par exemple : Micheline LABELLE, « Multiculturalisme, inter-culturalisme, antiracisme : le traitement de l'altérité », dans *REMI*, vol. 3, n°2 (2015), p. 31-54 ; Valentina CRISPI, « L'inter-culturalité », dans *Le Télémaque*, vol. 1, n°47 (2015), p. 17-30 ; « L'interculturel aujourd'hui : perspectives et enjeux ». Textes issus du XVe Congrès de l'Association Internationale pour la recherche interculturelle qui a lieu à Strasbourg, sous la direction d'Élisabeth REGNAULT et Éliane COSTA-FERNANDEZ, Paris, L'Harmattan, 2016, 393 p.

[282]Claude GEFFRE, *Mission et inculturation*, dans *Spiritus*, 78 (déc. 1987), n°109, p.419

[283]Geoffrey ROBINSON (Mgr), *Mariage, divorce et nullité. Une introduction à la procédure suivie dans les causes en déclaration de nullité dans l'Eglise Catholique*, traduit par Claude AUGER, Roch PAGÉ et Jean-Louis LEMIEUX, Ottawa, Paris, Chalet, 1986, p.36.

Pour le moins que l'on puisse dire, dans ce contexte, le mariage subit des influences des cultures mondialisées. La rencontre des cultures fait naître de nouveaux modes de vies, de relations et donc de nouvelles formes de cohabitation. Celles-ci ne se conçoivent plus comme basées sur un échange de consentement manifesté entre des personnes juridiquement capables mais se conjuguent en termes de principes de vie acceptés par les parties. De nos jours, la vie de couple n'est plus le résultat de ce consentement traditionnel exprimé, mais une entente mutuelle des parties sur un nombre de principes de vie commune. Même si ces formes de cohabitation n'ont aucun lien avec *un mariage-sacrement*, elles dessinent néanmoins le paysage social et exercent leurs influences dans la conscience sociale commune.

2. L'influence des profits matériels.

On ne le dira jamais assez, l'Afrique, comme d'ailleurs d'autres continents, traverse une période de crises jamais connue auparavant : crise de l'identité, crise politique, crise économique, crise morale. Ces crises aux multiples visages rongent des nations entières et provoquent une misère de plus en plus croissante, laissant beaucoup de peuples dans la précarité, surtout matérielle. Elles sont, en 2023, alimentées par les multiples guerres fratricides, inter-tribales et inter-nationales de l'Est à l'Ouest, du Nord au Sud des régions africaines subsahariennes.

Ces crises en Afrique ont pour conséquences la dégradation des infrastructures sociales, l'instabilité politique et économique des sociétés et la paupérisation des populations : naissance des phénomènes tels que, *les enfants sorciers*[284], *les enfants de la rue*[285], la prostitution juvénile, la prolifération des groupes dits religieux à but lucratif, la corruption.

On le sait, la crise dans ses divers aspects sociologiques, économiques, moraux, politiques, culturels, psychologiques donne lieu à de nouvelles formes de vie, à de nouveaux moyens de subsistance et de survie. Une vraie mutation sociale s'opère et une vraie inversion des valeurs se réalise. Les valeurs cèdent la place aux antivaleurs. La recherche effrénée des biens matériels devient la règle. Dans ce contexte, on voit se développer de nouvelles formes de relations et de cohabitations.

Il va sans dire que ces formes de vie et de cohabitation affectent le consentement dans les cas où elles débouchent sur des *mariages-sacrements*.

---

[284] VIRGINIE DEGORGE ET OLIVIER DOUVILLE, « Les « enfants-sorciers » ou les rejetons de la guerre en Afrique Equatoriale. Un défi pour l'Anthropologie psychanalytique », dans *Figures de la psychanalyse*, vol. 2, n° 24 (2012), P. 233- 249 ; VIRGINIE DEGORGE, « Les enfants dits « sorciers » dans les rues congolaises », dans *Le Journal des psychologues*, vol. 1, n° 274 (2010), p. 36-39.

[285] MARIE JOSE LALLART, « Les enfants de la rue : leurs lois », dans *Savoirs et clinique*, vol. 1, n°4 (2004), p. 59- 65 ; Guy Aurélien BIANTSISSILA, *Enfants de la rue. Pour quel avenir en Afrique*, Les Éditions du Net, 2015, 108 p.

Le consentement est donné et le mariage est conclu sur le fond des intérêts matériels. La donation sincère et l'acceptation désintéressée sont dénaturées par ces élans matérialistes. Les liens matrimoniaux entre les époux se construisent sur des échanges de consentements intéressés. Ces mariages ne résistent pas à l'usure du temps et aux affres de la dure réalité du quotidien auxquelles ils sont soumis. Ils cessent d'exister quand l'intérêt matériel qui les justifiait disparaît. Par contre, leur validité court jusqu'à ce que leur nullité soit déclarée.

3. L'influence des doctrines sectaires.

Depuis près d'une cinquantaine d'années, on voit se développer dans le paysage africain subsaharien un phénomène religieux jugé inquiétant. C'est le foisonnement des cultes syncrétistes et des petites communautés évangéliques, des Églises dites de *réveil* que certains qualifient de *sectes.*[286]

Le phénomène des sectes est un fait évident qui influence le changement des mœurs et des habitudes des populations locales. Il faut noter que l'existence des communautés chrétiennes nouvelles et missionnaires aux idées expansionnistes est un fait de nos sociétés modernes. En utilisant des moyens de communication perfectionnés nés de la télécommunication moderne, ces communautés atteignent les lieux les plus reculés du monde et y exercent effectivement leurs influences. A travers la magie des médias, les conférences, les communications, les prédications sont suivies de partout, les orientations spirituelles sont données de partout. Sur le plan communicationnel, l'homme moderne souvent indifférent, semble vivre dans un monde spiritualiste et spiritualisé. Ces influences spirituelles le plongent dans un univers complexe, toujours à la recherche de ce qui convient pour son âme et sa prospérité matérielle. Sans être indiscret dans nos propos, nous pouvons dire qu'un nombre assez élevé de ces mouvements religieux qui arrosent les terres africaines proviennent des Amériques et semblent y trouver un écho favorable.[287]

---

[286]Dieudonné MUSHIPU MBOMBO, *Théologie africaine face aux sectes. Défi lancé à la société et aux grandes Églises africaines,* Paris, Harmattan, 2017, 226 p ; Damien ETSHINDO EPANDJOLA, *Églises de réveil et salut chrétien au Congo-Kinshasa : quels défis pour l'Église catholique ?*, Paris, Harmattan, 2016, 329 p ; Raoul Germain BLÉ, *« La prolifération des sectes en Côte d'Ivoire : l'expression d'une réalité sociale », dans RSR., t. 87, n°* 1 (2013), p. 77-92 ; Claude WAUTHIER, *Sectes et prophètes d'Afrique noire*, Paris, Éd. du Seuil, 2007, 288 p ; Philippe LE VALLOIS, « Définitions de la « secte » et attitudes envers les sectes dans l'Eglise Catholique Romaine », dans *RDC.,* vol. 51 (2001), p.43-73 ; Jean-Pierre BASTIAN, « Quelques approches protestantes contemporaines du phénomène sectaire », dans *RDC.,* vol. 51, n°1 (2001), p. 75-88 ; Paul DENIS, Jacqueline SCHAEFFER (dir), *Secte*, Paris, PUF., 1999, 198 p ; Jean De Saint -CHARMANT, *« Sectes et christianisme en Afrique noire »,* dans *Revue des Deux Mondes*, 1962, p. 339-353.

[287] Voir dans Sébastien FATH, Frédéric ENCEL, *Les évangéliques à l'assaut du monde*, Hérodote, vol. 4, n° 119, (2005), 192 p. Voir aussi Mélanie SOIRON FALLUT, *Les églises de réveil en Afrique centrale et leurs impacts sur l'équilibre du pouvoir et la stabilité des*

Toute conception religieuse véhicule une vision du monde et reconfigure des relations interpersonnelles. On peut ainsi tirer une double conséquence pour l'Afrique subsaharienne. D'abord, l'espace socioculturel africain devient un espace évangélisé. Il est, de principe, laïc mais baigné dans un décor de plusieurs tendances spirituelles. Il devient un espace très favorable pour la floraison, l'expansion, l'enracinement des conceptions religieuses diverses et où se développent toutes formes de religiosité. Ensuite, on constate un foisonnement des communautés religieuses à caractère tribal, clanique, régional, provincial. Tous ces phénomènes peignent d'une façon exceptionnelle la réalité sociale de l'Afrique au sud du Sahara.

Dans ce décor religieux, l'institution du *mariage* subit des influences de divers ordres. On voit ainsi naître un type spécial de lien matrimonial. Tout est bon et tout est permis pour créer des liens matrimoniaux. Il n'est pas rare que des ''prophéties'' de pasteurs soient à la base des célébrations des mariages. Ces prophéties sont, pour les adeptes, des révélations divines. Elles limitent la liberté de la personne ou mieux, des parties concernées. Les pasteurs, dépositaires de la grâce de Dieu, leurs paroles ne peuvent être que l'expression de la volonté divine. Ils ne peuvent dire que ce qui est juste, bien et vrai, dans l'intérêt de leurs adeptes. Plusieurs unions matrimoniales sont piégées par ces phénomènes religieux. Quel est alors le sens juridique ou canonique d'un échange de consentement si l'une des parties est de l'Église catholique latine ? Sans aucun doute, dans ce genre d'unions, on peut présumer que, à cause d'un défaut de liberté manifeste des parties ou d'une des parties, le consentement n'a pas été échangé réellement. Il manque ce cadre de pleine conscience et de liberté absolue dans lequel doit se réaliser une union matrimoniale.

III. Mariage-sacrement et les influences de la tradition africaine.

Par tradition, nous entendons ici un ensemble de légendes, de faits, de doctrines, d'opinions, de coutumes, d'usages, transmis oralement sur un long espace de temps. C'est une manière d'agir ou de penser transmise depuis des générations à l'intérieur d'un groupe.[288]

L'élément central d'une tradition est la transmission. Comme l'a si bien dit Carole DELY, l'étymologie latine du mot *tradition* exprime l'idée d'une transmission. *Traditio* signifie acte *de transmettre*, le nom commun français met davantage l'accent sur le contenu de ce qui est transmis. La tradition transmet quelque chose du passé au présent. Elle s'inscrit dans une

---

Etats : les cas du Cameroun, du Gabon et de la République du Congo, Paris, Ministère de la Défense – Délégation aux Affaires stratégiques 2012, 49 p.

[288] Voir *Le Larousse*.

temporalité, un devenir, celui d'une communauté considérée d'un point de vue culturel, social, religieux, moral. Elle continue au présent de son existence pour la faire perdurer, par-delà la finitude humaine. Il y a tradition, transmission, parce que l'humain est mortel. La tradition est donc indissociable de la notion d'héritage. Héritée du passé, une tradition consolide le lien communautaire et/ou l'identité d'un groupe d'individus dans le temps. Il y a ce double mouvement de transmission : la tradition forme la communauté des individus qui en héritent, et cette communauté héritière garantit la continuité de la tradition.[289] En fait, la tradition impose des idées et des valeurs. Elle ne peut pas, par principe, être objet de discussions. En tant que mémoire vivante du passé pour ceux qui la reçoivent, la tradition est digne de respect.

De nos jours, pris dans l'engrenage de l'évolution du monde moderne, tout ce qui relève de la tradition est jugé comme dépassé. Mais, il convient de le noter, la tradition, comme système de valeurs, ne peut pas être considérée comme obsolète. En ce sens, les traditions africaines, insaisissables pour certains, cachent des valeurs pouvant contribuer à l'épanouissement et à la promotion de l'homme dans un monde moderne et progressiste. Parlant des foyers chrétiens par exemple, le Pape Jean Paul II a eu des mots justes pour l'exprimer :

> « Les traditions africaines judicieusement utilisées peuvent avoir leur place dans la construction des foyers chrétiens en Afrique. Je pense notamment à toutes les valeurs positives du sens familial, si ancré dans l'âme africaine et qui revêt des aspects multiples : le sérieux de l'engagement matrimonial au terme d'un long cheminement ; la priorité donnée à la transmission de la vie, et donc l'importance accordée à la mère et aux enfants ; la loi de la solidarité entre les familles qui ont fait alliance et qui s'exerce spécialement en faveur des personnes âgées, des veuves et des orphelins ; une sorte de coresponsabilité dans la prise en charge et l'éducation des enfants, qui est capable d'atténuer bien des tensions psychologiques ; le culte des ancêtres et des défunts qui favorise la fidélité aux traditions »[290].

Certes, ajoute-t-il, « le problème délicat est d'assumer tout ce dynamisme familial, hérité des coutumes ancestrales, en le transformant et en le sublimant dans les perspectives de la société qui est en train de naître en Afrique »[291].

---

[289] Voir Carole DELY, « La tradition entre fidélité et trahison », dans *Sens Public*, 2007, http://sens, public.org/articles/482/ Consulté le 16 août 2023.

[290] Jean-Paul II, *Le mariage chrétien est un ferment du progrès moral dans la société (les lettres de noblesse du mariage chrétien).* Voir *La pertinence du Christianisme africain de Jean-Paul II : les discours de Jean-Paul II en Afrique (1980-1988)*, textes rassemblés par l'Abbé Omer KATSHIOKA Kapita et Don Jean-Léon KATSHIOKA (traduits et présentés par « *Documentation catholique* »), Maffe, Éd. Ensemble, 1999, p. 32.

[291]*Ibidem*

Malheureusement, force est de constater que la tradition africaine, sur certains de ses aspects, peut poser des réels problèmes. Tel est le cas du consentement de mariage. Dans le cadre de cette réflexion, nous évoquons brièvement les questions relatives à la polygamie, au clanisme et à la stérilité de l'un des époux.

1. Le consentement matrimonial et l'Afrique traditionnelle polygame.

Il importe, avant toute chose, d'apporter une précision dans les concepts. Il existe une confusion dans la compréhension du concept *polygamie.* Celle-ci a deux aspects, à savoir la polygynie et la polyandrie. La polygynie est l'union d'un homme avec plusieurs femmes. La polyandrie est l'union d'une femme avec plusieurs hommes. Mais, dans le langage courant, la polygamie est presque confondue avec la polygynie. Ainsi donc, dans la suite de nos propos, la polygamie s'identifie à la polygynie.

Plusieurs études montrent que la polygamie a toujours existé dans le système matrimonial au sud du Sahara.[292] C'est une forme matrimoniale qui semblait plus ou moins adaptée aux sociétés dites traditionnelles. Contrairement à ce que l'on peut croire, nous pouvons affirmer sans craindre d'être contredit, que la polygamie, dans la société traditionnelle, était une *valeur*.[293] Un système non codifié réglementait les droits et les devoirs des familles. La monogamie est arrivée en Afrique traditionnelle, comme dit précédemment, avec l'avènement du Christianisme et plus tard, avec les organisations pour la promotion des droits, des libertés et des dignités de la femme. De nos jours, il devient de plus en plus rare de trouver des textes des *Constitutions* des pays qui rendent légitime le système matrimonial polygamique, exception faite des pays musulmans. Et même dans ces derniers, la polygamie fait l'objet d'une réglementation rigoureuse garantissant ainsi les libertés et les dignités des parties.

De manière générale, en Afrique, la polygamie a toujours été pratiquée sous ses différentes formes d'unions informelles : maîtresse, deuxième ou troisième bureau[294]. Ce sont des formes de concubinage avec un engagement sérieux et une prise en charge conséquente de la part de l'homme.

---

[292] D'ailleurs, La polygamie n'est pas particulière à l'Afrique. L'histoire montre que d'autres régions l'ont connue ou la connaissent encore aujourd'hui.

[293]D'aucuns pensent que, la polygamie dans la société traditionnelle africaine avait aussi (ou a encore) un but lucratif. L'on prenait plusieurs épouses pour se garantir d'une main d'œuvre abondante lors des travaux saisonniers de labour ou de récolte. Elle est aussi considérée comme un signe visible d'aisance matérielle. La gloire de l'époux tient au nombre de femmes qu'il avait De ce fait, le rang social de l'époux polygame était en fonction du nombre de femmes

[294]Berthe Élise LOLO, « Polygame de cœur, monogame de fait ! », dans *Revue du MAUSS*, vol. 1, n°39 (2012), p. 329. L'expression deuxième ou troisième bureau sont des surnoms donnés aux maîtres officielles.

Face à cette réalité de la société traditionnelle africaine, chacun essaye de la comprendre selon sa propre culture et ses propres convictions religieuses. On aboutit ainsi à des conclusions selon lesquelles, pour certains, la polygamie est une valeur d'une culture particulière. Et, tandis que, pour d'autres, elle est contestable et condamnable. Elle est perçue comme lésant le droit divin. Pour eux, le mariage ne peut être que monogamique.

Qu'elle soit sous une forme traditionnelle (mariages coutumiers) ou sous une forme moderne (des unions libres), la polygamie suscite plusieurs interrogations au regard du consentement qui, comme dit plus haut, crée les conditions d'un mariage indissoluble. La polygamie manifeste clairement ce qu'il convient de considérer comme contraire à la foi chrétienne et qui peut se dire à travers ces formules du langage commun : « Une épouse pour un époux ou une femme pour un homme. »[295] Le mariage chrétien est par ce fait un mariage monogamique indissoluble. L'unité et la fidélité sont ses propriétés fondamentales.

L'indissolubilité du mariage conclu et consommé réglementée par le droit canonique constitue, pour les couples, voire pour la société toute entière, un bien et une valeur. Le sacrement de mariage fait entrer l'homme et la femme dans le mystère de la fidélité du Christ pour son Église. La polygamie est donc prohibée dans l'Église.

Le consentement duquel découle le *mariage-sacrement* suppose, des futurs époux, la capacité suffisante de discernement. Cette dernière n'est pas seulement la connaissance claire de l'objet de l'engagement mais aussi la capacité d'assumer les obligations du mariage dans le temps. L'exclusion de la fidélité pourrait donner lieu à un consentement simulé. L'intention de contracter le mariage au moment de l'échange des consentements est édulcorée par cette exclusion. Elle génère ainsi un défaut de consentement.

Pour un juriste ou un canoniste, le piège est bien réel. Il n'est pas rare de rencontrer des fidèles qui, se préparant aux célébrations de leurs *mariages-sacrements*, entretiennent d'autres relations et n'envisagent pas de se défaire de ces liens coupables. Dans ces conditions, disons-le, le consentement échangé n'est pas purifié de ''*toute autre intention*'' susceptible de le rendre nul. Une personne qui contracte un mariage avec l'intention de continuer à entretenir des liens extraconjugaux avec d'autres femmes, exclut, dans un sens comme dans un autre, un bien du mariage qui est la fidélité et peut être considéré, par la suite comme incapable de remplir les obligations du mariage.

---

[295] Nous n'entrons pas ici dans la polémique récente provoquée par les organisations LGBTQIA+ (Lesbienne, Gay, Bisexuelle, Trans, Queer, Intersexe, Asexuel et les plus [les autres]). Nos propos sont en dehors de ces tendances d'autant plus que les formes de liens qu'ils peuvent avoir entre eux ne sont pas, pour l'Église catholique, ici latine, des liens matrimoniaux au sens canonique. On peut lire sur cette question la Déclaration *Fiducia supplicans* sur la signification pastorale des bénédictions du Cardinal Víctor Manuel FERNÁNDEZ, préfet du Dicastère pour la Doctrine de la foi du 18 décembre 2023.

Le droit canonique prévoit une solution pour résoudre le problème des polygames convertis. Aux termes du canon 1148, §1, la normative canonique stipule :

> « Un homme non baptisé qui aurait en même temps plusieurs épouses non baptisées, s'il lui est dur, après avoir reçu le baptême dans l'Église catholique, de rester avec la première, peut garder n'importe laquelle après avoir renvoyé les autres. Cela vaut aussi de la femme non baptisée qui aurait en même temps plusieurs maris non baptisés ». C'est le *privilège Paulin.*

Tout compte fait, il nous semble important de faire une nette distinction entre une tradition donnée de ce qui relève du droit divin. Il est tout à fait clair que la polygamie est un fait des sociétés traditionnelles, un fait social, diraient les sociologues. Par contre, en catholicisme romain, *le vrai lien matrimonial est monogamique.* Il appartient au droit divino- naturel. Cela ne fait que confirmer la thèse selon laquelle *la polygamie est une déviation de l'ordre matrimonial établi par le Seigneur.*[296]

2. Le consentement matrimonial et les influences du clanisme en Afrique.

Lorsqu'on aborde une étude sur la société africaine d'un point de vue anthropologique, sociologique ou même juridique, on ne peut pas négliger sa dimension structurelle qui renvoie à sa compréhension graduelle. C'est dire que la société africaine est subdivisée en famille, en clan, en tribu, en ethnie, en peuple, en nation et en État.[297] Ici, il sera question des influences du clan, du clanisme sur le *consentement* dans le *mariage-sacrement.*

En effet, un clan est un ensemble de familles liées par une parenté réelle ou fictive, fondée sur l'idée de descendance d'un ancêtre commun. Le clan, loin d'être un simple degré dans le graduel familial, est le lieu où l'individu s'identifie au groupe et où il trouve sa place. Le clan joue un grand rôle dans la réalisation de l'individu. Il exerce une influence certaine sur ses membres. L'action du clan est omniprésente dans chacune des étapes de la vie de l'individu. Ce dernier est comme porté, non seulement par sa famille

---

[296]Livre de Genèse, 2, 23-24 : « L'homme dit alors : ''Cette fois-ci, voilà l'os de mes os et la chair de ma chair ! On l'appellera femme – Ishsha –, elle qui fut tirée de l'homme – Ish.'' À cause de cela, l'homme quittera son père et sa mère, il s'attachera à sa femme, et tous deux ne feront plus qu'un. » ; Évangile selon saint Matthieu, 19, 5-6 : « À cause de cela, l'homme quittera son père et sa mère, il s'attachera à sa femme, et tous deux deviendront une seule chair. Ainsi, ils ne sont plus deux, mais une seule chair. Donc, ce que Dieu a uni, que l'homme ne le sépare pas ! »

[297] Pour des plus amples explications sur ces concepts, on peut lire : HONORAT AGUESSY, « Cadre théorique : Les concepts de tribu, ethnie, clan, pays, peuple, nation, État, etc. et les sociétés africaines », dans *Présence Africaine,* vol. 3-4, n° 127-128 (1983), p. 17- 42.

biologique mais aussi par sa famille, au sens large, c'est-à-dire par son clan.[298]

En Afrique en général et en Afrique du sud du Sahara en particulier, l'individu n'a de sens que vivant en société. Ce fait marquant de la société africaine est souvent en contradiction avec le mode de vie des sociétés du vieux continent. De notre observation, depuis plusieurs siècles déjà, ces sociétés font la promotion de l'individualisme[299] qui, dans certains cas, menace la cohésion sociale[300] et familiale.

La compréhension des liens qui unissent les membres des familles au sud du Sahara est importante et permet de mesurer l'influence du clan dans le mariage. Toute action, individuelle soit-elle, s'inscrit toujours dans un réseau de relations familiales. Tel est le cas du mariage. En Afrique, le mariage est une affaire de familles[301]. Ainsi que le note Vincent MULAGO Cwa Cikala :

> « On peut donc affirmer que chez les Africains, et notamment chez les bantu, le mariage n'est pas une démarche qui, à tout prendre, ne concerne qu'un jeune homme et une jeune fille : les deux communautés tout entières auxquelles ils appartiennent y sont engagées. Les jeunes gens qui se marient et consentent à vivre ensemble le font en tant que membres de deux familles, de deux clans, et de ce fait, leur acte devient un acte communautaire et social… Le consentement des futurs époux se situe dans ce cadre communautaire et social. L'accord des parents conditionne le consentement du jeune homme et de la jeune fille. »[302]

Dans ce contexte, le consentement à échanger risque de subir des influences claniques et de n'être pas ainsi un acte libre. Or, avons-nous dit

---

[298] L'analyse des noms que l'on donne à chaque nouveau-né peut être très révélatrice. La signification du nom retrace sa lignée familiale et donne sens à son histoire, à un événement heureux ou malheureux vécu par sa famille, lui confère une identité. À partir des noms d'une personne, on peut remonter jusqu'à ses racines ancestrales et établir son appartenance dans un clan bien déterminé.

[299] L'individualisme se caractérise par l'accroissement de l'autonomie de l'individu par rapport aux règles collectives. Au sens positif, c'est la reconnaissance de droits individuels, plus de liberté de choix pour l'individu ; au sens négatif, c'est un repli sur ses intérêts privés.

[300] La cohésion sociale est une situation dans laquelle les membres d'une société entretiennent des liens sociaux, partagent les mêmes valeurs et ont le sentiment d'appartenir à une même collectivité. Elle correspond à la solidarité d'un groupe fortement intégré. Ce qui permet la cohésion sociale, c'est l'existence de liens sociaux entre les individus.

[301] Le professeur Frédéric INGETSI Imongia l'a perçu très clairement : « Au Congo, le mariage est avant tout un acte individuel et communautaire. L'aspect communautaire s'explique par l'attachement des congolais au sens de la famille tant élargi que restreinte. L'homme congolais naît dans sa famille, grandit et se marie avec l'aide de sa famille et meurt en famille. On ne saurait dissocier le mariage et les membres des familles respectives des époux. Cette position constitue, s'il faut le dire, un appui solide pour la stabilité des foyers au Congo. » Cf. Frédéric INGESTI Imongia, « Vers une célébration intégrée du mariage canonique en République Démocratique du Congo à la lumière du code de 1983 », *Art. cit.*, p. 105.

[302] Vincent MULAGO Cwa Cikala, *Mariage traditionnel africain et mariage chrétien, Op. cit.*, p.58.

plus haut, le consentement est, de par sa nature même, un acte libre posé par une personne qui ne doit être ni sous une contrainte familiale, ni sous une pression morale quelconque. Dans tous les cas, il est fréquent d'assister à un mariage célébré parce que voulu par un père, par une mère, par des oncles paternels (dans le système patriarcal) ou maternels (dans le système matriarcal) ou même, parce qu'on croit avoir eu une révélation mystique d'un ancêtre. C'est ce que le droit nomme par *crainte révérencielle*[303].

Un autre fait qui, à notre avis, doit être considéré à juste titre comme l'une des conséquences de l'influence du clan est le *mariage par obligation*[304] : tous les garçons doivent se marier avec les filles de leur clan ou tribu. Nous n'avons aucune donnée statistique pour prouver la véracité d'un tel phénomène. Mais, il peut se vérifier lorsqu'on observe attentivement la vie sociale de certains clans. Lorsque l'une des parties agit sous cette contrainte clanique, le consentement échangé par les époux est mis en mal.

3. Le consentement matrimonial et la stérilité en Afrique.

La médecine fait une nette distinction entre la stérilité, l'infertilité d'une part et l'impuissance d'autre part. Sans entrer dans les détails d'un domaine qui n'est pas le nôtre, il sied de préciser que la stérilité et l'infertilité sont des incapacités physiologiques irréversibles de concevoir naturellement, de porter une progéniture saine ou viable. L'impuissance est l'impossibilité de réaliser l'acte sexuel.

La stérilité, comme d'ailleurs l'impuissance, est particulièrement stigmatisante en Afrique subsaharienne. De manière générale, ne pas procréer est souvent mal vu. Curieusement, pour ce qui concerne la stérilité, la femme est, dans la plupart de cas, accusée d'en être la cause. Il est honteux pour une femme d'être stérile. L'homme n'est que rarement soupçonné d'être stérile.[305] Par contre, même si elle est souvent cachée, l'impuissance de l'homme est médicalement vérifiable. De toutes manières, pour un couple africain subsaharien, ne pas avoir une descendance est la pire des choses qui puissent leur arriver. La procréation est une nécessité vitale,

---

303 Can. 1103 : « Est invalide le mariage contracté sous l'effet de la violence ou de la crainte grave externe, même si elle n'est pas infligée à dessein, dont une personne, pour s'en libérer, est contrainte de choisir le mariage. »

304 Dans l'apparence, le *mariage par obligation* peut être justifié par une crainte révérencielle. L'obligation est faite aux garçons de n'épouser que les filles de leurs clans. Il est différent d'un *mariage forcé* qui souvent renvoie aux mariages des enfants et signifie mariage précoce. Subir un mariage précoce, c'est être marié très jeune, contre son gré et avec une personne que l'on ne choisit pas. Il est aussi différent d'un *mariage arrangé* qui, initié par des tiers, est marqué par le libre choix des deux partenaires.

305 Il faut peut-être noter la stérilité de l'homme n'est pas facile à comprendre dans le contexte africain. Ce n'est pas parce qu'un homme est ''puissant'' qu'il est nécessairement fertile.

pour emprunter l'expression de François KABASELE[306]. Elle permet d'établir une suite dans la lignée familiale.

Il faut noter ici que la polygamie dont nous parlions précédemment peut être, dans certaines circonstances, une des conséquences de la stérilité d'un conjoint dans une société avide de descendance.[307] Lié par l'exigence canonique de l'indissolubilité du mariage, l'homme ne trouve pas mieux que de s'établir dans une autre union illégitime, plutôt que de briser ses premières noces, échappant ainsi à l'œil curieux et fouineur, en se faisant juge de sa propre irresponsabilité.

Il est vrai qu'avoir une descendance est important en Afrique au sud du Sahara. Ne pas procréer ne relève pas d'une décision personnelle. Néanmoins, il peut être justifié pour des raisons spéciales. C'est le cas du célibat de ceux qui s'engagent dans la religion ou de ceux qui sont destinés à faire partie de la caste des guerriers.

Le droit canonique exclut la stérilité de l'un des conjoints sur la liste des empêchements dirimants du *mariage-sacrement*, sauf en cas de dol[308]. De même, le manque de procréation, s'il est accepté par les deux conjoints, ne crée pas une situation invalidante du *mariage-sacrement*. Ce qui n'est pas le cas de l'impuissance antécédente et perpétuelle à copuler[309]. L'impuissance est très logiquement à chercher du côté de l'homme.

Que vise le Droit canonique en établissant cette distinction ? Pour le Législateur, ce qui est *essentiel*, c'est la capacité des époux d'accomplir un acte sexuel normal et naturel dans la consommation du mariage. En effet, le *mariage sacrement* indissoluble se réalise en deux phases, ainsi que nous l'avons déjà précisé plus haut : la conclusion et la consommation. Il est donc juste de dire qu'un stérile peut réaliser ces deux phases. L'impuissant peut conclure mais ne peut consommer son mariage.

En Afrique subsaharienne, la stérilité et l'impuissance semblent être des obstacles pour la pleine réalisation de vie de couple. La stérilité, tout comme

[306]François KABASELE, *Rencontre Nord-Sud, une graine d'Evangile*, Kinshasa, Ed. Baobab, 1996, p.100.

[307] On peut aussi l'affirmer dans le cas de la polyandrie. L'impuissance d'un homme peut pousser une épouse à s'établir dans l'infidélité.

[308] Can. 1098 : « La personne qui contracte mariage, trompée par un dol commis en vue d'obtenir le consentement, et portant sur une qualité de l'autre partie, qui de sa nature même peut perturber gravement la communauté de vie conjugale, contracte invalidement. » Le cas de dol est constaté après le mariage. C'est une tromperie qui entraîne un vice de consentement. Elle doit être commise en vue d'obtenir le mariage ou mieux le consentement de l'autre partie. Elle doit porter sur une qualité essentielle de l'autre partie. Tel est le cas, par exemple, lorsqu'un élément de la vie de l'une des parties, une stérilité, une maladie, est délibérément caché.

[309] Can. 1084, §1-3 : « L'impuissance antécédente et perpétuelle à copuler de la part de l'homme ou de la part de la femme, qu'elle soit absolue ou relative, dirime le mariage de par sa nature même. §2. Si l'empêchement d'impuissance est douteux, que le doute soit de droit ou de fait, le mariage ne doit pas être empêché ni déclaré nul tant que subsiste le doute. §3. La stérilité n'empêche ni ne dirime le mariage, restant sauves les dispositions du Can. 1098 ».

l'impuissance d'un conjoint, met en péril la stabilité de la vie commune. Les mariages contractés dans ces conditions sont rompus, dès que ces défauts sont révélés (l'incapacité du couple par suite de l'impuissance et l'incapacité de procréer par suite de la stérilité). Le conjoint incapable ne trouvera plus d'autre partenaire.[310] La pratique montre que plusieurs mariages canoniques s'y trouvent fragilisés, même si leur invalidité n'a jamais été prononcée en déclaration de nullité.

Conclusion

Le continent africain vit entre des traditions fortement ancrées dans la mentalité des populations et la modernité qu'impose la mondialisation. La question proposée pour la réflexion dans les pages précédentes est complexe. Elle couvre le vaste champ d'un élément essentiel du lien matrimonial : le consentement. Il n'était pas question pour nous de proposer d'autres empêchements ou d'autres vices au consentement. Seul le Législateur a la compétence d'établir des empêchements dirimants du mariage et de créer un cadre référentiel et juridique ou canonique pour la validité de tout lien matrimonial.[311]

Ici, nous avons fixé notre attention sur certains faits des sociétés nés de la modernité et de la tradition africaine subsaharienne, susceptibles d'influencer cet acte *fondateur* du mariage, le consentement. Ces faits ne doivent pas être considérés comme pouvant provoquer la nullité du mariage. Ils exercent néanmoins une certaine influence sur la nature du consentement des époux, le rendant défectueux, vicieux et mettent ainsi en péril la vie conjugale.

À la fin de ces quelques éléments proposés, nous nous rendons bien compte de la difficulté de cerner les limites de nos propos. D'aucuns pourraient être tentés d'allonger indéfiniment la liste des éléments tant des influences modernes que celles des influences de la tradition africaine. La liste des faits évoqués n'est donc pas exhaustive. Nous estimons qu'au regard de l'importance du sujet, des études approfondies peuvent encore être menées pour déceler, autant que possible, d'autres faits dus à la modernité ou à la société traditionnelle. C'est une étude qui pourrait se poursuivre. C'est aussi la tâche des Conférences épiscopales.

---

310 Vincent MULAGO Gwa Cikala, *Mariage traditionnel africain et mariage chrétien, Op. cit.*, p.18

311 Can. 1075, § 1 : « Il revient à la seule autorité suprême de l'Église de déclarer de manière authentique quand le droit divin empêche ou dirime le mariage. »

Titre V.

Quelques repères historiques d'une institution canonique : la dispense.

Les droits canoniques, latin et oriental, font partie, de nos jours, du paysage des disciplines scientifiques de l'Église catholique et même de notre société moderne. Ils ne laissent indifférents, ni ceux pour qui ses lois ont été promulguées, en interne, ni les observateurs curieux, en externe. L'intérêt accru pour cette science juridique d'un autre genre se constate depuis la promulgation du Code de droit canonique de 1917. Cet événement est resté dans la mémoire, tant des canonistes, des théologiens, des pasteurs, des fidèles de l'Église catholique que d'autres scientifiques, comme l'un des événements majeurs de l'histoire de la constitution du droit de l'Église et de la science canonique moderne. Promulgué par Benoît XV, il était le premier Code d'une Église, méfiante et hostile à une codification de ses normes, à l'instar des codifications civiles. Aux yeux de certains, pasteurs comme fidèles, une codification n'était qu'une production intellectuelle étrangère et étrange pour l'Église. Elle était perçue comme la sécularisation d'une communauté spirituelle. Pour d'autres, par contre, la refondation d'une régulation juridique ou mieux l'élaboration d'un Code de droit pour toute l'Église était plus qu'attendue. Pour l'Église, ce nouveau Code des lois apportait une lumière nouvelle dans la perception de l'Église catholique. Il contribuait à la compréhension de la présence de l'Église et de sa mission dans le monde. En sus, ce nouveau Code, regroupant toutes les lois de l'Église dans une structure calquée sur le modèle des Codes civils, était d'un maniement facile, contrairement à l'ancien manuel utilisé, le *Corpus iuris canonici*.[312] On découvrait, à travers cette codification d'une part, une

[312]*Corpus iuris canonici* est constitué du Décret de Gratien (Decretum Gratiani), des cinq livres formant la collection des décrétales : les décrétales de Grégoire IX (Decretales Gregorii IX),

nouvelle manière d'appréhender le droit canonique et d'autre part, des concepts juridiques inhabituels et des institutions canoniques historiquement bien établies.

Notre intérêt se porte sur l'une des institutions du droit canonique moderne, la *Dispense des lois ecclésiastiques*. Elle a été à l'origine de plusieurs études et analyses. Des thèses ont été soutenues, tant en droit canonique, en histoire du droit canonique, en droit civil qu'en théologie et en pastorale. Ces contributions n'ont pas les mêmes objets formels. Certains mettent l'accent sur l'aspect historique, notamment sur le développement du concept de dispense ecclésiastique à travers les siècles et sur les analyses des théories juridiques qui ont marqué la longue période de la constitution du droit canonique chez Gratien, les Décrétistes, les Décrétalistes. D'autres fixent leur attention sur la dispense canonique dans le Code de 1917 ou sur les causes pastorales des dispenses ou sur ses normes, de manière générale. D'autres, enfin, traitent des aspects spécifiques de la dispense. Plusieurs études sur ce sujet abordent, dans un sens comme dans l'autre, des questions précises sur la dispense : sur l'exercice du pouvoir épiscopal, sur le mariage, sur la justification de la réserve pontificale, sur les *Motu proprio* post-conciliaires, sur des matières en lien avec la dispense ou en lien avec droit civil.[313]

La dispense canonique est une suspension de l'application de la loi ecclésiastique, par une autorité compétente, au bénéfice de certains fidèles. Au regard de la description, plusieurs questions peuvent être posées. En principe, une loi promulguée ordonne tous ceux pour qui elle a été faite. C'est l'une des caractéristiques de toutes les lois. Elle exige une stricte observance. Si tel est le cas, pourquoi la rigueur de la loi peut-elle être relâchée dans certaines circonstances ? Quelle est la signification canonique d'une telle attitude de la part de l'autorité ecclésiastique ? Quelle est sa pertinence, son importance dans le système juridique de l'Église ? Ces questions, importantes, à notre sens, et d'autres encore que l'on peut se poser, ne peuvent trouver des réponses que dans une analyse qui se fonde sur l'historicité du concept même de dispense, c'est-à-dire de sa juridicité ou sa canonicité, de son usage par les autorités canoniques durant des siècles de l'existence de l'Église, de l'Antiquité chrétiennes à nos jours.

Il sera ainsi question dans les pages qui suivent d'une analyse de quelques repères historiques de l'institution de *dispense*. Ces repères, quels qu'ils soient, ne peuvent s'analyser qu'en tenant compte des grandes époques de l'histoire de l'Église en général. Ce qui, de notre point de vue,

---

compilées par Raymond de Peñafort ; le Sexte (Liber Sextus) ; les Clémentines (Clementinae) ; les Extravagantes de Jean XXII (Extravagantes Johannis XXII) ; les Extravagantes communes (Extravagantes Communes).

[313] Nous avons donné plusieurs références bibliographiques dans notre ouvrage : Jean-René KIEDI Kionga, *Dispenses en droit canonique. Pour des adoucissements d'applications de règles en catholicisme romain*, Paris, Éd. du Cerf, 2020, 621 p.

contribue à une compréhension encore plus approfondie et plus globalisante de l'institution à analyser. C'est donc inscrire l'institution dans un vaste programme d'une Église en perpétuel questionnement.

Se référant ainsi aux contextes historiques comme son arrière-plan, il apparait évident que l'institution de *dispense* s'enracine dans diverses pratiques de modérations de la rigueur de la loi observées depuis l'Antiquité chrétienne. Ayant gardé la même signification, elle s'affirmait comme un concept du droit ecclésiastique durant la longue période du Moyen-Âge. Elle est évoquée par la papauté dans des questions diverses, dans des conciles, dans les controverses autour des rivalités entre le Saint-Siège et les Empereurs. Elle fait l'objet des réflexions des canonistes et des théologiens. Enfin, avec les deux codifications modernes, de 1917 et de 1983, elle est régulée par une normative canonique précise. Les étapes de ce parcours historique seront, tour à tour, abordées dans cette présentation qui se veut synthétique.

I. De l'Antiquité chrétienne.

Il n'est pas question ici de dater cette période de l'histoire de l'Église. Ce n'est pas notre but. Néanmoins, il faut préciser que, dans le cadre de notre réflexion, l'Antiquité chrétienne, selon certaines sources, va du temps Apostolique jusqu'à la Chute de l'Empire romain en 476. Parlant de l'Antiquité chrétienne, notre attention se focalise sur la période des naissances des premières communautés chrétiennes. C'est dans ces lieux où se manifeste l'intérêt pour un système de relaxation, d'adoucissement de la rigueur des lois. Ces lois sont essentiellement composées des prescriptions évangéliques et de certaines normes morales de conduite pour ceux qui intégraient ces communautés.

1. L'Église antique et la question de l'adoucissement de la rigueur des lois.

Dans la pratique antique de l'Église, dès les premiers siècles de son existence, les communautés naissantes ont été confrontées à l'épineux problème de son adaptation aux cultures des nouveaux convertis. Il s'est alors posée la question de la nécessité de l'observance fidèle et rigoureuse de la discipline et de l'application de la miséricorde au bénéfice, soit des individus, soit des communautés chrétiennes nouvellement créées. Tel était le cas, par exemple, de la circoncision des non juifs qui rejoignaient les communautés chrétiennes du milieu juif. Cette question fera d'ailleurs l'objet d'un traitement sérieux au collège des Apôtres, lors de ce que les théologiens qualifient, rétrospectivement, de premier concile de l'Eglise, le *concile de Jérusalem*, *Assemblée de Jérusalem* ou *Concile des Apôtres*.[314] Il s'était avéré nécessaire, par la suite, pour les responsables des communautés ecclésiales, de résoudre certaines difficultés dans la pratique chrétienne en recourant à la charité, à la miséricorde ou à l'indulgence. Ils devaient privilégier ainsi le salut des âmes en lieu et place d'excommunication ou d'autres peines proposées à cet effet. Ainsi, par exemple, dans sa lutte contre le schisme donatiste, Augustin d'Hippone (345-430), en Afrique du Nord, faisait souvent mention, dans ses différentes lettres, de la *miséricorde* et de l'*indulgence* pour préserver l'unité de l'Église et la paix sociale.[315]

La notion de *miséricorde* que l'on redécouvre de nos jours était au cœur des préoccupations et des analyses théologiques des Pères de l'Église et des écrivains de la période antique. Ce qui contribuera, en grande partie, à justifier le recours au système d'adoucissement de la rigueur des lois dans des communautés naissantes ou dans celles qui étaient déjà organisées autour des évêques, symboles de l'unité et de la communion en matière doctrinale et disciplinaire.

Le recours à la notion de *miséricorde* de la théologie patristique[316] est le fondement nécessaire dans la compréhension de l'institution canonique de *dispense*. Car, malgré la canonisation de cette pratique dans les *Codes* modernes (1917 et 1983), l'inspiration de l'Église antique n'a jamais été profondément modifiée. D'ailleurs, avec sa notion de *condescendance miséricordieuse* ou *salvifique*, Clément d'Alexandrie (v.150-215) se montre particulièrement préoccupé de ce Dieu, Divin médecin et Pédagogue patient.[317]Les âmes faibles ont besoin d'un *pédagogue* pour qu'elles guérissent de leurs passions. Il se dégage de cette théologie, un aspect pratique dans la vie des chrétiens, la *philanthropie divine*. De même, les notions de *Condescendance* et de *philanthropie divine* trouveront un large écho dans la théologie d'Origène (v. 185-252), comme pour faire honneur à son Maître Clément d'Alexandrie.[318] Jusqu'au VIIIe siècle, presque tous les Pères de L'Église et certains auteurs patristiques se référeront à ces notions

---

[314] Livre des *Actes des Apôtres*, 15, 1- 41.

[315] Voir par exemple dans AUGUSTIN, *De correctione Donatistarum liber*, dans *Œuvres complètes de Saint Augustin*, t. V, traduction de PERONNE, VINCENT, ÉCALLE, CHARPENTIER et BARREAU, Paris, Librairie de Louis Vivès, 1870, p. 547-579.

[316] Nous avons aujourd'hui quelques chapitres ou quelques références sur les thèmes de la miséricorde enfouis dans des études historiques sur la théologie ou sur la religion en général. Il serait d'ailleurs souhaitable qu'on se penche sur une vraie recherche sur, par exemple, *la miséricorde dans le contexte de la théologie patristique latine et grecque*. Dans notre thèse doctorale sur la dispense canonique, nous avons présenté, ci et là, quelques jalons pouvant aidés la recherche dans ce domaine.

[317] Clément d'Alexandrie, *Le Pédagogue*, I, introduction et notes d'Henri-Irénée MARROU et traduction de Marguerite HARL, Paris, Éd. du Cerf, (Coll. *SC.*, 70), 1960.

[318] Origène, *Traité des principes*, 3, 13-14, *PG.*, t. XI, col. 274-275 ; 4, 5, 8, *PG.*, t. XI, col. 332, traduction de GROUZEL et Manlio SIMONETTE, Paris, Éd. du Cerf, (*SC.*, 268), 1980, p.77 et 79 ; 85 et 87.

pour justifier la *dispensatio*, relâchement de la rigueur de la loi.[319] Ce qui fait dire à Kamiel DUCHATELEZ que l'Église naissante, dans ses controverses avec les non-chrétiens comme dans sa vie interne, morale et ecclésiale, fut assez vite confrontée au problème des concessions des dispenses à ses membres les plus faibles, dans des circonstances spéciales. La solution de ces questions s'exprime en terme d'économie et de condescendance, qui se fondent et s'inspirent finalement de la manière d'agir de Dieu dans l'économie du salut, et dans la condescendance de son Incarnation salvifique.[320] Librement, sans aucune contrainte de Rome (Le Siège apostolique), chaque évêque, selon une procédure non formalisée juridiquement, justifiée par la *Condescendance* et la charité, pouvait dispenser ses fidèles. C'est ainsi que, par miséricorde et par indulgence, les hérétiques, les lapsi, les excommuniés en général seront réadmis dans la communion des communautés des chrétiens.

2. L'évolution des *dispenses* dans la pratique ecclésiale antique.

La pratique des dispenses librement accordées sera celle observée dans toutes les églises, avec quelques adaptations, selon le jugement discrétionnaire des évêques dans leurs églises locales, avant que le Pontife romain ne se réserve certaines dispenses, comme relevant de sa seule autorité.

Les réserves pontificales dont il est question ici, sont un système informel. En cette période de l'histoire antique de l'Église, aucune législation ne les établit. Les évêques jouissent d'une certaine autonomie législative. En Orient comme en Occident, les évêques font recours à Rome lorsqu'un différend a surgi dans le traitement d'une question, surtout théologique. Mais, dans la plupart des cas, des conciles réunissent les évêques locaux, qui décident sans aucune intervention du Pontife romain[321].Tous les évêques sont considérés au même titre comme *défenseurs de l'Église universelle*. Cependant, il faut noter que, malgré l'autonomie législative des évêques, l'estime religieuse et spirituelle pour l'Église de Rome est incontestable. À cette période, l'évêque de Rome est souvent la référence symbolique.[322] À cette estime correspondait, pour l'Église de Rome, une responsabilité et une préoccupation particulière, matérielle ou

---

[319] Athanase d'Alexandrie, Jean Chrysostome, Cyrille d'Alexandrie, Théodoret de Cyr, Maxime le Confesseur, Jean Damascène

[320] Kamiel DUCHATELEZ, « La « condescendance » divine et l'histoire du salut », dans *NRT.*, vol. 6 (1973), p. 612.

[321] Cf. Jean GAUDEMET, *Église et cité. Histoire du droit canonique*, Paris, Éd. du Cerf, 1994, p.115.

[322] Cf. Jean-René KIEDI Kionga, *Dispenses en droit canonique. Pour des adoucissements d'applications de règles en catholicisme romain*, p. 90.

spirituelle, à l'égard des autres Églises. C'est l'Église qui *préside à la charité* au regard des autres Églises. Elle unit les Églises dans l'orthodoxie de la foi. Cette estime dont bénéficie le Siège de Rome serait plus une présidence qu'un réel pouvoir de supériorité. Il est le *custos canonum*, c'est-à-dire le gardien, le protecteur de la Tradition.

Dans bien des cas, les interventions de Rome étaient des réponses aux sollicitations des évêques eux-mêmes. Ponctuelles au début, les sollicitations au Siège de Rome étaient de plus en plus nombreuses. En dépit de cela, le pouvoir des évêques pris, individuellement, n'était pas en cause en matière des dispenses. L'évêque de Rome n'avait pas la compétence générale de dispenser.

II. De la période Médiévale.

Trois événements seront très déterminants durant l'époque médiévale pour l'institution de dispenses. Ce sont la *Réforme grégorienne de Grégoire VII*, la *réappropriation du droit romain* par les canonistes médiévaux et *les débuts de la théocratie pontificale*.

1. Événements déterminants.

a. -Au XIe siècle, la *Réforme*[323] du Pape Grégoire VII (1073-1085) a été le berceau du droit savant. Par ailleurs, on connait l'emprise que la *Réforme* a exercée sur la société aussi bien laïque qu'ecclésiastique. Son impact sur les milieux intellectuels égale celui que l'essor des villes, de leurs nouveaux commerces et leurs nouvelles productions agricoles et artisanales ont provoqué sur la vie économique, politique et sociale.[324] C'est ce qui fait dire à certains historiens que la *Réforme grégorienne* a structuré, non seulement l'Église, mais toute la société intellectuelle médiévale. On note la naissance de l'*universitas* qui aura une grande influence dans l'organisation de l'Église romaine. Celle-ci est désormais comprise comme l'*universitas fidelium.*

Dans cette effervescence de la *Réforme grégorienne*, toute la société occidentale se transforme à la fin de XIe siècle et au début du XIIe siècle. Les sciences, notamment, théologiques et philosophiques vont inventer des

---

[323] Augustin FLICHE, *La réforme grégorienne. T. II. Grégoire VII*, Paris, Librairie Ancienne Honoré Champions, 1925 ; André VAUCHEZ (éd.), *Histoire du christianisme des origines à nos jours*, t. 5, *Apogée de la papauté et extension de la chrétienté (1054-1274)*, Desclée de Brouwer, Paris, 1993 ; Sylvain GOUGUENHEIM, *La réforme grégorienne. De la lutte pour le sacré à la sécularisation du monde*, Temps Présent, Paris, 2010 ; Martine TRISTAN, Jérémy WINANDY (dir.), *La réforme grégorienne : une « révolution totale » ?*, Paris, Classiques Garnier, 2021

[324] Voir Ennio CORTESE, « Théologie, droit canonique et droit romain. Aux origines du droit savant (XIe-XIIe siècle) », dans *Compte rendu des séances de l'Académie des inscriptions et Belles Lettres*, 146-1 (2002), p. 57-74.

nouvelles méthodes d'approches de leurs objets formels. La *Dialectique*[325] sera l'une d'elles que les juristes civilistes et canonistes utiliseront dans leur interprétation des textes juridiques. L'exigence de la rationalité s'impose dans le domaine des sciences et des arts.

b. - La redécouverte des fragments du droit romain, au XIe siècle, contribue à construire des principes justificatifs de la réforme de Grégoire VII. Des manuscrits de droit romain disparus au haut Moyen-Âge sont mis à jour : les fragments originaux du *Code Justinien*, les fragments de *Digeste*. Ce droit romain permet d'établir un nouvel ordre juridique dont l'Église a besoin pour sa réforme. Grégoire VII initie alors une recherche des matériaux nouveaux. Ainsi, seront découverts un nombre important des canons oubliés, des concepts et des procédures juridiques nouvelles.

Gratien, ce grand canoniste du Moyen-Âge, auteur d'une œuvre grandiose composée vers le milieu du XIIe siècle, fera usage de la *dialectique*, la méthode philosophique redécouverte à son époque, pour résoudre les questions des canons contradictoires dans son *Decretum Concordia discordantium canonum* ou *Décret de Gratien.* Dans la mouvance intellectuelle de son époque, Gratien n'hésite pas à puiser dans le *Code* et le *Digeste*, ces deux parties du *Corpus iuris civilis*, un grand nombre de prescriptions du droit romain.[326]

Grâce à ces nouvelles méthodes scientifiques, *dialectique et critique* et à ces nouveaux manuscrits, le droit canonique se développe, se structure et se ''modernise'' en une science juridique. Ces concepts s'affranchissent progressivement de l'usage ''profane'', c'est-à-dire des simples pratiques fondées sur des coutumes millénaires, pour s'établir en vrais concepts des sciences juridiques.

La pratique de la dispense cherchera ainsi à acquérir, elle aussi, un statut *canonique* et *juridique.* Elle va cesser d'être une activité ecclésiastique spontanée, justifiée par la pratique de miséricorde pour l'homme, à l'image de la condescendance divine.[327] Elle cherchera à devenir une institution

---

[325] En fait, la méthode *dialectique* ne sera pas une invention de médiévaux. Elle avait déjà été utilisée par les philosophes de la Grèce antique. Elle est une méthode de discussion, de raisonnement, de questionnement et d'interprétation qui occupe depuis l'Antiquité une place importante dans la philosophie en Occident et en Orient. L'histoire de la philosophie et des sciences fait de ZÉNON d'Elée comme son inventaire dans ses dialogues avec PLATON.

[326] Adam VETULANI, « Gratien et le droit romain », dans *RHDFE.*, série 4, vol. 24 (1946-1947), p. 11-48.

[327] Au Moyen-Âge, la question de la miséricorde tend à être ramenée dans la sphère du for interne ou sacramentaire. La miséricorde se confond avec le pardon et la pénitence par laquelle elle s'obtient. La miséricorde quitte peu à peu le domaine du droit. Ce dernier, tant sur le plan canonique que sur le plan civil, se spécifie et tend à devenir une science juridique à part entière se distinguant des autres sciences humaines. Durant cette période, surtout au XIIIe siècle, le droit se radicalise avec l'établissement de l'*inquisition.* Des juridictions spéciales sont établies partout en Europe chrétienne pour combattre l'hérésie, en faisant appliquer aux catholiques qui ne respectaient pas les dogmes des peines variant de simples peines

juridique encadrée par des normes de stricte observance.[328] Unanimement, les historiens du droit canonique, s'accordent à affirmer que la théorie de la dispense a été fixée, au Moyen-Âge, par Yves de Chartres (v. 1040-1116) et reprise substantiellement par Gratien[329].

c. -La montée croissante de *la doctrine théocratique du Pontife romain* dont Innocent III sera l'acteur est l'événement le plus déterminant en matière de dispenses canoniques. Il est difficile, historiquement, de fixer le début de l'affirmation du pouvoir suprême et universel aux Papes. Les privilèges de l'Église de Rome remontent déjà aux IIe et IIIe siècles, avons-nous dit plus haut. Rome était un véritable centre où convergeaient tous ceux qui voulaient que leurs doctrines soient acceptées par la conscience de l'Église.[330] Peu à peu, le Siège de Rome, du moins en Occident, affirme sa suprématie sur les autres églises. Le Pape est le successeur de l'Apôtre Pierre. À partir du IVe siècle, le Pape renforce sa primauté d'honneur.

Au Moyen-Âge, plus que Grégoire VII[331], Innocent III[332], se considérant *vicaire du Christ*, élabore, à travers ses lettres et ses *Décrétales*, une vraie doctrine sur l'*absolutisme de l'autorité pontificale*. Pour le moins que l'on puisse dire, cette doctrine marquera longuement et très durablement l'Église depuis le Moyen-Âge.[333] La *Souveraineté pontificale* est le fondement de la justification des théories théocratiques d'Innocent III. Il montre qu'en matière de dispense, par exemple, le Pape, en vertu de la *plénitude de juridiction législative,* possède une compétence universelle. C'est ainsi qu'apparaît l'idée selon laquelle la *dispense est un acte du pouvoir législatif, que la faculté de dispenser appartient en propre au Législateur et seulement*

---

spirituelles (prières, pénitences) à des amendes lorsque l'hérésie n'était pas reconnue et de la confiscation de tous les biens à la peine de mort pour les apostats et les lapsi. (Voir Joseph LAVALLÉE, *Histoire des inquisitions religieuses d'Italie d'Espagne et de Portugal : depuis leur origine jusqu'à la conquête de l'Espagne*, t. 1, Paris, Richomme, Capelle et Renand, 1809, p. 395.

[328] Jean-René KIEDI Kionga, *Dispenses en droit canonique. Pour des adoucissements d'applications de règles en catholicisme romain*, p. 101.

[329]Cf. Caus. I, q. VII, c. 5.

[330] Jean-René KIEDI Kionga, *Dispenses en droit canonique. Pour des adoucissements d'applications de règles en catholicisme romain*, p. 93.

[331] Olivier GUYOTJEANNIN, « *Dictatus papae* », dans *Dictionnaire Historique de la Papauté*, Paris, Fayard, 1994, p. 563-564.

[332] Lire aussi Julien THÉRY, « Le triomphe de la théocratie pontificale du IIIe concile du Latran au pontificat de Boniface VIII (1179-1303) », dans Marie-Madeleine DE CEVINS et Jean-Michel MATZ (dir.), *Structures et dynamiques religieuses dans les sociétés de l'Occident latin (1179-1449*), Rennes, PUR, (Coll. *Histoire*), 2010, p. 17-31.

[333] Marcel DIETLER, « La théocratie pontificale et Innocent III », dans *Echos de Saint-Maurice*, t. 64 (1966), p. 93-109 ; Marcel PACAUT, *La Théocratie. L'Eglise et le pouvoir au Moyen Age, Paris,* Descellée Mame, 1995, 196 p ; Julien THÉRY, « Le gouvernement romain de la Chrétienté autour de 1206 : Innocent III et les débuts de la théocratie pontificale », dans *MD.,* vol. 21 (2007), p. 33-37 ; Daniela LAPEMA, *Le pouvoir de vie et de mort. Souveraineté et peine capitale*, Paris, PUF., 2011 (Voir les pages 51-91).

par délégation aux autres. Lorsqu'il est question d'évoquer le pouvoir reconnu aux évêques depuis l'église antique, il sera affirmé que les dispenses concédées par les évêques, aux premiers siècles de l'église, étaient des actes d'interprétation législatives et non des suspensions de l'obligation des lois. D'un point de vue canonique, il s'agit là d'un changement majeur dans les concessions des dispenses. On observe d'ailleurs, dans l'histoire de la formation de droit canonique, plusieurs controverses autour de ce changement. Nous y reviendrons. De manière générale, durant toute la période médiévale, la dispense sera considérée comme un acte du pouvoir législatif.

La doctrine de l'*absolutisme de l'autorité pontificale* entraine plusieurs autres changements en matière de dispense. Le plus significatif est celui sur les acteurs de dispenses. En vertu de la *plénitude de juridiction législative* et de la théorie de la hiérarchie des normes[334], la notion de l'autorité en matière de dispense se précise lentement entre le XIIe et le XIIIe siècle. Ainsi, contrairement à l'ancienne pratique, l'acte de dispenser exige que l'auteur ait le pouvoir législatif proportionnel à la loi de laquelle il veut suspendre l'obligation, et qu'il dispense pour ses sujets seulement.[335] Cette théorie restreint, dans l'apparence, les pouvoirs reconnus traditionnellement aux évêques. D'après plusieurs témoignages des historiens du droit canonique, la *plénitude de juridiction législative* du Pontife romain n'avait pas arrêté l'activité épiscopale. Les évêques accordaient des dispenses même des lois universelles.[336]

2. Autour de la pratique de dispenses : crises historiques majeures.

L'histoire de l'institution de dispense est marquée par de nombreuses crises. D'abord, celle de la définition du concept même de dispense. Ensuite, celle sur la détermination des autorités légitimes ayant la capacité canonique de l'octroyer. Enfin, celle sur la redéfinition de la praxis de dispense dans le droit canonique positif. Deux courants de pensées cristallisent ces crises : le *conciliarisme* et le *gallicanisme*.

---

[334]La théorie de la hiérarchie des normes n'était pas encore formellement fixée. Elle était néanmoins dans les esprits des uns et des autres, distinguant les lois d'un concile particulier et celles d'un concile général, par exemple.

[335]*DTC.*, Letouzey et Ané, T. IV. Paris, 1911, Col, 1430.

[336]Malgré l'étendue des réserves pontificales, les Évêques exerceront très fréquemment leur pouvoir de dispense pour les lois ecclésiastique universelles et non seulement pour les lois particulières. Pour justifier le pouvoir des Évêques en matière de dispense, les canonistes ont fait appel à la coutume, à la prescription, à l'existence d'une nécessité urgente ou à la légèreté de la matière, à la fréquence des situations sujettes à dispense, à l'impossibilité de recourir au Saint-Siège dans les cas de doute , de droit ou de fait. *DTC.*, Letouzey et Ané, T. IV. Paris, 1911, Col, 1430.

Le *conciliarisme* est la doctrine selon laquelle le concile détiendrait le pouvoir législatif dans l'Église universelle. Le Pontife romain et les évêques n'auraient que le pouvoir exécutif. Ceci n'est qu'un aspect de cette doctrine complexe. L'arrière-plan du *conciliarisme* est le Grand Schisme (1378-1417)[337], le concile de Pise de 1409, le concile de Constance (1414-1418), le Concile de Bâle-Ferrare-Florence-Rome (1431-1441).[338]

Le *conciliarisme* s'inscrit dans un vaste mouvement de transformation du monde médiéval occidental qui propose, dans tous les aspects de la vie sociale, un nouveau modèle de communauté, l'*universitas* ou l'autogestion corporative politique et sociale[339]. L'*universitas* est représentée par un organe élu et détenteur du pouvoir suprême, principalement du pouvoir législatif. Cet organe mandaté qui peut prévaloir une certaine suprématie sur chaque membre, n'est pas au-dessus de l'*universitas*. Ce modèle aura un vrai retentissement dans l'Église catholique médiévale, jusque dans ses organes du gouvernement, concile, ordres religieux, ... L'organe représentatif et mandataire n'est pas au-dessus de toute l'Église formée par l'ensemble des fidèles (la *congregatio fidelium)*. Par conséquent, le pape est le délégué de la *congregatio fidelium.* Seul le concile a le pouvoir législatif. Au Pontife romain revient le pouvoir exécutif. Fort de cette conviction, le Pape peut être jugé et déposé par l'Église représentée dans un concile général à cause de l'hérésie ou en raison d'un scandale manifeste dont il est l'objet ou pour d'autres raisons graves.[340]

Ainsi se dessinaient déjà les conséquences d'une crise qui marquera les siècles de constitution de l'institution canonique de dispense à savoir : la réduction des pouvoirs réservés au Pontife Romain en matière des dispenses canoniques et les tentatives, pour certaines régions de l'Europe occidentale, de revenir aux prérogatives des évêques dans la gouvernance de leurs églises locales.

Le *gallicanisme* sera l'une des doctrines qui posera, en partie au moins, la question des auteurs des dispenses canoniques. Le *gallicanisme* s'inscrit dans la lignée des courants *antiromainistes*. C'est un mouvement qui a pris

---

337Étienne DELARUELLE (Auteur), Edmond-René LABANDE (Auteur), Paul OURLIAC, *L'Église au temps du Grand Schisme et de la crise conciliaire (1378-1449)*, Paris, Bloud & Gay, 1962-1964 ; Walter ULLMANN, *The Origins of the Great Schism: A Study in Fourteenth-century Ecclesiastical History*, Université de Virginie, 1972 ; Hélène Millet, *L'Église du Grand Schisme 1378-1417*, Paris, Picard, 2009 ; Collectif, *Genèse et Début du grand schisme d'Occident* (*Colloque d'Avignon 1978)*, Paris, 1980 ; Hélène MILLET (dir.), « Le Grand Schisme d'Occident (1378-1417) », dans *Le Midi et le grand schisme d'Occident*, Cahiers de Fanjeaux n° 39 (éd. Privat), 2004.

338Charles-Joseph HEFELE, *Histoire des conciles d'après les documents originaux,* t. VII/2, Paris, Letouzey et Ané, 1916.

339Pierre MICHAUD-QUANTIN, *Universitas : expressions du mouvement communautaire dans le Moyen-Âge latin*, Paris, Librairie philosophique, J. Vrin, 1970

340 Lire avec intérêt Georges BAVAUD, « Un thème augustinien repris par le Conciliarisme », dans *REAP.*, vol. 10, n° 1 (1964), p. 45-49.

la forme d'une doctrine complexe avec des nombreuses ramifications dans plusieurs secteurs de la vie sociale, politique et religieuse.[341] Ainsi, il n'est pas aisé de déterminer ses origines. Le gallicanisme serait la conjonction de plusieurs facteurs. Cette doctrine dont l'apogée se constate au XIVe siècle plonge ses racines dans une histoire marquée par des conflits entre l'Église catholique latine et l'Empire.[342] Dans son sens général, le gallicanisme prône l'indépendance de l'Eglise de France vis-à-vis de la papauté. Il rejette la tendance croissante des interventions du Pontife romain dans les affaires de l'Église de France. Dans sa manifestation religieuse, le gallicanisme reconnaît en réalité au Pontife romain une primauté spirituelle et juridictionnelle. Il conteste, par contre, sa toute-puissance, au bénéfice des conciles généraux dans l'Église. Il prône la plus grande autonomie des évêques dans leurs diocèses et des souverains dans leurs États. Ces thèses seront soutenues, selon les époques, jusqu'au XIXe siècle, par les gallicans[343].

Les gallicans réclament le rétablissement des anciennes coutumes observées dans l'Église, celle où les évêques avaient plein pouvoir dans l'administration des Églises confiées à leur charge. Ces anciennes coutumes sont constituées des libertés et franchises, des privilèges ecclésiastiques, des immunités de toute nature, fiscales ou judicaires. Selon les partisans du gallicanisme, les évêques ont le pouvoir ordinaire d'accorder les dispenses dans leurs diocèses puisqu'ils en sont des premiers juges. Cette position particulière, vis-à-vis du droit alors en vigueur, exige que le pouvoir du Pontife romain en matière de dispense soit réduit au profit des évêques diocésains.

Hormis ces deux principales doctrines qui influenceront la pratique de dispense, il y a lieu d'en noter d'autres, le Jansénisme, le Fébronianisme, le Régalisme et le Juridictionnalisme. Ces doctrines, d'une manière ou d'une autre, auront une réelle influence sur la pratique de dispenses, au-delà de la période médiévale. Leurs positions doctrinales s'apparentent au

---

341 Le gallicanisme marquera très profondément l'histoire l'Église de France et celles, au-delà des frontières de France. Les influences du gallicanisme s'étendront dans plusieurs domaines, religieux et ecclésiastiques, politiques, juridiques et canoniques.

342 Pour son histoire, se référer à Victor Martin, *Les origines du Gallicanisme*, Paris, éd. Bloud et Gay, 1939 ; Augustin FLICHE, « Les origines du gallicanisme », *Journal des savants,* Octobre-décembre 1942 ; Aimé-Georges MARTIMORT, *Le Gallicanisme*, PUF, (Coll. *Que sais-je*), 1973 ; Emmanuel TAWIL, *Du gallicanisme administratif à la liberté religieuse. Le Conseil d'État et le régime des cultes depuis la loi de 1905*, Aix-en-Provence, Presses universitaires d'Aix-Marseille, 2009, 247 p. Nous avons présenté un résumé de cette histoire dans notre ouvrage Jean-René KIEDI Kionga, *Dispenses en droit canonique. Pour des adoucissements d'applications de règles en catholicisme romain*, *Op. cit.*, p. 292-330.

343 Voir l'article suivant : ''L'influence du Gallicanisme français dans la conception du droit canonique. Cas de la pratique de la dispense au Moyen-Âge''.

gallicanisme, du moins dans leurs manifestations pratiques et dans leurs conséquences sur la vie de l'Église.[344]

Le Jansénisme[345] est né au cœur de la Réforme protestante. Il sera tour à tour une doctrine théologique, un mouvement religieux, puis politique et philosophique. Il se développe, principalement en France, aux XVIIe et XVIIIe siècles. Le Jansénisme s'oppose à l'*ultramontanisme*[346]. Ce qui lui confère un caractère gallican. Ses conclusions quant aux questions relatives à la dispense ne seront pas différentes à celles du gallicanisme.[347]

Le Fébronianisme est un système politico-ecclésiastique qui a eu une très grande influence dans le dernier tiers du XVIIIe siècle. Justinus Febronius[348] prend pour base la doctrine gallicane qu'il tenait du canoniste Van ESPEN pendant ses études à l'université de Louvain. Il développa une théorie de l'organisation ecclésiastique fondée sur la négation de la constitution monarchique de l'Église.[349] Ses idées sont plus radicales que celles du gallicanisme traditionnel et du Jansénisme. En matière de dispense, le Fébronianisme pose la question quant aux origines de pouvoir de dispenser.

---

344 Paola VISMARA, « L'influence de la France, du synode de Pistoia à *l'Auctorem fidei* », dans Frédéric MEYER, Silvain MILBACH, *Les échanges religieux entre l'Italie et la France, 1760-1850*, Éd. de l'Université de Savoie, (Coll. *SRP*., 15), 2010, p. 43-58. Voir aussi Sylvio de FRANCESCHI, « Les problématiques ecclésiologiques françaises au prisme des lectures italiennes Gallicanisme et antiromanisme janséniste au temps de la papauté intransigeante (de la mi-XVIIIe siècle à la mi-XIXe siècle », dans Frédéric MEYER, Silvain MILBACH (éd.), *Les échanges religieux entre l'Italie et la France, 1760-1850, Op. cit.*, p. 61-80.

345 Le Jansénisme, du nom de son supposé fondateur, l'Évêque d'Ypres (la Belgique Flamande), Cornelius Jansen et qui serait l'auteur de l'*Augustinus*, publié à titre posthume à Louvain en 1640.

346 Doctrine favorable à l'autorité absolue du pape, à la primauté de l'Église romaine

347 Lucien CEYSSENS, « Le jansénisme. Considérations historiques préliminaires à sa notion », dans *AG.*, t. 71 (1952), p. 3-32 ; Lucien CEYSSENS, « Sources relatives aux débuts du jansénisme et de l'antijansénisme, 1640-1643 », dans *RHE.*, fasc. 31, p. x sq. ; Jean ORCIBAL, « Les origines du jansénisme d'après les récentes publications du R. P. Lucien CEYSSENS », dans *RHE.*, vol. 53 (1958), p. 830-838. ; René TAVENEAUX, « Jansénisme et vie sociale en France au XVIIe siècle », dans RHEF., t. 152 (1968), p. 27-46 ; F. HILDESHEIMER, *Le jansénisme,* Paris, Publisud, 1992, 221 p ; MICHEL LE GUERN, « Le Jansénisme : une réalité politique et un enjeu de pouvoirs », dans *RSR.*, t. 91, n°3 (2003), p. 461-488 ; Catherine Laurence MAIRE, « Quelques mots piégés en histoire religieuse moderne : jansénisme, jésuitisme, gallicanisme, ultramontanisme », dans *Annales de l'Est, Association d'historiens de l'Est*, 2007, p.13-43.

348 Justinus Febronius, de son vrai nom Johann Nikolaus Von HONTHEIM (1701-1790), un Évêque, théologien et historien du Saint-Empire, la Belgique actuelle (*Justini Febronii Juris consulti de Statu Ecclesiæ et legitima potestate Romani Pontificis Liber singularis ad reuniendos dissidentes in religione christianos compositus, Bullioni apud Guillelmum Evrard*, 1763, publié par Esslinger à Francfort-sur-le-Main).

349 Sylvio De FRANCESCHI (dir.), *Le Pontife et l'erreur. Anti-infaillibilisme catholique et romanité ecclésiale aux temps post tridentins (XVIIe-XXe siècles)*, Édité par l'équipe Religions, sociétés et acculturation (RESEA) du laboratoire de recherche historique Rhône-Alpes (LARHRA, UMR 5190, (Coll. *Chrétiens et Sociétés. Documents et Mémoires*), vol. 11, 2010. Cet ouvrage collectif aborde plusieurs thèmes qui pourront être mis en relation avec le Fébronianisme.

Ce dernier faisait partie des fonctions ordinaires de gouvernement épiscopal. Ce pouvoir était reconnu tant au Pontife romain qu'aux patriarches et aux évêques, selon la prescription même du Christ. Les réserves pontificales ne sont que des accidents dans l'histoire de l'Église.[350] L'évêque a reçu de Jésus-Christ tous les pouvoirs nécessaires pour la bonne gouvernance de son diocèse. Cette doctrine fut condamnée par le Pape Pie VI, le 28 août 1794 dans sa bulle *Auctorem fidei*[351].

Le *Régalisme* ou le *Juridictionnalisme* se comprend comme une démarche politique destinée à étendre la juridiction et le contrôle de l'État sur la vie et l'organisation de l'Église. Le *Juridictionnalisme* (ou le Régalisme) se développe, sur le fond de la réforme protestante, au XVIIIe siècle. Il vise à affirmer l'autorité de la juridiction laïque sur celle ecclésiastique. Comme les autres mouvements doctrinaux évoqués précédemment, le *Régalisme* ou le *Juridictionnalisme* s'inscrit dans la lignée des mouvements anti-romains. Ainsi, les institutions de l'Église telles que conçues au XVIIIe siècle, la dispense canonique, y compris, ne pouvaient que souffrir d'un rejet de la part de ses partisans.

III. Des codifications de droit canonique modernes.

Par droit canonique moderne, nous entendons les deux codifications, de 1917 et de 1983. Modernes, ces Codes seront rédigés, dans leur forme au moins, selon le modèle des Codes civils modernes. Comme nous l'avions précédemment souligné, les terminologies de ces codifications seront, en grande partie, celles des Codes civils.

Chronologiquement, ces deux Codes de droit canonique ont été promulgués, l'un comme l'autre, après des événements importants de l'Église, au XIXe et XXe siècle : les conciles du Vatican I et celui du Vatican II. Ceux-ci auront une influence certaine dans la perception de la pratique de dispenses. Même si, on le sait, la longue période des célébrations du Concile de Trente (1542-1563) ne pouvait pas manquer d'aborder la question relative aux dispenses. Ce Concile convoqué dans le cadre de la réforme protestante n'avait pas de visée spécialement canonique. Néanmoins, on peut trouver dans ses décrets quelques chapitres sur les dispenses autorisées ou interdites.

---

[350] Justinus FEBRONIUS, *De statu Ecclesiæ et legitima potestate Romani Pontificis liber singularis : ad reuniendos dissidentes in religione christianos compositus*, Ap. Guillelmum Evrardi, 1765, c. 6

[351] Rémy Hême de LACOTTE, « De la polémique anti-gallicane à l'affirmation d'un catholicisme intransigeant : les usages *l'Auctorem fidei* dans les controverses religieuses en France dans la première moitié du XIXe siècle », dans *Du Jansénisme au modernisme. La bulle Auctorem fidei (1794), pivot du magistère romain (Colloque international organisé par Jean-Baptiste AMADIEU et Simon ICARD, en partenariat avec République des Savoirs*, le Laboratoire d'Études sur les Monothéismes et le Labex Transfers, Paris, Beauchesne, (Coll. *Théologie historique*), 2020, p. 171-200

Cependant, aucun chapitre n'avait été consacré à la question de la doctrine des dispenses canoniques. Ce sont donc les conciles Vatican I et II qui nous intéressent.

1. Les Conciles du Vatican.

Presque un siècle sépare les célébrations des conciles du Vatican I et du Vatican II. C'est un siècle de grands changements, politiques, sociaux et culturels dans les sociétés, surtout européennes : la révolution industrielle, les progrès scientifiques et technologiques, les deux guerres mondiales, le développement des technologies des communications et de l'information qui ont accentué la mondialisation, les échanges entre les nations, la sécularisation croissante. Face à la société en pleine mutation, l'Église cherche à se recréer entre tradition et ouverture. Elle cherche les voies de coexistence avec la modernité. Dans ce contexte nouveau, le droit canonique aussi se structure et s'adapte. La dispense se retrouve aussi entraînée dans ce mouvement d'adaptation.

- Le premier concile du Vatican.

Tenu en la basilique Saint-Pierre de Rome du 8 décembre 1869 au 18 juillet 1870, le premier concile du Vatican fut un moment significatif pour l'Église. Face au monde moderne, ce concile devait être celui de la réaction de l'Église suite aux nombreuses crises qu'elle vit en interne et en externe, surtout en France.[352] Le contexte de sa célébration marqué par des questions géopolitiques cruciales[353], n'avait pas permis son achèvement. Seules deux constitutions dogmatiques seront votées et adoptées. La Constitution *Dei Filius* d'une part, sur les rapports entre foi et raison, ratifié aussitôt par le pape le 24 avril 1870 et la Constitution *Pastor Æternus*, inachevée. Pour cette dernière, seule la partie sur le rôle de la papauté dans l'Eglise et, son dernier chapitre, sur l'infaillibilité pontificale seront votés et promulgués, en juillet 1870, par le pape Pie IX.

Sur le plan canonique, nous nous situons à une quarantaine d'années avant la promulgation d'un premier Code du droit canonique moderne, le Code *Pio-bénédictin* (1917). En cette période, l'Église utilise toujours le *Corpus Iuris Canonici*. Mais, il est important de le noter, entre le XIVe et

[352]La déchristianisation forcée de l'an II : la désaffection à l'égard de l'Église, le détachement et l'essoufflement de la pratique religieuse, La "déprêtrisation" ou la crise du clergé, la laïcisation, la destruction des symboles et des édifices chrétiens, la mise en place de cultes de substitution : culte de la raison, culte des martyrs de la liberté, cultes civiques, ... Voir René RÉMOND, *Le XIXe siècle, 1815-1914. Introduction à l'histoire de notre temps*, Seuil, 1974, p. 203 ; Xavier Maréchaux, « Les séquelles de la déchristianisation de l'an II : l'héritage laïc sous le Consulat et l'Empire », dans *Napoleonica. La Revue*, t. 3, n° 15 (2012), p. 4-16.
[353]L'Italie est en plein *Risorgimento* ou l'unification italienne. Mais aussi la question de la fin des 'États pontificaux'. Sur le plan international, le monde vit dans le drame de la guerre franco-prussienne de 1870.

XXe siècles, la législation de l'Église n'est pas figée. L'activité législative ne s'était pas arrêtée avec les *Extravagantes Communes*.

Pendant près de six siècles, plusieurs normes canoniques seront promulguées par différents Papes, notamment celles qui vont, tour à tour, tenter de résoudre les questions posées par les crises dont nous avons fait mention au point précédent et par la transformation de la société. Ce foisonnement de normes ajoutait une difficulté supplémentaire pour l'utilisation des instruments juridiques et canoniques d'avant 1917. Ainsi, au premier concile du Vatican, les évêques, notamment les Français, protestent contre la complexité du système canonique.[354]

Il est un fait, l'Église devait aussi tenir compte, dans son organisation juridique, de l'Évangélisation des terres nouvellement découvertes.[355] L'action missionnaire de l'Église devait s'ajuster aux situations nouvelles rencontrées, surtout depuis la fondation de la *Sacrae Congregationis de Propaganda Fide* en 1622. Ces situations nouvelles devaient faire l'objet de réflexions, même dans le domaine canonique.

L'Église, entrainée dans les courants de ce vaste monde en mutation, ne pouvait que recourir, pour son adaptation et son ajustement aux nouvelles coutumes et cultures, aux dispenses à accorder soit aux individus, soit aux communautés entières. C'est notamment le cas du *Privilège Paulin*, une exception au principe de l'indissolubilité du mariage naturel admise par l'Église catholique entre deux non-baptisés, à la suite de la conversion de l'un des conjoints.[356]Plus intéressant encore, le cas du *Privilège Pétrinien*, c'est-à-dire la dissolution d'un mariage naturel, en faveur de la foi, entre deux non-baptisés lorsque celui-ci a eu lieu entre deux personnes non baptisées et que l'un des partis reçoit le baptême. Il s'applique notamment dans le cas d'un polygame qui se convertit. Outre l'évocation apostolique (saint Pierre), cette disposition trouve déjà son origine dans deux constitutions pontificales du XVIe siècle : celle de Paul III, du 1er juin 1537, *Altitudo*, et celle de Pie V, du 2 août 1571, *Romani pontificis*. Ces deux dispositions canoniques sont, à notre avis, le fruit de l'action de l'Église dans des terres de mission. Elles veulent résoudre le problème de la polygamie auquel se trouvent confrontés les Jésuites lors de l'Evangélisation des nouveaux territoires (les Indes, c'est-à-dire l'Amérique, le Tibet, la Chine, le Japon).[357]

---

[354]Jacques GADILLE, « L'épiscopat français au premier concile du Vatican », dans *RHEF.*, t. 157 (1970), p. 327-346.

[355] Charles MUNIER, « Église et droit canonique du XVIe siècle à Vatican I », dans *REDC.*, 1964, p. 589-617.

[356] Innocent III dans la décrétale *Gaudeamus* (X, 4, 19, 8)

[357]La Constitution « *Altitudo* » s'applique aux territoires de l'Inde occidentale et méridionale. Elle autorise le polygame, qui ne se rappelle plus quelle est sa première épouse à choisir celle qu'il veut pour femme, après sa conversion, et à contracter avec elle, celle-ci n'étant pas tenue de se convertir avec lui. La Constitution *Romani Pontificis* de Pie V permet au polygame

De manière générale, en matière des dispenses canoniques, le pouvoir des évêques n'évoluera guère ou très peu. C'est une des conséquences de l'affirmation de la plénitude du pouvoir juridictionnel du Pontife romain. Le centralisme romain ayant été renforcé lors des différends entre le Saint-Siège et le pouvoir royal. En interne, l'Église fait face à la montée des mouvements anti-romains. Les réserves pontificales étaient alors un moyen pour réaffirmer le pouvoir pontifical.[358]

- Le second concile du Vatican.

C'est l'événement de l'Église le plus marquant du XXe siècle. Le 25 janvier 1959, le Pape Jean XXIII annonce trois événements importants dont l'un sur l'église du diocèse de Rome, le Synode diocésain de Rome et les deux autres sur l'Eglise catholique universelle : la tenue du Concile œcuménique et la révision du Code de Droit Canonique de 1917. Cette dernière ne débutera que le 28 mars 1963 avec la création de la commission composée des cardinaux. Poser la question de la révision du Code, c'est supposer, entre autre, que le premier n'était plus adapté, cinquante ans après, à la situation du monde moderne à laquelle l'Église devait faire face.

D'aucuns pensent que le second concile du Vatican est venu parfaire l'œuvre du concile du Vatican de 1869. Il symbolisait, dès son commencement, l'ouverture au monde moderne et à la culture contemporaine. Avec l'interruption du Concile Vatican I, la question relative aux pouvoirs des évêques n'avait fait l'objet d'aucun traitement sérieux. D'ailleurs, le chapitre de la Constitution *Pastor Æternus*, sur l'infaillibilité avait fait monter, à bien des égards, le sentiment du centralisme romain. Le Code de 1917 en sera l'expression.

---

converti de choisir parmi ses femmes celle qui consentira à se faire baptiser avec lui, même si elle n'est pas sa femme légitime.

[358] La constitution dogmatique *Pastor aeternus que nous avons évoquée plus haut,* proclamait que « le pouvoir de juridiction du pontife romain est immédiat. Les pasteurs de tout rang et de tout rite et les fidèles sont tenus au devoir de subordination hiérarchique et de vraie obéissance non seulement dans les questions qui concernent la foi et les mœurs mais aussi dans celles qui touchent à la discipline et au gouvernement de l'Église » (chap. 3, 472). Si une petite minorité d'Évêques refuse d'avaliser ce tournant (donnant naissance au schisme des vieux-catholiques, notamment en Allemagne), l'essentiel de l'épiscopat et des fidèles se rangera à ce centralisme jusqu'alors inconnu dans l'Église. Cf. HUGUES PORTELLI, « Le pouvoir du pape et ses limites », dans *Pouvoirs*, vol. 3, n° 162 (2017), p. 27-34 ; Jean- Pierre TORRELL, *La théologie de l'épiscopat au premier concile du Vatican*, Paris, Éd. du Cerf, 1961.

Le second concile du Vatican propose, selon les vœux de plusieurs conférences épiscopales[359], un réajustement nécessaire, un rééquilibrage des pouvoirs entre le Siège Apostolique, les évêques diocésains et ceux qui en sont équiparés, selon le Canon 368. Dans une démarche conciliaire, il était question de repenser très profondément la théologie de l'épiscopat et celle des Églises particulières.

Comme pour montrer l'urgence de ce rééquilibrage, le Pape Paul VI publie plusieurs textes sous forme de *Motu Proprio*. Le premier est le *Motu proprio Pastorale munus*[360] du 30 novembre 1963 concédant certains pouvoirs et privilèges aux évêques. Le deuxième qui répond à notre préoccupation est le *Motu proprio De Episcoporum muneribus*[361]du 15 juin 1966 sur le pouvoir de dispenser des lois de l'Église. Un dernier document auquel nous faisons allusion est le *Motu proprio Episcopalis potestatis*[362] du 2 mai 1967 Motu proprio : pouvoir de dispenser des lois de l'Église pour les Églises Orientales.

La plupart des énoncés de ces *Motu proprio* ont été pris par le Décret *Christus dominus,* sur la charge pastorale des évêques dans l'église. De même, sur le plan canonique, ces Motu proprio semblent donner des réponses en matière de gouvernance des Églises particulières. Encore faudra-t-il lire le Décret *Christus dominus* en parallèle avec le Chapitre troisième, ''Constitution hiérarchique et l'épiscopat'', de la Constitution Dogmatique *Lumen Gentium,* Sur l'Eglise. De toute manière, le Décret *Christus dominus* est une reconfiguration du ministère de l'évêque ; une redéfinition du binôme, *pouvoir d'ordre* et *pouvoir de juridiction.*

Dans le domaine des dispenses, nous assistons à une vraie révolution. Les évêques se sont vus reconnaitre des compétences de dispenser des matières longtemps réservées au Pontife romain. Par rapport au Concile Vatican I et à son Code de droit canonique (1917), Vatican II introduit un vrai changement dans la gouvernance de l'Église. Il était donc temps que le rééquilibrage des compétences dans ce domaine soit établi. Pasteurs des fidèles confiés à leur charge, les évêques sont au cœur, avec leurs curies diocésaines, de la gouvernance de leurs églises particulières. Il était ainsi nécessaire qu'ils aient des pouvoirs plus étendus en tant que Pasteurs proches du Peuple de Dieu.

---

[359] Yves-Marie HILAIRE, « Les vœux des Évêques français après l'annonce du Concile de Vatican II (1959) », dans *Actes du colloque organisé par l'École française de Rome en collaboration avec l'Université de Lille III, l'Istituto per le scienze religiose de Bologne et le Dipartimento di studi storici del Medioevo e dell'età contemporanea de l'Università di Roma-La Sapienza (Rome 28-30 mai 1986)*, Publications de l'École Française de Rome, 113(1989), p. 101-117.

[360]*DC.*, t. 61, n° 1415 (5 janvier 1964), col. 10-14.

[361]*DC.*, t. LXIII, n° 1475 (17 juillet 1966), col. 1249-1254.

[362]*DC.*, t. LXIV, n° 1495 (4 juin 1967), col. 985-988.

2. De la dispense : une pratique du droit positif moderne.

La précipitation avec laquelle le Pape Paul VI règle la question de la dispense canonique, à travers les trois ‘‘Motu proprio’’ précités, peut paraître surprenante. Est-elle une manière simple de résoudre une question historique complexe ? Est-elle l’expression d’un besoin réel de se démarquer de l’ancienne pratique observée jusqu’alors ? Il y a lieu de croire néanmoins que ces ‘‘Motu proprio’’ sont les résultats des plusieurs discussions que la question avait soulevées, au début du Concile Vatican II, tant chez les pères conciliaires, chez les évêques (les conférences épiscopales), chez les théologiens, chez les canonistes que chez les spécialistes du monde entier.

Sans doute, pour le Pape Paul VI et pour les pères conciliaires, la pratique canonique de la dispense des lois était devenue caduque. L’évolution des structures politiques et socio-économiques que le monde a connues au cours du XIXe et XXe siècle et leur répercussion dans l’Eglise devaient être le leitmotiv de ce changement qui n’attend pas la promulgation d’un nouveau Code de droit canonique.

Le Code de Jean-Paul II (de 1983) définit la dispense comme un *relâchement de la loi purement ecclésiastique dans un cas particulier et peut être accordé, dans les limites de leur compétence, par ceux qui détiennent le pouvoir exécutif, et aussi par ceux à qui le pouvoir de dispenser appartient explicitement, en vertu du droit lui-même ou d'une délégation légitime* (canon 85/1983).Ce Canon est une transcription juridique de ce qui a été dit à Vatican II quelques années auparavant : « *Chaque évêque diocésain a la faculté de dispenser de la loi générale de l'Eglise, en un cas particulier, les fidèles sur lesquels il exerce son autorité selon le droit, chaque fois qu'à son jugement la dispense profitera à leur bien spirituel, à moins qu'une réserve spéciale ait été faite par l'autorité suprême de l'Eglise.* » (*C.D.*[363], n°8 b/1965). Dans cette définition, les trois points débattus depuis le Moyen-Âge[364] trouvent écho : la signification du concept de dispense, la détermination de ses autorités, le cadre de son octroi. Mais plus encore, vu l’importance de la question, l’institution de dispense canonique bénéficie, dans le Code de 1983, d’une législation structurée (canon 85-93). Cependant, cette législation que l’on peut qualifier d’orientation n’a pas pour but de recenser les cas pour lesquels des dispenses peuvent être accordées. Ces cas se découvrent à travers la lecture du Code d’une part et d’autre part, dans les lois promulguées par d’autres législateurs. Le principe étant, l’auteur de la loi peut en dispenser les effets, si le droit ne s’y oppose pas.

[363] *CD.* (Le décret sur la charge pastorale des Évêques dans l'Église promulgué par Paul VI le 28 octobre 1965)

[364] L’autorité de ceux qui peuvent dispenser, la nature de la loi susceptible d’être dispensée, limite de la dispense, les raisons pour lesquelles on peut dispenser, …

Comme on peut s'en apercevoir, autant la compréhension de l'institution de dispense que sa pratique ecclésiale au quotidien s'inscrivent dans un vaste programme de réflexion qui ne serait pas une simple description historique et théorique mais, bien plus, doivent être replacées dans la vie de foi de chaque fidèle. C'est dire que les enjeux de ces questions dépassent le domaine typiquement canonique. Ils touchent fondamentalement des questions dites transversales abordées en théologie, en l'ecclésiologie et en pastorale. Ainsi, il serait profitable pour un canoniste de tenir compte des recherches ou des analyses des théologiens et des pasteurs qui, n'ayant pas spécialement dans leur préoccupation les questions canoniques, font découvrir des notions qui nous permettent d'explorer des nouvelles perspectives en matière des dispenses. Cette orientation est, pour un canoniste une voie d'évaluation de la praxis actuelle et une critique sur l'adéquation ou l'inadéquation des normes canoniques en vigueur en matière de la dispense. Cette évaluation peut être intéressante dans la mesure où plusieurs pratiques pastorales dans l'Eglise, aujourd'hui, ne trouvent pas des réponses adéquates quand on se réfère à la dispense.

IV. De la pertinence de la pratique de dispense dans l'Église latine.

Parler de la pertinence de la pratique de la dispense dans l'Église, c'est chercher à comprendre en même temps son importance. C'est répondre à la question : pourquoi doit-on être dispensé d'une loi ? La persévérance que manifeste l'Église, au cours des âges, à maintenir la pratique de dispenses canoniques laisse déjà sous-entendre un début de réponse à cette question.

1. L'importance de l'institution canonique de dispenses.

Par nature, la loi est une prescription générale dans ce sens qu'elle est une disposition conçue dans l'intérêt de tous et ordonne au bien commun de toute la communauté pour laquelle elle a été promulguée. Elle oblige, sans aucune distinction, tous les sujets. Cependant, comme le souligne d'ailleurs J.- A COULY, « le législateur, même le plus avisé, ne peut que rarement élaborer un texte qui puisse uniformément s'adapter à toutes les circonstances et qui ne risque pas d'être, dans certains cas, d'une application difficile ou même dangereuse »[365] Ainsi, le législateur peut être conduit à établir des régimes particuliers ou mieux des régimes d'exception entre les assujettis mais qui ne portent pas atteinte au principe légalement établi. De cette matière, « les législateurs sont obligés de prévoir certains cas où la loi

---

[365] J.-A., COULY, « Les dispenses en droit canonique », dans*RCID.*, Vol. LXXI, 1932, p. 174.

ne pouvant être appliquée sans causer aux individus, ou même à la société, un dommage indéniable. »[366]Déjà, saint Thomas d'Aquin, au Moyen-Âge, faisait ce même constat :

> « Il arrive parfois qu'un précepte adapté, en règle générale, au bien du peuple, ne convienne pas à telle personne, ou dans tel cas donné, soit parce qu'il empêcherait un bien supérieur, soit même parce qu'il entraînerait quelque mal. Voilà pourquoi celui qui est chargé de gouverner le peuple a le pouvoir de dispenser de la loi humaine qui dépend de son autorité afin qu'il accorde la permission de ne pas observer la loi aux personnes et dans les cas où la loi n'atteint pas sa fin ».[367]

La législation ecclésiastique n'échappe pas à cette règle générale. Plus encore, l'Eglise dont la vocation est d'embrasser toutes les situations des sujets de toutes nationalités ne peut se fermer à cette règle qui établit, dans certaines circonstances, le relâchement de la norme générale en vue d'une adaptation conséquente dans tous les milieux sans jamais compromettre un point quelconque de ses règles essentielles.[368] En ce sens, il peut arriver qu'une loi ecclésiastique établie pour l'ensemble de la communauté chrétienne apparaisse d'une application difficile pour un particulier ou pour un groupe qu'il serait impossible d'en maintenir la rigueur.

La dispense est un moyen pour l'Église de s'adapter aux situations sociales particulières. D'ailleurs, pour Raoul NAZ, cette situation est celle que l'on observe aux Ier et IIIe siècles, « les moyens de contrainte utilisés par l'Eglise avaient une efficacité telle qu'ils lui permettaient de faire observer sa loi d'une façon plus habituelle. C'est quand l'efficacité de ses moyens s'est atténuée que, pour le bien des âmes et par la miséricorde, l'Eglise a préféré suspendre le caractère obligatoire de sa loi dans le cas où elle croyait ne pas pouvoir en imposer le respect. »[369]

L'adoucissement dans l'application de ses règles a toujours été le souci du Législateur ecclésiastique. Ainsi, outre les dispositions proposées par l'Église dans le domaine des dispenses, le droit canonique, en interne, c'est-à-dire dans son style, prévoit certains mécanismes d'assouplissement de la rigidité de ses lois. Astrid KAPTIJN avait fait une étude sur quelques éléments de ce style canonique[370] : *Nisi* (à moins que), *Exceptio (exception), pro regula... attamen (*en principe... cependant), *generaliter... tamen (*en général... cependant), les cas de l'impossibilité, les cas de grave inconvénient, le cas d'empêchement légitime ou juste, ... Repris dans la

---

366*Ibidem.*

367*ST.,* Ia-IIæ, q. XCVII, a.4 sc.

368 J.-A., COULY, « Les dispenses en droit canonique »,*Art. cit.,* p. 174.
Idem, p. 177.

369Cf. R. NAZ, *DDC.*, TV, Paris, Letouzey et Ané, 1949, col. 1286.

370 Astrid KAPTIJN, « Le style et les dispositifs d'assouplissement du droit canonique », dans *AC.,* t. 52 (2010), p. 331-344.

rédaction des canons, ces éléments du style canonique expriment la volonté et l'ouverture du Législateur dans l'application de la loi canonique.

2. L'humanisation et la moralisation de la loi canonique.

La loi est-elle aimable ? C'est la question que se pose Louis COACHE dans son ouvrage : *initiation au Droit canonique, commentaire sur le nouveau Code et sur la situation actuelle de l'Église.*[371]Existe-t-il l'amour de la loi ? Dans l'introduction de son livre, Christophe BLANCHARD situe cette question dans un cadre plus global de l'amour de la loi. Si l'on veut considérer que le droit consiste notamment, mais pas seulement, dans les lois qu'il pose, le droit peut-il être aimé ?[372] La réponse qu'il propose est en rapport avec l'objet formel de son étude à savoir, *la dispense en droit privé*. Néanmoins, peu importe les axes des réflexions proposés par les uns et par les autres, la question demeure pertinente au regard de toute démarche dans la recherche juridique.

En effet, au cours du développement de la science du droit, certains adages juridiques n'ont pas aidé à cultiver l'amour du droit et de la loi : *dura lex, sed lex, Juris executio non habet injuriam, Malitiis non est indulgendum, Mensuraque juris vis est, Nemo legem (jus) ignorare censetur, Non pietatis sed justitiae causa, paterelegem quam ipsi fecisti''*, ...[373]

Lorsque l'on parle de la loi, l'idée générale qui s'y dégage n'est autre que son caractère coercitif (*dura lex, sed lex*). La loi a quelque chose de rigide. Les lois sont nécessairement plus raides que la morale puisqu'elles sont une route et une barrière. Que penserait-on d'une route qui serait élastique ou d'une barrière trop souple, écrivait Louis COACHE.[374] La loi est obligatoire, générale, abstraite, impersonnelle et permanente mais aussi coercitive. Ce sont ces aspects qui dominent dans la compréhension de la loi. En cas de non respect, la loi est susceptible d'entrainer des sanctions non négociables. Dans ce sens, la loi revêt un caractère moralisateur. Elle contribue à moraliser une personne, sujet de droit et la société ou la communauté capable de recevoir une loi. Elle incite l'individu, tout comme la société, à s'ajuster continuellement aux vertus, seules capables de favoriser le vivre ensemble communautaire dans la dignité et le respect, tant des biens privés que des

---

[371] Louis COACHE, *Le Droit canonique est-il aimable*? : *Initiation au droit canonique, commentaires sur le nouveau code, situation actuelle de l'Église*, Moulin du Pin, 1986.

[372]Cf. Christophe BLANCHARD, *La dispense en droit privé*, Paris, éditions Panthéon Assas, 2010, p. 15.

[373] « La loi est dure mais c'est la loi », « La mise en œuvre du droit ne saurait constituer une injure », « Il ne faut montrer aucune indulgence envers ceux qui sont de mauvaise foi », « C'est la force qui fixe la mesure du droit », Nul n'est censé ignorer la loi », « Cette décision est prise, non par un sentiment de pitié, mais par une volonté de justice », « Souffre que l'on t'applique la loi que tu as faite toi-même », ...

[374] Louis COACHE, *Le Droit canonique est-il aimable* ? Voir la Préface générale de cet ouvrage.

biens sociaux. Les délinquants n'aiment pas la loi car ils s'écartent de la voie des vertus qu'imposent ceux qui ont la charge de veiller au respect de l'ordre public.

Revenons à la loi canonique. Il faut d'abord dire que pendant plusieurs décennies, le droit canonique était considéré, au regard du Corps mystique, l'Église, comme un corps étranger et étrange. Des disputes ont vu les jours entre les canonistes, les partisans du droit canonique et les anti-canoniques. Ces deux conceptions semblaient être inconciliables. Conscient d'une telle difficulté, Paul VI, dans ses diverses allocutions et ses prises de parole lors, notamment des congrès internationaux de droit canonique, va tenter une ecclésiologie qui prend en compte la dimension sociétale de l'Église. Il soutient ainsi une vision globale de l'Église qui concilie son organisation spirituelle et son organisation sociétale.[375] Ce parcours peut être vu comme un rapprochement de la canonistique et de la théologie.

Même si cette conception de l'Église de Paul VI n'a pas arrêté le mépris de certains à l'égard du droit canonique, ce dernier est de nos jours pensé comme un élément de l'essence même de l'Église. Il peut aisément se dire : « *ubi societas, ibi jus* », « *ubi potestas, ibi jus* », « *ubi Ecclesia, ibi jus* ».

Cependant, le juridisme et le formalisme guettent les esprits, tant des partisans que des anti-canoniques. C'est en cela que les thèmes de l'humanisation et de la moralisation du droit canonique apparaissent comme des remparts afin que les lois canoniques soient ce pourquoi elles ont été promulguées : le salut des âmes. L'humanisation et de la moralisation ramènent ceux qui ont la charge juridique des communautés à se souvenir de l'adage ''*dura lex, sed lex*'' mais aussi de la miséricorde. La miséricorde est une disposition de celui qui a le cœur sensible à la détresse, au malheur *(miseria)* d'autrui. La miséricorde, c'est aussi la clémence ou l'indulgence dont on fait preuve en pardonnant aux coupables. D'apparence, la ''miséricorde'' relève du domaine purement religieux et, dans une certaine mesure de la morale et de l'éthique. Mais, nous pensons qu'elle a aussi sa place en droit et en droit canonique.

Depuis ses origines, l'Église fait une large place à la miséricorde. Du IIe au Ve siècle, l'Église recourt à la miséricorde, comme nous l'avions dit précédemment, pour faire revenir, dans sa communion, les apostats[376], les lapsi[377]. C'est dire que la rigueur dans l'application des normes de l'Église et la miséricorde à accorder dans certains cas et circonstances ne peuvent se

---

[375] Voir Jean-René KIEDI Kionga, *Dispenses en droit canonique. Pour des adoucissements d'applications de règles en catholicisme romain*, *Op. cit.*, p. 444 - 464.

[376] Adhémar d'ALÈS, « La réconciliation des 'lapsi' au temps de Dèce », dans *RQH.* t. 47 (1912), p. 337-383 ; Yann OPSITCH, « L'apostasie et l'organisation de l'Eglise primitive - Apostasy and the organisation of the early Church », dans *Horizons Chrétiens,* vol. 9, n°33 (1984), p. 3-9.

[377]Paul MATTÉI, *Le christianisme antique. De Jésus à Constantin*, 3e éd., Armand Colin, 2020, 320 p.

comprendre l'une sans l'autre. D'ailleurs, tout au long de la période patristique, aucune distinction n'est établie entre les sciences. Les notions n'ont pas encore leurs spécificités scientifiques. Ainsi, la notion de miséricorde est évoquée dans des réflexions à caractère spirituel et religieux et dans l'application des règles canoniques. La miséricorde, elle-même, est comprise dans le cadre de la justice divine. Elle se confond avec l'indulgence divine et le pardon proposés par cette Église. Les règles canoniques, dans l'Église primitive et patristique, n'existent que pour la cohésion des communautés ou mieux, pour l'unité de l'Église et la paix sociale.

La dispense canonique contribue à l'humanisation et à la moralisation de la loi canonique. L'Être humain est un sujet de droits et d'obligations et comme tel, il est soumis à la loi dont le défaut d'application entraine des sanctions. Avec l'institution de dispense, l'Église instaure un système juridique qui se veut civilisateur et qui tente de prévoir ses propres mécanismes cherchant à rendre possible l'application clémente de ses normes tenant compte des circonstances de la vie sociale des fidèles.[378]

Conclusion

La dispense est une notion de la loi canonique. Elle s'applique toujours en vertu d'une loi existante ou en vigueur. Elle a toujours concerné les lois canoniques, et plus largement, elle peut aussi interroger tout ordonnancement juridique ordonné au bien commun.

En matière de gouvernance ecclésiastique, la dispense de la loi ecclésiastique est l'une des institutions canoniques qui a subi les plus de changements au cours de l'histoire de la constitution du droit. Résolument, les différentes approches de la pratique de la dispense dans Église portent toujours la marque d'une époque bien déterminée. D'une époque à l'autre, la compréhension de la dispense canonique quant à l'objet, aux conditions et aux procédures à observer, aux auteurs, aux sujets (les bénéficiaires), et quant à sa formulation, change continuellement.

À la fin de ce parcours historique, on peut s'étonner de l'originalité de l'institution de dispense canonique. Elle n'intéresse pas seulement ceux et celles qui, par le baptême, sont incorporés dans l'Église catholique. Elle intéresse aussi ceux et celles qui, pour des raisons diverses, sollicitent les services pastoraux de cette Église.

Si l'institution de dispense est aujourd'hui parmi la plus utilisée dans l'administration quotidienne de l'Église catholique, ses traces sont aussi visibles dans la praxis chrétienne des communautés naissantes de l'Église

378 Jean-René KIEDI Kionga, *Dispenses en droit canonique. Pour des adoucissements d'applications de règles en catholicisme romain*, *Op. cit.*, p. 18.

primitive. C'est sans nul doute parce que la dispense était déjà perçue comme l'un des concepts, sous sa forme de *miséricorde* bien entendu, civilisateur des lois dans leur application rigoureuse.

Durant les siècles de l'existence de l'église, l'institution de dispense s'était invitée au cœur des débats théologiques, canoniques et pastoraux. La période patristique, des diverses manières, sous les plumes des Pères de l'Église, avait déjà dessiné ses contours, en fixant certaines règles. Les auteurs ecclésiastiques, à travers leurs écrits ont, chacun, apporté leur contribution. Ils se sont intéressés à ce qui était d'abord une pratique de la vie ecclésiale.

Le Moyen-Âge demeure une période architecturale pour les disciplines scientifiques. Chacune d'elles cherchera à s'émanciper des autres. C'est la période de l'autonomisation des sciences. Ce qui importe, pour les hommes de sciences, c'est d'établir une panoplie de concepts spécifiques pour leurs propres disciplines. Les canonistes médiévaux, dans leur effort de compiler les textes des lois en vue de créer une unité législative, chercheront, pour plusieurs matières canoniques, à spécifier les sens des concepts et la signification des lois canoniques.

Sans parler de l'influence énorme que la Réforme grégorienne exerça au long des siècles dans le domaine de la théologie catholique et de l'histoire du droit, le droit canonique s'organise au Moyen-Âge. Ainsi, le concept de dispense devient un concept canonique, non plus une simple pratique de la vie ecclésiale. Avec toute la normative qui le structure, il devient une institution du droit ecclésial.

À travers les controverses internes et externes que l'Église connaîtra, la pratique de la dispense canonique se renforce. Le sens du concept ayant été défini, ses auteurs ayant été précisés, sa matière ayant été délimitée, l'institution de dispense prend corps dans les deux Codes de droit canonique moderne, celui de 1917 et celui de 1983. La longue histoire de la constitution de l'institution canonique de dispense fait qu'elle soit la mieux comprise en droit ecclésiastique au XXIe siècle. Les nombreux domaines dans lesquels elle intervient sont la preuve de son importance dans la vie des fidèles. Elle participe à la finalité globale de l'Église, le salut de leurs âmes, sa loi suprême.

Titre VI.

L'influence du Gallicanisme français dans la conception du droit canonique. Cas de la pratique de la dispense au Moyen-Âge.

La dispense est un concept du droit en général. Elle répond à un besoin de flexibilité de la rigueur de la loi ou d'adoucissement dans l'application des règles juridiques. En effet, « un législateur, même le plus avisé, ne peut que rarement élaborer un texte qui puisse uniformément s'adapter à toutes les circonstances et qui ne risque pas d'être, dans certains cas, d'une application difficile ou même dangereuse. »[379] Il sera plus question, dans les pages qui suivent, de la dispense dans l'Église catholique latine.

Il est aujourd'hui établi que la flexibilité de la rigueur de la loi, dans l'Église catholique[380], ici latine, a toujours existé. En marge de la législation romaine[381], la pratique de dispense, non encore définie canoniquement, était vécue au sein des communautés ecclésiales naissantes. La dispense était accordée par ceux qui présidaient aux destinées de ces communautés comme

---

[379] J.-A. COULY, « Les dispenses en droit canonique », dans *RCID.*, t. LXXI, 1932, p. 174.

[380] Même si le droit canonique n'existe pas encore comme un corps de lois. Les règles sont balbutiantes. C'est la loi évangélique qui est la règle dans les communautés ecclésiales en gestation. L'Église naissante n'a aucun système similaire au droit romain. Elle a peu de corps de lois, à l'exception des lois évangéliques et les canons apostoliques qui insistent sur le pardon, la justice, l'autorité de Dieu, l'autorité de l'Église, l'autorité de la cité et du Prince. Voir Jean-René KIEDI kionga, *Dispense en droit canonique. Pour des adoucissements d'applications de règles en catholicisme romain*, *Op. cit.*, p. 23.

[381] Le droit romain, dans le cadre de l'assouplissement de la loi, se référait à des expressions telles que : *Indulgentia, Restitutio in integrum, Privilegium, Beneficium, liberationem, temperamentum, veniam.* Cf. Pierre RAÏ, « L'économie dans le droit canonique byzantin des origines jusqu'au XIe siècle. Recherches historiques et canoniques », dans *Ist.*, t. 1, 1973, p. 318 ; Joseph BRYS, *De dispensatione in iuris canonico, praesertim apud decretistas et decretalistas, usque ad medium s. XIV*, Bruges, 1925, p. 3 et 16.

une aide philanthropique, un acte de charité, un acte de bienveillance, une indulgence, une miséricorde.[382]

Depuis le moine canoniste Gratien, au XIIe siècle, mais plus encore depuis les Décrétistes et les Glossateurs de l'œuvre gratienne, le concept de dispense a acquis une canonicité[383]. Elle devient une institution du droit canonique, d'abord médiéval, avec une normative procédurale précise. Elle se définit désormais comme "une dérogation occasionnelle de la rigueur canonique accordée pour une juste cause par celui de qui elle relève".

Au XXe siècle, l'institution de dispense sera définitivement fixée dans les deux Codes de droit canonique comme : une suspension de l'application de la loi dans un cas spécial accordée par l'auteur de la loi, par son supérieur ou successeur, et par celui à qui ces derniers ont accordé le pouvoir de dispenser (Can. 80 du *Codex Iuris Canonici* de 1917) ou un relâchement de la loi purement ecclésiastique dans un cas particulier accordé, dans les limites de leur compétence, par ceux qui détiennent le pouvoir exécutif, et aussi par ceux à qui le pouvoir de dispenser appartient explicitement ou implicitement, en vertu du droit lui-même ou d'une délégation légitime (Can. 85 du *Codex Iuris Canonici* de 1983)

Plus que sa définition conceptuelle, la pratique de la dispense dans l'Église catholique latine, dans la longue histoire de sa formation, à la fois synchronique et diachronique, était l'objet des diverses controverses. Dans cet article, nous nous proposons d'analyser quelques-unes de ces controverses, celles qui voient le jour au début du XIVe siècle entre les Gallicans et le Siège Apostolique.

Dans une large mesure, ces controverses se résument dans les contestations de certains courants de pensée dont les thèses s'opposent à celles des partisans de l'autorité absolue du Pape. Ces courants de pensée s'opposent notamment aux tendances hégémoniques du Siège de Rome qui donnent lieu à ce que d'aucuns ont qualifié, ou qualifient encore au XXIe siècle, de centralisme romain. Ces courants de pensée seront généralement

---

[382] Sur les origines du concept de dispense et sa pratique. Voir Jean-René KIEDI kionga, *Dispense en droit canonique. Pour des adoucissements d'applications de règles en catholicisme romain, Op. cit.*, p. 37-101. Aussi, Jean-René KIEDI kionga, « Canonicité et moralité de la dispense », dans *AC.*, t. 54 (2012), 207-223.

[383] La canonicité est le degré d'engagement officiel ou canonique de telle norme, de tel principe, de telle institution, de telle procédure, de telle doctrine. Cf. Jean-Paul DURAND, « Canonicité de guérison. Mal, pardon, *épikie*, justice ecclésiale », dans *AC.*, t. 54 (2012), p. 237- 279 (voir p. 237). La canonicité est comprise aussi comme une démarche scientifique qui consiste à rappeler que tel ou tel concept s'est établi, au cours de l'histoire, en concept de la science canonique. La canonicité consiste aussi à vérifier le caractère juridique d'un concept usité en droit de l'Église. Cf. Jean-René KIEDI kionga, *Dispense en droit canonique. Pour des adoucissements d'applications de règles en catholicisme romain, Op. cit.*, p. 21

représentés par les jansénistes[384], les gallicans[385], les épiscopalistes et les protestants[386].

Précisons d'emblée que, le désir de s'émanciper de la domination pontificale, remonte à une histoire lointaine de l'Église catholique latine et orthodoxe. Il commence bien avant le XIVe siècle. La résistance opposée par les Orthodoxes au système de recours à Rome[387], celui-ci faisant du Siège apostolique le centre de la chrétienté de l'Église universelle, se manifeste déjà avant le Concile de Chalcédoine en 451 (Ve siècle). Cette résistance a été l'une des raisons évoquées par les historiens du schisme de 1054. Même dans la mémoire des auteurs latins, la tendance à une plus grande autonomie vis-à-vis de Rome est déjà présente au IXe siècle, notamment avec d'HINCMAR de Reims (806-882). Ce dernier propose une doctrine dont les thèses, non radicales certes, mais très critiques sur certains points à propos de l'hégémonie romaine. Il s'oppose à une certaine conception, trop rigide selon lui, de la constitution hiérarchique établie depuis le IVe siècle.[388]

---

[384] Cette doctrine a pris son nom du théologien flamand et Évêque de d'Ypres, Cornelius JANSEN OTTO (1585-1638). Dans un ouvrage publié à titre posthume, *Augustinus* en 1640, JANSEN y concentre toute sa doctrine. Lire à ce sujet l'analyse de grandes lignes de cet ouvrage dans *Dictionnaire de Théologie Catholique,* t. VIII/1, Paris, Letouzey et Ané, 1924, col. 330ss. Voir aussi Augustin GAZIER, *Histoire général du mouvement janséniste depuis ses origines jusqu'à nos jours*, Paris, H. Champion, 1924 (2 vols) ; Nigel ABERCROMBIE, *The origins of jansenism*, Oxford, 1936. Il est peut-être utile de noter que, au XVIIIe siècle, à la demande des Évêques de France, le Pape Clément XI (1700-1721), par la bulle *Unigenitus Dei Filius* du 8septembre 1713, condamne les 101 propositions extraites d'un livre du père QUESNEL, prêtre de l'Oratoire et janséniste. Voir la synthèse récente de Monique COTTRET, *Histoire du jansénisme*, Paris, Perrin, (Coll. *Pour l'histoire)*, 2016.

[385] Les Gallicans veulent restreindre le pouvoir du Pape (sur la dispense), en se fondant sur la supériorité du concile et sur l'obligation qu'aurait le Pape de respecter les coutumes et privilèges de l'Église *gallicane*

[386]Voir Joseph DEDIEU, « Protestantisme », dans *DTC.,* t. 13/1, Paris, Letouzey et Ané, 1936, col. 850-907.

[387] BATIFFOL, Pierre, « Les recours à Rome en Orient avant le concile de Chalcédoine », *RHE.,* vol. 21, n° 1 (1925), p. 5-32 ; Bernard DUPUY, « Les appels de l'Orient à Rome du Concile de Nicée au Concile de Chalcédoine », dans *Ist.*, t. 4 (1987), p. 361-377 ; MOMBILI Thumaini, Melchior Édouard, *L'aspect d'autonomie et de communion dans la praxis africaine des recours à Rome (IIIe-Ve siècles). Essai d'interprétation du comportement ambivalent de l'épiscopat africain,* Roma, Pontificia università gregoriana, 2001, 375 p ; Jean-René KIEDI kionga, *Dispense en droit canonique. Pour des adoucissements d'applications de règles en catholicisme romain*, *Op. cit.*, p. 621 (voir principalement les pages 89-100).

[388] HINCMAR de Reims, *De Praedestinatione Dei et Libero Arbitrio. Posterior dissertatio. Adversus Gothescalcum et caeteros Praedestinationos*, *Patrologie Latine*., t. CXXV, col. 65-474. Cf. Auguste DUMAS, « L'Église de Reims au temps des luttes entre Carolingiens et Robertiens (888-1027) », dans *RHEF.*, t. 30 (1944), p. 7-37 ; « HINCMAR de Reims », dans Raoul NAZ (dir.), dans *DDC.*, t. V, Paris, Letouzey et Ané, 1953, col. 135-1137 ; Jean DEVISSE, *Hincmar, archevêque de Reims, 845-882,* Droz, Genève, 1976 (3 vol.) ; Jean DEVISSE, *Hincmar et la loi*, Université de Dakar, 1962, 92 p ; Jean DEVISSE, *Hincmar, archevêque de Reims, 845-882.* Genève, Droz, 1976. 3 vol., 1579 p.

Les nouveaux courants de pensée auxquels nous faisons allusion ici, ceux du XIVe siècle, influenceront de façon déterminante la conception de la dispense canonique dans l'Église catholique latine. Elles marqueront d'un emprunt évident la poursuite de l'institutionnalisation de la tradition de l'Église catholique latine concernant la canonicité de la dispense. Elles influenceront sans doute aussi, d'une manière ou d'une autre, la canonicité de ce concept dans les codifications du XXe siècle, celles de 1917 et 1983.

Qu'ils soient jansénistes, gallicans, épiscopaliens ou protestants, les tenants de ces courants ont eu le désir de limiter les prérogatives pontificales et de créer ainsi les conditions d'une reconnaissance conséquente du pouvoir des évêques. Les critiques qui nourrissent leurs thèses se rapportent le plus souvent à la nature et à l'exercice du pouvoir du Saint-Siège, c'est-à-dire à la juridiction universelle, plénière, suprême, et immédiate de la charge pontificale qu'ils jugent trop étendue.[389]

L'intérêt que nous portons à ces courants de pensée n'est pas celui de la réaffirmation, plus qu'il n'en convient, de la pertinence des thèses

---

[389]En vertu de la plénitude de pouvoir et de la juridiction universelle du Pontife romain, nul ne doute que celui-ci ne dispose d'une compétence illimitée de se réserver les dispenses des causes qu'il juge nécessaires. La réforme grégorienne avec Grégoire VII (1073-1086), Innocent III (1198-1216), et ses successeurs vont se réserver, non seulement les causes majeures, mais aussi les autres causes sur certaines questions en matière canonique et civile. Cf. Felix Théodore ROCQUAIN, *La papauté au Moyen-Âge : Nicolas Ier, Grégoire VII, Innocent III, Boniface VIII. Études sur le pouvoir pontifical*, Paris, Didier, 1881, 393 p ; Joseph BRUGERETTE, *Les grands papes : Innocent III et l'apogée du pouvoir pontifical*, Paris, Bloud et Cie, 1905; Gerhart B. LADNER, «The Concept of Ecclesia and Christianitas and their Relation to the Idea of Papal Plenitudo Potestatis from Gregory VII to Boniface VIII », dans *MHP.*, n°18 (1954), p. 49-77 ; James Matthew POWELL, *Innocent III: Vicar of Christ or Lord of the World ?*, Boston, Heath, 1963 ; Marcel DIETLER, « La théocratie pontificale et Innocent III », dans *Echos de Saint-Maurice,* t. 64 (1966), p. 93-109 ;William D. McCREADY, « Papal plenitudo potestatis and the Source of Temporal Autority in Late Medieval Papal Hierocratic Theory », dans *Speculum*, t.48 (1973), p. 654-674 ; Zizola GIANCARLO, « Le pouvoir romain : centralisation et bureaucratisation dans l'Église catholique », dans *LV.*, vol. 26, n° 133 (Juin-Juillet-Août 1977), p. 18-36; Raffaello MORGHEN, « L'apogeo del papato medievale. Innocenzo III », dans *Medioevo cristiano*, Bari, Laterza, 1984, p. 149-162; Kenneth PENNINGTON, *Popes and Bishops. The Papal Monarchy in the Twelfth and Thirteenth Centuries*, Philadelphie, University of Pennsylvania Press, 1984; Klaus SCHATZ, *La primauté du Pape. Son histoire des origines à nos jours*, Paris, Éd. du Cerf, 1992 ; Rosalio José Castillo LARA, « La primauté pontificale dans les collections canoniques grégoriennes », dans César ALZATI (éd.), *Cristianità ed Europa, Miscellanea di studi in onore di Luigi Prosdocimi,* vol. 1, Roma-Freiburg-Wien, Herder, 1994, p. 59-90 ; Jacques JOUBERT, « De la primauté dans l'Église conçue comme communion », dans *RDC.*, vol. 45 (1995), p. 133-140 ; John Clara MOORE, *Pope Innocent III (1160/61-1216). To Root Up and to Plant*, Leiden, Boston, Brill, 2003 ; Julien THÉRY, « Le gouvernement romain de la Chrétienté autour de 1206 : Innocent III et les débuts de la théocratie pontificale », dans *MD.*, vol. 21 (2007), p. 33-37 ; Roland MINNERATH, *La primauté de l'Évêque de Rome et l'unité de l'Église du Christ*, Paris, Gabriel Beauchesne, 2010 ; Jean-René KIEDI kionga, *Dispense en droit canonique. Pour des adoucissements d'applications de règles en catholicisme romain, Op. cit.*, p. 78-89 ; p.241 ; p. 255-277.

controversées. Il s'agit plutôt d'évoquer, autant que faire se peut, leur influence, non sur la nature canonique de la dispense en tant que telle, celle-ci étant déjà constituée dans le *Corpus iuris canonici*, mais sur sa mise en pratique dans les divers degrés du gouvernement ecclésiastique en général et diocésain en particulier. Pour ce faire, nous nous limiterons aux arguments avancés par les gallicans. Le gallicanisme est le plus représentatif de ces courants. Cependant, nous ne manquerons pas de faire référence aux autres courants, surtout à ceux dont les thèses ressemblent, d'une manière ou d'une autre, aux thèses gallicanes. De fait, même s'il faut renoncer ici à une analyse de fond, nous croyons utile de présenter d'abord les grandes lignes de la doctrine gallicane qui fut rarement systématisée, si ce n'est dans la *Déclaration des quatre articles* de 1682[390]. Il s'agit de la systématisation d'un gallicanisme, le *gallicanisme politique*, et non du phénomène dans sa globalité. Puis, dans la suite de nos propos, nous mettrons ces thèses en présence de la question de la dispense canonique.

I. Gallicanisme : bref aperçu historique.

Nul n'est besoin de remonter plus loin dans l'histoire de l'Église catholique latine pour identifier les racines lointaines du gallicanisme. Toutefois, sur cette question, nous observons un manque d'unanimité dans les opinions des historiens qui s'y intéressent. Ainsi que le constate Victor MARTIN, il semble possible d'émettre sur les origines du gallicanisme les opinions les plus variées.[391]

1. Des origines lointaines.

Certains historiens en trouvent déjà des traces au Ve siècle. D'autres les font remonter à Charlemagne, au IXe siècle ou se contentent d'en signaler des manifestations sous Hugues Capet, au Xe siècle. D'autres enfin soutiennent qu'il est né seulement au XIVe et XVe siècles, à la faveur du Grand Schisme d'Occident[392].

Dans son *Essai sur les libertés de l'Église gallicane*, Gabriel HANOTAUX pense qu'il n'est pas possible de dire à quelle époque précise

---

[390] BOSSUET, Jacques Bénigne, *Défense de la déclaration de l'Assemblée du clergé de France de 1682, touchant la puissance ecclésiastique,* t. II, Paris, Chez Louis Cellot, 1774, 769 p ; DUPIN, André Marie Jean Jacques, *Liberté de l'Église gallicane. Manuel du droit public ecclésiastique français, contenant les 83 articles des libertés, avec un commentaire ; la déclaration du clergé de 1682, sur les limites de la puissance ecclésiastique, le concordat, et sa loi organique,* Paris, Henri Plon, 1860, 572 p ; Gabriel HANOTAUX, *Essai sur les libertés de l'Église gallicane depuis les origines jusqu'au règne de Louis XIV*, Paris, Anciennes librairie Gerner Baillière, Félix Alcan (éd.), 1888, p. 7-28.

[391]Cf. Victor MARTIN, *Les origines du gallicanisme*, t. I, Paris, Bloud et Gay, 1939, p.29.

[392]Cf. *Ibidem.*

il faudrait placer l'origine d'une résistance qui est contemporaine du premier sentiment de l'existence nationale dont le gallicanisme sera porteur[393].

Pour les théoriciens du XVIe et du XVIIe siècles, les thèses gallicanistes sont aussi vieilles que l'Église de France[394].Pour Augustin FLICHE, par exemple, le XIVe siècle n'est qu'une période décisive dans l'histoire des origines du gallicanisme mais il ne sera pas le début de son existence[395]. Ce dernier auteur place les premières manifestations du gallicanisme aux conciles parisiens de 1396 et de 1398. Ce sont les ordonnances royales de 1407 qui ont fait passer le gallicanisme du domaine de la théorie à celui des réalités, en attendant la célébration du concile de Constance[396].

Guillaume BERNARD pense, pour sa part, que le gallicanisme est un concept forgé au XIXe siècle pour désigner un ensemble de principes et de règles tendant à assurer l'autonomie de l'Église de France face au Saint-Siège[397]. Sur les origines du gallicanisme, les opinions des historiens divergent et même s'opposent. Cela montre la complexité de l'histoire du phénomène auquel nous consacrons les pages suivantes.

Si nous ne pouvons pas, dans cette contribution, retracer l'histoire des origines du gallicanisme, nous pouvons néanmoins en fixer les principaux traits doctrinaux et en donner quelques repères sur le plan canonique. Ainsi, il nous semble, dans l'état actuel des recherches en ce domaine, que la doctrine gallicane soit caractérisée par la convergence de deux courants de pensée : le régalisme et le conciliarisme.

Quelques auteurs consultés font remonter les origines du gallicanisme au régalisme qui trouve ses racines dans les nombreux différends et les nombreuses rivalités entre les rois du XIe au XIVe siècle et les Pontifes Romains des siècles correspondants.[398] Ce sont, par exemple, des rivalités

---

[393] Cf. Gabriel HANOTAUX, *Essai sur les libertés de l'Église gallicane depuis les origines jusqu'au règne de Louis XIV*, *Op. cit.*, p. 7-28. Lire aussi Richard William SOUTHERN, *L'Église et la société dans l'Occident médiéval,* Paris, Flammarion, 1997 ; Michèle BÉGOU-DAVIA, *L'interventionnisme bénéficial de la papauté au XIII siècle : les aspects juridiques*, Paris, De Boccard, 1997.

[394]Cf. Victor MARTIN, *Les origines du gallicanisme*, t. I, *Op. cit.*, p.29.

[395] Cf. Augustin FLICHE, « Les origines du gallicanisme », *Journal des savants,* Octobre-décembre 1942, p. 151

[396] Cf. *Idem* p. 151. Cette position était déjà celle de Victor MARTIN : Les ordonnances du 18 février 1407 peuvent être considérées comme l'acte de naissance officiel du Gallicanisme... En 1407, le roi et le clergé s'unissent pour doter la France d'une réforme qu'ils veulent perpétuelle et ils le font au nom d'une doctrine aussi nette que nouvelle, dont la pierre angulaire consiste en une notion rectifiée des « libertés gallicanes ». Cf. Victor MARTIN, *Les origines du gallicanisme*, t. I, *Op. cit.*, p.333.

[397] Guillaume BERNARD, *Introduction à l'histoire du droit et des institutions : Ve au XVIIIe siècle*, vol. I, 2e éd., revue et augmentée, Levallois-Perret, Studyrama, (Coll. *Panorama du droit*), 2011, p. 211.

[398] Il suffit de lire sur ces controverses historiques les réflexions de certains auteurs pour se rendre compte, pour chacune des époques correspondantes, du tournant historique qu'elles introduisent dans la structure du gouvernement de l'Église catholique latine. Nous renvoyons

entre Philippe Ier (1060-1108) et Grégoire VII (1073-1086)[399], entre Philippe Ier et Urbain II (1088-1099), entre Louis VII, dit Louis le Jeune (1137-1180) et Innocent II (1130-1143), entre Philippe II dit Philippe-Auguste (1180-1223) et Innocent III (1198-1216)[400], entre Philippe le Bel (1285-1314) et Boniface VIII (1294-1303)[401]. La conséquence la plus perceptible de ces nombreux conflits entre la royauté et la papauté est, pour les rois, du moins en France, la prise de conscience de leur autorité et, pour le royaume, le sentiment de son existence. Ce sentiment commun qui se développe tant chez les rois que dans les populations est la certitude d'avoir eu un même objectif, la défense de leur indépendance, quelles que fussent la grandeur, l'autorité, la prétention qui pouvait élever contre eux[402]. Ces conflits entre la royauté et la papauté portent déjà en germe toutes les querelles des libertés gallicanes. La papauté s'efforce d'étendre son autorité. Certains évêques français, en se rangeant derrière la couronne, soutiennent l'autonomie du roi et même la subordination du Siège de Rome au corps entier de l'Église[403].

Ces idées restent encore vagues dans les esprits de ceux qui formulent les thèses de l'autonomie vis-à-vis du Siège apostolique, les fameux principes de l'Église gallicane.

---

aux ouvrages généraux comme : Felix Théodore ROCQUAIN, *La papauté au Moyen-Âge : Nicolas Ier, Grégoire VII, Innocent III, Boniface VIII. Études sur le pouvoir pontifical*, Paris, Didier, 1881 ; Élie BERGER, *Saint Louis et Innocent IV : étude sur les rapports de la France et du Saint-Siège*, Paris, Thorin, 1893 ; Ignaz von DÖLLINGER (éd.), *La papauté : son origine au Moyen-Âge et son développement jusqu'en 1870*, Paris, F. Alcan, 1904 ; Marcel PACAUT :*Histoire de la papauté de l'origine au concile de Trente*, Fayard, 1976 ; André VAUCHEZ éd., *Histoire du christianisme des origines à nos jours*, t. 5, *Apogée de la papauté et extension de la chrétienté (1054-1274)*, Desclée, Paris, 1993 ; Marcel PACAUT , *La théocratie, l'Église et le pouvoir au Moyen-Âge*, Paris Fayard 1976.

399 Édouard LANGERON, *Grégoire VII et les origines de la doctrine Ultramontaine*, Paris, Éd. Thorin, 1874 ; Augustin FLICHE, *Le règne de Philippe Ier, roi de France : 1060-1108*, Paris, Société française d'imprimerie et de librairie, 1912 ; Augustin FLICHE, *Saint Grégoire VII*, Paris, Librairie Lecoffre J. Gabalda (éditeur), 190 p ; Augustin FLICHE, « La réforme grégorienne », dans *RHEL.*, t. 12/55 (1926), p. 145-167 ; Augustin FLICHE, *La réforme grégorienne et la reconquête chrétienne (1957-1123)*, Paris, Bloud & Gay, (Coll. *Histoire de l'Église depuis les origines jusqu'à nos jours*, 8), 1940 ; Henri-Xavier ARQUILLIÈRE, « Saint Grégoire VII. Essai sur sa conception du pouvoir pontifical », dans *RHEL.*, t. 21, n° 93 (1935), p. 552-561 ; Marcel PACAUT, *Louis VII et les élections épiscopales dans le Royaume de France*, Paris, J. Vrin, 1957 ; Maurice VAUSSARD, *La fin du pouvoir temporel des papes*, Paris, Spes, 1964 ; John MEYENDORFF, *L'Orient chrétien et l'essor de la papauté : l'Église de 1071-1453*, Paris, Éd. du Cerf, 2001 ; Sylvain GOUGUENHEIM, *La réforme grégorienne. De la lutte pour le sacré à la sécularisation du monde*, Temps Présent, Paris, 2010.

400 Friedrich von HURTER, *Histoire du pape Innocent III et de son siècle*, Paris, A. Vaton, 1840 ; Achille LUCHAIRE, *Innocent III, la papauté et l'empire*, Paris, Éd. Hachette, 1906.

401 Pierre Du PUIS, *Histoire du différend d'entre le pape Boniface VIII et Philippe le Bel roy de France*, Paris, Cramoisy, 1655 ; Paul GRAZIANI, *Boniface VIII et le premier conflit en la France et le Saint-Siège*, Paris, Bloud, 1906

402 Cf. Gabriel HANOTAUX, *Essai sur les libertés de l'Église gallicane depuis les origines jusqu'au règne de Louis XIV*, *Op. cit.*, p. 25.

403 Cf. *Idem*, p. 15.

Revenons, de manière très laconique, à la rivalité entre Philippe le Bel et Boniface VIII[404]. À notre sens, la conséquence de ce conflit serait l'une des causes lointaines et probables du gallicanisme. Elle est à l'origine d'un tournant majeur dans l'histoire des relations entre le royaume de France et le Siège apostolique. Laissons de côté l'intervention de Boniface VIII dans la guerre entre Philippe le Bel et Édouard Ier d'Angleterre. Intéressons-nous plutôt à ce que les historiens appellent, à juste titre, le second différend[405].

Dans un ouvrage collectif, Henri PIRENNE fait une analyse détaillée des causes de cette rivalité. Nous reprenons un extrait de son argumentation :

> « Non content d'affirmer, après beaucoup d'autres, la supériorité des papes sur tous les princes du monde, Boniface VIII croyait possible de mettre cette doctrine en pratique. Le conflit éclata en 1296. Deux ans auparavant, Philippe, à court d'argent au moment où il entreprenait une nouvelle guerre contre l'Angleterre, avait exigé une contribution de son clergé. Les synodes provinciaux, dont il avait prescrit la réunion, lui avaient accordé bon gré mal gré une décime valable deux ans. Au terme de cette période, le roi renouvela sa demande ; mais, cette fois, quelques prélats mécontents portèrent plainte à Rome ; et, Boniface VIII releva cette violation flagrante du droit canonique et lança la première de ses grandes bulles, la bulle *Clericis laicos* du 24 février 1296. Il y interdisait, sous peine d'excommunication, aux princes d'imposer arbitrairement aux églises et aux clercs de payer sans la permission du siège romain. Boniface VIII ne faisait que reproduire les principes émis par le concile de Latran de 1215 et défendre les immunités ecclésiastiques sous une forme générale. La réaction fut prompte. Surpris par la promptitude de la riposte, Boniface VIII essaya de s'expliquer par la bulle *Ineffabilis amoris* du 20 septembre 1296. La campagne en faveur du roi attaqua les prétendues immunités ecclésiastiques, montra la supériorité de la société laïque sur la communauté religieuse et soutint que les clercs ont le devoir patriotique de payer l'impôt au roi dans les moments de danger. »[406]

---

[404] Pour Augustin FLICHE, le gallicanisme ne serait pas antérieur au conflit de Philippe le Bel avec Boniface VIII, ni au Grand schisme d'Occident, ni même au XVIe siècle. Cf. Augustin FLICHE, « Les origines du gallicanisme », *Art. cit.*, p. 151. Voir Alain TALLON, *Conscience nationale et sentiment religieux en France au XVIe siècle : essai sur la vision gallicane du monde*, Paris, PUF, 2002, p. 46.

[405] Cf. A. POCQUET DU HAUT-JUSSÉ, « Le second différend entre Boniface VIII et Philippe le Bel », dans *Mélanges Albert Dufourcq : études d'histoire religieuse*, Paris, Plon, 1932, p. 73-108.

[406] Henri PIRENNE, RENAUDET Augustin, PERROY Edouard et alii, *La fin du Moyen-Âge. La désagrégation du monde médiéval (1285-1453)*, t. 1, Paris, PUF, 1931, p. 44. Ainsi, par la bulle *Etsi de statu* du 31 juillet 1297, Boniface reconnut à Philippe le droit de taxer l'Église, en cas de nécessité, sans consulter le siège romain. Quelques mois plus tard, par la bulle *Salvator mundi* du 4 décembre 1301, le Pape révoque toutes les faveurs accordées au roi de France et déclare en revenir purement et simplement aux règles formulées dans sa constitution *Clericis laïcos*. Philippe n'aurait pas demandé mieux que de négocier à l'amiable. Mais l'affaire venait d'être confiée à Guillaume de Nogaret, irréconciliable adversaire de la théocratie pontificale. Ainsi, pour forcer le pape aux concessions, il faut passer à l'attaque ;

Ce différend sera l'occasion de la publication de deux bulles par Boniface VIII : *Ausculta fili* du 5 décembre 1301[407] et *Unam sanctam* du 18 novembre 1302[408]. Ces bulles réaffirment l'une comme l'autre la supériorité du pouvoir spirituel sur le pouvoir temporel, de l'Église sur l'État et l'obligation pour toute créature humaine de se soumettre au Souverain pontife. C'est ce qui semble se dégager de la bulle *Unam Sanctam :*

> « [...] il convient que le glaive (le temporel) soit sous le glaive (le spirituel), et que l'autorité temporelle soit soumise au pouvoir spirituel [...] Que le pouvoir spirituel doive l'emporter en dignité et en noblesse sur toute espèce de pouvoir terrestre, il nous faut le reconnaître d'autant plus nettement que les réalités spirituelles ont le pas sur les temporelles [...] Comme la Vérité l'atteste : il appartient au pouvoir spirituel d'établir le pouvoir terrestre, et de le juger s'il n'a pas été bon [...] Si donc le pouvoir terrestre dévie, il sera jugé par le pouvoir spirituel ; et si un pouvoir spirituel inférieur dévie, il le sera par celui qui lui est supérieur ; mais si le

---

plus elle sera personnelle et plus elle aura de chances de réussir. Est contestée d'abord la légitimité de Boniface, usurpateur du siège de Célestin V ; Boniface VIII est accusé de simonie, de violences et de malversations. Quand l'autorité papale, affirme-t-il, tombe aux mains d'un Antéchrist, c'est au roi de France, défenseur des intérêts de l'Église, qu'il appartient de convoquer le concile, de déposer l'intrus et de rendre la paix à la chrétienté. Nogaret fit admettre au roi son projet le 7 mars 1303. Philippe annonça l'intention de tenir le concile ; Évêques et barons l'approuvèrent. Des commissaires recueillirent à travers le royaume, de gré ou de force, les adhésions du clergé, la foule acclama l'entreprise. Le 12 mars 1303, ils reconduisirent le pape dans la Ville Éternelle. Boniface VIII, le 15 août 1303, par la bulle *Super Petri solio*, déliait les Français de leur devoir de fidélité, menaçait le roi d'excommunication. Mais il mourut le 11 octobre 1303.

[407] Boniface VIII, par la bulle *Ausculta fili* du 5 décembre 1301 adressée directement au roi de France, énumère ses griefs contre la monarchie capétienne : il ne se contente plus de protester contre la violation des immunités ecclésiastiques ; il dénonce les abus commis dans le gouvernement temporel du royaume, l'oppression des sujets, l'altération des monnaies. Il répète que Dieu a placé le pape au-dessus des princes et que nul d'entre eux n'est dispensé de l'obéissance au chef de l'ordre chrétien. Cf. Henri PIRENNE, Augustin RENAUDET, Édouard PERROY et alli, *La fin du Moyen-Âge. La désagrégation du monde médiéval (1285-1453), Op. cit.*, p. 47 ; Félix ROCQUAIN, « Philippe le Bel et la bulle *Ausculat fili* », *BEC.*, vol. 44 (1883), p. 393-418. Voir la bulle *Ausculat fili* dans Georges DIGARD, Maurice FAUCON, Antoine THOMAS et Robert FAWTIER, *Les Registres de Boniface VIII : recueil des bulles de ce pape publiées ou analysées d'après les manuscrits originaux des archives du Vatican,* Paris, E. de Boccard, t. III, 1921, n° 4424, col. 328-335.

[408]Le Pontife romain parachevant son système doctrinal par l'envoi à toute la chrétienté, le 18 novembre 1302, de la bulle *Unam sanctam*. L'Église n'a qu'un chef, Jésus-Christ, auquel ont succédé ses vicaires. Des deux glaives, le spirituel n'appartient qu'au pape ; les rois n'usent du temporel que selon sa volonté. Le pouvoir spirituel juge le temporel ; il n'est jugé que par Dieu. Qui affirme l'indépendance des deux pouvoirs admet l'existence de deux principes et tombe dans l'hérésie des Manichéens. La soumission au pontife romain est pour toute créature humaine une condition nécessaire de salut. Cf. Henri PIRENNE, RENAUDET Augustin, PERROY Édouard et alli, *La fin du Moyen-Âge. La désagrégation du monde médiéval (1285-1453), Op. cit.*, p. 49. Voir la bulle *Unam Sanctam* dans Georges DIGARD, Maurice FAUCON, Antoine THOMAS et Robert FAWTIER, *Les Registres de Boniface VIII : recueil des bulles de ce pape : publiées ou analysées d'après les manuscrits originaux des archives du Vatican, Op. cit.*, n°5382, col. 888-890.

pouvoir suprême dévie, c'est par Dieu seul et non par l'homme qu'il pourra être jugé, comme l'atteste l'Apôtre : " L'homme spirituel juge de tout, et n'est lui-même jugé par personne ". Cette autorité cependant, bien que donnée à un homme et exercée par un homme, n'est pas un pouvoir humain, mais bien plutôt divin. Donné à Pierre de la bouche de Dieu, confirmé pour lui et ses successeurs dans le Christ lui- même qu'il a confessé, lui, le roc, lorsque le Seigneur dit à Pierre lui-même : "Tout ce que tu lieras" [...] En conséquence nous déclarons, disons et définissons qu'il est absolument nécessaire au salut, pour toute créature humaine, d'être soumise au pontife romain »[409].

Cette bulle a une portée toute particulière. Elle va au-delà même du conflit entre les deux pouvoirs, celui tenu par la papauté et celui exercé par la royauté. À travers elle, Boniface VIII réaffirme explicitement la supériorité absolue du Siège apostolique sur le pouvoir temporel. Ce qui implique un droit de regard du pouvoir spirituel sur le pouvoir temporel qu'il est tenu de contrôler indirectement. Le pouvoir spirituel détient la souveraineté absolue. C'est de lui que les hommes tiennent leur pouvoir. Il a la tâche de veiller à la bonne utilisation du pouvoir temporel. C'est, en réalité, l'instauration, en des termes non voilés, de la théocratie pontificale commencée par ses prédécesseurs, en l'occurrence par Grégoire VII et Innocent III.

Ce système théocratique est diversement accueilli. Certains acceptent les affirmations de la bulle pontificale. D'autres, tout en admettant la supériorité du Pontife romain sur le roi, reconnaissent néanmoins l'existence d'un pouvoir régalien. D'autres enfin, proposent l'indépendance des deux pouvoirs, de l'Église et de l'État, ou, du moins, une nette séparation entre la notion de l'Église et celle du royaume. De ces options découleront deux tendances, celle formée par des ultramontains[410] et celle constituée des régaliens.

---

[409]« *Oportet autem gladium esse sub gladio et temporalem auctoritatem spirituali subici potestati...Spiritualem autem, et dignitate, et nobilitate, terranam quamlibet precellera potestatem, oportet tanto clarius nos fateri, quanto spiritualia temporalia antecellunt...Nam veritate testante, spiritualis potestas terranam potestatem instituere habet, et judicare, si bona non fuerit...Ergo si deviat terrana potestas, judicabitur a potestate spirituali, sed si deviat spiritualis minor, a suo superiori. Si vero supprema a solo Deo, non ab homine poterit judicari, testante Apostolo. « Spiritualis homo judicat omnia, ipse autem a nemine judicatur. » Est autem hec auctoritas, etsi data sit homini et exerceatur per hominem, non humana, sed potius divina potestas, ore divino Petro data, subique, suisque successoribus in ipso Christo, quem confessus fuit petra firmata, dicente Domino ipsi Petro, « Quodcumque ligaveris » et cetera...Porro subesse Romano Pontifici, omni humane creature declaramus, dicimus, et diffinimus omnino esse, de necessitate salutis* ». Voir la bulle *Unam Sanctam* dans Georges DIGARD, Maurice FAUCON, Antoine THOMAS et Robert FAWTIER, *Les Registres de Boniface VIII : recueil des bulles de ce pape : publiées ou analysées d'après les manuscrits originaux des archives du Vatican, Op. cit.*, n°5382, col. 889-890.

[410] Philippe BOUTRY propose une analyse sur le terme ultramontanisme, ses origines, ses évocations historiques, son sens ecclésiastico-théologique. Il précise, par exemple : aux

Pour les régaliens, le roi de France est soumis au Pape dans le domaine du spirituel. Il est par contre indépendant dans le domaine de la gestion du temporel. Selon cette théorie, l'Église de France a une double soumission. Elle l'est au spirituel au Pape et au temporel, au roi. Ce dernier est le protecteur et le garant de ses libertés. Celles-ci consistent notamment à revendiquer des particularismes quant à la discipline ecclésiastique. Le développement du gallicanisme et celui de la souveraineté royale sont donc parallèles. Le roi, en raison de sa souveraineté, prétend avoir une emprise à la fois sur l'État et sur l'Église[411].

L'autre événement auquel nous faisons allusion quant aux origines du gallicanisme se produit un siècle plus tard, c'est-à-dire au XVe siècle. C'est le conciliarisme. C'est une théorie ecclésiologique qui prend corps aux conciles de Constance (1414-1417) et de Bâle (1438) et qui marquera fortement l'Église catholique latine au XVe siècle. Il nous paraît pourtant juste de dire qu'au moment où s'ouvrait le concile de Constance, beaucoup de théologiens et juristes étaient acquis dans l'ensemble à l'idée du

---

origines ultramontain désigne celui « qui vit de l'autre côté des monts, c'est-à-dire des Alpes. À ce titre, et vus d'Italie, Allemands et Français sont également ultramontains, comme ils furent transalpins au temps de César [...] Mais l'adjectif ultramontain et le substantif ultramontanisme qui en est issu ont acquis également très tôt le sens ecclésiastico-théologique qui leur est demeuré attaché, et qui intéresse l'histoire des rapports, souvent conflictuels, que la capitale de la catholicité entretient depuis des siècles avec les Églises locales ou nationales demeurées en communion avec le Siège apostolique [...] Sont ainsi réputées ultramontaines les maximes ou les doctrines qui, à tort ou à raison, sont perçues par la majorité des autorités religieuses et civiles comme étrangères aux traditions religieuses du royaume, qu'elles concernent le primat et la juridiction du pontife romain, la force et la validité de ses définitions théologiques et de ses condamnations, les formules de sa liturgie, les règles de sa discipline, ses privilèges, exemptions et immunités, ou ses orientations morales, spirituelles et dévotionnelles [...] Si l'intention polémique qui préside à l'emploi du terme ultramontain dans l'ensemble de ces conflits apparaît distinctement, on serait bien en peine pourtant de donner une définition précise de ce que recouvre, du XVIIe au XIXe siècle, la notion d'ultramontanisme, dont ne se réclame aucun des courants ainsi mis en cause : l'ultramontanisme constitue en ce sens davantage une imputation à fins d'agression qu'une quelconque analyse de contenu » Voir Philippe BOUTRY, « Ultramontanisme », dans Philippe LEVILLAIN (dir.), dans *DHP.*, Paris, Fayard, 1994, p. 1651-1653 (surtout les p. 1651-1652). *Le Nouveau Théo. L'Encyclopédie Catholique pour tous*, donne une description qui peut aider à comprendre le mot ultramontanisme. Il désignerait le courant de pensée et l'opinion favorable à l'autorité du pape qui se déploie dans les milieux catholiques tout au long du XIXe siècle. Il s'opposerait aux théories du gallicanisme, du fébronianisme et du joséphisme, qui tendent à faire prévaloir l'autorité des conciles sur celle du pape et les droits souverains de l'État sur le fonctionnement d'une Église nationale. Il manifeste une réaction contre les excès auxquels ces théories ont donné lieu : Constitution civile du clergé en 1790 ; articles organiques ajoutés par Bonaparte au Concordat en 1802. L'ultramontanisme intervient à la restauration, au lendemain de la crise révolutionnaire, du rôle spirituel de la papauté sous l'impulsion de Pie VII. Cf. *Le Nouveau Théo. L'Encyclopédie Catholique pour tous*, Paris, Mame, 2009, p. 473.

411 Guillaume BERNARD, *Introduction à l'histoire du droit et des institutions : Ve au XVIIIe siècle*, vol. I, *Op. cit.*, p. 212.

'conciliarisme'. Le concile de Constance était donc l'aboutissement des idées qui remontaient déjà au XIIe siècle. Le concile de Constance les avait pourtant accélérées[412].

Décisif pour le gallicanisme est le Grand schisme d'Occident qui, durant trente-neuf ans, c'est-à-dire de 1378 à 1417, divisa le gouvernement de l'Église catholique romaine. Donnons ici quelques rappels chronologiques. Après la mort de Boniface VIII en 1303, et après une année du pontificat de Benoît XI (1303-1304), son successeur Clément V (1305-1314) s'installa à Avignon, et jusqu'en 1376, six papes y règneront : Jean XXII (1316-1334), Benoît XII (1335-1342), Clément VI (1342-1352), Innocent VI (1352-1362), Urbain V (1362-1370) et Grégoire XI (1371-1378). Malgré la protestation du roi de France et de la majorité des cardinaux, ce dernier pape d'Avignon ramène le siège pontifical à Rome. Gravement malade, Grégoire XI meurt à Rome le 27 mars 1378 ; ce qui l'empêchera de revenir à Avignon comme il en avait l'intention.

Au conclave de Rome en avril 1378, les cardinaux, en pleine tension, se résolurent à élire pour pape, le 18 avril 1378, l'Archevêque de Bari (Italie), Barolomeo Prignano. Il prend le nom d'Urbain VI (1378-1389). Aussitôt, le nouvel élu manifeste des tendances autocratiques. Violent et intransigeant, il impose aux cardinaux de revenir à une vie conforme à l'idéal évangélique[413].

---

[412] Cf. Paul De VOOGHT, *Les pouvoirs du concile et l'autorité du Pape au concile de Constance,* Éd. du Cerf, 1965, p. 21. Au XIIe siècle, pour les décrétistes, l'Église romaine n'était ni le pape en personne, ni le pape entouré du collège des cardinaux, ni même l'ensemble des fidèles de l'Église locale de Rome. L'Église romaine est comprise comme une *universitas fidelium,* c'est-à-dire la totalité de tous les fidèles. C'est sur celle-ci que l'infaillibilité s'exprime dans le gouvernement ecclésiastique. Les décrétistes n'avaient pas réussi à élaborer une doctrine cohérente sur le gouvernement de l'Église. Les doctrines plus favorables au pouvoir absolu du pape ne se développèrent que vers la fin du XIIIe siècle chez les théologiens, en l'occurrence chez Thomas d'Aquin (1225-1274). Parallèlement aux théologiens, les canonistes de cette période avaient exalté le pouvoir pontifical dans les conflits entre l'Église et l'État. En fait, comme l'affirme Victor MARTIN, ni l'Antiquité, ni le haut Moyen-Âge ne se sont préoccupés d'établir, entre le chef de l'Église et l'assemblée qui la représente, un ordre théorique de supériorité. En matière de droit de l'ordonnancement canonico-théologique de l'Église, rares étaient ceux qui avaient le goût de la spéculation pure. Dans l'élaboration lente du droit canonique, les événements soulevaient des problèmes, les doctrines s'élaboraient ensuite, pour interpréter les solutions adoptées. Le concile de Constance fut l'occasion de poser des questions telles que : Existe-t-il, sur la terre, une instance qualifiée pour connaître une accusation contre le Pontife romain ? Les sentences portées par le tribunal du pape sont-elles susceptibles d'être révisées par une juridiction supérieure, un concile œcuménique par exemple ? Cf. Victor MARTIN, *Les origines du gallicanisme*, t. II, Paris, Bloud et Gay, 1939, p.10 ; Paul De VOOGHT, *Les pouvoirs du concile et l'autorité du Pape au concile de Constance, op. cit.*, p. 21 et 22.

[413] Prignano n'avait jamais été cardinal. Il ne se sentait donc pas lié aux intérêts du Sacré Collège. Il se présenta immédiatement en réformateur de la hiérarchie et entra dans un conflit sans précédent avec les cardinaux, déjà dérangés par le retour à Rome. Dès la fin du mois d'avril, il leur adressa de vifs reproches : absentéisme, train de vie luxueux peu compatible avec l'Évangile, nombre successif de familiers, simonie, cumul des bénéfices, voire, pour certains, détournement de fonds provenant de son trésor. Voir Monique MAILLARD-

Les cardinaux électeurs, pour la plupart français, s'y refusent et se rendirent à Fondi où ils se placèrent sous la protection du comte Onorato Cætani, en froid avec le pape[414]. Un autre conclave est réuni et procède à une nouvelle élection pontificale. Robert de Genève ressort pape sous le nom de Clément VII (1378-1394). Le même corps électoral a pourvu à deux pontifes antagonistes : Urbain VI et Clément VII[415].

Lassés de la situation, les cardinaux romains et avignonnais convoquèrent un autre concile à Pise en 1409. Ce concile avait fixé pour objectif celui de donner, par une élection légitime et incontestable, un nouveau pape pour l'unification de l'Église. Ayant déposé les deux papes pour schisme et hérésie, Alexandre V (1409-1410) fut élu à la tête d'une Église réunifiée en apparence.[416] En apparence, car en réalité, à la fin du concile de Pise, l'Église catholique latine se retrouva sous la direction des trois papes : Alexandre V à Pise, Benoit XIII (1394-1423), successeur de Clément VII, à Avignon et Grégoire XII à Rome (1406-1415). C'est ainsi, en raison de l'affaiblissement de la papauté et à l'initiative de l'empereur Sigismond (1368-1437), qu'un concile sera convoqué à Constance par Jean XXIII, successeur d'Alexandre V de Pise qui paraissait être, entre les trois papes, le Pontife légitime[417].

LUYPAERT, « Urbain VI », dans Philippe LEVILLAIN (dir.), dans *DHP.*, Paris, 1994, p. 1682.

[414]Monique MAILLARD-LUYPAERT, « Urbain VI », dans Philippe LEVILLAIN (dir.), *DHP., Ibidem.*

[415] Pendant plusieurs années, on vit simultanément régner à Rome Urbain VI (1378-1389), Boniface IX (1389-1404), Innocent VII (1404-1406) et Grégoire XII (1406-1415) ; à Avignon Clément VII (1378-1394) et Benoît XIII (1394-1423). Cf. Marie-Théodore GUYOT, *La somme des conciles généraux et particuliers*, t. II, Paris, Victor Palmé, 1868, p.194.

[416]Hélène MILLET, « Alexandre V », dans Philippe LEVILLAIN (dir.), *DHP.*, *Op. Cit.*, p. 70. Voir John Norman Davidson KELLEY, « Alexandre V », dans John Norman Davidson KELLEY, *Dictionnaire des papes*, traduit de l'anglais par Collette OCSO, Brepols Publishers, (Coll. *PDB.*), 1994, p. 491-492.Voir aussi Laurent FONBAUSTIER, *La déposition du pape hérétique : Une origine du constitutionnalisme ?*, Paris, Éditions Mare et Martin (Coll. *Bibliothèque des thèses*), 2016.

[417] Pour l'histoire du Grand schisme d'Occident, on peut se référer aux ouvrages suivants : Louis MAIMBOURG, *Histoire du Grand schisme d'Occident*, Paris, Chez Sébastien Mabre-Carmoisy, 1678 ; Jacques LENFANT, *Histoire du concile de Constance*, t. I, Paris, Chez Pierre Humbert, 1727 ; Louis GAYET, *Le Grand schisme d'Occident d'après les documents contemporains déposés aux archives secrètes du Vatican*. t. I et II 1889-1890 ; Noël VALOIS, *La France et le Grand schisme d'Occident*, t. I-IV, Paris, Alphonse Picard et fils, 1896-1902 ; Félix Théodore ROCQUAIN, *La Cour de Rome et l'esprit de réforme avant Luther*, t. 3. *Le schisme. Les approches de la réforme*, Paris, Ancienne Librairie Thorin et fils, 1897, 456 p ; A. JUSTICE, *À propos de l'infaillibilité du pape : le Syllabus, le pouvoir des rois, le concile de Constance*, Paris, F. Juven, 1899 (Voir le chap. II de la Troisième question, p. 209-226) ; Louis SALEMBIER, *Le Grand schisme d'Occident*, 3e éd., Paris, Librairie Victor Lecoffre, 1902 ; Charles Joseph HEFELE, *Histoire des conciles d'après les documents originaux*, t. VII/1, Paris, Letouzey et Ané, 1916; Étienne DELARUELLE, Edmond-René LABANDE et Paul OURLIAC, *L'Église au temps du Grand schisme et de la crise conciliaire (1378-1449)*, Paris, Bloud et Gay, 1962; Paul OURLIAC, « Le schisme et les conciles, 1378-1449 », dans

Après le rappel de ces faits concernant le Grand Schisme d'Occident, venons-en au concile de Constance au cours duquel la théorie sur le conciliarisme prendra corps. Avec le Grand schisme d'Occident, les liens entre le pape et le Corps ecclésial s'étaient distendus. En raison de l'incertitude sur la légitimité de l'un des Pontifes de la triade, Rome, Constance et Pise, il était important de préciser, au concile de Constance, le rapport entre la tête de l'Église et l'ensemble du corps ecclésial. C'est dans ce climat que le concile de Constance tint ses séances.

En 1415, Grégoire XII, à Rome, avait promis de renoncer à la triade à condition que Jean XXIII, à Pise, et Benoît XIII, à Avignon, en fissent autant. Le premier démissionna volontairement. Les deux derniers seront destitués par le concile[418]. La voie était donc libre pour élire un pape légitime pour l'ensemble de l'Église catholique latine. À l'issue de longues discussions, le collège des cardinaux porte son choix, en novembre 1417, sur Odon Colonna, un italien, qui prit le nom de Martin V[419].

Notons cependant que, dès l'ouverture des sessions du concile de Constance et après le retrait brusque de Jean XXIII, deux décrets relatifs à l'intégrité et à l'autorité du concile furent votés. Ces décrets seraient une première ébauche de ce qui sera appelé plus tard le ''conciliarisme'', affirmant la supériorité du concile sur le pape :

> « Ce saint concile, assemblé pour l'extirpation du schisme, l'union de l'Église et sa réformation en son chef et en ses membres, ordonne et déclare ce qui suit : Premièrement, que ce concile général, représentant l'Église catholique, tient sa puissance immédiatement de Jésus-Christ, et que tout homme, de quelque état et dignité qu'il soit, même le pape, est tenu de lui obéir en ce qui regarde la foi, l'extirpation du schisme et la réforme générale de l'Église en son chef et en ses membres [...] »[420]

Marie MAYEUR, Charles PIETRI, André VAUCHEZ, Marc VENARD, *Histoire du christianisme des origines à nos jours*, t. 6, Paris, Desclée de Brouwer, 1990, p. 89-140 ; Hélène MILLET, *L'Église du Grand schisme (1378-1417)*, Paris, Picard, 2009 ; Hélène MILLET, « Grand schisme d'Occident », dans *DHP.*, éd. Philippe Levillain, Paris, 1994, p. 729-735.

[418] Au sujet des destitutions et des abdications des Papes composant la triade, Constance, Pise et Avignon, on peut lire : Charles Joseph HEFELE, *Histoire des conciles d'après les documents originaux,* t. VII/1, Paris, Letouzey et Ané, 1916, p. 197-213 ; Paul De VOOGHT, *Les pouvoirs du concile et l'autorité du Pape au concile de Constance, Op. cit.*, p. 29-37 ; Alfred BAUDRILLART, « Constance (concile de) », dans *DTC.*, t. III/1, Paris, Letouzey et Ané, 1908, col. 1220-1223 ; Jean-Philippe GOUDOT, « La restauration de l'unité visible de l'Église au concile de Constance (1414/1415-1418) », dans *NRT.*, vol. 128 (2006), p. 594-612 ; Christian BARROMÉE, *Le procès de Jean XXIII : dix semaines qui ébranlèrent l'Église*, Paris, Publibook, 2005, p. 107-244.

[419] Cf. Christian BARROMÉE, *Le procès de Jean XXIII : dix semaines qui ébranlèrent l'Église, Op. cit.*, p. 239-241.

[420] Concile de Constance, session IV tenue le 30 mars 1415. Voir texte latin dans Gian Domenico MANSI, *Sacrorum Conciliorum nova et Amplissima collectio,* t. XXVII, col. 585-586.

« Ce Saint concile tient sa puissance immédiatement de Jésus-Christ ; et tout homme de quelque dignité qu'il soit, même papale, est tenu de lui obéir en ce qui regarde la foi, l'extirpation du schisme et la réformation de l'Église. Quiconque, de quelque condition qu'il soit, même le pape, refusera obstinément d'obéir aux ordonnances de ce concile, ou de tout autre concile touchant ce que dessus, sera soumis à une pénitence convenable ; et on aura même recours, s'il est besoin, aux autres peines de droit [...] »[421]

Comme nous pouvons le constater, à travers ces deux décrets, les Pères du concile de Constance n'ont pas eu l'intention de définir solennellement un dogme de foi, ni de proposer une nouvelle doctrine pour l'Église catholique latine. Ces décrets ne sont que de simples déclarations conciliaires. D'ailleurs, le contexte l'indique clairement : Jean XXIII, qui avait convoqué le concile et qui y assistait, quitta brusquement Constance, après la seconde session, pour se retirer à Schaffhouse (Suisse)[422], espérant faire rompre les sessions par son départ et se maintenir de la sorte sur le Siège apostolique qui lui avait été dévolu[423]. Simples déclarations, ces deux décrets du concile de Constance précités ne sont applicables qu'à ce cas en présence et à d'autres conciles réunis dans des conditions semblables. Ce qui est déclaré dans ces décrets n'est donc pas une règle générale ayant force de loi lors de la célébration d'un concile, mais une exception. Ils répondent à l'un des objectifs fixés par les pères à Constance, à savoir mettre fin au schisme.

À l'élection de Martin V, à Constance, le Pape et le concile s'opposent sur la définition de l'autorité de l'un et de l'autre. Martin V, conformément à la doctrine professée par certains de ses prédécesseurs, estimait que l'Église est fondée sur les prérogatives pontificales. C'est ainsi que, le 10 mars 1418, il publia la constitution *Ad perpetuam Rei Memoriam*[424]par laquelle est déclaré inadmissible tout appel d'une sentence pontificale et demande la soumission complète aux décisions du Saint-Siège, car le Pontife romain est le Vicaire du Christ sur la terre. Toute opposition à une décision du Saint-Siège dans les causes de la foi, ces dernières étant considérées comme des causes majeures, doit être soumise à la seule décision du Pontife romain. Nous savons par ailleurs que les conclusions de la constitution *Ad perpetuam*

---

421 Concile de Constance, session V tenue le 06 avril 1415. Ce second décret précise le contenu du premier. Voir le texte latin dans Gian Domenico MANSI, *Sacrorum Conciliorum nova et Amplissima collectio*, t. XXVII, col. 590-591.

422 Cf. Antoine-Henri de BÉRAULT-BERCASTEL, *Histoire de l'Église*, t. 10, Paris, Gauthier frères, 1830, p. 243.

423Cf. A. JUSTICE, *À propos de l'infaillibilité du pape : le syllabus, le pouvoir des rois, le concile de Constance*, *Op. cit.*, p. 222.

424 Constitution *Ad perpetuam Rei Memoriam*, dans Gian Domenico MANSI, *Sacrorum Conciliorum nova et Amplissima collectio*, t. XXVII, col. 1215-1220.

Rei Memoriam seront contestées par Jean GERSON, notamment celle sur l'infaillibilité pontificale[425].

Par opposition à ces affirmations de la constitution *Ad perpetuam Rei Memoriam* et après la dissolution du concile Bâle-Ferrare-Florence (1431-142) par Eugène IV (1431-1447)[426], un conciliabule est organisé à Bâle. Ce dernier vote un décret qui reprend les termes des deux décrets du concile de Constance : « Tout concile légitimement assemblé est supérieur au pape ; tout catholique est obligé de lui obéir ; toute personne qui refuse de croire à ces deux vérités est hérétique »[427]. C'est le conciliarisme.

2. Le conciliarisme.

Le conciliarisme est souvent perçu comme une opposition attribuant au concile un pouvoir et une importance supérieurs à la *potestas* du Pontife romain. Cela n'était qu'un des aspects de cette doctrine. Il nous semble que le conciliarisme, dans son sens général, est une doctrine ecclésiologique qui accentue, comme étant supérieur au Pape, le rôle du concile universel dans la vie de l'Église. Cette réforme pouvait-elle être considérée comme une nouvelle ecclésiologie ? À Constance et à Bâle, les assises conciliaires furent

---

[425] Cf. Christian BARROMÉE, *Le procès de Jean XXIII : dix semaines qui ébranlèrent l'Église, Op. cit.*, p. 241.

[426] Au conciliabule de Bâle, le concile que les historiens nomment de Bâle-Ferrare-Florence, qui dura douze ans n'est-il pas qu'une reprise du concile de Constance ? Même distribution des rôles, partagés entre quelques Évêques et un nombreux clergé du second ordre ; égal nombre de sessions, quarante-cinq en tout ; publication des mêmes décrets ; semblables procédures, afin de rétablir de manière solide la supériorité du concile sur le pape. Ce concile fut enfin ouvert, sous le pontificat d'Eugène IV, le 3 mars 1431, par l'abbé de Vézelay seul dans la grande cathédrale de Bâle, et, le 23 juillet, par le même abbé. Le pape Eugène IV avait, dans l'intervalle, adressé à son représentant une bulle datée du 12 novembre, pour lui enjoindre de dissoudre ce qu'il y avait de concile à Bâle, et d'en remettre l'ouverture a dix-huit mois de là, dans la ville de Bologne. Par une autre bulle du 18 décembre, adressée à tous les fidèles, il déclarait le concile de Bâle dissous et transféré à Bologne. Les motifs allégués par le Pape étaient le petit nombre de Pères qui se trouvaient à Bâle, le peu de sûreté que cette ville offrait en raison de la guerre entre les ducs d'Autriche et de Bourgogne ; Bologne était plus commode pour les Grecs, qui avaient promis de se rendre en Occident pour y traiter de l'union. Ces motifs étaient graves ; mais le Pape, fort de la plénitude de la puissance apostolique, n'avait pas songé que les malencontreux décrets de Constance lui interdisaient de proroger et de transférer un concile, sans l'aveu de ce concile, si petit fut-il. Le concile de Bâle s'est transformé en conciliabule manifeste : plus de légats qui y assistent au nom du Pape. C'est un synode presbytérien, sous la présidence usurpée de l'archevêque d'Arles. Eugène est cité à la barre de ce comité révolutionnaire, déclaré contumace, suspendu de toute juridiction spirituelle et temporelle et enfin déposé. Son successeur est nommé, l'ex-duc de Savoie, Amédée, qui accepte la papauté du schisme et prend le nom de Félix V. Le 1octobre 1437, le pape Eugène IV transfère le concile à Ferrare, puis à Florence et le célèbre en dépit des anathèmes de Bâle, et condamne comme hérétiques Félix V et ses partisans. Cf. Marie-Théodore GUYOT, *La somme des conciles généraux et particuliers, Op. cit.*, p. 235-262.

[427] Cf. Gian Domenico MANSI, *Sacrorum Conciliorum nova et Amplissima collectio*, t. XXX, col. 564.

dominées par des enjeux politiques, au point que le souci de la réforme y était quasi absent. Stefan SWIEZAWSKI note qu'il existait une autre tendance, celle d'utiliser les aspirations conciliaristes afin de soutenir et renforcer les tendances séparatistes et particularistes, visant à créer des Églises nationales, plus ou moins indépendantes, qui voyaient dans la thèse de la supériorité du concile sur le pape une garantie de leur indépendance et de leur autonomie face aux ingérences du Saint-Siège. C'est le cas du gallicanisme dont l'allié le plus important était le conciliarisme radical[428].

Le point essentiel auquel les tenants du conciliarisme se réfèrent est la prise de conscience de la nature même de l'Église : elle doit être, du moins pour les tenants de cette doctrine, une communauté de tous les fidèles et non pas uniquement du clergé. Or, comprendre l'Église comme une *tota congregatio fidelium*, c'est mettre en avant plus sa nature sociologique que théologique. L'événement qui a occasionné la célébration du concile de Constance et la révocation du conciliabule de Bâle n'était-il pas de nature à donner à leurs décrets un caractère conjoncturel ?[429] Le conciliarisme sera considéré, dans l'histoire de l'Église au XXe siècle, avec Stefan SWIEZAWSKI, plus comme un courant sociopolitique que comme une doctrine ecclésiologique, ou, mieux, un courant ecclésiologique avec un contenu purement sociologique[430]. C'est dire que l'aspect ecclésial y est étroitement lié à l'aspect politique. Ce dernier est motivé par le besoin de préserver l'unité nationale, à la fois politique et ecclésiale, contre les interventions romaines. Nous retrouvons par là les prétentions des régaliens. Pour certains historiens gallicans, le conciliarisme semblait être le seul moyen de sortir de la crise née du Grand schisme d'Occident[431].

Le Grand schisme d'Occident ne laisse-t-il pas une vision réductionniste du conciliarisme dont découlent plusieurs thèses et théories du gallicanisme ? Nous voudrions en présenter quelques-unes concernant toujours la supériorité du concile sur le Pape.

Pour les tenants du conciliarisme, le concile détiendrait le pouvoir législatif dans l'Église universelle. En conséquence, le Pontife romain et les évêques n'auraient que le pouvoir exécutif. Cette idée rompt avec toute une tradition ecclésiologique romaine et qui a marqué les Pontificats au début du Ve siècle jusqu'au Moyen-Âge[432]. Elle se démarque très nettement des

---

428 Cf. SWIEZAWSKI, *Les tribulations de l'ecclésiologie à la fin du Moyen-Âge*, Paris, Éd Gabriel Beauchesne, 1997, p. 95.

429 Cf. *Ibidem*. Voir aussi Paul OURLIAC, « Sociologie du concile de Bâle », dans *RHE*, vol. 56, n° 1 (1961), p. 5-32.

430 Voir à ce sujet les analyses de Stefan SWIEZAWSKI, *Les tribulations de l'ecclésiologie à la fin du Moyen-Âge, Op. cit.*, p. 93-112.

431 Cf. Giuseppe ALBERIGO, *Chiesa conciliare. Identita e significato del conciliarismo*, Brescia, Paideia Editrice, 1981.

432 Nous avons eu l'occasion dans nos analyses précédentes d'évoquer les théories défendues par les Papes tels que Léon Ier (540-461), Nicolas Ier (858-867), Grégoire VII (1073-1086),

traditions théologique, canonique et ecclésiologique soutenues jusqu'alors dans cette étude et selon lesquelles le Pontife romain est la Tête de l'Église et source de toute autorité. Le Pape n'est responsable devant personne, sinon devant Dieu. Un concile œcuménique reçoit de lui son pouvoir et ne peut agir sans lui, même dans des cas d'exception[433]. C'est cette dépendance jugée unilatérale du corps par rapport à la tête qui a justifié la doctrine de *plenitudo potestatis* et celle de la doctrine de la juridiction pontificale renforcée par Innocent III.

II. *Plenitudo potestatis* et le conciliarisme.

Le rapport entre le Pontife romain et le concile proposé par le conciliarisme est calqué sur les modèles de la corporation ou de cogestion et de l'*universitas* dans les domaines politique et social du XIVe siècle.

1. Le modèle : l'*universitas*.

Le Moyen-Âge qui, jusqu'au XIIe siècle, ne connaissait que des souverainetés personnelles (le Roi, le Duc, le Comte) et leurs hiérarchies, voyait naître un nouveau modèle de communauté, l'*universitas*, représentée par un organe élu et détenteur du pouvoir suprême, principalement du

---

Innocent III (1198-1216), Innocent IV (1243-1254), Boniface VIII (1294-1303). Voir *supra*, p. 12 ; 224 ; 242 ; 243 ; 244 ; 254 ; 256 ; 263 ; 286.

433 Il faut peut-être souligner, à la suite de Klaus SCHATZ, qu'il a existé dans l'Église deux formes de conciliarisme, radicale et modérée. Sous sa forme la plus radicale, le concile est au-dessus du Pape par principe et d'une manière générale. Sous sa forme modérée, le concile joue le rôle d'une instance de contrôle en mettant des limites aux abus de pouvoir, dans certaines situations d'exception seulement (schisme, pape hérétique ou autre défaillance totale de la papauté. Cf. Klaus SCHATZ, *La primauté du Pape. Son histoire des origines à nos jours, Op. cit.*, p. 159. Voir aussi Michel KAPLAN (éd.), Patrick BOUCHERON et Jean KERHERVÉ, *Le Moyen-Âge : XIe –XVe siècle*, t. 2, Paris, éd. Bréal,1994, p. 351ss ; Stefan SWIEZAWSKI, *Les tribulations de l'ecclésiologie à la fin du Moyen-Âge, Op. cit.*, p. 93ss. Le conciliarisme est une théorie ecclésiologique qui a pris naissance aux XIIe et XIIIe siècles. Il est représenté par MARSILE de Padoue (+1343). Il s'est développé au XIVe siècle. Les tendances conciliaristes furent particulièrement actives durant le Grand schisme d'Occident (1378-1417). L'un de ses grands défenseurs est Jean GERSON (1363-1429) au XVe siècle. Voir à ce sujet Raymond THOMASSY, *Jean Gerson et le Grand schisme d'Occident*, 2e éd., Paris, Lyon, Perisse Frères, 1852, spécialement les p. 42-119. L'occasion historique qui a fait naître le conciliarisme serait l'expérience de la papauté qui manifestait ses défaillances dans le schisme. Ainsi, si le ministère du Pape tient son autorité du Christ, il n'en résulte pas pour autant qu'il soit soustrait à tout jugement humain. Selon le conciliarime, le Pape peut être déposé, non seulement dans le cas d'une défaillance personnelle, mais également lorsqu'il représente objectivement un obstacle pour l'unité et le bien commun de l'Église. D'autre part, la réforme de l'Église, dans sa tête et dans ses membres, ne pouvait être que l'œuvre d'un concile au vu des circonstances dans lesquelles était l'Église (le grand schisme) ; l'unité ne pourrait pas être réalisée en accord avec la papauté, mais devait lui être imposée. Cf. Klaus SCHATZ, *La primauté du Pape. Son histoire des origines à nos jours, Op. cit.*, p. 160-161.

pouvoir législatif. Le *Rector* était au-dessus de chacun de membres et non au-dessus de l'*universitas* dont il était le mandataire. Rien n'échappe à ce modèle de l'*universitas* ou d'autogestion corporative. Même le système de gouvernement des ordres religieux en sera en partie influencé. Le pouvoir suprême revient au chapitre en tant que représentant de la totalité des membres[434].

Le conciliarisme conçoit le rapport entre le Pape et le concile à l'image de ce qui vient d'être noté, à savoir : le Pontife romain est au-dessus des membres de l'Église, mais non au-dessus de toute l'Église formée par l'ensemble des fidèles. Le pape est le délégué de la *congregatio fidelium.* Le concile a le pouvoir législatif. Au Pontife romain revient le pouvoir exécutif. Cela aura des conséquences certaines sur le principe selon lequel aucune personne individuelle ne peut juger le Pape, mais cela ne vaut pas pour l'ensemble de l'Église et pour sa représentation dans un concile général. Ce dernier peut déposer le Pape, non seulement pour cause d'hérésie, mais également en raison d'un scandale manifeste dont il est l'objet ou pour d'autres raisons graves[435].

2. Le modèle de l'*universitas* et le gallicanisme.

D'aucuns ont cru que le conciliarisme était une invention du gallicanisme français. Nous pensons que cette affirmation doit être nuancée. C'est une manière assez simpliste d'aborder une doctrine complexe. Le conciliarisme dépasse les frontières françaises[436]. Ce qui semble vrai, c'est que plusieurs théoriciens français, des XIIIe et XIVe siècles, avaient influencé son application dans l'Église de France, dans le but de soutenir son autonomie par rapport au Siège de Rome. Citons en quelques-uns.

---

[434] D'ailleurs, pour Paul De VOOGHT comme pour Stefan SWIEZAWSKI, ce modèle sociopolitique a pénétré toutes les traditions, ecclésiologique et canonique. Les idées des classiques du droit canonique qui, déjà du XIIIe siècle appliquaient à l'Église en tant qu'institution des règles du corporatisme sont, acceptées par tout le monde. Ces canonistes furent donc portés à appliquer au pape, supérieur élu, les normes en vigueur pour les autres supérieurs désignés par les suffrages d'un collège ou d'une communauté. Le chef étant délégué par les membres, il ne pouvait gouverner qu'en servant le bien commun. Il devait s'entourer d'un conseil sans lequel il ne pouvait rien. Cf. Paul De VOOGHT, *Les pouvoirs du concile et l'autorité du Pape au concile de Constance, Op. cit.,* p. 23-24 ; Stefan SWIEZAWSKI, *Les tribulations de l'ecclésiologie à la fin du Moyen-Âge, Op. cit.,* p. 96. Voir aussi Cf. Klaus SCHATZ, *La primauté du Pape. Son histoire des origines à nos jours, Op. cit.,* p. 162.

[435] Cf. Klaus SCHATZ, *La primauté du Pape. Son histoire des origines à nos jours, Op. cit.,* p. 162. Bien plus tard, au XVIIe siècle, le conciliarisme se traduit en France par la volonté des Évêques d'être indépendants du pouvoir romain.

[436]Augustin FLICHE n'a pas manqué de le faire remarquer, À Constance, la théorie de la suprématie conciliaire n'a pas recruté ses partisans parmi les seuls Français ; les Anglais, les Allemands, même les Italiens lui ont donné leur adhésion et ont, plus que les Français, subi l'influence de Marsile de Padoue, dont Pierre d'Ailly et Gerson réprouvaient les exagérations. Cf. Augustin FLICHE, « Les origines du gallicanisme », *art. cit.,* p.157.

Jean QUIDORT ou Jean de Paris (v.1255-1306), dans son *Tractatus de potestate regia et papali* (1302)[437], présente un système de pensée qui schématise les idées des canonistes depuis le XIIIe siècle. Il soutient, sans doute calqué sur le modèle de l'*universitas*, que le monde est plus grand que Rome. Le Pape et les évêques n'exercent pas un droit de propriété, un *dominium* sur les biens spirituels et temporels. Ils n'en sont que des dispensateurs. Tout pouvoir hiérarchique n'est pas concentré dans la personne du pape. Le concile lui est supérieur. Il peut déposer le Pape, non seulement pour le motif d'hérésie ou quelque autre crime, mais aussi pour le seul motif d'incompétence[438].

Jean GERSON (1363-1429), dans son sermon du 1er janvier 1404, se prononce contre les aspirations absolutistes et théocratiques de la papauté[439]. Sa doctrine conciliariste s'articule autour de deux thèmes qui ont vu le jour dans le milieu paulinien[440] : le pouvoir *ad œdificationem, non ad destructionem*. Sur ce, il combat l'idée selon laquelle le Pape ne pouvait pas être accusé devant le concile universel. Cette lutte contre les idées théocratiques que le Pape incarnait s'est aussi manifestée au concile de Constance, où sont formulées des idées nettement conciliaristes. Son sermon *Ambulate*, prononcé le 23 mars 1415, lors des séances conciliaires, stigmatise les excès du système hiérarchique et monarchique de l'Église et la place qui doit y être attribuée au Pape[441]. Pour Jean GERSON, non seulement le Pape, comme tout fidèle, était tenu de se soumettre aux décisions du concile mais aussi la supériorité du Pape sur le concile était une hérésie[442].

Cette conception d'hérésie de Jean GERSON, c'est-à-dire d'un Pape qui se croirait supérieur au concile, est reprise par ses contemporains. C'est ce que nous lisons dans l'interprétation faite par Pierre d'AILLY (1351-1420)

---

[437] Pour situer ce traité dans son contexte, il faut se rapporter aux analyses proposées par les chapitres I et II de la thèse de Jean LECLERCQ, *Jean Quidort et l'ecclésiologie du XIIIe siècle,* Paris, Libraire philosophique J. Vrin, 1942, p. 5- 10.

[438]Jean de Paris, *On royal and papal power*, traduction et introduction de James Allan WATT, Pontifical Institute of mediaeval studies, 1971, p. 249. Il existe une autre traduction anglaise de *Tractatus de potestate regia et papali.* Voir Jean de Paris, *On royal and papal power,* traduction et introduction par Arthur P. MONAHAN, New-York, Columbia University Presse, 1974, 193 p. Voir aussi Gian Carlo GARFAGNINI, *La Tractatus potestate et direction papale de Jean de Paris et le différend entre Boniface VIII et Philippe le Bel,* Spoleto, Centre d'études italiennes sur le haut Moyen-Âge, 1990, p. 147-180.

[439] Il s'agit ici du sermon *Apparuit gratia* prononcé à Tarascon devant le Pape Benoît XIII. Cf. Jean GERSON, *Œuvres complètes*, t. V, introduction, texte et notes par Mgr Palémon GLORIEUX, Paris, Desclée, 1963, p. 64-90.

[440] Cf. 2 Cor. 10, 8 : « [Le pouvoir] que le Seigneur nous a donné pour votre édification et non pour votre ruine,… »

[441] Cf. « *Ambulate* », dans Jean GERSON, *Œuvres complètes*, t. V, *Op. cit.*, p. 39-50.

[442]Cf. Stefan SWIEZAWSKI (éd.), *Les tribulations de l'ecclésiologie à la fin du Moyen-Âge, Op. cit.,* p. 104. Cette conception de l'hérésie que les théologiens modernes pourraient qualifier d'extensive.

sur une matière sensible au XIVe et XVe siècle, à savoir la déposition d'un Pontife romain. L'occasion de cette interprétation est la déposition de Jean XXIII, par le concile, le 29 mai 1415[443]. Dans un des passages de son *De Ecclesiae et cardinalium auctoritate*, Pierre d'AILLY écrit :

> « Il reste à voir si le Pape est soumis au jugement du concile général malgré la plénitude de son pouvoir. A cette question, je réponds brièvement d'une façon affirmative et il est soumis au concile non seulement au cas où il serait accusé du crime d'hérésie au sens propre, mais encore dans certains autres cas qui peuvent être ramenés d'une certaine manière à l'hérésie prise au sens large, comme en raison de l'obstination et de la persévérance dans le crime : cette conclusion a été employée par le concile général lors de la déposition du Pape Jean XXIII et il n'est pas permis de contredire à cette décision »[444].

Il nous semble important de noter que tous, conciliaristes et anticonciliaristes, évoquent la tradition ecclésiastique et canonique pour justifier leurs affirmations. Sur la subordination de l'autorité du Pape à celle de l'Église[445] par exemple, Pierre d'AILLY reprend, dans *son Tractatus de ecclesiae, concilii generalis, Romani pontificis et cardinalium authoritate,* un extrait de *De atone Cristiano*[446] de saint Augustin :

---

[443] Sur cette déposition, voir Gian Domenico MANSI, *Sacrorum Conciliorum nova et Amplissima collectio*, t. XXVII, col. 715-716.

[444] Pierre d'AILLY, « Tractatus de ecclesiae, concilii generalis, Romani pontificis et cardinalium authoritate, Capitulum II, Tertiæ partis », dans Joannis Gersonii, *Opera omnia,* tomus secundus, Pars prima, Antwerpiæ, Sumptibus Societatis, 1706, col. 951CD: « *Restat videre, utrum Papa subjiciatur judicio Concilii generalis, non obstante suae potestatis plenitudine. Ad quam quaestionem breviter respondeo affirmative, nec ei solum subjicitur in casu quo accusaretur de crimene haeresis proprie dictae, sed etiam in quibusdam aliis casibus, qui possunt quodam modo reduci ad haeresim, large sumptam, ut ratione obstinatiobis et incorrigibilitatis in crimen: Haec autem conclusio in condamnatione et depositione Joannis Papae XXIII praeticata est, per hoc Concilium generale, cujus determinationi contradicere non licet.*»

[445]Entendons par là la *congregatio fidelium.* Celle-ci, dispersée dans le monde ne possède que de façon potentielle le pouvoir suprême. Par le concile, la *congregatio fidelium* reçoit du Christ, de manière formelle, son autorité. Les Pères réunis au concile manifestent cette unité qu'est l'Église. C'est ce qu'on peut lire chez Jean GERSON dans son *Tractatus de potestate ecclesiastica et origine juris et legum,* dans Joannis Gersonii, *Opera omnia, op. cit.,* col. 231D: « *...Videtur quod Ecclesia, ut sparsim considerata, non habet illam potestatem, nisi in quodam materiali seu potentiali: sed congregatio sua et unitio quæ fit in Concilio generali, dat quasi formam, sicut in aliis Communiatibus exemplum dari potest. Et fundatur prædicta potesta ecclesiastica juridictionis, in unitate vel unione tali, quemadmodum notasse videtur elevatus Augustinus, quod claves Ecclesiae datae sunt unitati* » (Il semble bien que l'église, comme elle est considérée d'autre part, n'a pas ce pouvoir mais son rassemblement et l'unité qui se trouve dans le Concile général lui donnent une forme, comme on peut en trouver l'exemple dans les autres communautés. Et le pouvoir ecclésiastique fixé par la juridiction se fonde dans une telle unité ou union, comme semble l'avoir remarqué le grand Augustin, parce que les clés de l'Église ont été données pour l'unité). Traduction libre.

[446] Le *De agone christiano* est un petit traité écrit par Augustin entre 396 et 397 dans lequel il expose le dogme et les règles de conduite morale. Voir *Patrologie Latine.,* t. XL, col.290-310. Voir aussi *Corpus scriptorum ecclesiasticorum latinorum*, t. XLI, col. 134ss.

« Le pouvoir ou l'autorité de l'Église vient immédiatement du Christ, non de Pierre ; et cela note-le dans la parole du Christ, car il n'a pas dit : *Tu es Pierre et sur cette pierre tu édifieras l'Église,* mais *j'édifierai ;* il n'a pas dit non plus ton Église mais *mon Église.* Il va dans le même sens le texte suivant du *De agone Christiano* de saint Augustin, où il déclare que les clés du Royaume des Cieux ont été données à tous lorsqu'elles ont été données à Pierre et ce qui est dit à lui est dit à tous »[447].

Il se dégage de cette interprétation la distinction que nous trouvons chez presque tous les penseurs gallicans entre la charge du Pontife romain, qui est d'origine divine, et sa personne qui est humaine et faillible. Pour Pierre d'AILLY, comme pour Jean GERSON d'ailleurs, le corps étant plus que la tête seule, l'Église universelle est plus que le Pape et que le concile général, qui en est le miroir, possède la *plenitudo potestatis* autant que lui.

Il importe, après ces brèves indications historiques du régalisme et du conciliarisme desquels le gallicanisme tire très probablement ses origines, de nous résumer quant à la nature même de ce courant de pensée.

À la lecture des textes des auteurs gallicans, nous pouvons avoir l'impression d'être en face d'une doctrine qui revendique une grande autonomie des Églises, principalement de l'Église de France et qui rejette l'unité de toutes les Églises autour du Pontife romain. Le souci de maintenir l'unité de l'Église universelle est l'une des caractéristiques essentielles du gallicanisme. L'existence d'une charge qui serait au service de toutes les Églises n'est pas ici la préoccupation majeure des gallicans. C'est la signification de la notion *plenitudo potestatis* qui est en cause.

Ainsi, en théorie, les gallicans reconnaissent la plénitude de la puissance reçue par Pierre du Christ lui-même. Cette reconnaissance témoigne d'un effort pour ménager, plus que d'autres courants ne le faisaient, la tradition

---

[447]Pierre d'AILLY, « Tractatus de ecclesiae, concilii generalis, Romani pontificis et cardinalium authoritate, Capitulum IV, Tertiæ partis », dans Joannis Gersonii, *Opera omnia, op. cit.*, col. 958-959DA:« ...*Potestas seu auctoritas Ecclesiae immediate est a Christo et non a Petro et hoc nota in verbo Christi, quia non dixit, tu es Petrus et super hanc petram aedificabis Ecclesiam, sed aedificabo, nec dixit Ecclesiam tuam, sed Ecclesiam meam. Item ad hoc facit, quod Augu. ait li. de agone Christiano ea.22 (sic), ubi dicit, quod claves regni coelorum, omnibus datae sunt, cum Petro datae sunt, et quod ei dictur, ad omnes dicitur.* » Le texte de saint Augustin cité est le chap. XXX, 32 du *De agone Christiano*: « ...*Non enim sine causa inter omnes apostolos huius ecclesiae catholicae personam sustinet Petrus ; huic enim ecclesiae claves regni caelorum datae sunt, cum Petro datae sunt, et cum ei dicitur, ad omnes dicitur : amas me ?pasce oves meas.* » Voir dans *Patrologie Latine,* t. XL, col. 307-308; *Corpus scriptorum ecclesiasticorum latinorum,* t. XLI, col. 134-135. Nous pouvons légitimement nous poser la question de savoir si le texte d'Augustin a été bien interprété par les conciliaristes. Nous ne pouvons ici qu'ouvrir une piste pour la réflexion théologique et patristique. Nous renvoyons ici à la remarque faite par Georges BAVAUD dans son article : « Un thème augustinien repris par le conciliarisme », dans *REAP.,* vol. 10, n° 1(1964), p. 45-49 (lire notamment les p. 48-49). Georges BAVAUD ne croit pas que la pensée augustinienne ait été interprétée de manière authentique. Pour lui, lorsque Augustin parle du pouvoir des clés, il songe toujours au mystère du pardon des péchés et non pas, comme dans le conciliarisme, à des problèmes concernant la juridiction dans l'Église.

doctrinale et les droits du Saint-Siège.[448] D'ailleurs, dans son *De ecclesiae, concilii generalis, Romani pontificis et cardinalium authoritate*, Pierre d'AILLY dit de Pierre qu'il a été « souverain pontife avant d'être Évêque de Rome, que par la suite ses successeurs ont cumulé deux épiscopats, celui de l'Église entière et celui de Rome, que l'Église romaine est la tête de toutes les églises locales »[449]. Plus significatif encore, Jean GERSON, dans son *Tractatus de statibus ecclesiasticis*, écrit :

> « La condition papale a été instituée par le Christ surnaturellement et immédiatement, comme ayant la primauté monarchique et royale dans la hiérarchie ecclésiastique ; grâce à cette charge unique et suprême, l'Église [militante] est dite une, sous Jésus-Christ. Quiconque ose attaquer ou diminuer cette primauté, quiconque a la présomption de lui égaler une autre situation ecclésiastique, s'il le fait avec entêtement, il est hérétique, schismatique, impie et sacrilège ; il tombe dans l'hérésie condamnée tant de fois, en termes formels, depuis le début de l'Église naissante jusqu'à nos jours, par la voix des saintes écritures et des conciles généraux »[450].

Le sentiment d'opposition face au Siège apostolique qui s'est développé à partir du XIVe siècle, du côté de l'Église de France, aura un contenu précis au XVIe siècle. C'est durant ce siècle que les arguments en faveur de l'autonomie face à Rome seront organisés en doctrine[451]. Dans cette entreprise, l'influence des conciliaristes parisiens sera déterminante. La tendance favorable à une supériorité pontificale consiste à subordonner le pouvoir temporel au pouvoir spirituel et à soumettre, directement ou indirectement, les souverains au jugement de l'Église. Ce centralisme romain ne sera pas accepté en France. Dans le milieu des intellectuels gallicans français domine l'idée selon laquelle celui qui a le pouvoir suprême du temporel ne doit gouverner que le temporel. De même celui qui détient ce pouvoir au spirituel ne peut s'immiscer dans les affaires publiques.

---

[448] Cf. Victor MARTIN, *Les origines du gallicanisme*, t. II, *Op. cit.*, p. 136.

[449]Pierre d'AILLY, « Tractatus de ecclesiae, concilii generalis, Romani pontificis et cardinalium authoritate,Capitulum IV, Tertiæ partis », dans Joannis Gersonii, *Opera omnia, op. cit.*, col. 929A :« *...A tempore quo Petrus, et sui successores Summi Pontifices fuerunt, et erunt Episcopi Romani, ipsa Romana Ecclesia, fuit et erit caput omnium Ecclesiarium particularium, ac totius Universalis Ecclesiæ, hac videlicet ratione, quia ejus particularis Episcopus, est caput Universalis Ecclesiæ...* »

[450]*Tractatus de statibus ecclesiasticis,* dans Joannis Gersonii, *Opera omnia,op. cit.*, col. 529-530: « *Status Papalis institutus a Christo supernaturaliter, et immediate, tanquam Primatum habens Monarchicum, et Regalem in Ecclesiastica hierarchia, secundum quem statum unicum et supremum, Ecclesia Militans dicitur una sub Christo: quem Primatum quisquis impugnare, vel diminuere, vel alicui Ecclesiastico statui particulari cœquare præsumit, si hoc pertinaciter faciat, hæreticus est, schismaticus, impius, atque sacrilegus: cadit enim in hæresim totiens expresse damnatam a principio nascentis Ecclesiæ usque hodie, tam per institutionem Christi de principatu Petri super alios Apostolos, quam per traditionem totius Ecclesiæ in sacris Eloquiis suis, et generalibus conciliis...*»

[451] Cf. Guillaume BERNARD, *Introduction à l'histoire du droit et des institutions : V^e^ au XVIIIe siècle*, vol. I, *Op. cit.*, p. 212.

De fait, les libertés et franchises de l'Église de France, se référant à l'ancienne tradition de l'Église dans son ensemble, étaient présentées comme des franchises naturelles, à l'ancienneté notoire.

III. Le gallicanisme du XVe au XVIIIe siècle.

À la suite de ces penseurs de premier plan, c'est-à-dire de Jean QUIDORT, Jean GERSON, Pierre d'AILLY, le principe de la supériorité du concile sur le Pape sera compris différemment. Il sera soutenu par certains et nuancé par d'autres. Les théoriciens gallicans qui marqueront les deux siècles de la fixation de la doctrine gallicane sont : Pierre PITHOU (1539-1596), Jean BÈDE de la Gormandière (1563-1648)[452],Pierre DUPUY (1582-1651), Pierre de MARCA (1594-1662)[453], Guy COQUILLE (1523-1603)[454], Jacques Bénigne BOSSUET (1627-1704)[455], Claude Fleury (1640-1723)[456],

---

[452] Jean BÈDE de la Gormandière, avocat et écrivain français. Il étudie à Genève, avocat au parlement de Paris. Il est plusieurs fois député de la province d'Ile-de-France aux assemblées politiques de Loudon et de Vendôme (1596), Saumur (1597), Chatellerault (1598) et Jarheau (1608). Il est l'auteur de *De la liberté de l'Église gallicane*, Saumur, Chez Isaac Desbordes, 1646.

[453] Né en 1594 en terre calviniste de Béarn, Pierre de MARCA meurt en 1662 archevêque de Paris. D'abord magistrat et père de famille, puis entré dans les ordres et devenu, sans quitter le service du Roi, le premier prélat de l'Église gallicane. Son érudition immense lui permit d'écrire des ouvrages dont les propositions et la solidité étonnent encore nos contemporains. Parmi ces ouvrages, nous citons : *De concordia de Sacerdotii et imperii seu de libertatibus ecclesiæ Gallicanæ* (1642) Cf. François GAQUÈRE, *Pierre de Marca (1594-1662) : Sa vie, ses œuvres, son gallicanisme*, Angers, Paris, Imprimerie centrale, P. Lethielleux, 1932, p. XI-XV.

[454] Jurisconsulte, il débute comme avocat, d'abord à Paris puis à Nevers. Il devient procureur général fiscal de Nivernais en 1571. Il est l'un des grands théoriciens et de la monarchie absolue et de l'Église gallicane, comme le prouve, en 1594, la publication de son *Traité des libertés gallicanes.* Voir Guy COQUILLE, *Les œuvres de maistre Coquille : contenant plusieurs traités touchant les libertez de l'Église, l'histoire de France et le droit françois. Entre lesquels plusieurs n'ont point encore été imprimez, & les autres ont été exactement corrigez. Et dans cette nouvelle édition, revue, & corrigée, & augmentée*, Vol. I, Bordeaux, C. Labottiere, 1703. Voir aussi Nicolas WAREMBOURG, Guy *Coquille et le droit français : Le droit commun coutumier dans la doctrine juridique du XVIe siècle*, S.l., S.n., 2005, 864 p. [thèses de doctorat soutenue le 9 mai 2005 à l'Université de droit et de la santé, Lille 2]

[455] Jacques Bénigne BOSSUET, Prélat, prédicateur et écrivain français né à Dijon en 1627. Ordonné prêtre en 1652, c'est à Metz qu'il exerce son ministère jusqu'en 1659. Il est nommé Évêque de Condom en 1669. Appelé en 1681 à l'évêché de Meaux par Louis XIV, il s'implique par la suite dans le conflit qui oppose le Roi et le Pape Innocent XI sur le droit d'ingérence du Saint-Siège dans les affaires de France. Il rédige la déclaration de 1682 sur les libertés de l'Église gallicane, qui fixe les limites du pouvoir spirituel des Papes et du pouvoir temporel des Rois. Il meurt le 12 avril 1704. Parmi ses œuvres, nous citons : *Discours sur l'histoire universelle* (1681), dans *Œuvres*, textes établit et Annoté par l'Abbé VELAT et Yvonne CHAMPAILLER, Paris, Gallimard, 1961 et *Défense de la déclaration de l'Assemblée du clergé de France de 1682, touchant la puissance ecclésiastique* (Nous utilisons l'édition de Louis Cellot, 1774).

Zeger Bernard Van ESPEN (1646-1728)[457], LOUIS de Héricourt (1687-1752/1753)[458], Pierre-Toussaint DURAND de Maillane (1729-1814)[459]. Cette liste n'est établie qu'à titre indicatif. Elle ne peut être considérée comme exhaustive à tous points de vue.

Il serait inapproprié, croyons-nous, de développer ici les apports des uns et des autres à la doctrine gallicane. Nous serons sans doute obligés, dans la suite de nos analyses, de recourir à la thèse de l'un ou de l'autre. Notons pour l'instant, et nous l'avions dit précédemment, que la position commune soutenue et défendue par ces gallicans, à divers degrés, est la défense des libertés de l'Église gallicane : le Christ a donné à son Église le pouvoir spirituel. Il ne doit pas être étendu ni directement ni indirectement sur le temporel[460]. L'obéissance due au roi ne peut donc en faire l'objet[461]. Le

---

[456] Claude FLEURY, un avocat et un homme d'Église français, historien de l'Église. Après ses études, il devient avocat au parlement de Paris en 1658. Il entreprend des études de théologie et il est fait abbé de l'ordre cistercien en 1667. Précepteur des princes de Conti en 1672. En témoignage de reconnaissance, Louis XIV lui octroie le bénéfice de l'abbaye de Loc-Dieu dans le diocèse de Rodez, département de l'Aveyron en Midi-Pyrénées. Son œuvre majeure est une *histoire ecclésiastique* qui paraît en 1691. Voir *Opuscules de M. l'Abbé L'Abbé Fleury, contenant le traité du choix et de la méthode des études, l'institution au droit ecclésiastique, le mémoire sur les affaires du clergé de France, et les discours sur les libertés de l'Église gallicane, sur l'Écriture Sainte, sur la poésie des Hébreux, et sur la prédication,* t. II, Anismes, Chez Pierre Beaume, 1780

[457] Né à Louvain le 9 juillet 1646, Zeger-Bernard Van ESPEN fit ses études supérieures dans la même ville et fut ordonné prêtre en 1673 et docteur en droit civil et droit canonique en 1675. Il commença très vite à enseigner le droit canonique à l'Université de Louvain. Son attitude et ses opinions jansénistes amenèrent l'archevêque de Malines à le suspendre *a divinis*. Il le convoqua pour exiger de lui une déclaration de foi orthodoxe Sur l'ordre du pouvoir civil, l'Université de Louvain condamna Van ESPEN et, en 1728, le priva de son enseignement à l'Université. Il meurt le 2 octobre 1728. Voir Michel NUTTINCK, *La vie et l'œuvre de Zeger-Bernard Van ESPEN. Un canoniste janséniste, gallican et régalien à l'Université de Louvain (1646-1728)*, Louvain, Publication universitaire, 1969, p. 1-53. L'œuvre à laquelle nous renvoyons dans ces analyses est : Zeger-Bernard Van ESPEN, *Jus ecclesiasticum universum*, Paris, 1721(voir l'édition Ex officina Matternichiana, 1748).

[458] Louis de HÉRICOURT du Vatier, *Les loix ecclésiastiques de France dans leur ordre naturel et une analyse des livres du droit canonique conférés avec les usages de l'Église gallicane,* Paris, Pierre Gilles Le Mercier, 1756.

[459] Pierre-Toussaint DURAND de Maillane, canoniste, avocat, magistrat et homme politique français, né le 1er novembre 1729 à Saint-Rémy-de-Provence (Bouches-du-Rhône), mort le 14 août 1814 à Aix-en-Provence. Il fut successivement député d'Arles au États généraux de 1789, commissaire du Comité ecclésiastique, rapporteur et co-auteur de la constitution civile du clergé, représentant des Bouches-du-Rhône à la Convention, membre du conseil des Anciens. Parmi ses écrits, nous retenons : *Dictionnaire de droit canonique et de pratique bénéficiale*, Avignon, 1761 (Une réédition de 1770 chez Benoît Duplain à Lyon et 4 vol.), *Institutes et histoire du droit canonique,* Lyon, 1770 (10 vol.) ; *Les libertés de l'Église gallicane*, Lyon, 1771 (5 vol.)

[460] Cf. Claude FLEURY, « Discours sur les libertés gallicanes », dans *Opuscules de M. l'Abbé Fleury, contenant le traité du choix et de la méthode des études, l'institution au droit ecclésiastique, le mémoire sur les affaires du clergé de France, et les discours sur les libertés*

pouvoir des souverains ne peut être assujetti d'aucune manière, directement ou indirectement, au pouvoir de l'Église[462]. Le Pape n'est pas un monarque ayant un pouvoir spirituel et temporel[463].

Ces différentes thèses n'avaient pas seulement des visées ecclésiales mais aussi politiques. Les gallicans prônent entre autres la représentation de l'ensemble des croyants par le souverain[464], ce qui met en cause la place des autorités ecclésiastiques tant dans l'Église universelle que dans les Églises particulières. Cette situation sera favorisée par un manque de constance dans le clergé. D'ailleurs, au XVIIe siècle, le conciliarisme va se traduire en France par la volonté de certains évêques d'être autonomes vis-à-vis du pouvoir romain[465].

---

de l'Église gallicane, sur l'Écriture Sainte, sur la poésie des Hébreux, et sur la prédication, t. II, *Op. cit.*, 1780, p. 595-606.

[461] Cf. Pierre PITHOU, « Les libertés de l'Église gallicanes », dans André Marie Jean Jacques DUPIN, *Liberté de l'Église gallicane. Manuel du droit public ecclésiastique français, contenant les 83 articles des libertés, avec un commentaire ; la déclaration du clergé de 1682, sur les limites de la puissance ecclésiastique, le concordat, et sa loi organique,* Paris, Henri Plon, 1860, p. 6.

[462] Tout en soulignant l'obligation pour le Pontife romain de respecter les canons anciens de l'Église universelle et les privilèges de l'Église gallicane, Pierre de MARCA refuse d'admettre le principe de la supériorité du concile œcuménique sur le Pape. Pour lui, la liberté gallicane ne peut être justifiée par ce principe « Sans doute, dit-il, l'opinion de l'école de Paris, professée à Constance et à Bâle, affirme cette supériorité, mais nous n'accepterions pas davantage une atteinte portée à nos canons, qu'elle vînt du concile ou du Pape. Cette question ne fait rien à l'usage des Libertés de l'Église gallicane, et nous sommes toujours en droit de maintenir nos anciennes coutumes, quand même le Pape serait au-dessus du concile parce que le Pape est tenu par sa promesse d'exécuter les Canons. » Cf. Pierre de MARCA, *Dissertationum de Concordia Sacerdotii et Imperii, seu de Libertatibus Ecclesiae Gallicanae libri octo. Quibus accesserunt ejusdem auctoris Dissertationes Ecclesiasticae varii argumenti, necnon J.H. Boehmeri selectae observationes, libros de Concordia* illustrantes, *Op. cit.*, p. 17.

[463] Cf. Jean BÈDE de la Gormandière, *De la liberté de l'Église gallicane*, Saumur, Chez Isaac Desbordes, 1646, p. 80.

[464] Cf. François GAQUÈRE, *Pierre de Marca (1594-1662) : Sa vie, ses œuvres, son gallicanisme*, *Op. cit.*, p. 133-134.

[465] Notons, sans en faire un objet d'une étude systématique, qu'au XVIIIe siècle se développe dans l'empire allemand une autre force aussi importante que le gallicanisme français, *l'épiscopalisme*. En effet, ce mouvement s'appuie sur le *Concordat de la nation allemande* du XVe siècle. Comme les gallicans en France, les épiscopalistes défendaient les *libertés de la nation allemande* contre Rome, spécialement pour l'élection des Évêques par les chapitres. L'épiscopalisme était une conscience impériale de l'empire germanique. Ce mouvement est celui de l'opposition épiscopale contre les interventions romaines. Celles-ci n'étaient pas toujours justifiées par un intérêt pastoral mais aussi par des raisons financières. Les épiscopalistes cherchent à obtenir pour l'Église de l'Empire les mêmes libertés et autonomie que celles qu'assuraient le pouvoir royal en France ou en Espagne. Pour Klaus SCHATZ, l'on ne doit pas perdre de vue le rôle considérable joué à cet égard par les intérêts corporatifs de la noblesse…Dans ces chapitres cathédraux qui élisaient les Évêques, siégeaient les héritiers de la noblesse, et de leur côté les sièges épiscopaux étaient, au sein de l'Empire, des pièces politiques dans le jeu politico-ecclésiastique des grandes dynasties qui de leur côté avaient dans les chapitres des représentants qui défendaient leurs intérêts. La lutte des Évêques

Résumons-nous. Le gallicanisme français s'entend, d'une manière générale, comme toute tendance à limiter les interventions du Saint-Siège dans l'administration intérieure des Églises particulières[466]. Il suppose l'union, la collaboration du clergé et du roi pour gouverner l'Église de France en contrôlant et en refrénant l'ingérence du Saint-Siège, s'appuyant ainsi sur des droits anciennement acquis. Il se manifeste par la prétention de se rattacher à une tradition locale. Les gallicans réclament donc le maintien ou le rétablissement d'une tradition interrompue pour des raisons de circonstance. D'où les expressions, anciennes franchises, anciennes libertés, dont deux vont principalement émerger : l'indépendance du roi de France dans le domaine politique et l'obligation, pour le pape, de respecter, dans le royaume, les anciens canons conciliaires qui y furent admis. Ces libertés et franchises sont le plus souvent les privilèges ecclésiastiques, les immunités de toute nature, fiscales ou judicaires[467].

1. Manifestation de la doctrine gallicane.

La première manifestation de cette opposition et de l'affirmation des libertés gallicanes fut sans doute, au XVe siècle, avec la *Pragmatique Sanction de Bourges* (1438)[468] dans laquelle le gallicanisme trouve la légitimité de ses libertés. Elle est comme sa source officielle[469]. La *Pragmatique Sanction de Bourges* était en substance l'adoption des décrets de l'Assemblée de Bâle par l'Église de France, notamment celle qui va à

---

allemands est centrée sur le pouvoir épiscopal de dispenser du droit de l'Église universelle. Mais, concrètement, il s'agissait avant tout d'une question financière, à savoir des dispenses qui étaient données habituellement moyennant des taxes. Les Évêques allemands accordaient *via facti* la dispense pour toute une série d'empêchements prévus par le droit canonique, notamment des empêchements de mariage. Rome ne prenait son parti qu'en concédant comme un privilège ce qu'elle ne pouvait pas empêcher dans le fait. » Cf. Klaus SCHATZ, *La primauté du Pape. Son histoire des origines à nos jours. Op. cit.*, p. 204 et 205.

[466] Cf. Victor MARTIN, *Les origines du gallicanisme*, t. I, *Op. cit.*, p.29.

[467] Cf. *Idem*, p. 30-33.

[468] En 1438, Charles VII réunit dans la ville de Bourges un synode. C'est de ces délibérations que sont issues, sous forme de publication et d'approbation, des décisions de Constance et de Bâle. Elles furent publiées sous forme d'édit, le 7 juillet 1418. C'est la *Pragmatique Sanction.* Parmi les décrets de ce synode, il en est qui imposent des restrictions importantes sur le pouvoir pontifical. Il y est décrit les libertés que Charles VII (1422-1461) rend à l'Église de France. Cf. Annexe III. Nous reprenons en annexe une page de Marie-Théodore GUYOT, *La somme des conciles généraux et particuliers*, t. II, Paris, Victor Palmé, 1868, p. 262-270. La Pragmatique Sanction de Bourges fut imprimée pour la première fois en 1484. Cf. Louis-Guillaume M. De VILEVAULT et M. De BRÉQUIGNY, *Ordonnance des rois de France de la troisième race, recueillies par ordre chronologique contenant les ordonnancements depuis le commencement du règne de Charles VII, jusques & compris l'année 1447*, Vol. XIII. Paris, Imprimerie royale, 1782, p. 267.

[469] À partir de 1438, n'est plus fait recours aux conciles parisiens du temps du Grand Schisme, ni aux ordonnances de Charles VI de 1407, ni à celle de 1418. La *Pragmatique Sanction* occupe une place des plus importantes. Elle est considérée comme la charte de l'église gallicane. Cf. Victor MARTIN, *Les origines du gallicanisme*, t. II, *Op. cit.*, p. 315.

l'encontre des réserves romaines. Ce texte menaçait l'unité de l'Église. Il ne pouvait laisser indifférent le Siège de Rome. Comme par le passé, les historiens constatent que, lorsqu'une monarchie forte soutenait l'Église nationale, Rome se trouvait dans l'incapacité d'arracher les droits revendiqués. La solution préconisée était donc la concession, de façon formelle, des privilèges pontificaux par la signature des concordats. C'est donc le cas, dans une large mesure, de la nomination des évêques[470].Cette solution était trouvée pour sauvegarder l'unité de l'Église. C'est ce qui sera fait en 1516 avec la signature du concordat de Bologne lors du Ve concile de Latran entre Léon X (1513-1521) avec le Roi de France François Ier[471].

---

[470]Cf. Klaus SCHATZ, *La primauté du Pape. Son histoire des origines à nos jours, Op. cit.*, p. 200. Le premier concordat de l'histoire est le concordat de Worms en 1122. Ce concordat fut conclu entre le pape Calixte II (1119-1124) et Henri V (1111-1125), roi de Germanie (1106-1125) et empereur germanique (1111-1125). Il fut signé pour régler la querelle des investitures. Selon ce concordat, les Évêques ne doivent être nommés ni par le pape ni par l'empereur, mais doivent être élus par le clergé et le peuple. La France a connu deux concordats : celui de Bologne en 1516 et celui de 1801 (ratifié le 8 avril 1802). Le premier fut signé entre Léon X (1513-1525) et François Ier. Ce concordat règle, pour l'essentiel au profit de la monarchie, les relations de la monarchie française et de l'Église jusqu'à la révolution de 1789. Il fut aboli par l'Assemblée constituante (1789-1791), sans négociations avec le pape ni avec le clergé, en vue de la réorganisation de l'Église de France. Le Saint-Siège, ne pouvant accepter un statut imposé à l'Église par une Assemblée sans aucun mandat religieux, va condamner la Constitution civile (12 juillet 1790) de l'Assemblée constituante. Le second fut signé entre Napoléon Bonaparte, alors premier consul et le représentant du Pape Pie VII (1800-1823), afin de rétablir la paix religieuse dans le pays. Ce concordat fut remplacé par la loi de la séparation du 9 décembre 1905. Voir Jean WERCKMEISTER, *Petit dictionnaire de droit canonique*, Paris, Éd. du Cerf, 1993, p. 63-64.

[471] Ce concordat fut ratifié, du côté du Saint-Siège, par le Ve concile de Latran (1512-1517). En effet, la célébration de ce concile fut amenée par des démêlés entre Jules II (1503-1513) et Louis XII (1498-1515). Celui-ci menaçait l'indépendance des provinces de l'Italie ; celui-là voulait faire restituer au Saint-Siège ses États temporels envahis par des usurpateurs. Contrarié dans ses vues de conquêtes, le roi de France se vengea sur le Pontife. Le clergé gallican, assemblé à Tours, soutint son action. En vertu du décret de Constance, qui enjoint de célébrer tous les dix ans un concile œcuménique, et qui défère aux cardinaux, au défaut du Pape, le droit de le convoquer. Jules II, le 3 mai 1512, ouvre, à Rome, le cinquième concile général de Latran. Le but fixé est de prévenir le schisme, réformer l'Église, procurer la paix entre les princes chrétiens. Sa première intervention fut d'annuler les actes du conciliabule de Pise et de Milan. Puis deux sujets principaux occupèrent les Pères de Latran : la réforme du clergé et l'abrogation de la Pragmatique-Sanction. Celle-ci fut une des principales causes des graves démêlés survenus entre Jules II et Louis XII. Elle fut abolie par le concordat à Bologne. Léon X, successeur de Jules II et qui présida les sept dernières sessions, annule expressément la Pragmatique Sanction par sa bulle *Pastor aeternus*. Celle-ci fut lue et approuvée à la onzième session du concile. L'intention de cette bulle est clairement exprimée dans son premier article : « De l'avis et du consentement unanime de nos frères les cardinaux de la sainte Église romaine, de notre science certaine et de la plénitude de notre puissance, nous statuons, pour tous les temps à venir, que les constitutions suivantes soient, au lieu de la Pragmatique Sanction, observées dans le royaume de France ». Le concordat, dira-t-on, place dans les mains du roi la nomination, et dans celles du Pape, l'institution des grands dignitaires de l'Église de France. Cf. Marie-Théodore GUYOT, *La somme des conciles généraux et particuliers*, édition revue par le Directeur des *Analecta juris pontificii*, t. II, Paris, Victor

2. La séparation des deux pouvoirs.

La séparation des deux pouvoirs, spirituel et temporel, est l'une des thèses fondamentales du gallicanisme. Cette nette séparation est pour IMBART de la Tour le dogme majeur de la pensée gallicane[472]. Ce dogme fondamental prend corps dans la *déclaration du clergé gallican sur le pouvoir dans l'Église* (1682). Aux évêques réunis en Assemblée extraordinaire, Louis XIV demanda de rappeler, en une formule solennelle, les principes des libertés de l'Église gallicane. Jacques-Bénigne BOSSUET, alors évêque de Meaux, proposa un texte de quatre articles. Il sera soumis à l'appréciation de l'assemblée et approuvé à l'unanimité des évêques le 19 mars 1682. Ceux-ci rappellent la longue tradition d'indépendance définie à Constance (1414), à Bâle (1431) et dans la *Pragmatique Sanction de Bourges* (1438). Ils définissent l'indépendance des princes vis-à-vis de l'autorité de l'Église dans les choses temporelles. Ils limitent l'autorité du pape par celle des conciles généraux, par les lois et coutumes du roi et de l'Église gallicane. Ils établissent la faillibilité de l'opinion pontificale à moins qu'elle ait été confirmée par l'Église[473]. Les titulaires d'un grade universitaire de théologie promettent, sous serment, de respecter ces décisions érigées en loi d'État et enseignées dans toutes les écoles. Dans son premier article, le texte souligne très clairement la séparation du pouvoir temporel de la puissance ecclésiastique :

> « Que Saint Pierre et ses successeurs, vicaires de Jésus Christ, et que toute l'Église même n'ont reçu puissance de Dieu que sur les choses spirituelles et qui concernent le salut, et non point sur les choses temporelles et civiles […] Nous déclarons en conséquence que les rois et les souverains ne sont soumis à aucune puissance ecclésiastique par

---

Palmé, 1868, p. 55. Voir aussi Jules THOMAS, *Le concordat de 1516, ses origines, son histoire au XVIe siècle,* Paris, Librairie Alphonse Picard et Fils, 1910 ; Gabriel DESJARDINS, « Le concordat. Étude théologique, historique et canonique », dans *RCID.*, vol.22 (1884), p. 462-482 ; vol. 23 (1884), p. 257-270 ; vol. 24 (1885), p. 189-201 ; vol. 25 (1885), p. 3-14. Sur les différends entre le Saint-Siège et l'église gallicane ; Marguerite BOULET, « Les élections épiscopales en France au lendemain du concordat de Bologne 1516-1531 », dans *Mélanges de l'école française de Rome,* t. 57/1, 1940, p. 190-234. Sur la bulle *Pastor aeternus* et sa lecture à la XIe session du Ve concile du Latran le 19 décembre 1516, voir Charles Joseph HEFELE-LECLERCQ, *Histoire des conciles*, t. VIII, p.528ss. Sans faire une analyse jugée peu importante pour notre sujet, nous ne pouvons nous empêcher de noter que, pour Victor MARTIN, la Pragmatique Sanction n'a jamais été abrogée tout entière. Les différentes bulles qui condamnent ce texte se bornent aux articles jugés contraires à la dignité de l'Église de Rome. Cf. Victor MARTIN, *Les origines du gallicanisme*, t. II, *Op. cit.*, p. 321-323.

472 Pierre IMBART de la Tour, *Les origines de la réforme : L'Église catholique. La crise et la renaissance,* t. II, 2e éd., Paris, Éd. Hachette, 1944, p. 88-107.

473 Ce qui prouve, une fois de plus que les thèses gallicanes, du moins telles qu'elles s'expriment dans les quatre articles, n'étaient pas que des théories théologiques ; mais elles furent promulguées comme des lois d'État par le pouvoir royal ayant force obligatoire dans l'enseignement de la théologie.

l'ordre de Dieu dans les choses temporelles ; qu'ils ne peuvent être déposés directement ou indirectement par l'autorité des clefs de l'Église ; que leurs sujets ne peuvent être dispensés de la soumission ou de l'obéissance qu'ils leur doivent ou relevés du serment de fidélité, et que cette doctrine, nécessaire pour la tranquillité publique et non moins nécessaire à l'Église qu'à l'État, doit être inviolablement suivie comme conforme à la parole de Dieu, à la tradition des Pères, et aux exemples saints »[474].

Au XVIIe et XVIIIe siècles, le gallicanisme, comme d'ailleurs les autres courants de pensées qui lui sont semblables, du moins dans les principes, vont proposer de restreindre les pouvoirs du Pape. Comme l'avaient fait leurs prédécesseurs, les gallicans de cette nouvelle époque se fondent sur l'antique tradition qui établit la supériorité du concile sur le Pape et le respect des coutumes et les privilèges de l'Église gallicane[475]. Guy COQUILLE recommande d'ailleurs aux évêques de s'en remettre au concile provincial ou national et non pas au Pontife romain dans des affaires délicates[476]. Après ces indications historiques, que dire alors de la dispense canonique au regard de toutes ces thèses gallicanes décrites précédemment ?

IV. La dispense canonique dans la doctrine gallicane : nature et pratique.

Les thèses gallicanes telles que décrites plus haut auront de graves conséquences sur la pratique de la dispense dans les Églises de France, notamment dans les Églises gallicanes. En portant atteinte à la structure hiérarchique de l'Église, ces mouvements, en quête de liberté et d'autonomie, ne devaient que modifier la pratique sur la dispense canonique observée jusqu'au XIIIe siècle. De la suprématie royale sur le temporel, vint la conclusion selon laquelle le Pontife romain ne peut dispenser des

---

[474] « *Beato Petro eiusque successoribus Christi vicariis ipsique Ecclesiæ rerum spiritualium et ad aeternam salutem pertinentium, non autem civilium ac temporalium a Deo traditam potestatem, dicente Domino (...) Reges ergo et principes in temporalibus nulli ecclesiasticæ potestati Dei ordinatione subici, neque auctoritate clavium Ecclesiæ directe vel indirecte deponi, aut illorum subditos eximi a fide atque oboedientia, ac praestito fidelitatis sacramento solvi posse : eamque sententiam publicæ tranquillitatinecessariam, nec minus Ecclesiæ quam Imperio utilem, ut verbo Dei, Patrum traditioni et Sanctorum exemplis consonam, omnino retinendam.* » Voir dans Henrici DENZINGER, *Enchiridion symbolorum. Definitionum et declarationum de rebus fidei et morum,* Editio. 31, Barcinone, Friburgi, Romae, Herder, 1960, n° 1322-1325, p. 385-386.

[475] Cf. Pierre-Toussaint DURAND de Maillane, *Les libertez de l'Église gallicane, prouvées et commentées suivant l'ordre et la disposition des articles dressés par M. Pierre Dupuy,* Vol. II, Lyon, Chez Pierre Bruys et Ponthus, 1771, p. 37.

[476] Cf. Guy COQUILLE, *Œuvres de Maistre Guy Coquille : contenant plusieurs traités touchant les libertez de l'Église gallicane, l'histoire de France et le droit français,* Vol. I, Bordeaux, Chez Claude Labottiere, 1703, p.158.

coutumes et des statuts du royaume. Ces matières relèveraient, selon les auteurs gallicans, du domaine du temporel et seraient de la compétence du roi et de son parlement[477]. Rappelons d'abord le sens que les auteurs se réclamant du gallicanisme donnent à cette notion de dispense canonique. Ce qui sera noté ici, est, en réalité, commun à presque tous les gallicans.

Jacques Bénigne BOSSUET dans sa *Défense de la déclaration de 1682* décrit la dispense en ces termes :

> « La dispense n'est pas dissoudre la loi, ni la détruire entièrement, comme nos adversaires se l'imaginent, mais distribuer, régir, administrer, eu égard aux circonstances de lieux, de temps, des personnes. D'où quelquefois il faut relâcher de la rigueur du droit, voilà ce que les Grecs appellent économie, et les Latins dispense. La dispense est donc, suivant la signification de ce mot et la nature même de la chose qu'il signifie, une explication de la loi, faite dans l'esprit de la loi, par laquelle on met, dans les cas extraordinaires et de nécessité, les exceptions qu'on présume que la loi même aurait mises, si les cas avaient été prévus. »[478]

De même, Louis de Héricourt, au sujet de la dispense écrit : « [...] On peut regarder une dispense comme une interprétation des lois : car quand un Supérieur ecclésiastique accorde une dispense, il ne doit pas faire autre chose que de déclarer, en juge, que l'intention de l'Église n'est point de faire observer ses décrets à la rigueur, dans l'occasion [dans le cas] qui se présente ; parce que le tempérament dont on veut se servir est alors plus avantageux à l'Église que la rigueur du droit. C'est ce qui fait que les canonistes définissent les dispenses, un sage relâchement de la sévérité des règles ecclésiastiques. »[479]

Comme nous pouvons le constater, cette manière de comprendre la dispense canonique est la même que celles esquissées par les canonistes médiévaux comme par exemple, YVES de Chartres, GRATIEN et les Décrétistes ou les Décrétalistes. Les gallicans ne remettent en cause ni la définition de la dispense canonique, ni la pertinence de sa pratique dans l'Église catholique latine. Pour la plupart des auteurs gallicans, la dispense canonique est un adoucissement de la rigueur de la loi ou du moins une interprétation de la loi dans le but d'éviter son application trop rigoureuse,

---

477 Nous devons noter que cette conclusion ne rencontre pas toujours l'unanimité dans les théories des auteurs gallicans. Nous renvoyons ici aux analyses de Guido COOMAN et Bar WAUTERS, « Jus ecclesiasticum subversum. La condamnation du *Manum opus* de Zeger-Bernard Van ESPEN par le Saint-Office romain (1704) », dans Guido COOMAN, Maurice Van STIPHOUT et Bart WAUTERS, *Zeger-Bernard Van ESPEN at the crossroads of Canon Law, history, theology and Church-State relations,* Leuven, Paris, Steling, Va, 2003, p. 71-90.

478 Jacques Bénigne BOSSUET, *Défense de la déclaration de l'Assemblée du clergé de France de 1682, touchant la puissance ecclésiastique,* t. II, *Op. cit.,* p. 361.

479 Louis de HÉRICOURT du Vatier, *Les loix ecclésiastiques de France dans leur ordre naturel et une analyse des livres du droit canonique conférés avec les usages de l'Église gallicane, Op. cit.,* p. 114 (voir spécialement les chap. XVIII, XXII de la Ière partie).

tenant compte des circonstances de temps, de lieu et de la qualité des personnes.

Nous nous rendons bien compte que les gallicans ne remettent pas non plus en cause l'immutabilité du droit divin et du droit naturel. Par contre, ils rejettent le principe : *Papa contra Evangelium et Apostolum dispensare potest et contra ius naturale*[480]. Pierre-Toussaint DURAND de Maillane, au XVIIIe siècle, réfute de façon radicale ce principe. Pour lui : « Dieu n'a jamais permis, ni ne permettra, dit-il, que la loi divine reçoive la moindre altération dans les mains de ceux à qui il en a confié plus spécialement le sacré dépôt »[481].

1. La dispense canonique : la plénitude de la juridiction du Pontife romain et le pouvoir législatif des évêques.

Une des questions qui sera au centre de la discussion gallicane est le rapport entre la plénitude de la juridiction du Pontife romain et le pouvoir législatif des évêques. Les gallicans posent la question du fondement du pouvoir des évêques en matière de gouvernement ecclésiastique et, par conséquent, celui de dispenser de toutes les lois de l'Église.

Pour Guy COQUILLE (1523-1603) :

> « Depuis le temps que les Papes pensèrent avoir gagné, au point d'être tenus supérieurs au spirituel et au temporel, ils se sont tellement élargis à prendre puissance absolue [ils ont tellement élargi le pouvoir absolu], non sujette à aucune règle ni contrôle, même pour ne reconnaître d'être sujets aux conciles généraux [reconnaître supérieur des conciles généraux] ; ainsi ont soutenu que les conciles généraux prennent toute leur vigueur et force des Papes, et que de droit, ils peuvent dispenser contre le droit ; qu'ils ont affaibli la puissance ordinaire et le devoir des évêques et des autres supérieurs ecclésiastiques par le moyen des préventions, réservations, mandats, expectatives [...] si bien que le nerf de la discipline ecclésiastique a été débilité, voire tranché »[482].

Pour les partisans de la supériorité pontificale, le Pontife romain est le seul à jouir d'un pouvoir universel et immédiat. Les évêques sont des vicaires du Pape et tiennent de ce dernier leur pouvoir. Face à cette thèse, les gallicans en proposent une autre qui lui est contraire, à savoir que les

---

[480] *Idem*, p. 117 (Art. 42) ; Cf. Pierre PITHOU, « Les libertés de l'Église gallicane », dans André Marie Jean Jacques DUPIN, *Liberté de l'Église gallicane. Manuel du droit public ecclésiastique français, contenant les 83 articles des libertés, avec un commentaire ; la déclaration du clergé de 1682, sur les limites de la puissance ecclésiastique, le concordat, et sa loi organique, Op. cit.*, p. 45.

[481] Pierre-Toussaint DURAND de Maillane, *Les libertés de l'Église gallicane : prouvées et commentées suivant l'ordre et la disposition des articles dressés par M. Pierre Dupuy, conseiller d'État*, Vol. II, *Op. cit.*, p. 103.

[482] Voir Guy COQUILLE, *Œuvres de Maistre Guy Coquille : contenant plusieurs traités touchant les libertez de l'Église gallicane, l'histoire de France et le droit français*, Vol. I, *Op. cit.*, p. 21.

évêques jouissent d'un pouvoir *sui generis*, d'origine divine.[483] Ce pouvoir ne vient ni du pouvoir pontifical, ni d'une quelconque délégation. Les évêques l'ont reçu de Dieu pour paître leurs troupeaux, pour lier et délier. Ce pouvoir ne peut disparaître au profit du pouvoir du Pontife romain. Les évêques, en tant que successeurs des apôtres[484], ont en propre le pouvoir d'administrer les sacrements, de juger et de corriger[485].

Cette doctrine a une réelle incidence en matière de dispense canonique. La thèse gallicane se résume dans la position de Pierre-Toussaint DURAND de Maillane pour qui les évêques ont le pouvoir d'accorder les dispenses dans leurs diocèses puisqu'ils en sont des ''arbitres'' nés et des premiers juges[486].

Les arguments des gallicans sont de nature historique. Ils font très souvent, dans leurs ouvrages, appel à l'ancienne discipline ecclésiastique et à la coutume qui aurait existé dans l'Église avant le IVe siècle.[487] Le droit de l'Église en vigueur aux IIe et IIIe siècles est un *jus ecclesiasticum* à problématique essentiellement locale. Chaque Église élabore sa législation

---

[483] Cf. Claude FLEURY, « Discours sur les libertés gallicanes », dans *M. l'Abbé L'Abbé Fleury, contenant le traité du choix et de la méthode des études, l'institution au droit ecclésiastique, le mémoire sur les affaires du clergé de France, et les discours sur les libertés de l'Église gallicane, sur l'Écriture Sainte, sur la poésie des Hébreux, et sur la prédication,* t. II, *Op. cit.*, p. 607.

[484] Cf. Voir Guy COQUILLE, *Œuvres de Maistre Guy Coquille : contenant plusieurs traités touchant les libertez de l'Église gallicane, l'histoire de France et le droit français,* Vol. I, *Op. cit.*, p. 2 et 125.

[485]*Idem*, p. 4 et 140. De même, la position de Zeger-Bernard Van ESPEN, est quelque peu nuancée. Il reconnaît au Pontife romain le pouvoir de dispenser des canons en cas de nécessité ou d'utilité de l'Église. Mais cette reconnaissance ne signifie pas, pour cet auteur, que le Pape serait maître des canons. Il pense, d'ailleurs, que les autorités compétentes pour dispenser des sacrés canons sont des Évêques. Puisque ceux-ci sont les successeurs des Apôtres dans la charge pastorale, ils disposent des pouvoirs nécessaires pour dispenser de la discipline imposée par les canons chaque fois que cela est requis pour le bien du troupeau qui leur est confié Il n'y a qu'une restriction : les cas où la dispense a été réservée. Les Évêques doivent être considérés comme les dispensateurs ordinaires dans tous les cas où la réservation au Saint-Siège n'est pas manifeste. Pour Zeger-Bernard Van ESPEN, c'est la pratique la plus primitive de l'Église. Il développe ses thèses dans sa « Dissertatio canonica de dispensationibus, praesertim matrimonialibus », dans Zeger-Bernard Van ESPEN, *Opera omnia*, t. II, Louvain, 1753, p. 754-773. Sur les idées mentionnées, voir p. 756-757 ; 758-763. Voir aussi Voir Michel NUTTINCK, *La vie et l'œuvre de Zeger-Bernard Van ESPEN. Un canoniste, gallican et régalien à l'Université de Louvain, Op. cit.*, p. 86-92.

[486] Cf. Pierre-Toussaint DURAND de Maillane, *Les libertés de l'Église gallicane : prouvées et commentées suivant l'ordre et la disposition des articles dressés par M. Pierre Dupuy, conseiller d'État*, Vol. II, *Op.cit.*, p. 97.

[487] Cf. Jean-René KIEDI kionga, *Dispense en droit canonique. Pour des adoucissements d'applications de règles en catholicisme romain, Op. cit.*, p. 78-100

en fonction des besoins locaux[488]. L'évêque administre son Église en tant que symbole de l'unité doctrinale et disciplinaire[489].

2. Le pouvoir de dispenser

Le pouvoir de dispenser, dans la pratique de l'ancienne et antique tradition de l'Église, était reconnu, de manière générale, à ceux qui avaient le pouvoir exécutif, c'est-à-dire à ceux qui devaient veiller à l'application de la loi ecclésiastique. Il s'agit donc, selon les cas, des patriarches, des évêques, des synodes provinciaux. Les réserves pontificales énoncées par Grégoire VII dans ses *dictatus papæ*[490]ne relèvent pas d'une doctrine, ni d'une pratique constante dans l'Église catholique latine. Elles ne sont qu'inhérentes aux circonstances historiques de temps, de lieux, de personnes ou des matières pour lesquelles les dispenses étaient recommandées.

La référence à la pratique de l'Église primitive permet donc aux gallicans de reconstruire une ecclésiologie ou, mieux, une vision de l'Église moins dépendante du Siège de Rome.[491] Pour les gallicans, les évêques ordonnent et disposent dans leur diocèse de toutes les matières. Par conséquent, ils peuvent dispenser des canons, sauf dans les cas où l'ancienne discipline les a réservés au Saint-Siège[492]. Guy COQUILLE, en particulier, note que les évêques ont des pouvoirs étendus de dispenser des empêchements et des irrégularités dans le domaine matrimonial. Ces larges pouvoirs leur sont

---

[488] Cf. *Supra*, p. 64. Cyrille VOGEL, « Unité de l'Église et pluralité des formes historiques d'organisation ecclésiastique du IIIe au IVe siècle » in Yves CONGAR et Bernard DUPUY, *Épiscopat et l'Église universelle*, Paris, Éd. du Cerf, (Coll. *US.*, 39), 1962, p. 615-616

[489] Cela est clairement mentionné dans la recommandation d'IGNACE d'Antioche (IIe siècle) aux fidèles Smyrniotes que nous avons précédemment cités : « Que personne ne fasse en dehors de l'Évêque rien de ce qui regarde l'Église. », IGNACE d'Antioche, *Lettre aux Smyrniotes, VIII, Patrologie grecque*, t.5, col. 713-734, introduction et traduction de Pierre Thomas CAMELOT, Paris, Éd. du Cerf, (Coll. *SC.*, 10), 1969, p. 139.

[490]*Monumenta Germaiæ Historica, Epistolae selectæ*, t. II, Fasciculus I. *Gregorii VII Registrum*, éd. Erich Caspar, Berlin, Weidmannsche Buchhandlung, 1920, p. 202-208.

[491]Le résumé de cette vision ecclésiologique gallicane telle exprimée par Pierre PITHOU et par Claude FLEURY se trouve dans André Marie Jean Jacques DUPIN, *Liberté de l'Église gallicane. Manuel du droit public ecclésiastique français, contenant les 83 articles des libertés, avec un commentaire ; la déclaration du clergé de 1682, sur les limites de la puissance ecclésiastique, le concordat, et sa lois organique, Op. cit.*, p. 1-86 ; 87103.

[492] Comme nous pouvons le lire : « L'Évêque est le seul juge ordinaire et naturel de tout ce qui regarde la religion. C'est à lui à décider les questions de foi ou de morale, en interprétant l'Écriture Sainte, et rapportant fidèlement la Tradition des Pères…C'est à lui aussi à dispenser des Canons, dans les cas où les Canons même le permettent, comme pour les publications des mariages, et les interstices des ordinations, et dans tous les autres cas où l'utilité évidente de l'Église le demande, excepté ceux qu'une ancienne coutume a réservés au Saint-Siège. » Cf. Claude FLEURY, « Institutions au droit ecclésiastique », dans *Opuscules de M. l'Abbé L'Abbé Fleury, contenant le traité du choix et de la méthode des études, l'institution au droit ecclésiastique, le mémoire sur les affaires du clergé de France, et les discours sur les libertés de l'Église gallicane, sur l'Écriture Sainte, sur la poésie des Hébreux, et sur la prédication,* t. II, *Op. cit.*, p. 218-219.

aussi reconnus lorsqu'il s'agit, par exemple, de la promotion des enfants illégitimes aux Ordres sacrés et aux bénéfices qui y sont liés. Ce même principe s'applique en matière d'élection dans les juridictions épiscopales[493].

Au-delà des frontières françaises, la même tendance se fait jour. Au XVIIIe siècle, Johann Nikolaus Von Hontheim (1701-1790) élabore un système politico-ecclésiastique, le fébronianisme[494], qui se répandra par la suite dans des pays germaniques. Dans son traité *De statu Ecclesiæ et legitima potestate Romani Pontificis liber*, il développe des thèses qui sont très apparentées au gallicanisme et au jansénisme.[495] Parlant de la dispense canonique, l'auteur de ce traité recourt à l'ancienne discipline de l'Église. Pour lui, le pouvoir de dispenser les fidèles faisait partie des fonctions de gouvernement épiscopal. Ce pouvoir était reconnu tant au Pontife romain qu'aux patriarches et aux évêques, selon la prescription même du Christ[496]. C'est cette même doctrine qui sera professée au synode italien de Pistoia en 1786[497].

---

493 Voir Guy COQUILLE, *Œuvres de Maistre Guy Coquille : contenant plusieurs traités touchant les libertez de l'Église gallicane, l'histoire de France et le droit français*, Vol. I, *Op. cit.*, p. 158.

494 La Fébronianisme est un système politico-ecclésiastique initié par Johann Nikolaus von Hontheim, dit Justinus FEBRONIUS (1701-1790). Justinus Febronius fut un Évêque, un théologien et un historien du Saint-Empire (actuelle Belgique). Il a eu une très grande influence au XVIIIe siècle. Stimulé par le richerisme d'Edmond RICHER (1560-1631) et le jansénisme, apparenté en un certain sens au gallicanisme et au joséphisme, le fébronianisme se développa dans l'Église catholique des pays germaniques à la suite de la publication, en 1763, d'un traité intitulé *De statu Ecclesiæ et legitima potestate Romani Pontificis liber singularis ad reuniendos dissidentes in religione christianos compositus* (1763). L'auteur est l'Évêque coadjuteur de Trèves. Il avait suivi les cours du canoniste Zeger Bernard van ESPEN (1646-1728), qui avait été amené à se démettre de sa charge à la suite de la bulle *Unigenitus* du Pape Clément XI (1700-1721) du 8 septembre 1713 et dont l'ouvrage *Jus ecclesiasticum universum* (1700) était la référence des épiscopaliens. Ce dernier ouvrage incitait les Évêques à accroître leurs compétences dans la vie publique et ecclésiastique de leurs pays respectifs, à exiger d'être associés aux décisions pontificales et à défendre les pouvoirs du concile général. Cf. Francesco Antonio ZACCARIA, *L'anti-Febronius, ou la primauté du Pape justifiée par le raisonnement et par l'histoire*, traduit de l'italien par l'Abbé Adolphe-Charles PELTIER, t. 1, Paris, Nouvelle librairie catholique Victor Sarlit, 1859, 534 p ; Jacques KÜNTZIGER, *Febronius et le fébronianisme : étude historique sur le mouvement réformateur provoqué dans l'Église catholique au XVIIIe siècle*, Bruxelles, Académie royale des sciences, des lettres et des beaux- arts de Belgique, 1891.

495 Cf. Justinus FEBRONIUS, *De statu Ecclesiæ et legitima potestate Romani Pontificis liber singularis ad reuniendos dissidentes in religione christianos compositus*, Coloniæ et Francofurti, 1777.

496 Cf. *Idem*, c. 6.

497 Rassemblé par SCIPIONE de Ricci, Évêque de Pistoie (ville située dans la province de Pistoia en Toscane en Italie) avec l'approbation de Léopold Ier, grand Duc de Toscane et l'un des chefs du joséphisme, le synode de Pistoia se tint du 18 au 28 septembre 1786. Voir dans Gabriel DUPAC DE BELLEGARDE, *Actes et décrets du Concile diocésain de Pistoia de l'an 1786*, t. I, Paris, Chez Atton Bracali, 1789 ; Voir aussi les décrets de ce synode dans Gian Domenico MANSI, *Sacrorum Conciliorum nova et Amplissima collectio*, t. XXXVIII, col. 1016-1017.

Les conclusions de ce concile célébré en milieu italien ont-elles été influencées par le gallicanisme français ? Nous ne pouvons pas l'affirmer avec des arguments pertinents. Il faut néanmoins dire que, dans une étude sommaire mais très indicative, Paola VISMARA analyse l'apport déterminant des érudits français dans les controverses religieuses du XVIIIe siècle en Italie : jansénisme, fébronianisme d'une part, et régalisme, gallicanisme d'autre part[498].

Le jansénisme professé à Pistoia et le gallicanisme français furent condamnés par le Pape Pie VI (1775-1799), le 28 août 1794 dans sa bulle *Auctorem fidei.* Limitons-nous aux propositions qui ont trait à la dispense canonique, c'est-à-dire à la proposition 6 : « Le synode déclare « être persuadé que l'évêque a reçu de Jésus-Christ tous les pouvoirs nécessaires pour le bon gouvernement de son diocèse », comme si, pour le bon gouvernement d'un diocèse, n'étaient pas nécessaires d'autres règlements supérieurs, relatifs soit à la foi et à la morale, soit à la discipline générale, dont la source est dans les souverains pontifes et les conciles généraux pour l'Église universelle »[499].

Cette proposition est une conséquence logique de certaines croyances considérées comme hérétiques par la bulle *Auctorem fidei.* Il s'agit notamment de propositions 2 et 3 :

> « La proposition qui établit que le pouvoir a été donné par Dieu à l'Église pour qu'il soit communiqué aux pasteurs, qui sont ses ministres pour le salut des âmes, est une proposition hérétique, si on l'entend en ce sens que le pouvoir du ministère et du gouvernement ecclésiastique découle de la communauté des fidèles sur les pasteurs (Prop. 2). La proposition qui déclare que le pontife romain est le chef ministériel de l'Église est hérétique, si l'on veut dire que le pontife romain reçoit de l'Église son pouvoir de ministère et non point du Christ en la personne du bienheureux Pierre, en tant que successeur de Pierre, vrai vicaire du Christ et chef de l'Église tout entière (Prop. 3) »[500].

---

[498] Cf. Paola VISMARA, « L'influence de la France, du synode de Pistoia à *l'Auctorem fidei* », dans Frédéric MEYER, Silvain MILBACH, *Les échanges religieux entre l'Italie et la France, 1760-1850*, Éd. de l'Université de Savoie, (Coll. *SRP*., 15), 2010, p. 43-58. Voir aussi Sylvio de FRANCESCHI, « Les problématiques ecclésiologiques françaises au prisme des lectures italiennes. Gallicanisme et antiromanisme janséniste au temps de la papauté intransigeante (de la mi-XVIIIe siècle à la mi-XIXe siècle », dans Frédéric MEYER, Silvain MILBACH (éd.), *Les échanges religieux entre l'Italie et la France, 1760-1850, Op. cit.*, p. 61-80.

[499] « *Doctrina synodi, qua profitetur, 'persuasum sibi esse, episcopum accepisse a Christo omnia necessaria pro bono regimine suae diocesis' ; perinde ac si ad bonum regimen cuiusque diocesis necessariæ non sint superiores ordinationes spectantes sive ad fidem et mores sive ad generalem disciplinam, quarum ius est penes Summos Pontifices et Concilia generalia pro universa Ecclesia* », Henrici DENZINGER, *Enchiridion symbolorum. Definitionum et declarationum de rebus fidei et morum,* Editio. 31, *Op. cit.*, n° 1506, p. 417.

[500] « *Propositio, quae statuit, potestatem a Deo datam Ecclesiæ, ut communicaretur pastoribus, qui sunt eius ministri pro salute animarum ; sic intellecta, ut a communitate*

Les thèses du gallicanisme, comme celles du fébronianisme ou du jansénisme posent la question des compétences et des pouvoirs dans le gouvernement ecclésiastique. Ces courants de pensées préconisent le rétablissement du pouvoir qui, historiquement, appartenait aux évêques. Sans nier l'évidence ni même l'importance de la souveraineté universelle dans l'Église réclamée par le Siège apostolique[501], ils proposent de reconnaître comme légitime, sans aucune limite, le pouvoir des évêques en matière de dispenses canoniques.

Prétendre élargir les droits des évêques en matière de dispense, c'est en même temps redéfinir les limites du pouvoir du Pontife romain. Or, ce pouvoir implique naturellement le pouvoir de juridiction plénier et ordinaire de dispenser de toutes les lois ecclésiastiques. En limiter sa portée, c'est restreindre par le fait même le domaine de ses réserves. L'article 3 de la *Déclaration de 1682 de l'Assemblée du clergé de France*[502] impose une double restriction au pouvoir pontifical : le respect des saints canons et le respect des institutions reçues dans le royaume de France.

La première restriction concerne les anciens canons et les décrets des Pères de l'Église. Le Pontife romain ne peut dispenser de ces canons et de ces décrets que lorsqu'ils le lui permettent. Cette restriction ne se limite pas seulement aux canons et aux décrets des Pères de l'Église. Elle s'étend aussi à ceux des conciles généraux et nationaux.[503] Elle est l'une des conséquences du conciliarisme décrit précédemment et défendu par les gallicans. La question de la dispense canonique est l'occasion pour le gallicanisme de réaffirmer le principe de la supériorité du concile sur le Pape. Celle-ci implique que le concile peut soit prévoir des exceptions en faveur du Pontife romain, soit interdire simplement une dispense spécifique. Il est préconisé que le pouvoir du Pontife romain ne peut s'exercer en dehors des canons

---

fidelium in pastores derivetur ecclesiastici ministerii ac regiminis potestas (prop. 2). *Insuper, quae statuit, Romanum Pontificem esse caput ministeriale ; sic explicata, ut Romanus Pontifex non a Christo in persona beati Petri, sed ab Ecclesia potestatem ministerii accipiat, qua velut Petri successor, verus Christi vicarius ac totius Ecclesiæ caput pollet in universa Ecclesi*a (prop. 3) », Henrici DENZINGER, *Enchiridion symbolorum. Definitionum et eclarationum de rebus fidei et morum,* Editio. 31, *Op. cit.*, n° 1502 et 1503, p. 416.

[501] Cf. Pierre PITHOU, « Les libertés de l'Église gallicane », dans André Marie Jean Jacques DUPIN, *Liberté de l'Église gallicane. Manuel du droit public ecclésiastique français, contenant les 83 articles des libertés, avec un commentaire ; la déclaration du clergé de 1682, sur les limites de la puissance ecclésiastique, le concordat, et sa loi organique, Op. cit.*, p. 5.

[502] *Défense de la déclaration de l'Assemblée du clergé de France de 1682, touchant la puissance ecclésiastique* (Nous utilisons l'édition de Louis Cellot, 1774).

[503] Voir Guy COQUILLE, *Œuvres de Maistre Guy Coquille : contenant plusieurs traités touchant les libertez de l'Église gallicane, l'histoire de France et le droit français,* Vol. I, *Op. cit.*, p. 5.

reçus par toute l'Église. La dispense de ces canons anciens n'est possible que dans les cas prévus par les conciles[504].

La deuxième restriction est le respect des coutumes, des traditions et des lois de l'Église gallicane. Cette restriction a pour objectif de limiter les interventions du Pape dans l'Église de France. C'est ce qu'écrit, par exemple Jacques Bénigne BOSSUET :

> « Il faut régler l'usage de la puissance apostolique en suivant les canons faits par l'Esprit de Dieu, et consacrés par le respect général de tout le monde. Les règles, les mœurs et les constitutions reçues dans le royaume et dans l'Église gallicane, doivent avoir leur force ainsi que leur vertu, et les usages de nos pères doivent demeurer inébranlables. Il est même de la grandeur du Saint-Siège apostolique que les lois et les coutumes établies du consentement de ce Siège respectable et des Églises subsistent invariablement »[505].

De toute manière, la législation pontificale n'est reçue en France qu'avec l'accord du roi[506]. Dès lors, le Pontife romain doit se conformer aux usages reçus dans l'Église gallicane. Pour Claude FLEURY, contemporain de Jacques Bénigne BOSSUET, il est défendu au Pape de donner des dispenses contre les *louables coutumes et les statuts autorisés des Églises*[507]. Dans les cas où les dispenses peuvent être accordées aux Français, elles se feront dans les limites et dans le respect de l'intérêt public et des intérêts des personnes. Par respect de l'intérêt public, il faut entendre le respect des libertés, des articles, des usages de l'Église gallicane et des lois du royaume de France. Les dispenses accordées en dehors de ce cadre sont, pour les gallicans, illicites. Elles sont assimilées aux dispenses sans cause. Par conséquent, elles ne sont d'aucune application dans le royaume, restant sauve l'approbation

---

[504] Cf. « Analyse de l'ouvrage de André Marie Jean Jacques DUPIN intitulé traité de l'autorité ecclésiastique et de la puissance temporelle, conformément à la déclaration du clergé de France en 1682, à l'édit de Louis XIV de la même année, et à l'arrêt du conseil d'État du Roi en 1766 », dans André Marie Jean Jacques DUPIN, *Liberté de l'Église gallicane. Manuel du droit public ecclésiastique français, contenant les 83 articles des libertés, avec un commentaire ; la déclaration du clergé de 1682, sur les limites de la puissance ecclésiastique, le concordat, et sa loi organique, Op. cit.*, p. 117 (la 3e proposition de l'Assemblée du clergé).

[505]Cf. Jacques Bénigne BOSSUET, *Défense de la déclaration de l'Assemblée du clergé de France de 1682, touchant la puissance ecclésiastique*, t. II, *Op. cit.*, p. 321.

[506] Cf. Pierre PITHOU, « Les libertés de l'Église gallicane », dans André Marie Jean Jacques DUPIN, *Liberté de l'Église gallicane. Manuel du droit public ecclésiastique français, contenant les 83 articles des libertés, avec un commentaire ; la déclaration du clergé de 1682, sur les limites de la puissance ecclésiastique, le concordat, et sa loi organique, Op. cit.*, p. 12-13.

[507] Claude FLEURY, « Discours sur les libertés de l'Église gallicane », dans *Opuscules de M. l'Abbé Fleury, contenant l'histoire du droit ; le droit public de France ; le discours sur les libertés de l'Église gallicane, suivant l'édition de 1724*, t. IV, Nismes, Pierre Beaume, 1781, p. 301 : « Nous ne recevons pas non plus toutes sortes de dispenses, comme celles qui seraient contre le droit divin, contre les louables coutumes, et les statuts autorisés des Églises » (N°7 de ses libertés).

royale[508]. La même règle s'applique à l'exercice des charges des légats pontificaux auprès du royaume. Leur faculté de juger et de dispenser doit recevoir le consentement royal[509]. Dans le cas contraire, les évêques et les magistrats doivent en empêcher l'exécution. Lorsque les dispenses ont été accordées par le Saint-Siège, les évêques, par leur propre autorité, procèdent aux enquêtes nécessaires, décident par eux-mêmes de la recevabilité ou non des mesures pontificales. Ce qui permet, d'une part, de garder la communion avec Rome et d'autre part, de garantir toute autonomie à l'Église gallicane et à l'autorité du roi[510].

L'approbation du roi ne peut être interprétée ici comme une mesure destinée à invalider les dispenses légitimement accordées par le Pontife romain. Elle est à statuer sur sa possible mise en application dans le royaume. Louis de Héricourt explique la raison de cette intervention royale. En effet, pour lui, l'exercice du pouvoir pontifical ne doit pas, dans certaines circonstances, autoriser les dispenses qui ne peuvent être observées dans le royaume[511]. L'approbation royale est une garantie de sa mise en application dans le royaume.

Outre l'approbation du roi, il faut signaler l'important rôle joué par le parlement de Paris en matière de dispenses canoniques. Il suffit de consulter le journal des audiences concernant des arrêts rendus par ce parlement pour s'en rendre compte[512]. La censure parlementaire est comprise comme intermédiaire entre l'Église gallicane et le Saint-Siège. Les rescrits et les décrets pontificaux ne peuvent avoir force de lois que s'ils ont été censurés par le parlement. Les dispenses contraires aux intérêts du roi et aux libertés de l'Église gallicane, aux canons conciliaires, faisaient partie du droit public. Et comme telles, elles n'étaient donc pas recevables dans le royaume[513].

Il serait également opportun de rappeler qu'outre ces causes en apparence ecclésiastiques, le refus de reconnaître le pouvoir suprême et plénier en matière de dispenses canoniques était motivé par des raisons financières. En

---

[508] Cf. Pierre PITHOU, « Les libertés de l'Église gallicane », dans André Marie Jean Jacques DUPIN, *Liberté de l'Église gallicane. Manuel du droit public ecclésiastique français, contenant les 83 articles des libertés, avec un commentaire ; la déclaration du clergé de 1682, sur les limites de la puissance ecclésiastique, le concordat, et sa loi organique, Op. cit.*, p. 12-13.

[509] Cf. *Ibidem.* Voir aussi Pierre-Toussaint DURAND de Maillane, *Les libertés de l'Église gallicane : prouvées et commentées suivant l'ordre et la disposition des articles dressés par M. Pierre Dupuy, conseiller d'État,* Vol. II, *Op. cit.*, p. 100.

[510]*Idem,* p. 101.

[511] Cf. Louis de HÉRICOURT du Vatier, *Œuvre posthume de maître Louis de Héricourt contenant les mémoires sur des questions de droit canonique*, t. IV, Paris, Desaint et Saillant, 1759, p. 44s (3e mémoire)

[512] Voir à ce sujet, entre autre, François JAMET de la Guessière et MICHEL du Chemin, *Journal des principales audiences du parlement, avec les arrêts qui y ont été rendus et plusieurs questions et règlements,* Paris, Cie des Libraires associées, 1757 (7 vols).

[513] Cf. Jean-Baptiste DENISART, *Collection de décisions nouvelles et des notions relatives à la jurisprudence actuelle,* Vol. II, Paris, Chez la veuve Desaint, 1777, p. 110.

effet, l'octroi d'une dispense par le Saint-Siège donnait lieu, dans plusieurs cas, à une *componende*, c'est-à-dire à une contribution financière ou une taxe[514]. Ces contributions et ces taxes étaient parfois l'occasion d'accusations contre l'Église romaine et son Pontife. Ces accusations ont été portées par les protestants en Allemagne et les gallicans en France, entre les XVIe et XVIIe siècles. Selon les témoignages de certains auteurs, le *componende* serait à l'origine de plusieurs abus[515]. L'ordonnance du 18 février 1407, citée précédemment et qui sanctionna les délibérations du concile parisien de 1406, fait écho, déjà au XVe siècle, de ces abus en rapport avec la pratique fiscale du Siège de Rome pour l'octroi des grâces et des dispenses. Le roi rappelait, dans son ordonnance, les différentes transgressions du Saint-Siège jugées contraires aux dispositions des anciens conciles :

> « Suivant la doctrine apostolique, le pape tient du Christ son pouvoir en vue d'édifier l'Église, non de la détruire ; il doit pratiquer la justice et prononcer ses arrêts suivant le droit. Il ne lui appartient pas d'imposer aux églises et aux fidèles, au gré de son bon plaisir, des exactions, des réquisitions et des mesures tyranniques. Le Seigneur lui a enjoint de paître et d'enseigner son troupeau, il ne lui a pas dit d'aspirer aux gains terrestres et de se complaire dans l'avarice. Aussi bien les statuts des conciles généraux que la piété des fondateurs exigent que les revenus des églises et bénéfices de toutes sortes, même pendant leur vacance, servent à sustenter les ministres, à accroître l'éclat du culte divin, à nourrir les pauvres, à racheter les captifs, à réparer les édifices et leurs annexes, à assurer la culture et l'amélioration des terres et à faire face aux charges de tout genre incombant au bénéfice […] Or des collecteurs ou officiers des Pontifes romains écrasent, depuis quelques années, les églises et ecclésiastiques desdits royaume [France] et Dauphiné sous le poids de

---

[514] Ce mot a deux sens. Il signifie un office de cour de Rome, dépendant du dataire, où les suppliques sont renvoyées pour être taxées, avant que les bulles ne soient expédiées ; celui qui l'exerce se nomme préfet ou trésorier de *componende*. C'est le Pape Pie V (1566-1572) qui a créé cet office à titre perpétuel, mais devenu depuis amovible. La seconde signification est celle d'une taxe ou compensation qu'il faut payer, pour obtenir certaines grâces ou certains rescrits de cour de Rome. Alexandre VI (1492-1503) en serait à l'origine. Le *componende* est un usage onéreux pour les sujets des royaumes européens. Il y a eu, dans cette pratique, le *componende* pour les dispenses de mariage et les autres. Cf. « *Componende* », dans *Encyclopédie méthodique par ordre de matières ; par une société de Gens de lettres, de Savants et d'Artistes,* t. III, Paris, Chez Charles-Joseph Panckoucke ; Madrid, Jacques Thévin, 1783, p. 111.

[515] Cf. « Concilium de emendanda Ecclesia », dans Josse le Plat, *Monumenta ad historiam concilii tridentini potissimum illustranda*, t. II. *Complectens Monumenta ab Anno 1518 ad Annum 1540,* Louvain, 1782, p. 597, 601-602ss. Le *Concilium de emendanda Ecclesia* est un rapport commandé en 1536 par Paul III (1534-1549) sur les abus dans l'Église catholique. Il a été lu le 9 mars 1537. Il a porté principalement sur les abus fiscaux de la papauté. Le rapport confidentiel a été publié illégalement en 1538 et a connu une large diffusion. Le *Concilium de emendanda Ecclesia* n'a jamais été mis en vigueur, bien que la plupart des propositions aient été mises en œuvre par les réformes ultérieures.

> charges et servitudes multiples et insupportables…Ces abus s'étalent à la vue de tous, ils sont manifestes, ils vont directement contre la fin pour laquelle le pouvoir papal est établi »[516].

Dans ces exactions, les officiers des Pontifes romains sont mis en cause. Ils n'observent aucune règle, ne font preuve d'aucune miséricorde, ne tiennent compte d'aucune équité. Un prélat ne pouvait faire aucun acte d'administration avant d'avoir reçu ses bulles. Or, celles-ci n'étaient données qu'après le paiement des *annalia*[517]. Il fallait donc payer la somme fixée arbitrairement par les collecteurs. À cause de toutes ces charges, observe Victor MARTIN, beaucoup d'églises et de monastères, dans le royaume ou en Dauphiné[518], sont irrémédiablement ruinés. Charles VI interdit la pratique de *componende* dans le royaume et le Dauphiné :

> « Un arrêt de notre cour de parlement, écrit-il, a ordonné qu'ils cessassent, jusqu'à ce qu'il en soit, par ladite cour, autrement décidé […] Pour donner à cette mesure un effet perpétuel, plus large et plus plein, notre procureur royal, au concile des prélats et clergé desdits royaume et Dauphiné célèbre à Paris […] a proposé et requis que l'on ordonnât et fît de telle sorte que les exactions et oppressions dessus dites cessassent complètement et tout à fait. Sur quoi les prélats et autres ecclésiastiques, après mûres discussions plusieurs fois réitérées, ont semblablement délibéré et conclu que […] de telles oppressions et usurpations, selon Dieu et selon la conscience, ne pouvaient commodément ni ne devaient plus être tolérées. Ils nous ont donc très humblement suppliés de daigner, pour la gloire de Dieu, l'utilité publique, la conservation des libertés desdites églises du royaume et Dauphiné, y porter remède opportun, efficace et perpétuel »[519].

Il nous semble qu'à la suite de CHARLES VI, HENRI II (1547-1559), dans son différend avec le pape Jules III (1550-1555), promulgua un édit le 3 septembre 1551 par lequel il défendait à tous ses sujets d'envoyer de l'or et de l'argent à Rome pour les matières de provision des bénéfices, des dispenses, des grâces, des bulles ou pour n'importe quel autre acte de nature

---

[516] Cf. Edmond MARTÈNE et Ursul DURAND, *Thesaurus novus anecdotorum,* t. 2, Paris, 1717, col. 1545

[517] *Annalia* est le nom donné au Moyen-Âge à une taxe levée par la papauté à l'occasion d'une nouvelle collation d'un bénéfice mineur et dont le montant correspondait théoriquement aux revenus d'une année de ce bénéfice, ou annates.

[518] Le Dauphiné est une ancienne province située dans le quart Sud-est de la France actuelle. C'est fut un État, sous l'autorité des Comtes d'Albon qui prirent le titre de *Dauphins*, qui a donné au Dauphiné son nom. Cet État était une subdivision du Saint-empire romain germanique, de ses origines admises au XIe siècle jusqu'à son rattachement en 1349 au royaume de France.

[519] Edmond MARTÈNE et Ursul DURAND, *Thesaurus novus anecdotorum,* t. 2, *Op. cit.*, col. 1545.

administrative.[520] D'ailleurs, bien avant cet édit, La *Pragmatique sanction de Bourges de 1438*, luttant contre ce système fiscal, avait déjà limité le nombre de ces taxes bénéficiales.

Au jugement d'Antoine VILLIEN, ces abus ne proviennent pas du principe même de la taxe à payer pour l'obtention d'une dispense. La taxe était considérée comme une modalité pratique. Elle représentait les multiples frais de bureau, de poste, ou de chancellerie. C'est en réalité une amende infligée aux délinquants ou aux personnes qui demandaient à enfreindre la loi. Elle avait pour but, d'une part, de compenser le mal fait ou à faire à l'ordre public en soutenant et en créant de bonnes œuvres[521]. C'est ce que précisait un bref du XIXe siècle, *Vix nova*, du Pape Pie VII le 17 février 1809. Ce bref avait été adressé aux évêques et vicaires capitulaires des diocèses de France. Il résume les pouvoirs extraordinaires déjà accordés à l'épiscopat français. Il donne des concessions aux nouvelles demandes. Il établit l'impossibilité d'accorder la faculté de dispenser de l'empêchement de religion mixte[522]. Un autre texte faisait suite à ce bref, c'est celui de l'indult du 27 février 1809 du même Pontife par lequel il accordait aux évêques de France les facultés de dispenser des empêchements de mariage[523].

---

[520]L'Édit est publié par le parlement de Paris, le 3 septembre 1551. Voir dans Louis Théodore HÉRISSANT, *Avis aux princes catholiques, ou mémoires de canonistes célèbres*, 2e partie, S.l., 1768, p. 33.

[521] Cf. Antoine, « Dispense », dans *DTC.*, t. 4/2, Paris, Letouzey et Ané, 1911, Col. 1440. Voir aussi M. NOIROT, « Dispense », dans *CHAD.*, t. III, Paris, Letouzey et Ané, 1952, col. 889.

[522] Pie VII, *Bref « Vix nova»* du 17 février 1809 : « *Non negleximus ecclesiasticis viris paupertate et senio confractis ac seminariis diœcesanis subsidia quæ potuimus comparare, concedentes scilicet ut in eorum utilitatem mulctæ illæ a vobis convertantur, quæ ad resarciendum aliqua ratione vulnus quod ex dispensationum matrimonialium concessione ecclesiasticæ disciplinæ infligitur, et ad matrimonia inter personas consanguinitatis vel affinitatis vinculo invicem conjunctas rariora ac difficiliora reddenda, juste ab Ecclesia salubriterque constitutuæ sunt.* » (Nous n'avons pas omis les subsides que nous avions pu nous procurer en faveur d'hommes d'église [des ecclésiastiques] suite à la pauvreté et à la vieillesse pour avoir perdu leur patrimoine, concédant naturellement que beaucoup de ces fonds soient convertis par vous en une utilité profitable des subsides qui ont été constitués convenablement et d'une matière stable [saine] par l'église, pour compenser par quelque gestion rationnelle un dommage infligé suite à un désistement des mariages par fléchissement de la discipline ecclésiastique, et aussi pour rendre plus difficiles et plus rares les mariages entre personnes réunies alternativement par un lien d'affinité ou même de consanguinité.) Voir Jacques Paul MIGNE, (éd.), *Theologiae cursus completus*, t. XXV, Lutetiæ Parisiorum, 1840, col.707-711.

[523] Voir, pour de plus amples analyses des indults, l'article de M. J. PLANCHARD, « Étude des indults accordés aux Évêques de France pour dispenser des empêchements de mariage », dans *NRT.*, vol. 18 (1886), p. 384-391 ; M. J. PLANCHARD, *dispenses matrimoniales, règles à suivre pour les demander, les interpréter, les mettre à l'exécution*, Angoulême, Imprimerie de Roussaud, 1882, p. 43-52.

Notons, à cet effet, que la pratique qui prescrivait qu'une compensation financière soit donnée en vue d'obtenir une dispense fut réprouvée et abolie par le Can. 1056 du *CIC/1917* :

> « Sauf une modeste prestation à titre de dépenses de chancellerie dans les dispenses accordées à des gens qui peuvent payer, les Ordinaires de lieu ou leurs officiaux, toute coutume contraire étant abolie, ne peuvent, à l'occasion d'une concession de dispense, exiger aucun émolument, à moins que cette faculté ne leur ait été donnée expressément par le Saint-Siège ; s'ils exigent quelque chose, ils sont tenus à restitution ».

Concluons.

L'histoire de la longue période médiévale des relations entre l'Église catholique latine et les États est très complexe. Elle est faite des accords et des désaccords. Elle est marquée par les différends entre la papauté et la royauté, entre le pouvoir spirituel et le pouvoir temporel. Les pages précédentes font écho à l'une des questions les plus discutées. C'est celle autour de la dispense canonique. Elle sera menée, en France, par l'Église gallicane. Nous avons pris soin de faire remarquer que, dans cette querelle, la canonicité du concept de dispense n'est pas mise en cause, ni son importance dans la vie de l'Église. La question en discussion était centrée autour de sa pratique dans l'Église latine et principalement autour de ces autorités canoniques. À cause des réserves pontificales et n'ayant pas, pour certaines matières, un pouvoir ordinaire, les évêques devaient solliciter des facultés spéciales du Siège apostolique. C'est l'une des conséquences de la doctrine de la *plenitudo potestatis* et de la suprématie du Pontife romain.

Les gallicans ne rejetaient pas toute la doctrine de la plénitude du pouvoir pontifical en tant que principe de l'unité ecclésiale. Ils s'opposaient principalement à la manière dont le Pontife romain concevait l'exercice de sa juridiction universelle, tant sur le plan spirituel que sur celui temporel. Dans leurs recherches d'autonomie vis-à-vis du Saint-Siège, les gallicans s'appuyaient sur l'indépendance du pouvoir régalien qu'il fallait préserver et sur la juridiction épiscopale qu'il fallait rétablir selon l'ancienne et antique tradition de l'Église.

Avec le concours des penseurs parisiens, le gallicanisme s'était constitué en une vraie doctrine de l'Église gallicane. Malgré les nombreuses tentatives du Saint-Siège de réaffirmer sa suprématie sur l'Église universelle[524], à travers les bulles, l'organisation des conciles généraux et particuliers et aussi à travers la signature des concordats, les gallicans continueront à promouvoir la théorie de l'autonomie de leur Église vis-à-vis du Saint-Siège. Dans ces

---

524 Le couronnement de cette œuvre trouve son expression dans la constitution *Pastor Æternus* proclamée solennellement par le Pape Pie IX le juillet 1870 sur l'infaillibilité du Pape.

contextes historiques des controverses, la pratique de la dispense canonique subira les influences doctrinales des uns et des autres. Ces influences contribueront, dans un sens comme dans un autre, à revisiter l'institution canonique de dispense telle a été présentée dans le *Codex Iuris Canonici* de 1917 et dans le *Codex Iuris Canonici* de 1983, la loi canonique en vigueur au XXIe siècle.

Titre VII.

La sociologie juridique au service du droit canonique.

Ces analyses ont pour objet de proposer à la réflexion une voie de recherche dont l'exploration demeure encore hésitante en droit canonique. C'est une construction de recherche pour répondre à la question de justifications théoriques de prise en compte de la sociologie du juridique dans le domaine du droit canonique, ici latin. Porteur d'un impact réel dans la science juridique *civile*, la sociologie juridique peut-elle avoir une utilité pratique dans le domaine du droit canonique ?

Il faut bien l'admettre, le choix d'un tel sujet peut sembler a priori peu propice à une réflexion en rapport avec le droit canonique, un droit confessionnel, un droit d'une *communauté sui generis*. En effet, depuis la promulgation des *Codes* du XXe siècle, celui de 1917 et celui de 1983 pour l'Église catholique latine[525], le droit canonique fait partie intégrante de la vie ecclésiale catholique latine et du paysage des sciences du droit en général.

Depuis ces *Codex* précités, le droit canonique de l'Église catholique latine est calqué sur le modèle du droit positif, un droit dogmatique, à l'image de celui dont se dotent les États. Dès les premières heures de ces élaborations savantes, les canonistes de toute tendance ont cherché à créer un cadre épistémologique qui réponde aux exigences de ce droit dogmatique.[526]

---

525 Et même bien avant, avec le *Corpus Iuris Canonici*, c'est-à-dire le *Decretum Concordia discordantium canonum* oule *Décret de Gratien* composé vers le milieu du XIIe siècle et le *Liber Extra* ou les Décrétales de Grégoire IX promulguées par la Bulle *Rex pacificus* du 5 septembre 1234.

526Antonio Maria ROUCO-VARELA, « Le statut ontologique et épistémologique du droit canonique: notes pour une théologie du droit canonique », dans *RSPhTh.*, vol. 57, n° 2 (Avril 1973), p. 203-227*;* Jean PASSICOS, « Approches pour une épistémologie et pour une herméneutique du droit canonique », dans *APD, n°* 38 (1993), p. 65-72 ; Edoardo DIENI, « De l'épistémologie à l'ontologie du droit canonique », dans *RDC.,* vol. 61, n°

Le droit canonique se soumet donc aux critères de la *juridicité* de toute science se réclamant du domaine juridique, ce qui favorise toute réflexion ou toute analyse sur les évolutions des institutions canoniques et sur la pertinence de telle ou telle de ses lois.

Il faut le souligner, de nos jours, le lien entre le droit canonique et la théologie paraît évident. Encore faudra-t-il définir la nature de ce lien, tout en gardant à l'esprit que, comme toute science juridique, le droit canonique doit obéir aux normes de la juridicité du domaine auquel il est attaché. Ce lien avec la théologie a fait dire à certains que le droit canonique est une codification des données théologiques.[527] Ce qui, ici encore, nous semble être une évidence si l'on considère que le Second Concile du Vatican a fourni la matière à la révision du *Codex* de 1917 et donc, à la codification de la législation en vigueur dans l'Église latine, depuis 1983.[528] Cette affirmation est une déduction qui découle de la finalité globale de l'Église et de ses institutions. Or, le droit canonique et la théologie de l'Église, ici catholique latine, sont parmi des sciences considérées comme fondamentales, qui structurent ou mieux formalisent l'ensemble des institutions de cette dernière. En ce sens, la théologie et le droit canonique apportent leur concours à la structuration de l'action pastorale de l'Église catholique latine. L'action pastorale, étant ici, l'ensemble de l'agir de l'Église en vue d'atteindre sa finalité à savoir, le *salut des âmes.*

Le lien entre la réglementation *canonique* et la théologie dans l'Église est un héritage des communautés primitives naissantes au temps apostolique. Compte tenu de cette corrélation entre la théologie et le droit canonique, de légitimes questions peuvent se poser : le droit canonique, celui du XXIe siècle, peut-il se soumettre aux enjeux des études des sciences juridiques modernes ? Et, dans le cadre de ces réflexions, la sociologie juridique doit-elle tenir compte de la spécificité du droit canonique, droit d'un genre particulier, avec son héritage théologique ? La sociologie juridique peut-elle être conçue comme une science *auxiliaire* du droit canonique ? Si, nous le dirons plus en détail dans nos analyses, la sociologie juridique se donne à l'étude des *phénomènes juridiques* dans le domaine du droit en général, ne peut-elle pas aussi étudier les *phénomènes* relevant du droit canonique, comme corps de lois d'une société, aussi particulière soit-elle ? Ne peut-elle pas étudier les modes de production des normes canoniques, son *corpus* juridique en lui-même, et ses pratiques dans la communauté, la *société* pour laquelle elle a été promulguée ?

1(2012), p. 157-169 ; Philippe GREINER, « Quelques repères pour une épistémologie du droit canonique », dans *Transversalités*, vol. 1, n° 144 (2018), p. 129- 141.

[527] Pierre-Yves CONDÉ, « La fragilité du droit. ''Déthéologisation'' et ''théologisation'' du droit canonique après Vatican II », dans *Droit et Société,* n° 63-64, 2-3 (2006), p. 527-551.

[528] L'année de la promulgation du Code de droit canonique en vigueur dans l'Église latine.

Dans l'hypothèse où les réponses à ces questions seraient affirmatives, on devrait s'accorder, sur le fait, qu'aucune science n'est autonome, aucune discipline n'est l'apanage de seuls professionnels en la matière. De fait, la sociologie juridique peut être une critique, non seulement de la société capable de recevoir les lois et de les observer, mais aussi et surtout de l'utilité ou de l'inutilité de la loi, de son observance ou non et de ses effets sur les sujets des lois.

Trois axes structurent ces réflexions. Le premier est centré sur ce qu'il convient d'appeler les *présupposés nécessaires*. Le deuxième est celui qui établit le rapport entre la sociologie juridique, le droit et la loi. Le troisième est l'axe qui définit la sociologie juridique au service du droit canonique ou, du moins, une voie de recherche de ce dernier.

I. Présupposés nécessaires.

Les présupposés nécessaires sont une exigence de ces analyses. L'objet formel de nos réflexions nous y oblige. Penser la sociologie juridique dans sa corrélation avec le droit canonique exige que soit clarifiée la nature sociétale de l'Église. La sociologie juridique qui est une des branches de la sociologie générale se base sur des méthodes d'observation de la société. L'Église est-elle une société ? Si oui, peut-elle se soumettre aux exigences de la sociologie et de la sociologie juridique ? D'autre part, sachant qu'il y a une dépendance réciproque entre la société et le droit, le droit canonique peut-il être l'objet d'étude de la sociologie juridique ?

1. La nature "sociétale de l'Église".

Quelle est la nature sociétale de l'Église, aussi bien dans son ancrage local que dans sa prétention universaliste ? Évoquer le caractère sociétal de l'Église, c'est faire mention, *mutatis mutandis*, de sa dimension sociale. Au Moyen-Âge, la terminologie utilisée, celle de la « *Societas perfecta* » fut dans un contexte de polémiques entre la papauté et la royauté.[529] Au XIIIe siècle, Thomas d'Aquin, dans sa *Summa*, mentionne l'État *civitas* en tant que *Communitas perfecta*. L'application de cette expression à l'Église n'était pas évidente. Plus tard, dans ce contexte de controverses, l'Église, face à l'État se présente, elle aussi, comme un groupe autosuffisant et indépendant et qui dispose de toutes les ressources nécessaires et de toutes les conditions possibles pour atteindre son but, le salut universel de l'humanité.[530] Ainsi, au

---

[529] Voir Gilbert DAGRON, « Orient-Occident : césaropapisme et théorie des deux pouvoirs face à la modernité », dans *L'Épreuve. RETM., « Supplément »*, n°227 (décembre 2003), p. 143-157. On peut, sur ce point, lire les différentes décrétales du Pape Innocent II.

[530] Sur l'expression *société parfaite*, voir les analyses de Roland MINNERAH, *L'Église, société parfaite : histoire d'une doctrine concordataire de 1862 à 1962*, 1980, 788 p ; Roland

XVIIIe siècle (le siècle des Lumières), la notion de la *société parfaite* sera évoquée par l'Église pour se protéger contre les interventions séculières. Elle sera fortement affirmée, au XIXe siècle par le Pape Léon XIII dans son encyclique *Immortale Dei*. Bref, bien que le terme *societas perfecta* soit un emprunt de la philosophie grecque, il fut très justement appliqué à l'Église médiévale.

Dans son ouvrage sur *Le droit de l'Église à la liberté : du syllabus à Vatican II*[531], Roland MINNERAH, présente une belle synthèse de la notion *Église : société parfaite*. Nous pouvons constater à travers ses recherches que la thèse de *societas perfecta* a été la première réponse élaborée par les ecclésiologues et les canonistes catholiques pour contrecarrer les menaces que faisaient peser sur la liberté de l'Église les prétentions de l'État moderne.

De nos jours, dans un climat d'apaisement, l'expression *société parfaite* tend à disparaître dans les analyses et réflexions, tant des théologiens que des canonistes. Elle demeure, néanmoins, un souvenir d'une époque mouvementée de la lutte de positionnement de l'Église face à l'État et vice-versa. L'abandon de cette notion de la philosophie ecclésiastique médiévale peut sembler curieux dans la mesure où, il est du devoir de l'Église de continuer à s'affirmer comme disposant des moyens de sa mission et de sa présence dans le monde.

Avec l'avènement du second Concile du Vatican, la notion de *societas perfecta* ne définit plus, ou presque plus, la nature de l'Église en tant que telle. Elle est par contre présente dans le domaine de la *libertas religiosa*. En ce sens, l'Église se positionne comme une *societas juridice perfecta*[532] pour la promotion de la liberté religieuse.

Pour définir la nature de l'Église catholique, l'ecclésiologie du second concile du Vatican, renvoie aux notions telles que *communion des fidèles, sacrement du salut, famille de Dieu*. Mais la plupart de ces images, celles tirées du Nouveau-Testament ou celles récemment découvertes, évoquent l'idée de *corps*. Ce terme apparaît d'ailleurs dans certains qualificatifs utilisés par les théologiens à la suite de saint Paul (1 Cor. 12, 12-20) : *Corps du Christ, Corps mystique du Christ, peuple de Dieu.*[533] L'Église est un

---

MINNERAH, « Face à l'État, réémergence de l'Église ''société parfaite'' », dans *Société, droit et religion*, n°6, 1 (2016), pages 9 - 19.

[531] Roland MINNERAH, *Le droit de l'Église à la liberté. Du syllabus à Vatican II*, Paris, Ed. Beauchesne, (Coll. *PT.*, 39), 1982, 207 p. Voir le Chapitre I, p. 19-79 (pour plus d'arguments).

[532] Voir l'intervention de Joël-Benoît d'ONORIO, « Le Concile Vatican II et le droit », Actes du colloque organisé par l'École française de Rome en collaboration avec l'Université de Lille III, *l'Istituto per le scienze religiose de Bologne et le Dipartimento di studi storici del Medioevo e dell'età contemporanea de l'Università di Roma-La Sap*ienza (Rome 28-30 mai 1986), Publications de l'École Française de Rome, 1989, 113, p. 651-688

[533] Yves CONGAR, *Le Concile de Vatican II. Son Église peuple de Dieu et Corps du Christ*, Paris, Beauchesne, 1984, 9ss

corps dans lequel, pour son édification, chaque membre a un rôle spécifique à jouer. Le terme *corps* renvoie à un certain ordonnancement, une certaine organisation et, dans une faible mesure, à une certaine discipline.[534] D'un point de vue juridique, l'image du *corps* renvoie à l'idée de la société et, par conséquent, à celle du droit (ordonnancement). La société est donc un corps[535] organisé, structuré et ordonné selon une réglementation précise. L'Église est un corps, une société structurée avec une normative lui permettant d'atteindre ses objectifs.

Mais, revenons à ce qui a été dit plus haut. La notion de *societas perfecta*, abstraction faite à son émergence polémique, conflictuelle et controversée, est celle qui rend plus visible, le caractère sociétal du *Corps-Église*. Cette notion a, théoriquement, l'avantage de faire paraître la double dimension importante dans la compréhension de l'Église, celle d'une société visible et celle de son caractère spirituel. Nous pourrons donc dire que, matériellement, l'Église est une société comme toutes les autres sociétés, entendons par là un regroupement d'individus ou de personnes ayant des règles communes, des structures de gouvernance identifiables, des coutumes fixant les mœurs, socle d'adhésion communautaire et culturelle. Elle est, formellement spirituelle, fondée sur des conseils évangéliques justifiés sur les enseignements de son fondateur (Jésus-Christ). En ce sens, elle est un regroupement où chaque membre est un *alter christus*. D'où le caractère *sui generis*.[536] L'Église est donc une société au sens du droit commun. Elle est aussi une société (communauté) *sui generis*, avec une organisation propre et des normes spécifiques qui permettent d'atteindre ses objectifs. Elle est, en conclusion, une *societas perfecta*.

Au *Congrès international de droit canonique* du 19 janvier 1970, le Pape Paul VI insiste sur le caractère sociétal de l'Église :

> « Vous avez reconnu que l'Église, fondée par le Christ, est une société visible. L'idée que l'Église puisse être invisible, affirmée par certains et par des courants donnant du christianisme d'un autre temps une interprétation purement spiritualiste et libérale, s'avère utopique, pour ne pas dire carrément contradictoire dans les termes. De même la tendance, existant aujourd'hui çà et là chez les personnes et dans les milieux chrétiens, à invoquer une compétence ou une liberté charismatique pour affranchir sa propre conscience et celles des autres, du pouvoir normatif

---

534 Alain NISUS, *L'Église comme communion et comme institution. Une lecture de l'ecclésiologie du cardinal CONGAR à partir de la tradition des Églises de professant*, Paris, Cerf, (Coll. *Cogitation Fidei*, 282), 2012, 508 p.

535 Voir Mathieu SAINT-JEAN, « La représentation contemporaine du corps comme allégorie de la société », dans *Lien social et politique*, n°59 (printemps 2008), p. 139-147.

536 D'ailleurs, le *Larousse* définit l'expression *sui generis* comme un terme latin de droit, signifiant *de son propre genre* et qualifiant une situation juridique dont la singularité empêche tout classement dans une catégorie déjà répertoriée et nécessité de créer des textes spécifiques

de l'Église, s'avère étrangère à l'authentique conception communautaire et hiérarchique de l'Église. »[537]

Si l'Église demeure une société, c'est-à-dire un regroupement d'hommes et de femmes poursuivant les mêmes objectifs sanctionnés par un agir commun et ayant la même finalité, c'est ouvrir en même temps les voies à toutes les disciplines qui s'intéressent à l'homme et à son besoin fondamental de se regrouper en communauté. C'est ouvrir les voies aux sciences qui seraient *auxiliaires* aux sciences de l'Église, comme par exemple la sociologie, l'anthropologie, la psychologie, … L'approche interdisciplinaire en droit est une nécessité urgente. Le droit canonique ne peut s'isoler et se renfermer sur lui-même, d'autant plus que ses énoncés découlent, pour la plupart, des situations concrètes des individus ou groupes d'individus situés dans un temps et dans un espace définis. Ces différentes sciences peuvent esquisser de nouvelles perspectives dans la compréhension de la société *Église*. C'est en ce sens que le droit peut être vu comme l'interprétation officielle de la réalité.

2. La nature du Droit canonique.

Ubi societas, ibi ius est un adage du droit romain qui exprime le rapport entre le droit et la société ou, mieux encore, l'importance du droit dans la société. *Là où il y a une société, il y a du droit.* Cette maxime romaine n'est pas vide de sens. Il y a du droit sitôt que les hommes vivent ensemble. Et, de même, les hommes ne peuvent pas vivre ensemble sans se reconnaître mutuellement comme des êtres capables de comprendre ces règles. Il n'y a donc pas de société sans droit, il n'y a pas non plus de droit sans sujets de droit.[538] Le droit est un impératif nécessaire dans la réglementation de la vie sociale. Les hommes ne sauraient vivre ensemble sans établir un minimum de règles organisant leurs relations. Ces règles établissent donc un *modus vivendi* (un mode de vivre ensemble précisant les droits privés et les droits publics) et un *modus operandi* (un mode de fonctionnement déterminant la place et le rôle de chaque individu dans la société).

Le droit est indispensable à la vie du corps social. Lorsque les humains se réunissent pour poursuivre un même but, ils se fixent quelques règles utiles. Quand le but est défini, les moyens de l'atteindre peuvent être précisés, les gouvernants différenciés des gouvernés, leur mode de désignation fixé, les compétences et les procédures de gouvernement, les droits et les obligations des gouvernés fixés, des sanctions déterminées, c'est la naissance du régime

---

[537] Paul VI, *Allocution du au Congrès international de droit canonique*, 19 janvier 1970, *DC.*, t. 67, n° 1557 (15 février 1970), p.156.

[538] Voir Philippe DESCAMPS, « *Ubi natura ibi jus* », dans *Le sacre de l'espère humaine*, 2009, p.1 et suivant

du droit. Le corps social est alors juridiquement structuré.[539] Louis ASSIER-ANDRIEU, dans son ouvrage, *Le droit dans la société humaine*, écrit : « Rien de ce qui est humain n'est a priori étranger au droit. Il n'est point d'activité sociale qui ne ressortisse plus ou moins directement d'un cadre juridique »[540]. Mais, précisons ici, sans aucun juridisme que le droit n'est que l'humble serviteur de l'institution qu'il structure, la société. Mais en occupant modestement cette place, son rôle est irremplaçable.[541] Le droit dote le corps social des structures qui lui sont nécessaires et définit les compétences des divers organes sociaux. En principe, il garantit et protège les droits subjectifs des membres, face aux gouvernants et face au service public.[542] En ce sens, le droit, écrit Henri WAGNON, « est une conscience pour l'autorité et une sauvegarde pour l'inférieur [...] Le droit remplit assez souvent le rôle d'un garde-fou : il prévient nombre de difficultés et d'abus ; il est pour les faibles un stimulant souvent nécessaire »[543]

Ubi societas, ibi ius ; Ubi communitas, ibi ius. Ce deuxième préalable de notre analyse s'applique aussi au droit canonique. Nous ne le dirons jamais assez, celui-ci, étant du domaine juridique, il n'échappe pas aux exigences auxquelles sont soumises toutes sciences juridiques. Pour le canoniste qui se réclame aussi de la qualité de juriste, la dimension sociétale est l'une des caractéristiques importantes de son droit. Ce qui ne peut être compris autrement car, la science juridique demeure, dans son essence, une science de l'homme, une science sociétale, car toute norme canonique réglemente le bon-vivre, le bon-faire et le bien-être de l'homme vivant en communauté ecclésiale. La dimension sociétale est inséparable de toute démarche épistémologique, juridique et canonique. Le droit canonique, dans sa compréhension comme science humaine, ne peut renoncer à cette dimension sociétale au risque de perdre toute utilité et toute valeur scientifique et juridique.

Ainsi, dans son *allocution au tribunal de la Rote romaine* du 28 janvier 1972, le Pape Paul VI réaffirme en des termes clairs cette corrélation entre l'Église, société et le droit canonique :

> « On a tant discuté la question de l'existence d'un droit canonique, c'est-à-dire d'un système législatif dans l'Église, que, sur un ton quelque peu réprobateur et ironique, on est venu à qualifier de juridisme toute préoccupation normative de sa part, disqualifiant par là cet aspect de la vie de l'Église, comme si les façons défectueuses dont se manifeste

---

[539] Cf. Louis De NAUROIS, « Le juridisme et le droit », *NRT.*, vol. 90, n°10 (1968), p. 1064-1082 (voir p. 1078-1079).

[540] Louis ASSIER-ANDRIEU, *Le droit dans la société humaine,* Paris, Nathan, (Coll. *Essais et recherches*), 1996, p. 29.

[541] Voir Jean-René KIEDI Kionga, *la dispense en droit canonique. Pour des adoucissements d'applications de règles en catholicisme romain*, Paris, Cerf, 2020, p. 446.

[542] *Idem*, p. 446.

[543] Henri WAGNON, « Le droit canonique dans l'Église d'aujourd'hui », dans *RTL.*, t. 1 (1970), p. 134-135.

l'activité législative dans l'Église justifiaient la réprobation et l'abolition de cette activité, en invoquant des interprétations inexactes de certains passages de l'Écriture. On oublie qu'une communauté sans loi, loin d'être, ou de pouvoir jamais être, en ce monde, la communauté de charité, n'y a jamais été et n'y sera jamais rien d'autre que la communauté de l'arbitraire »[544].

Cette position est d'ailleurs celle qu'il avait soutenue, quelques années auparavant, en 1965, devant les membres et consulteurs de la Commission pour la révision du Code de droit canon. En effet, pour le Pape Paul VI, la structure extérieure de l'Église, comme société, exige le droit, comme son principe directeur et unificateur. Nécessairement visible, l'Église doit par là même être régie par des lois. Cette volonté de Dieu, loin de s'opposer au droit naturel, en vertu duquel l'homme est un être social, inséré dans une famille et un État, est parfaitement le fondement du droit.[545]

De même, dans ces nombreuses interventions et sous différentes formes, le Pape Paul VI soulignait fortement le caractère à la fois *spirituel et juridique du droit de l'Église*. C'est le cas par exemple dans l'Allocution précitée, celle du 20 novembre 1965 : « de même que l'âme ne peut pas être séparée du corps sans entraîner la mort, de même ce qu'ils appellent l'Église "de la charité" ne peut exister sans l'Église "juridique". »[546] Une dizaine d'années plus tard, lors de son Allocution du 19 février 1977, ce caractère *spirituel et juridique* du droit de l'Église se trouve renforcé : « Il ne peut pas y avoir de vie ecclésiale sans ordre juridique puisque, comme vous le savez bien, l'Église-société instituée par le Christ, spirituelle mais visible, qui se construit par la Parole et les sacrements, et se propose de porter le salut aux hommes a besoin de ce droit sacré. »[547]

---

[544] Paul VI, « Allocution du 28 janvier 1972 au tribunal de la Rote romaine », *Documentation Catholique*, t. LXIX/1603, 20 février 1972, p. 159. Voir aussi Paul VI, *Allocution au Congrès international des canonistes*, du 25 mai 1968, *DC.*, t. 65, n° 1519 (23 juin 1968), col. 1063.

[545] Paul VI, *Allocution aux membres et consulteurs de la Commission pour la révision du Code de droit canon*, du 20 novembre 1965, *DC.*, t. 67, n° 1461 (19 décembre 1965), col. 2139. La même idée se retrouve chez Jean-Paul II qui, après Paul VI, promulgue le *Codex* de 1983 : le droit canonique a une place importante dans l'Église. Le droit canonique est connaturel à la vie de l'Église. Il est né avec l'Église elle-même. Il est congénital à l'Église. Cf. Jean-Paul II, *Discours à la présentation solennelle du Code de droit canonique*, du 3 février 1983, *DC.*, t. 80, n°1847, 6 mars 1983, p.249. Le droit canonique est lié à l'essence de l'Église et fait corps avec elle pour un exercice correct de la charge pastorale dans sa triple acception : enseignement, sanctification, gouvernement Cf. Jean-Paul II, *Allocution au Symposium international de droit canonique*, du 19 au 24 avril 1993, *DC*, t. 90, n° 2074 (20 juin 1993), p. 554. Pour le rapport du droit canonique avec la pastorale, voir *Monitor Ecclesiasticus : Commentarium de re canonica et pastorali post Vaticanus II*, Roma, Editio Pontificio, IV, 1969, p. 553-662.

[546] Paul VI, *Allocution aux membres et consulteurs de la Commission pour la révision du Code de droit canon*, du 20 novembre 1965, *DC.*, t. 67, n° 1461 (19 décembre 1965), col. 2140-2141.

[547] Paul VI, *Allocution au Congrès international de droit canonique*, du 19 février 1977, *DC.*, t. 74, n° 1716 (20 mars 1977), p. 252.

Mais quelle est la valeur de la science canonique au regard des autres sciences juridiques ? Il n'est pas aisé, dans le cadre de ces analyses, de traiter un tel sujet. Il nécessite une étude spécifique en raison de l'importance de la matière. Il nous faut néanmoins constater que, malgré l'évidence de son omniprésence dans la vie sociale, la question de sa légitimité scientifique est encore l'objet de discussions.[548] La juridicité du droit canonique intéresse les scientifiques de tous bords. Sur ce, affirmons avec Jean-Pierre SCHOUPPE :

> « Si le droit canonique est bien, à proprement parler, une *science juridique avec une méthode juridique,* son statut épistémologique gagnerait toutefois en visibilité à comporter une référence explicite au mystère de l'Église. De nature juridique, la science canonique porte sur les relations de justice *ecclésiales* et situe, dès lors, nécessairement le canoniste dans une sphère *théologique au sens large.* C'est précisément cette dimension théologique de la science canonique qui permet au juriste de connaître les exigences de justice *ecclésiale,* à partir des données de la Révélation interprétées par le magistère et reçues à la lumière de la foi, et de veiller à leur respect, pour le plus grand bien de l'Église et de ses fidèles [...] Le droit canonique apparaît, en dernière analyse, comme *une science juridique au sein des disciplines sacrées ou théologiques.* »[549]

Il fait donc partie des sciences juridiques dont la destinée est de réguler les actes et les actions des membres d'une communauté qui est à la fois visible et spirituelle.

Les analyses de ce premier point sont celles de deux présupposés connus des canonistes, la notion de la société (de la communauté des hommes) et l'importance du droit dans la société. Ce sont des bases nécessaires qui permettent de créer un lien entre deux domaines scientifiques, le droit canonique et la sociologie juridique. Mais, comment penser, du moins théoriquement, un tel lien ? Quel apport de la sociologie juridique dans sa relation avec le droit canonique ? Il nous semble qu'il faut, avant toute chose, définir le rapport entre la sociologie juridique et le droit.

II. La sociologie juridique dans son rapport avec le droit et la loi.

Sociologie, sociologie juridique, phénomène juridique, ces termes doivent être explicités, même succinctement, avant d'aborder la question de leur apport dans le domaine du droit et du droit canonique. La méfiance peut

---

548 Elsa FOREY, « Le droit canonique : une discipline juridique ? », dans *RDC.*, vol. 61, n° 1 (2011), p. 43-56.

549 Voir Jean-Pierre SCHOUPPE, « Le statut épistémologique du droit canonique », dans *Escritos en honor de Javier HERVADA,* vol. Spécial de *Ius Canonicum*, Pamplona, 1999, p. 81-96 (ici p. 96). On peut lire avec intérêt Antonio María ROUCO-VARELA, « Les statut ontologique et épistémologique du droit canonique. Notes pour une théologie du droit canonique », dans *RSPhTh.*, vol. 57, n° 2 (Avril 1973), pp. 203-227.

être grande surtout quand ils s'appliquent à ce dernier. On le sait, la sociologie juridique, dérivant de la sociologie en générale, serait une science dite *profane*, au regard du droit canonique, un droit spirituel.

1. Approches conceptuelles : Sociologie, sociologie juridique, phénomène juridique.

La sociologie est une discipline des sciences humaines et sociales. Elle étudie des relations, des actions et des représentations sociales dans le but de comprendre le fonctionnement et les différentes transformations de la société. Elle est essentiellement une science de l'observation des faits sociaux ou *phénomènes sociaux* dans la perspective de dégager les rapports qui régissent les individus, les groupes et les liens propres à un groupe donné. Science de l'observation, la sociologie étudie les phénomènes et les comportements sociaux ainsi que l'évolution des sociétés. La sociologie a donné lieu à plusieurs autres disciplines (sous-disciplines) telles que la sociologie religieuse, la sociologie économique, la sociologie de la connaissance, la sociologie de l'éducation, la sociologie juridique ou la sociologie du droit, ... Toutes ces sous-disciplines sont des branches de la sociologie générale. Les différences entre elles se remarquent dans la nature des phénomènes à observer. Notre intérêt ici se porte sur la sociologie juridique ou la sociologie du droit.

Dans le cadre de ces analyses, nous utiliserons les deux concepts, l'un ou l'autre, indifféremment : sociologie juridique et sociologie du droit. Les deux concepts nous semblent complémentaires même si celui de *sociologie juridique* nous paraît avoir une signification plus large que le concept de *sociologie du droit*. La sociologie du droit se limiterait à ce qui constitue le droit lui-même, les règles et les institutions, tandis que la sociologie juridique engloberait tous les phénomènes plus ou moins teintés de droit, tous les phénomènes dont le droit peut être cause, effet ou occasion.[550] Les deux ont un point commun. Ils s'intéressent aux phénomènes juridiques.

Qu'entend-on alors par phénomène juridique ou phénomène du droit ? Le mot phénomène est capital. Il semble indiquer qu'il est davantage question d'un arrêt, d'une attention aux apparences, mais sans atteindre l'essence, lorsqu'une phénoménologie nie l'essence. Un phénomène juridique relève de l'observable, soit en se situant dans le palpable, son contexte, ses cultures, sa géographie, son histoire dont ses conflits, soit en s'astreignant à une ascèse de plus pur de l'observable, ici formel de juridicités, d'institutionnalités. A l'échelon le plus élémentaire de l'observation cognitive, le phénomène juridique est un phénomène social qui, dans sa nature, peut intéresser le droit. Ce dernier n'existant que par la vie en société, avons-nous souligné plus haut. On peut donc admettre que tous les

[550] La précision est de Jean CARBONNIER, *Sociologie juridique*, Thémis-PUF, 1978.

phénomènes juridiques sont, dans une certaine mesure, des phénomènes sociaux. Mais tous les phénomènes sociaux ne sont pas des phénomènes juridiques. Il existe d'éphémères socialités non juridiques, si empiriques qu'elles naissent et meurent sans édicter, ni respecter de règles ; elles peuvent surgir et pulluler en très grand nombre, mais ces phénomènes de mœurs sans règles restent assez inévitablement précaires et nécessairement arbitraires et périlleuses ; il faudrait discuter des aspirations et théories prônant l'anarchie. Alors que les socialités humaines plus ou moins riches de juridicités, connaissent des institutions et organisations, depuis les plus embryonnaires ou sommaires jusqu'aux plus sophistiquées où peuvent être observés des clans ou familles ethniques, de fragiles individualités, des institutions en formes de sociétés, de collèges, d'associations, avec différents trocs, contrats, alliances, apports, investissements, avec des hégémonies, des ruptures et des soumissions, selon d'innombrables conflits et avec de rares et fragiles libertés .

Parmi les phénomènes juridiques, il y a ceux qui créent du droit ou qui s'identifient au droit. Ils sont de l'ordre des sources du droit. Il y en a d'autres, qualifiés de phénomènes sociaux, dans lesquels un élément de droit est compris. Ces phénomènes sociaux sont des *phénomènes juridiques* du fait que les juristes s'y intéressent.

La sociologie juridique ou du droit ne s'arrête pas à l'analyse formelle des phénomènes sociaux qui, comme noté précédemment, est l'objet de la sociologie en général. Elle se place sur l'orbite des sciences sociales dont le droit fait partie et s'intéresse aux *phénomènes juridiques* dans leur rapport avec le fonctionnement de la société. Ainsi, reconnaissons avec le professeur québécois Guy ROCHER que :

> « La sociologie du droit intéresse et le juriste et le sociologue. D'autres aussi sans doute, mais ceux-là en premier. C'est eux qu'elle réunit, sur un terrain qui peut leur être commun. Mais chacun y arrive à partir d'horizons différents. L'un y vient par l'étude et la pratique du droit, l'autre par celles de la sociologie. Chacun y arrive aussi avec ses intérêts professionnels particuliers. Si la sociologie du droit est leur lieu de rencontre, elle peut donc aussi être celui de leur confrontation. Selon qu'on est plutôt juriste ou plutôt sociologue, la sociologie du droit peut ne pas signifier la même chose, les attentes de l'un seront différentes de celles de l'autre. »[551]

Tout compte fait, immergé dans la société, le droit, dans sa compréhension et dans son explication, ne peut faire l'économie des logiques sociales, historiques, culturelles, politiques et économiques dont il est le produit et le reflet, en même temps que l'une des composantes. En d'autres termes, éminemment social, le droit dans la compréhension de la société, du pouvoir et des institutions politiques, de leurs transformations ne

[551]Guy ROCHER, *Études de sociologie du droit et de l'éthique*, Les Éditions Thémis, 1996, p.12.

peut faire l'impasse sur la manière dont il est modelé. En ce sens, par rapport au droit, la sociologie du droit peut être définie comme une démarche de connaissances visant à clarifier les rapports réciproques entre le droit et la société. Elle empêche le droit d'être un système clos, autoréférentiel et parfaitement autonome à l'égard de la société. Elle met donc au cœur de ses préoccupations les interactions entre les règles de droit et les pratiques sociales. Elle voit dans le droit une des clefs d'intelligibilité du social. Elle se place entre la sociologie et le droit.

D'autre part, le droit, de quelque nature que ce soit, a en son sein des structures que l'on pourrait qualifier comme relevant d'abord de la coutume et ayant exigées de la part des sociétés une observance fondée sur l'*ancestralité*[552]. Ce sont des coutumes centenaires ou immémoriales. Leur observance n'était fondée que sur des exigences morales. Disons-le en des termes peu heureux : ''Telle pratique est ancienne et doit être respectée, purement et simplement''. La coutume est, pour ainsi dire, le premier phénomène social et juridique. La plupart des normes juridiques ont les coutumes comme leurs référentiels essentiels. La juridicisation ou la judiciarisation est, dans beaucoup de cas, un mécanisme postérieur aux *coutumes*. Il faut le dire car la juridicisation, celle qui ne se fonde que sur un certain formalisme et qui relève d'un modernisme à outrance de la société peuvent nous faire oublier cette caractéristique importante du droit, à savoir les *racines sociales de toute norme juridique*. Celles-ci expliquent, entre autres, l'état de la société, les natures des relations interpersonnelles, les organisations sociales, les différentes luttes sociales. Ces coutumes ont été génératrices des lois qui constituent peut-être, encore de nos jours, des droits en vigueur. Ce référentiel *social,* qui se fonde sur la coutume, n'est pas seulement l'apanage des historiens du droit. Ceux-ci, contribuant d'une manière générale à faire éclore une *épistémologie du droit*, ne doivent pas ignorer la sociologie juridique. Histoire et sociologie juridique ouvrent les perspectives d'une double critique constructive, c'est-à-dire une critique sur le droit et une critique du droit.

De fait, lorsqu'un juriste se pose la question de la naissance d'une norme juridique ou mieux du pourquoi de tel ou tel droit ; du pourquoi de telle ou de telle règle juridique, il peut faire appel, non seulement à l'historicité de ces institutions ou de ces lois, mais aussi à sa dimension sociologique, sa signification sociale[553]et sociétale[554]. Cette démarche est essentiellement

---

[552] Ces termes sont empruntés de l'Article de Marie-Lorraine PRADELLES-MONOD, « Sous la filiation : l'ancestralisation », dans *CM.*, t.1, n° 63 (2001), p. 31. Sans entrer dans le détail de cet article d'un autre domaine de recherche, nous ne retenons que les significations terminologiques que nous donne l'auteur. L'Ancestralité est un lien avec des ancêtres. L'ancestralisation est un processus, c'est-à-dire un mouvement, qui constitue les ancêtres, créant une ancestralité.

[553] Relatif aux rapports entre un individu et les autres membres de la collectivité.

synchronique et diachronique. De même, cette double approche scientifique, synchronique et diachronique, permet de comprendre que la réalité sociologique ne se laisse pas enfermer dans les textes de droit savant ou du droit dogmatique. Génératrice du droit dogmatique, le *phénomène juridique* qui se laisse observer à travers le *phénomène social* est réaliste, dynamique, et plus vivant que la norme figée dans un texte.

Plus concrètement, la sociologie juridique nous permet de nous poser les questions ci-après : comment telle ou telle autre coutume, devenue une loi du droit dogmatique, est-elle apparue dans la société ? Comment tel mécanisme formalisé par le droit est-il né dans la société ? Partant des hypothèses des sociologues, des ethnologues, des historiens et même des géographes, la sociologie juridique élargit son observation sur le passé, sur le présent et sur l'avenir. Mais quel est l'apport de la sociologie juridique dans la pratique législative et judiciaire ?

2. L'apport de la sociologie juridique.

L'apport de la sociologie juridique dans son rapport avec le droit peut être multiple. Il peut être en lien avec le droit lui-même ou avec des situations génératrices du droit. Nous en retiendrons trois. D'abord, elle participe, en amont, selon des méthodes proprement sociologiques, à observer les tendances des *phénomènes juridiques*, c'est-à-dire des *phénomènes sociaux* susceptibles de générer les lois et donc le droit. Ensuite, selon ce qui a été observé, elle contribue à la conception de la loi ou d'un ensemble de lois. Et enfin, elle apporte sa contribution dans l'appréciation quant à l'observance de la loi ou de l'ensemble de lois promulguées. La sociologie juridique se met donc au service du législateur pour l'aider et le conseiller, non seulement dans l'élaboration des lois nouvelles mais aussi, une fois élaborées, pour les faire accueillir par la population.[555]L'on pourra envisager la collaboration de la sociologie juridique dans chacun des trois moments cités.

- De l'élaboration à l'entrée en vigueur de la loi : une loi est conçue pour servir un certain idéal qui, lui-même, participe à la finalité fixée par le législateur et par la société. C'est la rencontre de la loi avec la société. C'est une démarche très subtile, un phénomène à la fois psychologique et sociologique.

Une loi provient, de manière générale, d'une situation sociale constatée qui paraît être anormale pour l'évolution de la société et que le législateur

---

[554] Relatif aux différents aspects de la vie sociale des individus, en ce qu'ils constituent une société (Voir Larousse)

[555]Jean CARBONNIER, « La sociologie juridique et son emploi en législation », Communication de jean CARBONNIER à l'académie des sciences morales et politiques *communications* du 23 octobre 1967, Paris, académie des sciences morales et politiques, 1968, 91-98 et dans *AS.*, t. 57, n° 2, (2007), p. 393 à 401.

voudrait normaliser. Cela se vérifie même pour les lois qui préviennent des situations à venir. L'observation sociologique est un point de départ nécessaire dans cette démarche de la conception de la loi. Cette observation peut permettre de constater un vide juridique dans une situation où une loi serait nécessaire. Des enquêtes, selon des méthodes sociologiques, peuvent être menées pour constater cette nécessité. Celle-ci étant l'une des caractéristiques de la loi. La sociologie, en donnant le miroir de la société, elle décèle les points d'ombres que des lois viendraient éclairer, des vides que des lois viendraient combler. Il y a des situations où les interdictions ne suffisent pas et qui ne peuvent se régler que par des lois.

- L'application de la loi : la finalité d'une loi ne peut être atteinte que par son observance. Toute loi, même simplement prescriptive, a une dimension ''coercitive''. Les lois établissent des règles de conduite effectives.

Dans le domaine d'application de la loi, la notion de l'*effectivité* est importante.[556] Elle est le caractère d'une règle de droit qui produit l'effet voulu, qui est appliquée réellement.[557] C'est la capacité d'une loi à être respectée. C'est le degré de réalisation, dans la pratique sociale, des règles énoncées par le droit. Et, selon Yann LAROY, dans la notion d'effectivité, l'approche n'est pas seulement quantitative mais aussi qualitative. Il s'agit moins de mesurer le taux d'effectivité, du respect de la règle, que de faire apparaître la richesse et la diversité des effets, juridique ou non, qu'elle engendre.[558] Et c'est là où la sociologie juridique joue un rôle déterminant.

En effet, certains prétendent qu'une loi qui n'est pas effective n'est pas véritablement une loi. Pour notre part, nous pensons qu'une telle affirmation devrait être nuancée. L'inefficacité de la loi peut aussi être un *phénomène juridique* d'observation intéressante après que la loi ait été promulguée. Car, l'effectivité se situant dans une approche normale quant à l'application de la loi, l'ineffectivité est, pour ainsi dire, une anormalité dans le processus de la mise en place d'une loi. Mais, par des méthodes propres à la sociologie juridique, nous pouvons observer divers aspects de l'ineffectivité. Elle peut être totale, statistique ou partielle, individuelle et négative. Elle est *totale* quand elle se manifeste sous la forme *d'impuissance de la loi*. C'est la

---

[556] Voir par exemple les articles : Jean CARBONNIER, « Effectivité et ineffectivité de la règle de droit », dans *AS.*, vol. 57 (1957-1958) repris dans *Flexible droit,* LGDJ3^{e} éd; 1976, p. 99-111 ; Pierre LASCOUMES et Evelyne SERVERIN, « Théories et pratique de l'effectivité du droit », dans *Droit et société,* vol. 2 (1986), p. 101-124 ; François RANGEON, « Réflexion sur l'effectivité du droit », dans CURAPP, *les usages sociaux du droit,* Paris, PUF, 1989 ; Pierre LASCOUMES, « Effectivité », in André-Jean ARNAUD, (dir.), *Dictionnaire encyclopédique de théorie et de sociologie du droit,* Paris, LGDJ, 1993, p. 217; Yann LAROY, « La notion d'effectivité du droit », dans *Droit et société*, vol. 3, n°79 (2011), p. 715-732.

[557] Cf. Gérard CORNU (dir.), *Vocabulaire juridique,* Paris, PUF, (13e éd. mise à jour par Marie CORNU), 2020. Voir aussi Hubert REID, *Dictionnaire de droit québécois et canadien,* Montréal : Wilson et Lafleur, 2e éd., 1996, p. 209.

[558] Yann LAROY, « La notion d'effectivité du droit », *Art. cit.,* p. 38

manifestation, *ab initio*, que la loi est inapplicable. Elle est *statistique* ou *partielle* lorsqu'elle affecte une partie de la population. L'*ineffectivité individuelle* est une inefficacité au niveau de l'individu et non pas par rapport à l'ensemble de la population. C'est celle qui s'observe en droit pénal, par exemple, où l'application du droit est faite en tenant compte des circonstances atténuantes. Une culpabilité avec circonstances atténuantes dénote un phénomène d'ineffectivité partielle de la loi pénale au niveau de l'individu. Enfin, *l'ineffectivité négative* est l'inefficacité d'une loi abrogée. Nous sommes ici en présence d'une survie sociologique de la loi en l'absence de survie juridique. Une loi juridiquement abrogée peut survivre plus ou moins longtemps dans les faits. Sociologiquement, elle conserve pour ainsi dire l'attachement et l'obéissance d'une partie au moins de ses sujets. [559]

La survie sociologique de la loi n'est pas à confondre avec le phénomène des lois imaginaires, ou avec l'ignorance pure et simple. Nous le préciserons plus loin. Ce phénomène est bien connu chez les professionnels du droit dogmatique. Ce cas survient lorsqu'on est en présence d'une *loi ancienne mal abrogée*. N'est-ce pas à la sociologie juridique de déterminer ce qui peut paraître comme une confusion dans la psychologie collective ou individuelle ? Ici, nous nous garderons d'être dans le domaine de la psychologie juridique mais dans celui de la sociologie juridique bien que la première puisse aussi être d'une grande utilité.

Comme nous pouvons le constater, l'application de la loi, dans certains cas, pose la problématique de l'inadéquation entre la règle édictée et la pratique quotidienne du sujet de la loi. C'est là où le recours à la sociologie peut être utile tant pour le législateur que pour les praticiens du droit. Ici, le regard de la sociologie du droit peut être double, sur le texte des lois et sur la société pour laquelle ce texte a été promulgué. Ainsi, une enquête sociologique peut mesurer l'impact de l'application ou non de la loi dans la société, soit dans son ensemble, soit partiellement. C'est l'enquête sur les phénomènes juridiques qui révèle que la loi bénéficie d'un accueil total, qu'elle est en partie efficace ou inefficace pour l'ensemble de la communauté.

- L'observance de la loi découlerait du principe selon lequel « *nemo censetur ignorare lege* » (nul n'est censé ignorer la loi). C'est cette hypothèse qui pourrait rendre une enquête de la sociologie juridique possible.

La loi, après sa promulgation, selon le mode déterminé par le législateur et après l'écoulement du temps de sa vacance (*vacatio legis*)[560], est présumée être connue par ceux pour qui elle a été portée. Cette présomption a une

[559] Jean CARBONNIER, « Effectivité et ineffectivité de la règle de droit », dans *AS.*, LVII, 1957-1958, p. 6

[560] Ce terme désigne la période entre l'annonce d'une législation et son entrée en vigueur.

portée générale. Elle n'est pas écrite expressément dans le corps des lois. Elle semble n'admettre aucune exception, aucun privilège. Cependant, cette présomption à portée absolue et générale peut souffrir d'exceptions quand il est question de construire la notion *de bonne foi* qui, on le sait, est une traduction technique de la notion d'ignorance. Il est admis que l'ignorance du droit et de sa loi peut jouer un rôle au même titre que l'ignorance du fait. La *bonne foi* présume que la loi n'est pas connue de tous.

Ne faudra-t-il pas, théoriquement, admettre que l'ignorance de la loi est largement répandue, contrairement à ce qu'affirme la maxime "nul n'est censé ignorer la loi" ? Nous ne pouvons donc pas affirmer que la connaissance de la loi est une connaissance qui fait partie de la conscience individuelle. Le plus souvent, on cherche à s'y instruire lors des événements qui en demandent l'application. La loi est alors connue grâce à un hasard des événements et au fur et à mesure des besoins. Il y a toujours une distance entre la présomption de connaissance et la connaissance réelle de la loi. Cet aspect intéresse la sociologie juridique. Celle-ci peut mesurer, par une méthode qui lui est propre, la distance entre la présomption de la connaissance et la connaissance réelle de la loi promulguée. Il ne s'agit pas ici de déterminer la capacité mentale de l'individu qui serait sujet de la loi. Par une méthode d'enquêtes basée sur la *recherche statique*, c'est-à-dire sur le degré de connaissance de la loi dans tel ou tel groupe ou sur la *recherche dynamique*, c'est-à-dire le repérage de la vitesse de propagation d'une loi nouvelle, on peut arriver à déterminer la connaissance ou non d'une loi promulguée. Les deux méthodes peuvent aider à préciser le degré de la loi et de son application. Cette démarche ne concerne nullement celle qui consiste à spécifier que le sujet de la loi, sous certaines conditions, est autorisé à démontrer que, par exception, il ne l'a pas connue. Ici nous sommes dans l'ordre de la démonstration alors que pour la sociologie juridique, il est question de l'ordre du constat formel.

Très modestement, nous avons montré non seulement l'importance de la sociologie juridique mais aussi son apport dans le domaine du droit. Elle peut agir autant sur la loi que sur une situation qu'on pourrait qualifier de génératrice de loi. Nous sommes ici dans le domaine dit *profane* au regard des sciences religieuses. D'où la question : le droit canonique peut-il se soumettre aux exigences de la sociologie du droit, alors que la société ou la communauté à laquelle s'applique ses normes se veut être spirituelle, conduite selon un mode de gouvernance fondé sur la loi suprême de l'amour ? Cette question, loin d'être celle d'autres époques de l'histoire de l'Église, les juristes confessionnels ne peuvent en faire l'économie.

III. La sociologie juridique et droit canonique : perspectives des recherches.

De nos analyses précédentes, le droit canonique est décrit comme un droit de l'Église catholique, ici latine. Cette Église, au-delà de son caractère sociétal, a un caractère spirituel.[561] Elle est une société de genre particulier, une communauté *sui generis*. Eu égard à la vocation de la sociologie juridique, nous serions tentés de penser que toute étude sur l'Église et son droit ne serait que du domaine de la sociologie des religions dont les fondements sont des *faits religieux*. Or, si confessionnel soit-il, le droit canonique revendique la *juridicité* reconnue à toute science juridique.

Dans le domaine du droit canonique, la sociologie juridique se donne aussi pour tâche d'observer les *phénomènes juridiques* à caractère confessionnel. Ces derniers ne sont pas seulement les lois, les coutumes, les institutions canoniques, mais aussi les comportements des communautés ecclésiales. Il nous faut avouer que la distinction de ces phénomènes avec ceux d'ordre religieux est mince.

Définir l'axe d'approche à partir duquel la sociologie juridique serait une voie possible de la recherche en droit canonique, c'est délimiter en même temps le champ d'une réflexion pluridimensionnelle quant à son objet formel. Comme nous pouvons bien l'imaginer, il est difficile, dans le cadre restreint d'un article, de construire une recherche autour d'un *phénomène juridique* en droit canonique. Nous ne pouvons que présenter un cadre assez général ou mieux des perspectives d'une telle recherche. Ici, nous répondons à la préoccupation : comment, en droit canonique, construire un projet d'une vraie recherche qui tient compte des méthodes d'une sociologie qui se veut juridique. Cette approche sera double, celle en rapport avec le droit canonique universel et celle en rapport avec le droit canonique particulier.

1. Droit canonique universel.

L'Église a un droit canonique universel. Cet universalisme n'est pas un universalisme formel. Il est bien réel. Il est corrélatif à l'universalité de la

---

[561] Dès son origine, la communauté chrétienne est loin d'être un groupe informe. Elle ne résulte pas d'un commun accord de ses membres : c'est la communauté du Seigneur qu'il a rachetée au prix de son sang. Ses chefs, ce sont les apôtres ; ils ont reçu du Christ le pouvoir de lier et de délier, d'admettre ou d'exclure de la communauté, de régler le culte et les divers aspects de la vie communautaire. Ils transmettent les *mandata Domini*, contrôlent les charismes, décident des conditions à mettre à l'admission des Gentils, complètent les structures par la création de nouveaux ministères. C'est au sein de cette communauté organisée, que les fidèles doivent nourrir et développer leur vie chrétienne sous la conduite de ceux qui en ont reçu mission du Christ ». Henri WAGNON, « Le droit canonique dans l'Église d'aujourd'hui », dans *RTL.*, t. 1 (1970), p. 133. Aussi Johannes NEUMANN, « Le dynamisme social de l'Église en tant que communauté », dans *Concilium*, n°48 (1969), p. 15-26

communauté pour laquelle il a été promulgué, l'Église *catholique*, ici latine. L'universalité, de l'Église et de son droit, se matérialise dans la diversité des peuples de toutes cultures à travers tous les continents. Ce qui ajoute une difficulté supplémentaire lorsque le droit canonique côtoie les sphères des autres sciences humaines, notamment celles de la sociologie juridique.[562]

D'autre part, le droit canonique plonge ses racines dans des traditions et des pratiques millénaires[563]. Celles-ci ont été, dans leurs genèses, des coutumes des communautés que les historiens, les anthropologues et les géographes peuvent identifier et situer dans le temps et dans l'espace. Elles étaient vécues comme des habitudes solidement établies dans ces communautés. Sans avoir été fixées et formalisées dans un *Codex morales*, ces coutumes étaient vécues selon un *communi consensu* transmis de génération en génération ou sous une forme de règles, non juridiques bien sûr, mais caractérisées par un moralisme contraignant qui pousse à une stricte observance.

Mais, contrairement à ce que l'on pourrait penser, le droit canonique, dans sa forme actuelle, n'est pas figé pour l'éternité, hostile à toute évolution. Il se construit continuellement, il évolue, il s'adapte, il se réforme, en fonction des problèmes rencontrés et des difficultés auxquelles il a été soumis.[564] Il redéfinit ses concepts tenant compte des nouvelles pratiques,

---

[562] Le droit canonique prévoit des normes pour une *société universelle*. C'est d'ailleurs l'une des virulentes critiques des partisans de l'anti-juridique lors de la révisons du *Codex iuris Canonici* de 1917. Ainsi, était-il proposé l'élaboration des ordonnancements selon les territoires ecclésiastiques avec des promulgations de Codes de droit canonique régionaux par les Conférences épiscopales. Voir sur cette question Ladislas ÖRSY, « Vie de l'Église et renouveau de droit canon », dans *NRT.*, vol. 85, n° 9 (novembre 1963), p. 961.Aussi, Jean PASSICOS, « Quel droit pour quelle Église ? Quelques questions fondamentales pour un nouveau temps de réformes », dans *AC.*, t. 21 (1977), p. 27.

[563] Ces coutumes centenaires ou immémoriales connues lors de l'élaboration du Code de droit canonique de 1983, pour la plupart, ont été d'ailleurs codifiées, c'est-à-dire, intégrées comme normes dans le droit en vigueur. Nous trouvons, dans ce domaine une série de canons qui régulent les coutumes non connues ou postérieures (Can. 23-28). C'est dire que certaines lois du Code de droit canonique ont été, à l'origine, des coutumes.

[564]La nouvelle version du Livre VI du Code de droit Canonique sur les sanctions pénales dans l'Église promulguée par le Pape François dans la Constitution *Pascite Gregem Dei* et entrée en vigueur le 8 décembre 2021 et les autres modifications des canons de ce même Code sont des exemples de cette évolution de la législation de l'Église. Nous notons aussi toutes les autres modifications apportées au Code de droit canonique latin : Motu proprio *Ad Tuendam Fidem* de 1998 : canon 750 et 1371 ; par ce Motu proprio, est notamment ajouté un § 2 au canon 750 ; Motu proprio *Omnium in mentem* du 26 octobre 2009 : ces changements-ci concernent d'une part la définition des diacres (canons 1008, 1009) ; et d'autre part le statut d'une personne qui aurait renoncé à la foi, par rapport au mariage (c.1086, 1117, 1124), dans le sens d'un retour à la situation d'avant 1983 ; Motu proprio *Mitis Iudex Dominus Iesus* du 15 aout 2015 : ces changements visent à faciliter la procédure canonique pour la déclaration en nullité des mariages religieux, dans *AAS.*, vol. 107, n°9 (2015), 958-970 ; *DC.*, t. 113 (2016), 9-17 (On retiendra aussi François, Lettre apostolique en forme de motu proprio *Mitis et Misericors Iesus*, sur la réforme du procès canonique pour les causes de déclaration de nullité du mariage dans le Code des Canons des Églises orientales, du 15 août 2015, dans

des nouvelles interprétations de ses lois et de sa jurisprudence. Bref, pour éviter son inadaptation ou même sa caducité au regard de la société pour laquelle il a été conçu, le droit canonique suit, comme toute science humaine, les évolutions de la société en général. Ces évolutions qui imposent des mutations sociales ne peuvent que rarement lui éviter des modifications générées par la pratique judiciaire, référence faite ici aux tribunaux ecclésiastiques, par exemple. Cette adaptation ou réadaptation peut être lente, comme le pensent certains, mais elle est bien réelle. Vu sous cet angle, il y a toujours, pensons-nous, de la place pour un légitime questionnement sur la nature d'un droit qui se veut à la fois universel et communautariste. La tâche de la recherche dans ce domaine serait de mettre en évidence ces difficultés afin de contribuer, modestement, peut-être, mais de manière certaine, à son amélioration et donc à son ajustement ou réajustement aux pratiques socio-pastorales en perpétuelle mutation.

Les coutumes et les traditions communautaires sont les premiers phénomènes juridiques d'observation sociologique. Ces coutumes et traditions ont été documentées par les historiens du droit canonique.[565] La sociologie juridique ne s'attarde pas seulement à établir l'authenticité de ces phénomènes juridiques ou à rétablir les textes dans leur pureté originelle. Il est d'ailleurs connu, et des historiens du droit, et des canonistes, que les textes anciens, même sous forme de manuscrit, nous renseignant sur les institutions de nos droits modernes, ont subi plusieurs remaniements au fil du temps. Faisant appel aux méthodes de la sociologie juridique, un

---

AAS., vol. 107 (2015), 946-957, *DC.*, t. 113 (2016), 18) ; Motu proprio *De concordia inter codices* du 21 mai 2016 voulant dépasser les différences entre le code de droit canonique (latin - 1983) et le code des canons des églises orientales : sont modifiés les canons 111, 112, 535, 868, 1108, 1109, 1111, 1112, 1116 et 1127 ; Rescrit de 2016 du cardinal Pietro PAROLIN au nom du Pape François portant sur l'interprétation du canon 579, le rescrit précise que la non consultation préalable du Siège apostolique pour l'érection d'un nouvel institut de vie consacrée rend nul le décret de création ; voir Lettre apostolique sous forme de “Motu Proprio” *Authenticum Charismatis*, Pape François 1er novembre 2020 ; Motu proprio *Magnum Principium* du 3 septembre 2017 : modification des alinéas 2 et 3 du canon 838, ou la traduction vernaculaire des textes liturgiques réalisée par les conférences épiscopales n'est plus soumise à une reconnaissance du Siège apostolique mais uniquement d'une confirmation ; *Motu proprio Communis vita* du 19 mars 2019 : remplace entièrement les canons 694 et 729 et institue de manière *ipso facto* le renvoi de religieux qui sont absents de manière illégitime pendant une année complète de leur maison religieuse (Christopher Wells, « *Pope Francis: New rules for religious life* », *Vatican News*, 26 mars 2019 ; *Vos Estis Lux Mundi*, lettre apostolique en forme de Motu Proprio du le 7 mai 2019 du Pape François.

565 Voir ici les travaux du professeur Jean GAUDEMET dans les ouvrages : *formation du droit canonique et gouvernement de l'Église de l'Antiquité à l'Âge classique*, paris, Éd, Presses Universitaires de Strasbourg, 2008 ; *L'œuvre scientifique de Jean Gaudemet. Actes du Colloque tenu à Sceaux et à Paris les 26 et 27 janvier 2012 organisé par le Centre Droit et sociétés religieuses et l'Institut d'histoire du droit.* Texte réunis par Michèle BÉGOU-DAVIA, Franck ROUMY, Olivier DESCAMPS, François JANKOWIAK, Paris, Éd. Panthéon-Assas, 1914, 262 p.

canoniste considère le texte remanié comme plus intéressant que le texte authentique à bien des égards. Ces remaniements successifs dont un fragment a pu être l'objet lui apparaissent comme autant de sédiments sociologiques successifs à travers lesquels il découvre l'évolution ininterrompue de l'histoire d'une norme ou d'une institution. La chasse aux interpolations va alors changer d'esprit. Le but n'est plus de restituer une pureté juridique originelle, mais de faire apparaître par une coupe, l'évolution du droit dans un domaine défini.

Comme on peut s'en apercevoir, et pour les civilistes et pour les canonistes, la coutume est le phénomène juridique qui est tellement enraciné dans l'histoire et dans la société qu'il ne peut être abandonné à la pure abstraction juridique. Le rôle que peut jouer la sociologie juridique semble évident. Cependant, l'universalisme du droit canonique évoqué plus haut peut être un obstacle s'il faut le soumettre aux principes et méthodes de la sociologie juridique. Les enquêtes à échelle mondiale peuvent souffrir d'un manque de précision et de fiabilité. Elles peuvent se révéler difficiles voire infructueuses. L'unique voie possible de recherche serait, à notre avis, sur les textes du droit lui-même.

Notons par ailleurs que l'Église a son propre système de consultations. Outre le Concile, il y a le Collège des évêques avec le Pontife romain, le Synode des évêques, le Collège des cardinaux, la Curie romaine, les légats du pontife romain, les Conférences épiscopales, les Conciles particuliers (plénier ou provincial), les évêques, les synodes diocésains, les curies diocésaines, les Conseils presbytéraux, les conseils des consulteurs, les paroisses et d'autres.

Ces modes de consultations ne sont pas sans susciter de nombreuses interrogations : quelle est leur valeur sociologique sur l'échelle mondiale ? Quel est le degré de conscience et d'implication des fidèles dans ce processus qui débouche à la genèse des normes les concernant ? L'Église, regroupant tous les peuples de toutes les cultures, langues et nations, est l'une des institutions, sinon la seule, où l'on trouve la plus grande diversité. Les consultations sociologiques peuvent-elle prendre en compte les aspirations des communautés dans leurs diversités ? Le droit canonique particulier ne peut-il pas s'apprêter à une telle démarche ?

2. Droit canonique particulier.

Le Code de droit canonique de 1983 laisse la possibilité aux législateurs des Églises locales de concevoir des droits particuliers qui sont les adaptions nécessaires des lois universelles aux préoccupations des communautés locales. C'est une possibilité, pour l'Église de réaliser une saine autonomie et une décentralisation dans le but de promouvoir les valeurs des communautés particulières, d'adapter les exigences du droit universel. Grâce au droit particulier, les législateurs des Églises particulières et locales peuvent répondre aux besoins des cultures spécifiques, protéger et exprimer la vie de foi des différentes communautés ecclésiales. Cela est d'autant plus vrai qu'une loi doit avoir une répercussion dans le réel.

L'évaluation de la loi canonique par le législateur ecclésiastique ne peut faire abstraction de la problématique de l'adéquation entre les effets constatés et le but poursuivi. Les législateurs particuliers sont tous ceux qui peuvent établir des lois pour une partie de l'Église, pour un territoire déterminé ou pour une communauté.[566]

La possibilité de créer des droits particuliers est un aboutissement des discussions mouvementées durant les années de la révision du Code de droit canonique de 1917. C'est un moyen de répondre aux besoins des cultures spécifiques des différentes communautés ecclésiales sans porter atteinte à l'universalité de l'Église. Encore, faudra-t-il, définir les matières d'un droit particulier ; faudra-t-il éditer, comme le recommande d'ailleurs le droit universel, des normes dites *complémentaires* au Code de droit canonique ; faudra-t-il puiser dans les cultures locales ou mieux, dans les traditions de chaque peuple, les *saines coutumes* qui seraient ensuite codifiées en normes particulières. En des termes semblables, pour l'Afrique, Monseigneur Valentin MASENGO Nkinda, canoniste et prélat africain, se pose la même question en ces termes : « Les Églises particulières d'Afrique ont-elles une organisation juridique, des structures qui répondent au génie et au besoin de ce peuple ou se contentent-elles de calquer les structures juridiques des vieilles églises qui nous ont évangélisés ? »[567]. Beaucoup d'autres canonistes pensent qu'une grande ouverture dans le cas de célébration des sacrements, toutes limites gardées, ne serait qu'enrichissante pour les Églises particulières et pour l'Église universelle. Toutefois, dans ce processus, les Conférences des Évêques, les Provinces et les Régions ecclésiastiques, les conciles particuliers, les synodes diocésains peuvent jouer un rôle important.

D'aucuns soutiennent que le droit particulier est l'une des conséquences de l'application du principe de subsidiarité dans le domaine canonique. Il est, d'ailleurs, l'un *des principes directeurs* de la révision du Code de droit canonique de 1917. Nous avons largement présenté l'historique de ce principe dans notre ouvrage sur *la dispense en droit canonique. Pour des adoucissements d'applications de règles en catholicisme romain* paru en

[566] Silvia RECCHI, « La production du droit particulier par les conférences épiscopales », dans *AC.*, t. 50, n° 1 (2008), p. 53

[567] Valentin MASENGO Nkinda, « L'ordre juridique particulier des églises africaines selon le droit canonique. Application des principes de subsidiarité et de décentralisation », dans *Quelle Eglise pour l'Afrique du Troisième millénaire ? Contribution au synode spécial des Évêques pour l'Afrique. Quelle Eglise pour l'Afrique du troisième millénaire ?* Actes de la Dix-huitième Semaine Théologique de Kinshasa du 21 au 27 avril 1991, Kinshasa, F.C.K., 1991, p. 248.

2020[568]. Pour le moins que l'on puisse dire, l'Église a toujours hésité d'appliquer le principe de subsidiarité au sein de ses structures et institutions. Cependant, tout porte à croire qu'ici, l'ouverture faite par le Législateur peut sembler être une application prudente[569] du principe de subsidiarité.

Il est bien regrettable que les célébrations des synodes diocésains ne soient pas fréquentes. En effet, le synode diocésain, événement important pour une Église locale, serait une institution canonique proche des *communautés ecclésiales de base*[570] considérées comme des cellules initiales de la structuration ecclésiale[571] et donc plus proches du peuple de Dieu.

Il est aussi regrettable que beaucoup d'Églises n'aient pas encore édicté des normes particulières, même sous la forme *des normes complémentaires au Code de droit canonique*[572]. Le cas des Églises particulières en Afrique est très parlant. Paradoxalement, au regard du dynamisme du catholicisme dans ce continent, ces Églises devraient aussi développer ce regard qui n'est pas seulement théologique et pastoral mais aussi juridique et canonique. Sur ces derniers domaines, les *phénomènes juridiques* qui, comme dit précédemment, différents des *phénomènes sociaux* et des *phénomènes religieux* et *pastoraux*, peuvent aider à concevoir des *normes complémentaires* au Code de droit canonique.

Le monde est en mutation perpétuelle. Il change constamment. L'observation des grandes tendances de ces mutations doit faire l'objet d'analyses tant sur le plan de l'Église universelle que particulière et diocésaine. L'observation dont il est question ici n'est pas seulement dans le but d'un ajustement de l'action pastorale mais aussi d'un ajustement des normes utiles à l'Église particulière et locale. L'observation des *phénomènes juridiques* nécessite donc un regard attentif du législateur.

---

568 Jean-René KIEDI Kionga, *la dispense en droit canonique. Pour des adoucissements d'applications de règles en catholicisme romain*, p. 381-408.

569 Une application prudente dans la mesure où la production du droit particulier fait l'objet d'une normative canonique universelle de stricte observance. Le droit universel donne au droit particulier sa signification ; il circonscrit ses domaines d'application et éclaire les enjeux liés à sa mise en œuvre, conformément à la tradition normative de l'Église. Voir *Le ius particulare dans le droit canonique actuel* : *Définitions, domaines d'application, enjeux. Actes du Colloque tenu à Strasbourg le 6 mai 2011 organisé par l'Institut de Droit canonique et le Centre PRISME-Sdre (UMR7012) de l'Université de Strasbourg, sous la direction de Marc AOUN et de Jeanne-Maris TUFFERY-ANDRIEU*, Perpignan, Artège, 2013, 212 p.

570 *Communautés ecclésiales de base* peuvent, en même temps, promouvoir une vraie « catéchèse canonique ».

571 Manoel José de GODOY, « Les communautés ecclésiales de base comme lieu de la catéchèse » (traduit de l'espagnol par Rose Marie SOARES PEREIRA), dans *LV.*, vol. 73, n° 1 (2018), p. 63-71.

572 Voir *Code de droit canonique*. Bilingue et annoté, 2e édition révisée et mise à jour, sous la direction d'Ernest CAPPAROS, Michel THÉRIAULT, Jean THORN, Wilson &Lafleur Itée, Montréal, 1999 (Appendice III).

De fait, l'Église locale désireuse de se doter d'un droit particulier peut intéresser la sociologie juridique. Établir les rapports entre le droit et la réalité sociale ou mieux entre la loi canonique et la pratique ecclésiale, à l'échelle diocésaine peut bien faire l'objet de recherches en sociologie juridique. L'observation du *phénomène juridique* est facile parce qu'elle est limitée dans un espace réduit. L'Église locale, structure et société, ne peut se dispenser d'un tel effort d'observation qui offre un panorama plus ou moins réel de ses besoins sur le plan juridique et canonique. Dans le cas contraire, elle se distancierait des vraies préoccupations des fidèles et deviendrait ainsi une institution du passé, sans assise sociale. Cette dernière étant le lieu de vie de la foi chrétienne.

N'est-ce pas faire du juridisme que de voir dans de simples *phénomènes, sociaux* ou *religieux* des *phénomènes juridiques* ? D'abord, ces phénomènes ne sont pas de même nature. Les premiers peuvent aider l'action pastorale de l'Église à faire de prudentes orientations pour la promotion de la foi et les seconds sont de véritables lieux d'émergence des questionnements juridiques et canoniques. Tout dépend de la nature du phénomène, de l'intérêt et de l'objectif poursuivi par l'observateur. On se garde donc de faire du juridisme, c'est-à-dire cette tendance à considérer les questions de manière formelle, sous le seul angle *juridique*. Dans tous les cas, les Églises particulières regorgent de plusieurs *phénomènes juridiques*, socles des droits particuliers.

Conclusion.

La sociologie juridique est une science importante pour le droit et le droit canonique. Elle agit de manière globale, en amont et en aval d'un système juridique. Appliquant la méthode de la sociologie en général, elle contribue à identifier les lieux d'émergence des lois ; les lieux où une loi serait nécessaire et utile pour telle ou telle communauté, pour tel ou tel groupe de personnes. Elle définit le degré d'acceptation d'un système juridique par les intéressés. Elle décèle les situations de l'inadéquation entre la règle édictée et la pratique quotidienne du sujet de loi. Elle permet de constater l'efficacité ou l'inefficacité d'une loi promulguée. La sociologie juridique participe à mesurer la distance entre la présomption de la connaissance et la connaissance réelle de la loi dans la société.[573]Elle peut, avec le concours de l'histoire, déterminer les origines des anciennes lois qui, pour le droit canonique, deviennent matière de sa doctrine. Les hésitations ayant été clarifiées sur l'expression ''Église-société'' et sur la nature épistémologique

[573] Par une méthode d'enquêtes basée sur la *recherche statique*, c'est-à-dire sur le degré de connaissance de la loi dans tel ou tel groupe ou sur la *recherche dynamique*, c'est-à-dire le repérage de la vitesse de propagation d'une loi nouvelle, on peut arriver à déterminer la connaissance ou non d'une loi et constater son efficacité ou son inefficacité.

du droit canonique, il était possible de constater que la sociologie juridique peut être d'une grande importance pour le droit de l'Église. Au-delà des institutions des consultations canoniques habituelles, tant de l'Église universelle que de l'Église particulière, la sociologie juridique pourrait proposer ses méthodes d'observations pour la conception des lois canoniques, après sa promulgation, constater son observance ou sa mise en application. C'est à la sociologie juridique que revient la tâche de vérifier si la loi et la loi canonique ont atteint leurs finalités. La sociologie juridique est une voie de recherche intéressante pour le droit et le droit canonique. Un droit basé sur un fondement religieux ou sur des mœurs pourrait, si on n'y prend garde, conduire à un droit totalitaire d'où l'importance d'observer les éventuelles mutations qui se remarquent dans la société, dans l'Église.

Titre VIII.

La portée significative du principe de subsidiarité : dans la communauté civile et dans la communauté ecclésiale.

Cette réflexion se veut une analyse des différents aspects du principe de subsidiarité dans la communauté étatique et dans la communauté ecclésiale. Il sera question de montrer que ce principe, qui est d'origine philosophique et sociale, conjuguant l'unité et la diversité, l'unité et le pluralisme, peut être envisagé comme ayant une influence dans la vie sociale et dans la vie de l'Église catholique, ici latine.

I. Les origines du principe de subsidiarité.

Pour comprendre l'importance de ce principe dans la vie sociale et dans la vie ecclésiale, il semble qu'il faille donner, dans un premier temps, quelques références historiques quant à son origine.

1. Subsidiarité : étymologie du concept

Etymologiquement, le terme subsidiarité vient du mot latin « *subsidium* », qui signifie aide, secours, remèdes. L'on souligne par là une forme de dépendance entre deux sujets sans qu'il s'agisse d'une simple suppléance.[574] L'idée de subsidiarité est ancienne. C'est ce que Chantal

[574] Cf. Patrick DU FAY DE CHOISINET, « La subsidiarité, un principe juridique contesté ? », dans *PJR.*, t. 7 (1990), p. 55. Jean WERCKMEISTER pense aussi que subsidiarité du latin *subsidiaritas* vient de *subsidium* et signifie « aide », voir « subsidiarité », dans Jean WERCKMEISTER, *Petit Dictionnaire de Droit Canonique*, Paris, éd. du Cerf, 1983.

MILLON-DELSOL, à qui nous empruntons certaines analyses, affirme dans son livre sur le principe de subsidiarité : « Alors que l'expression dans sa forme actuelle n'apparaît qu'au XIXe siècle, l'idée subsidiaire contribue, depuis l'origine grecque, à cerner les contours d'une politique caractéristique. »[575] Cette idée est présente chez ARISTOTE[576] puis, plus tard chez Thomas d'Aquin[577]. Sans nous attarder sur les analyses de ces auteurs, nous pouvons dire en synthèse que l'idée de subsidiarité est souvent synonyme de la suppléance. Chacun de ces auteurs argumente cette notion de suppléance selon la nature de la société à laquelle il est confronté, la société de l'Antiquité pour ARISTOTE et la société médiévale pour Thomas d'Aquin.

Pour ARISTOTE, la société est constituée de groupes qui s'emboîtent les uns les autres.[578] Chaque groupe vit dans une certaine autonomie dans la mesure où il peut, jusqu'à un certain degré, se réaliser en accomplissant des tâches spécifiques et en pourvoyant à ses propres besoins. ARISTOTE constate cependant que l'autonomie dont il est question dans la réalisation sociale ne peut s'accomplir pleinement sans l'intervention du pouvoir politique. Le groupe familial, le plus restreint, s'occupe exclusivement des besoins quotidiens. Le village, des besoins qui ne sont plus purement quotidiens. La cité, elle, vise une autre finalité encore : non plus le vivre, mais le bien-vivre. Chaque groupe travaille à répondre aux besoins insatisfaits de la sphère immédiatement inférieure en importance. Pour ARISTOTE, la cité est un moyen permettant à l'homme de réaliser ses fins. Elle lui donne plus qu'il ne demande.[579] Pour ARISTOTE, la suppléance de

---

[575] Chantal MILLON-DELSOL, *Le principe de subsidiarité*, Paris, PUF., (Coll. *Que sais-je ?*), 1993, p. 9. Sur les origines du principe de subsidiarité, certains spécialistes pensent qu'il est une notion de la philosophie sociale. D'autres situent ses racines bien plus haut dans l'histoire des théories occidentales de la société par exemple chez Aristote, Thomas d'Aquin, Dante, Calvin, Montesquieu, ... Cf. Joseph A. KOMONCHAK, « Le principe de subsidiarité et sa pertinence ecclésiologique », dans Hervé LEGRAND, Julio MANZANARES, Antonio GARCIA Y GARCIA, Hervé LEGRAND (éd.), *Les conférences épiscopales. Théologie, Statut canonique, Avenir.* Actes du Colloque international de Salamanque du 3 – 8 janvier 1988, Paris, Éd. du Cerf, (Coll. *Cogitatio Fidei*), 1988, p. 392, note (1). Joël-Benoît D'ONORIO propose une réflexion sur l'origine biblique du principe de subsidiarité. Il propose notamment le texte du livre de l'Exode, 18, 13-26 où le beau-père de Moïse conseille à celui-ci de ne pas gouverner seul le peuple d'Israël mais de choisir des hommes sûrs, capables et incorruptibles pour l'assister dans sa tâche et subdiviser les compétences entre les chefs de milliers, les chefs de centaines, les chefs de cinquantaines et les chefs de dizaines. Cf. Joël-Benoît D'ONORIO, *Le Pape et le gouvernement de l'Église*, Paris, éd. Fleurus Tardy, 1992, p.194 (note 1).

[576] Cf. ARISTOTE, *Politique*, I. 2, 10, nouvelle traduction par Jules TRICOT, Paris, Librairie Philosophique J. Vrin, 1995, p. 32.

[577]Thomas d'Aquin, *Summa contra Gentiles*, III, c. 73, 2.

[578] Chantal MILLON-DELSOL, *L'État subsidiaire*, Paris, PUF, 1992, p. 15.

[579] Cf. L'analyse de Chantal MILLON-DELSOL, *Le principe de subsidiarité*, *Op. cit.*, p. 10. Voir aussi Chantal MILLON-DELSOL, *L'État subsidiaire : ingérence de l'État, le principe de subsidiarité aux fondements de l'histoire européenne*, Paris, PUF, 1992, p. 16.

la cité n'est pas synonyme de remplacement. La cité ne remplace ni le groupe familial, ni le village. De même, le pouvoir politique ne remplace pas les regroupements sociaux. La société civile n'agit pas en une association utilitaire. Non seulement elle répond aux incapacités, mais encore elle apporte un accroissement d'être. Elle n'est pas seulement un moyen en vue de l'aboutissement de chaque fin particulière : mais aussi un milieu nouveau dans lequel chaque communauté plus petite, et chaque individu, peut perfectionner sa vie.[580]

Pour Thomas d'Aquin, la personne est responsable de son destin. Elle est par contre incapable de réaliser le bonheur qu'elle espère. Le pouvoir politique n'a pas à conceptualiser une vision du bien différente de celle que chacun s'est lui-même assignée. Son but est d'assurer, d'accroître ou de conserver la perfection des êtres dont il a la charge. Il a pour mission de garantir à toutes les instances sociales les conditions pour parvenir utilement à leur but, de corriger s'il se trouve un désordre, de suppléer si quelque chose manque, de parfaire si quelque chose de meilleur peut être fait[581]. Pour plusieurs auteurs, Jean-Sylvestre MONGRENIER en l'occurrence, la doctrine thomiste sur la subsidiarité est une reprise ou du moins une interprétation de l'enseignement aristotélicien à la lumière de la théologie chrétienne[582].

Ces théories influenceront les conceptions postmédiévales et modernes sur l'autorité subsidiaire. Elles se développent en une réflexion de type philosophique et théologique chez Johannes Althusius (1557-1638)[583], Georg Wilhelm Friedrich Hegel (1770-1831)[584] et Alexis de Tocqueville

---

[580] Cf. *Idem,* p. 11.

[581] Cf. *Idem,* p. 12.

[582] Jean-Sylvestre MONGRENIER, *Johannes Althusius et l'Europe subsidiaire,* Institut-thomas-more.org, le 25 mai 2009, consulté le 06 août 2023.

[583] Johannes Althusius (1557- 12 août 1638) était Philosophe et théologien réformé. Il est célèbre pour son ouvrage *Politica methodice digesta et exemplis sacris et profanis illustrata, cui in fini adjuncta est Oratio panegyrica de utilitate, necessitate et antiquitate scholarum [La politique, exposée de façon méthodique, et illustrée par des exemples sacrés et profanes...],* Éd. révisée et augmentée en 1610 et 1614 (Ces éditions ne sont pas malheureusement accessibles en langue française. Une version anglaise abrégée existe : *Politica,* Lyberty Fund, Indianapolis, 1995. Il est, par ces idées, considéré comme le père du fédéralisme moderne et de la souveraineté populaire qu'il se force de concilier avec le pouvoir du souverain. Il met l'accent sur la liberté des groupes, plutôt que sur la liberté des individus. Cf. [www.http://fr.m.wikipedia.org/wiki/Johannes_Althusius]. Consulté le 08 août 2023. Voir aussi les analyses de Philippe NÉMO, *Histoire du Libéralisme en Europe*, Paris, PUF, 2006 ; Pierre JEANNIN, « Althusius », dans Jean TOUCHARD (dir.) *Histoire des idées politiques,* t. I, PUF, 1959, p. 293-298.

[584] Georg Wilhelm Friedrich Hegel, philosophe allemand, est né le 27 août 1770 à Stuttgart et mort le 14 novembre 1831 à Berlin. Son œuvre a eu une influence sur l'ensemble de la philosophie contemporaine, sur la théorie politique et sociale au XIXe et XXe siècles. Ces œuvres principales sont *La phénoménologie de l'esprit,* Bamberg et Würzburg, 1807 ; *Encyclopédie des sciences philosophiques en abrégé,* 1817 ; *Esthétique ou philosophie de l'art, 1835-1837* (un ensemble de cours publié à titre posthume par Heinrich Gustav

(1805-1859)[585]. À partir de ces études philosophiques et théologiques modernes, la subsidiarité portera sur les relations entre les instances sociales et l'État. La tendance est de redéfinir le rôle centralisateur de l'État. Il faut restreindre le pouvoir de l'État dans le but de faire émerger les différentes initiatives sociales.

Au XIXe siècle, plusieurs courants de pensées se développent sur l'idée de la suppléance étatique. Ces courants traduisent diversement les idées reçues d'ARISTOTE, de Thomas d'Aquin et d'Althusius. Certains, dont Alexis de Tocqueville et Georg Wilhelm Friedrich Hegel apparaissent encore comme des continuateurs. D'autres n'hésitent pas à les dénaturer. Ces courants sont, entre autres, le libéralisme[586], le fédéralisme de Proudhon[587]. Pour Chantal MILLON-DELSOL, l'idée moderne de subsidiarité est née sur

---

HOTHO) ; *Principes de la philosophie du droit, ou droit naturel et science de l'État en abrégé,* Berlin, 1821. C'est dans ce dernier ouvrage que l'auteur aborde certaines thèses qui sont en lien avec l'idée de la subsidiarité. Comme le souligne Chantal MILLON-DELSOL : « Hegel reproche aux Allemands leur attachement à des libertés anarchiques, engluées dans leurs particularités, et dès lors contradictoires avec le bien commun. Les Allemands perçoivent l'Etat comme un réducteur de diversités : ils n'imaginent pas d'autre alternative qu'entre anarchie et despotisme. Hegel propose un Etat de troisième type, qui concilie et dépasse les contraires : il respecte les libertés, en les incitant à surmonter leurs singularités pour accéder au souci de l'intérêt général. Dans une société structurée [la société allemande], voire organique, la pensée hégélienne rejoint le corporatisme, l'Etat peut compter sur l'action des groupes et donc limiter ses interventions au nécessaire, c'est-à-dire, à ce qui ne peut être accompli par les groupes », Chantal MILLON-DELSOL, *Le principe de subsidiarité*, Paris, PUF., (Coll. *Que sais-je?*), 1993, p. 18-19. Voir l'étude de Jean-François KERVÉGAN, « Souveraineté et représentation chez Hegel », dans *RFHIP.*, t. 2, n° 14 (2001), p. 321-336.

585 Né à Paris le 29 juillet 1805 et mort à Cannes le 16 avril 1859, Alexis de Tocqueville est un philosophe, un homme politique, un historien et un écrivain français. Il est considéré comme l'un des précurseurs de la sociologie. Il est célèbre pour ses analyses de la Révolution française et de l'évolution des démocraties occidentales en général. Son œuvre a eu depuis peu une influence considérable sur le libéralisme et la pensée politique. Voir sur sa pensée : Alexis de Tocqueville, *Œuvres complètes,* Paris, Gallimard, 1951-2002 (29 volumes parus). Plusieurs études lui ont été consacrées : Pierre MANENT, *Tocqueville et la nature de la démocratie. Introduction,* Paris, Julliard, 1982 ; Michel PIERROT, « Tocqueville inconnu », dans *Les ombres de l'histoire. Crime et châtiment au XIXe siècle,* Paris, Flammarion, 2001 ; *Tocqueville et la littérature,* sous la direction de François MELONIO et José-Luiz DIAZ, Paris, Presses de l'Université Paris-Sorbonne, 2005, 255 p ; *La pensée juridique d'Alexis de Tocqueville.* Études réunies par Manuel CARIUS, Charles COUTEL et Tanguy LE MARC'HADOUR, Arras, Artois Presses Universitaire, 2005, 97 p ; Arnaud COUTANT, *Une critique républicaine de la démocratie libérale, de la démocratie en Amérique de Tocqueville*, Paris, Mare et Martin, 2007 ; Arnaud COUTANT, *Tocqueville et la constitution démocratique,* Paris, Mare et Martin, 2008 ; Lucien JAUME, *Tocqueville : Les sources aristocratiques de la liberté*, Paris, Fayard, 2008.

586 Le Libéralisme est une doctrine économique qui privilégie l'individu et sa liberté ainsi que le libre jeu des actions individuelles conduisant à l'intérêt général. Il vise à limiter les pouvoirs de l'État au regard des libertés individuelles. Lire par exemple Bertrand BINOCHE, « Les deux principes du libéralisme », dans *Actuel Marx*, vol. 2, n°36 (2004), p. 123-149.

587 Cf. Chantal MILLON-DELSOL, *Le principe de subsidiarité*, Paris, PUF., (Coll. *Que sais-je ?*), 1993, p. 19-25.

le terreau aristotélicien, chrétien et germanique. Elle se développe dans la deuxième moitié du XIXe siècle, d'abord à partir de critiques de *l'État césariste*[588], laissant désirer la non-ingérence, puis à partir d'un refus de l'État minimal, laissant espérer l'ingérence de l'instance publique.[589] C'est dans cette atmosphère de grande confusion des pensées qu'au XIXe siècle les Pontifes romains élaborent les premières ébauches de la doctrine sociale de l'Église. Ils ne s'engagent dans la défense d'aucune structure ni d'aucun régime politique. Ces premières ébauches se contentent de désigner des références pour l'action sociopolitique[590].

2. Subsidiarité : principe de l'action sociopolitique.

Nous prenons pour point de départ, l'Encyclique *Rerum novarum* de Léon XIII (1878-1903) du 15 mai 1891[591]. Le pontificat de Léon XIII reste le point d'impulsion qui précise la notion d'intervention de l'Église sur le sort des populations ouvrières. Il faut cependant dire que *Rerum novarum* ne considère pas le principe de subsidiarité comme son thème principal. D'ailleurs, Léon XIII, dans cette Encyclique, ne cite pas expressément le mot subsidiarité. Nous trouvons néanmoins son expression et son application dans la description faite des rapports sociaux devant régir les relations entre les ouvriers et leurs employeurs, les citoyens et l'Etat.

Rerum novarum centre donc son attention sur la condition des ouvriers. L'occasion de sa rédaction est clairement exprimée par le Pape Léon XIII lui-même :

> « [...] ces progrès incessants de l'industrie, ces routes nouvelles que les arts se sont ouvertes, l'altération des rapports entre les ouvriers et les patrons, l'affluence de la richesse dans les mains du petit nombre, à côté de l'indigence de la multitude, l'opinion enfin plus grande que les ouvriers ont conçue d'eux- mêmes, et leur union plus compacte, tout cela, sans parler de la corruption des mœurs, a eu pour résultat final un redoutable conflit. Partout, les esprits sont en suspens et dans une anxieuse attente, ce qui suffit à lui seul pour prouver combien de graves intérêts sont ici engagés. Cette situation préoccupe et exerce à la fois le génie des doctes, la prudence des sages, les délibérations des réunions populaires, la perspicacité des législateurs et les conseils des gouvernants,

---

[588] Le fédéralisme de Proudhon s'oppose de la centralisation administrative et gouvernementale. Dans la fédération, les attributs de l'autorité centrale se spécialisent et se restreignent. Lucien FEBVR, « Du fédéralisme et de Proudhon », dans *Annales. Économies, Sociétés, Civilisations*, 1e année, n° 3 (1946), p. 264-265.

[589] Cf. Chantal MILLON-DELSOL, *Le principe de subsidiarité, Op. cit.*, p. 25.

[590] Cf. *Idem*, p. 27.

[591] Voir *AAS.*, vol. 23 (1890-1891), p. 641-670. Nous citons les extraits de cette Encyclique d'après le texte de *Lettres apostoliques de S. S. Léon XIII. Encycliques, Brefs, etc.* Texte latin avec traduction française, t. III, Paris, A. Roger et F. CHERNOVIZ, reproduit par la Bibliothèque Saint Libère, 2010, p. 18-71.

et il n'est pas de cause qui saisisse en ce moment l'esprit humain avec autant de véhémence. »[592]

Ainsi, pour une bonne compréhension de l'objet de cette Encyclique, il nous semble qu'il faut ajouter cet autre extrait :

« Quoi qu'il en soit, Nous sommes persuadés, et tout le monde en convient, qu'il faut, par des mesures promptes et efficaces, venir en aide aux hommes des classes inférieures, attendu qu'ils sont pour la plupart dans une situation d'infortune et de misère imméritées. Le dernier siècle a détruit, sans rien leur substituer, les corporations anciennes, qui étaient pour eux une protection ; tout principe et tout sentiment religieux ont disparu des lois et des institutions publiques, et ainsi, peu à peu, les travailleurs isolés et sans défense se sont vus avec le temps livrés à la merci de maîtres inhumains et à la cupidité d'une concurrence effrénée. Une usure dévorante est venue ajouter encore au mal. Condamnée à plusieurs reprises par le jugement de l'Église, elle n'a cessé d'être pratiquée sous une autre forme par des hommes avides de gain, d'une insatiable cupidité. A tout cela il faut ajouter le monopole du travail et des effets de commerce devenus le partage d'un petit nombre de riches et d'opulents, qui imposent ainsi un joug presque servile à l'infinie multitude des prolétaires. »[593]

Tout en reconnaissant que le problème de la classe ouvrière n'est pas simple à résoudre, le Pape tente, tout au long de son Encyclique, de proposer des solutions, renvoyant dos à dos la proposition socialiste de la socialisation de la propriété privée et les théories marxistes de la lutte des classes. Il met en évidence le rôle de l'Église et de l'État dans la protection des droits des organisations privées des classes ouvrières. Il spécifie le rôle de l'État : le droit d'intervention, les règles d'intervention et la réserve d'intervention. Cet aspect nous intéresse particulièrement parce qu'il est l'expression de l'idée même de subsidiarité. Le Pontife romain écrit :

« Mais, de peur que, dans ces cas et d'autres analogues, comme ce qui concerne la journée du travail et les soins de la santé des ouvriers dans les mines, les pouvoirs publics n'interviennent pas importunément, vu surtout la variété des circonstances des temps et des lieux, il sera préférable qu'en principe, la solution en soit réservée aux corporations ou syndicats dont Nous parlerons plus loin, ou que le recours à quelque autre moyen de sauvegarder les intérêts des ouvriers, même, si la cause le réclamait, avec le secours et l'appui de l'Etat. »[594]

L'intervention de l'État ne doit ni supprimer, ni décourager les initiatives privées des citoyens. La subsidiarité doit garantir la justice : « Assurément, écrit Léon XIII, s'il existe quelque part une famille qui se trouve dans une situation désespérée et qui fasse de vains efforts pour en sortir, il est juste

---

[592] *Lettres apostoliques de S. S. Léon XIII. Encycliques, Brefs, etc., Op. cit.,* p. 19.
[593] *Idem,* p. 21.
[594] *Idem,* p. 57.

que, dans de telles extrémités, le pouvoir public vienne à son secours, car chaque famille est un membre de la société. De même, s'il existe quelque part un foyer domestique qui soit le théâtre de graves violations de droits mutuels, que le pouvoir public y rende son droit à chacun. Ce n'est point là usurper sur les attributions des citoyens, c'est affermir leurs droits, les protéger, les défendre comme il conviendra. »[595]

Ceci réhabilite les initiatives privées des ouvriers. Comme nous l'avons fait remarquer précédemment, Léon XIII n'annonce pas clairement le principe de subsidiarité. C'est à la lecture attentive de cette Encyclique qu'on découvre les premières expressions de ce qui est considéré comme l'un des principes fondateurs de la doctrine sociale de l'Église[596]. Cela nous pousse cependant à croire que Léon XIII a jeté des bases d'un principe que ses successeurs exprimeront en des termes plus explicites ou plus systématiques.

Pie XI (1922-1939) fut le premier à énoncer très clairement le principe de subsidiarité dans son Encyclique *Quadregesimo anno* du 15 mai 1931[597] sur la restauration de l'ordre social pour célébrer le quarantième anniversaire de *Rerum novarum*[598]. En effet, dans cette Encyclique, Pie XI s'attache à commenter les thèses de *Rerum novarum* en les enrichissant.

Depuis Léon XIII, le régime économique, aussi bien que le socialisme fustigé dans son Encyclique, avaient enregistré de profonds changements qui n'ont malheureusement pas amélioré la condition ouvrière : la dictature économique du socialisme a succédé à la libre concurrence[599] et la scission

---

[595] *Idem*, p. 29.

[596] Voir Jean-Luc CHABOT, *La doctrine sociale de l'Église*, Paris, PUF, 1989 ; *Rerum Novarum. L'uomo centro della società e via della Chiesa, Atti del Congresso Internazionale Universitario Interuniversitario*, éd. Giovanni DIURNI, Cité du Vatican, Libreria Editrice Vaticana, 1992 ; P. FURLONG – D. CURTIS, *The Church faces the modern world. Rerum novarum and its impact*, London, Earslsgate Press, 1994; *Rerum novarum. Écriture, contenu et réception d'une encyclique, Actes du colloque international, Rome, 18-20 avril 1991, organisé par l'École française de Rome et le GRÉCO n° 2 du CNRS*, Roma, École française de Rome (Coll. *École française de Rome*, 232), 1997.

[597] Voir *Actes de S. S. Pie XII. Encyclique, Motu proprio, Bref, Allocutions, Actes des Dicastères,* texte latin avec traduction française, t. VII, Maison de la Bonne Presse, reproduit par la Bibliothèque Saint Libère, 2011, p. 89-177. Nous citons les textes de cette édition.

[598] Pie XI le dit lui-même en rapport avec l'objet de l'Encyclique *Quadragesimo anno :* « C'est pourquoi, Vénérables Frères et très chers Fils, à l'heure où le quarantième anniversaire de l'Encyclique *Rerum novarum* est célébré avec tant de ferveur par tout l'univers, surtout par les ouvriers catholiques qui, de toutes parts affluent vers la Ville éternelle, Nous jugeons l'occasion opportune de rappeler les grands bienfaits qu'ont retirés de cette lettre et l'Église catholique et l'humanité tout entière », *Actes de S. S. Pie XII. Encyclique, Motu proprio, Bref, Allocutions, Actes des Dicastères, Op. cit.*, p. 95-96.

[599] « Ce qui à notre époque frappe tout d'abord le regard, ce n'est pas seulement la concentration des richesses, mais encore l'accumulation d'une énorme puissance, d'un pouvoir économique discrétionnaire, aux mains d'un petit nombre d'hommes qui d'ordinaire ne sont pas les propriétaires, mais les simples dépositaires et gérants du capital qu'ils

de la tendance socialiste en communisme et en socialisme modéré[600] a été contemporaine de la montée des fascismes. Pour Pie XI, la subsidiarité devrait déterminer la nature des relations entre le pouvoir public et les associations de différentes couches sociales.[601] Le principe de subsidiarité doit être appliqué dans la réorganisation de la société étatique. Ainsi qu'il le dit :

> « Que l'autorité publique abandonne donc aux groupements de rang inférieur le soin des affaires de moindre importance où se disperserait à l'excès son effort ; elle pourra dès lors assurer plus librement, plus puissamment, plus efficacement les fonctions qui n'appartiennent qu'à elle, parce qu'elle seule peut les remplir ; diriger, surveiller, stimuler, contenir selon que le comportement, les circonstances où l'exige la nécessité. Que les gouvernants en soient donc bien persuadés : plus parfaitement sera réalisé l'ordre hiérarchique des divers groupements selon ce principe de la fonction supplétive de toute collectivité, plus grandes seront l'autorité et sa puissance sociale, plus heureux et plus prospère l'état des affaires publiques. »[602]

Cette application de l'idée de subsidiarité dans la gestion des affaires sociales est justifiée par la naissance des structures sociales intermédiaires nouvelles. Pour le Pape Pie XI : « Il est vrai sans doute, et l'histoire en fournit d'abondants témoignages que, par suite de l'évolution des conditions sociales, biens des choses que l'on demandait jadis à des associations de moindre envergure ne peuvent plus désormais être accomplies que par de puissantes collectivités. »[603]

La suite du texte est aussi importante qu'intéressante :

> « Il n'en reste pas moins indiscutable qu'on ne saurait ni changer ni ébranler ce principe si grave de philosophie sociale : de même qu'on ne peut enlever aux particuliers, pour les transférer à la communauté, les attributions dont ils sont capables de s'acquitter de leur initiative et par

---

administrent à leur gré », *Actes de S. S. Pie XII. Encyclique, Motu proprio, Bref, Allocutions, Actes des Dicastères, Op. cit,* p. 146.

600 « Alors, en effet, le socialisme pouvait être considéré comme sensiblement un ; il défendait des doctrines bien définies et formant un tout organique ; depuis, il s'est divisé en deux partis principaux, le plus souvent opposés entre eux et même ennemis acharnés, sans que toutefois ni l'un ni l'autre ait renoncé au fondement anti-chrétien qui caractérisait le socialisme. », *Actes de S. S. Pie XII. Encyclique, Motu proprio, Bref, Allocutions, Actes des Dicastères, Op. cit.,* p. 150.

601 « En ce qui concerne la création de ces associations (des ouvriers), dit Pie XI, l'Encyclique *Rerum novarum* observait fort à propos qu'on doit organiser et gouverner le regroupement professionnel de façon qu'ils fournisse à chacun de ses membres les moyens propres à lui faire atteindre, par la voie la plus commode et la plus courte, le but qui est proposé et qui consiste dans l'accroissement le plus grand possible, pour chacun, des biens du corps, de l'esprit et de la famille », *Actes de S. S. Pie XII. Encyclique, Motu proprio, Bref, Allocutions, Actes des Dicastères, Op. cit.,* p. 150.

602 *Actes de S. S. Pie XII. Encyclique, Motu proprio, Bref, Allocutions, Actes des Dicastères, Op. cit.,* p. 134.

603 *Idem,* p. 133-134.

leurs propres moyens, ainsi ce serait commettre une injustice, en même temps que troubler d'une manière très dommageable l'ordre social, que de retirer aux groupements d'ordre inférieur, pour les confier à une collectivité plus vaste et d'un rang plus élevé, les fonctions qu'ils sont en mesure de remplir eux-mêmes. L'objet naturel de toute intervention en matière sociale est d'aider les membres du corps social, et non pas de les détruire ni de les absorber. »[604]

Ainsi que l'a souligné Chantal MILLON-DELSOL, le principe de subsidiarité voudrait ici contribuer à aider les gouvernements dans la recherche d'un équilibre. Ce dernier est toujours à redéfinir car les sociétés changent sans cesse et les besoins aussi. Les frontières de l'ingérence et de la non-ingérence varient ici avec la capacité et avec la détresse des acteurs sociaux. La doctrine sociale de l'Église n'entend exclure aucune intervention de l'État en cas de nécessité avérée.[605]

À la suite de Léon XIII et de Pie XI, le principe de subsidiarité sera utilisé dans plusieurs domaines et aura des significations diverses. Pie XII (1939-1958), le 29 juin 1943 dans l'Encyclique *Mystici corporis Christii*[606] l'élargit au domaine socio-économique. De toute évidence, parler du principe de subsidiarité dans une Encyclique sur l'Église Corps mystique du Christ peut nous paraître étrange. Et pourtant, dans cette Encyclique, établissant une analogie entre le corps mystique et le corps naturel, Pie XII conclut :

> « [...] tandis que dans un corps naturel le principe d'unité unit les parties de telle sorte que chacune manque entièrement de ce qu'on appelle subsistance propre, dans le corps mystique, au contraire, la force de leur conjonction mutuelle, bien qu'intime, relie les membres entre eux de manière à laisser chacun jouir absolument de sa propre personnalité. En outre, si nous regardons le rapport mutuel entre le tout et chacun des membres, dans n'importe quel corps physique vivant, chacun des

---

[604] *Idem,* p. 134. François Xavier KAUFMANN donne ici un intéressant résumé, en trois points, du principe de subsidiarité tel qu'il a été formulé par Pie XI dans son Encyclique *Quadragesimo anno* : « 1. La personne humaine est le centre de toute activité collective, aucune collectivité ne doit donc s'arroger ce qui peut être fait par l'individu. 2. Les unités sociales plus petites ne doivent pas être privées des possibilités et des moyens de réaliser tout ce dont elles sont capables. Les unités plus grandes sont tenues de restreindre leurs activités aux domaines qui dépassent les facultés et les capacités des unités plus petites. 3. Les unités sociales plus englobantes et spécialement l'Etat doivent respecter l'ordre hiérarchique des différentes formes d'association sociale et doivent aider les unités inférieures à devenir mieux à même de faire ce dont elles-mêmes sont capables. », François Xavier KAUFMANN, « Le principe de subsidiarité : point de vue d'un sociologue des institutions », dans Hervé LEGRAND, Julio MANZANARES, Antonio GARCIA Y GARCIA, (éd.), *Les conférences épiscopales. Théologie, Statut canonique, Avenir.* Actes du Colloque international de Salamanque du 3 – 8 janvier 1988, Paris, Éd. du Cerf, (Coll. *Cogitatio Fidei*), 1988, p. 367.

[605] Cf. Chantal MILLON-DELSOL, *Le principe de subsidiarité*, Paris, PUF., (Coll. *Que sais-je ?*), 1993, p. 29.

[606] Nous utilisons ici Pie XII, Encyclique *Mystici Corporis Christii* sur le Corps Mystique du Christ, du 29 juin 1943, dans *AAS.*, vol. 35 (20 juillet 1943), p. 193-249.

membres, en définitive, est uniquement destiné au bien de tout l'organisme ; toute société humaine, au contraire, pour peu qu'on fasse attention à la fin dernière de son utilité, est ordonné en définitive au profit de tous et de chacun des membres, car ils sont des personnes. »[607]

Il faut, nous semble-t-il, voir dans cette conclusion la référence à l'idée de subsidiarité qui, dès lors, voudrait structurer les liens sociaux et l'apport des structures supérieures dans le développement des structures inférieures. La pensée de l'Église s'oriente vers une certaine sollicitude envers la personne prise individuellement ou regroupée en société ou en d'autres structures plus petites que la structure étatique. À ce propos, il convient de signaler certaines considérations de Pie XII sur l'importance du travail. C'est dans ces considérations, croyons-nous, que l'idée de subsidiarité est la plus évidente. Nous en signalons trois. La première est un *radiomessage*. L'occasion de cette intervention est la célébration du cinquantenaire de *Rerum novarum* de Léon XIII. Pie XII, dans son message, exprime sa manière toute personnelle de comprendre la subsidiarité :

> « Au devoir personnel du travail imposé par la nature correspond et s'ensuit le droit naturel de chaque individu à faire du travail un moyen de pourvoir à sa vie propre et à celle de ses fils si profondément ordonné en vue de la conservation de l'homme. Mais notez qu'un tel devoir et le droit correspondant au travail est imposé et accordé à l'individu en première instance par la nature, et non par la société, comme si l'homme n'était qu'un simple serviteur ou fonctionnaire de la communauté. D'où, il s'en suit que le devoir et le droit d'organiser le travail du peuple appartient avant tout à ceux qui y sont immédiatement intéressé : employeurs et ouvriers. Que si, ensuite, eux ne remplissent pas leur tâche ou ne peuvent le faire par suite de spéciales circonstances extraordinaires, alors il rentre dans les attributions de l'État d'intervenir sur ce terrain, dans la division et la distribution du travail, sous la forme et dans la mesure que demande le bien commun justement compris. »[608]

La deuxième considération à laquelle nous faisons allusion est une allocution aux nouveaux cardinaux, le 20 février 1946. En reprenant les analyses de Pie XI sur l'équilibre et la cohésion de l'ordre social, Pie XII affirme :

> « Notre prédécesseur, dans son Encyclique *Quadregesimo anno* sur l'ordre social, tirait de cette pensée une conclusion pratique, lorsqu'il énonçait le principe de valeur générale suivant : ce que les particuliers peuvent faire par eux-mêmes et par leurs propres moyens ne doit pas leur être enlevé et transféré à la communauté ; ce principe vaut également

---

[607]*Idem*, p. 72.

[608] « Radio-message du 1er juin 1941, pour le Cinquantenaire de l'Encyclique *Rerum novarum* », dans *AAS.*, vol. 8 (1941), p. 195-205. Voir spécialement la p. 201. Nous avons cité le texte d'après la traduction française de Simon DELACROIX (dir.), *Documents Pontificaux de sa Sainteté Pie XII 1941*, Saint-Maurice (Suisse), Éd. Saint-Augustin, 1962, p. 150.

pour les groupements plus petits et d'ordre inférieur par rapport aux plus grands et d'un rang plus élevé. Car, poursuivait le sage pontife, toute activité sociale est de sa nature subsidiaire ; elle doit servir de soutien aux membres du corps social et ne jamais les détruire ni les absorber. »[609]

La troisième considération se trouve dans une allocution au IIe Congrès sur l'apostolat des laïcs en 1957 où Pie XII en appelle très ouvertement à l'application du principe de subsidiarité : « Que l'autorité ecclésiastique applique ici aussi le principe général de l'aide subsidiaire et complémentaire ; que l'on confie au laïc les tâches qu'il peut accomplir, aussi bien et même mieux que le prêtre, et que, dans les limites de sa fonction ou celles que trace le bien commun de l'Église, il puisse agir librement et exercer sa responsabilité. »[610]

Ces trois considérations ne peuvent que nous aider à avoir une idée plus précise sur la pensée du Pontife romain au sujet du principe de subsidiarité. Nous trouvons, pour la première fois, une nette définition du principe de subsidiarité dans les écrits pontificaux : « [...] ce que les particuliers peuvent faire par eux-mêmes, par leurs propres moyens, ne doit pas leur être enlevé et transféré à la communauté ». La doctrine sociale de l'Église la retiendra dans ses analyses et dans ses élaborations ultérieures. Ainsi, au regard de plusieurs analystes, Pie XII doit être considéré comme le premier des Pontifes romains à avoir envisagé la transposition du principe de subsidiarité, du domaine de la philosophie sociale au domaine ecclésial[611]. Aux nouveaux cardinaux, Pie XII déclarait : « Paroles vraiment lumineuses, qui valent pour la vie sociale à tous ses degrés et aussi pour la vie de l'Église, sans préjudice de son organisation hiérarchique. »[612] Mais, cette transposition ne se fera pas sans difficulté. Elle sera le lieu des contestations et des hésitations.

3. Subsidiarité : dans la pensée du Pape Jean XXIII.

Mais, aussi paradoxal que cela puisse nous paraître, cette transposition ne fera pas l'objet d'interventions du successeur de Pie XII. Jean XXIII n'envisage pas une possible application du principe de subsidiarité dans le domaine ecclésial. Il se contente de resituer la problématique et la discussion autour de la subsidiarité dans son cadre d'origine, la société civile. N'avait-il pas perçu certaines dérives auxquelles ce principe pouvait conduire ? Ainsi, à la suite de ses prédécesseurs, Léon XIII et Pie XI, Jean XXIII place

---

[609] *Idem*, p. 73 ; Voir aussi *D C.*, t. 43, n°960 (17 mars 1946), col. 173.

[610] Pie XII, « Discours au IIe Congrès mondial pour l'apostolat des laïcs du 5- 13 octobre 1957 », *AAS.*, vol. 39 (1957), p. 927 ; *DC.*, t. 54, n° 264 (10 novembre 1957), col. 1417s.

[611] Cf. Joël-Benoît d'ONORIO, *Le pape et le gouvernement de l'Église*, Paris, éd. Fleurus Tardy, 1992, p.136.

[612] Simon DELACROIX (dir.), *Documents Pontificaux de sa Sainteté Pie XII 1941*, *op. cit.*, p. 73

l'Encyclique *Mater et Magistra* du 15 mai 1961 dans la droite ligne de l'évolution de la situation sociale et des transformations profondes des États et de leurs rapports mutuels. Les bouleversements sociaux à l'époque de son pontificat sont très remarquables et sont un contexte pour les analyses sociales de son Encyclique. Comme il le dit lui-même :

> « Dans le domaine scientifique, technique et économique : la découverte de l'énergie nucléaire, ses premières applications à des buts de guerres, son utilisation croissante pour des fins pacifiques, [...] la modernisation du secteur agricole ; l'abolition presque complète de la distance dans la communication grâce surtout à la radio et à la télévision ; la rapidité croissante des transports ; le début de la conquête des espaces interplanétaire. Dans le domaine social : le développement des assurances sociales [...] la formation et l'extension dans les mouvements syndicaux des attitudes de responsabilité vis-à-vis des principaux problèmes économiques et sociaux [...] Dans le domaine politique : la participation à la vie publique d'un grand nombre de citoyens d'origine sociale variée [...] l'extension et la pénétration de l'action des pouvoirs publics dans le domaine économique et social [...] le déclin des régimes coloniaux et la conquête de l'indépendance politique de la part des peuples de l'Asie et de l'Afrique [...] »[613]

Devant ces changements importants dans les divers domaines de la vie sociale, Jean XXIII précise les enseignements de *Rerum novarum*, notamment au sujet de l'initiative personnelle et de l'intervention des pouvoirs publics en matière économique. Pour lui : « Les pouvoirs publics doivent exercer leur présence active en vue de dûment promouvoir le développement de la production, en fonction du progrès social et au bénéfice de tous les citoyens. Leur action a un caractère d'orientation, de stimulant, de suppléance et d'intégration. Elle doit être inspirée par le principe de subsidiarité... »[614]

Au fait, pour Jean XXIII, « la présence de l'État dans le domaine économique, si vaste et pénétrante qu'elle soit, n'a pas pour but de réduire de plus en plus la sphère de liberté de l'initiative personnelle des particuliers ; tout au contraire elle a pour objet d'assurer à ce champ d'action la plus vaste ampleur possible, grâce à la protection effective, pour tous et pour chacun, des droits essentiels de la personne humaine. »[615]

---

[613] Jean XXIII, Encyclique *Mater et Magistra*, du 15 mai 1961, dans *AAS.*, vol.8 (1961), p.401-464. Voir cet extrait dans Arthur Fridolin UTZ (Éd.), *La doctrine Sociale de l'Église à travers les Siècles. Documents pontificaux du XVème au XXème siècle* (Textes originaux et traductions), t. 1, Paris, éd. Beauchesne, 1970, p. 681.

[614] *Idem*, p. 683.

[615] *Idem*, p. 685.

De même, dans son Encyclique *Pacem in terris* du 11 avril 1963[616], Jean XXIII fait observer que, loin de négliger l'importance des devoirs publics de l'État sur le plan national et international, le principe de subsidiarité commande aussi de garantir le bien commun qui réside dans les droits et les devoirs de la personne humaine :

> « À l'intérieur de chaque pays, les rapports des pouvoirs publics avec les citoyens, les familles et les corps intermédiaires doivent être régis et équilibrés par le principe de subsidiarité. Il est normal que le même principe régisse les rapports de l'autorité universelle avec les gouvernements des Etats. Le rôle de cette autorité universelle est d'examiner et de résoudre les problèmes que pose le bien commun universel en matière économique, sociale, politique ou culturelle [...] Il n'appartient pas à l'autorité de la communauté mondiale de limiter l'action que les Etats exercent dans leur sphère propre, ni de se substituer à eux. Elle doit au contraire tâcher de susciter dans tous les pays du monde des conditions qui facilitent non seulement aux gouvernements, mais aussi aux individus et aux corps intermédiaires l'accomplissement de leur fonction, l'observation de leurs devoirs et l'usage de leurs droits dans des conditions de plus grande sécurité. »[617]

Cette première partie de notre analyse nous permet d'affirmer que le principe de subsidiarité est un principe de régulation des compétences et des rapports entre l'État et les citoyens, entre les individus et les sociétés et entre les petites et les grandes communautés.[618] Il met en lumière la priorité accordée à la personne humaine comme origine et fin de toute action sociale[619]. La communauté et les relations sociales ont pour fonction

---

[616] Jean XXIII, Encyclique *Pacem in terris* sur la paix entre toutes les nations fondée sur la vérité, justice, la charité, la liberté, du 11 avril 1963, dans *AAS.*, vol. 55, n° 5 (1963), p. 257-304 ; *D.C.* t. 50, n° 1398 (24 avril 1963), col. 513-544.

[617] *D.C.* t. 60, n° 1398, 24 avril 1963, col. 537-538. Cette même recommandation est aussi celle que nous trouvons chez Pie XII dans son Allocution aux jeunes de l'Action Catholique des diocèses d'Italie réunis à Romele, le 12 septembre 1948. Voir le texte dans *A.S.S.,* Vol. 40, 1948, p. 412 ; *DC,* t. 45, n° 1029, 7 novembre 1948, col. 1417.

[618] À ce sujet, René METZ fait une analyse du principe de subsidiarité, dans son article sur « La subsidiarité, principe régulateur des tensions dans l'Église » Il distingue l'aspect négatif de l'aspect positif. Il établit un double degré dans la structure de ce principe. Le premier échelon concerne l'individu dans ses rapports avec la société et le second échelon c'est celui de la société dans ses rapports avec les sociétés plus vastes. Ces deux degrés ont chacun un aspect négatif et un aspect positif. L'aspect négatif est dans le fait que la société, si vaste soit-elle, ne doit pas remplir les fonctions que l'individu ou la petite société peut accomplir. Elle ne doit pas l'inhiber dans son action. L'aspect positif est le fait que la société doit procurer à l'individu le moyen d'épanouir sa personnalité et la grande communauté interviendra pour suppléer la petite communauté dans les secteurs qui dépassent les possibilités de cette dernière. Cf. René METZ, « La subsidiarité, principe régulateur des tensions dans l'Église », dans *RDC.*, vol. 22 (1972), p. 159.

[619] Cf. Joseph A. KOMONCHAK, « Le principe de subsidiarité et sa pertinence ecclésiologique », dans Hervé LAGRAND, Julio MANZANARES, Antonio GARCIA Y GARCIA (éd.), *Les conférences épiscopales. Théologie, Statut canonique, Avenir.* Actes du

d'apporter à l'individu un soutien (*subsidium*) en vue de son autoréalisation. Cette fonction subsidiaire de la société n'est pas, sauf circonstance exceptionnelle, une manière de se substituer ou de suppléer à la responsabilité personnelle, mais celle de mettre en place un ensemble de conditions nécessaires au développement personnel d'un individu.[620]

La pensée sociale de l'Église autour du principe de subsidiarité peut être considérée comme une réponse de l'autorité ecclésiastique aux prétentions de l'État libéral moderne[621]. Elle est une réplique catholique au libéralisme, destinée à sauvegarder les droits particuliers, des institutions et des associations des Églises. Prenant à son compte les thèses de la philosophie sociale, l'Église, avec Léon XIII, se fixe pour objectif la protection des droits des personnes face à l'État. Elle rappelle à celui-ci son devoir de respecter les corps intermédiaires constitués par les divers regroupements de citoyens en organisations de droit public (provinces, régions, communes, …) ou de droit privé (associations, entreprises, groupements professionnels, …). Elle préconise une plus grande liberté dans les initiatives que prennent ces corps intermédiaires. Ces initiatives doivent être, non seulement autorisées mais, aussi garanties et encouragées.

Positivement, le principe de subsidiarité requiert que chaque communauté non seulement permette mais aussi habilite et encourage l'individu à exercer ses propres responsabilités ; et que les grandes communautés agissent de même envers les plus petites. Et négativement, il commande que ces communautés ne dépossèdent pas les individus et les plus petites communautés du droit d'exercer leur propre responsabilité. L'intervention n'est justifiable que dans le cas de l'aide à apporter aux individus pour qu'ils se prennent eux-mêmes en charge. Il ne s'agit pas d'agir là où ils le peuvent eux-mêmes. Au-delà de toute application négative ou positive, le principe de subsidiarité demeure un principe formel. En ce sens, il doit être défini selon la nature de la communauté à laquelle il s'applique et selon les circonstances particulières.[622]

Nous avons fait remarquer précédemment la réserve de Jean XXIII quant à l'application du principe de subsidiarité dans la communauté ecclésiale. Commencé par Pie XII, l'effort de transposition de ce principe philosophique dans la société ecclésiale ne sera pas poursuivi par son successeur. Pour ce dernier, son application ne s'arrête qu'au domaine de la pensée sociale de l'Église. Mais, ne devons-nous pas penser que le principe

---

Colloque international de Salamanque du 3 – 8 janvier 1988, Paris, Éd. du Cerf, (Coll. *Cogitatio Fidei*), 1988, p. 395.

620 Cf. *Ibidem*.

621 Jean PICQ, « L'État libéral, son droit et sa crise. Modèle français et modèle anglais (1800-1920) », dans *Une histoire de l'État en Europe. Pouvoir, justice et droit du Moyen-Âge à nos jours*, Paris, Éd. Presses de Sciences Po, (Coll. *Les Manuels de Sciences Po*), 2009, p. 457- 47.

622 *Idem*, p. 396.

de subsidiarité, même si son expression demeure discrète dans les débats, au second Concile du Vatican, était dans tous les esprits ? En revalorisant le statut de l'évêque, en insistant sur les données ecclésiologiques de l'Église particulière[623], en fixant les droits et les obligations des fidèles, les pères réunis au second concile du Vatican n'avaient-ils pas tenu compte d'une certaine subsidiarité ? Un tel principe peut-il vraiment s'appliquer à la communauté ecclésiale, une société *sui generis* ? Cette question a fait l'objet de nombreux débats dans l'Église, sans que les différentes réflexions puissent être considérées comme achevées. L'abondante bibliographie autour de ce thème en témoigne. Nous ne pouvons pas prétendre trancher ce riche débat trop abondant. Tel n'est d'ailleurs pas l'objet de cette réflexion. Nous nous référerons, dans le paragraphe qui suit, aux textes des auteurs qui nous paraissent représentatifs de divers courants d'écoles canoniques.

II. De la subsidiarité ecclésiale.

Nous observons, des précédentes analyses, que le principe de subsidiarité est justifié par l'histoire des évolutions sociales. Avant, pendant et après la célébration du second concile du Vatican, la tendance générale de la société, principalement la société occidentale, est au modernisme[624] et aux progrès de plus en plus croissants. La même tendance ne s'observe-t-elle pas au sein de l'Église ? Bien avant la célébration du dernier concile, il faut noter dans l'Église : le réveil des responsabilités devant l'Église et devant le monde qui se manifeste de façon croissante chez les laïcs, la sensibilité aux droits de la personne de plus en plus reconnus dans l'Église, l'apparition de petites communautés ayant une forte identité ecclésiale, la naissance de mouvements apostoliques aux charismes personnels ou provenant d'initiatives de chrétiens, la nouvelle prise de conscience des Églises particulières, l'activité intense des conférences épiscopales et des structures intermédiaires (les provinces ecclésiastiques), le dynamisme ecclésial, un certain processus de répartition, voire de décentralisation amorcé par les instances supérieures[625].

---

[623] Jean-René KIEDI Kionga, *la dispense en droit canonique. Pour des adoucissements d'applications de règles en catholicisme romain*, Paris, éd. du Cerf, 2020, p. 353-374.

[624]Émile POULAT, « La modernité à l'heure de Vatican II », dans *Le deuxième concile du Vatican (1959-1965).* Actes du colloque organisé par l'École française de Rome en collaboration avec l'Université de Lille III, l'Istituto per le scienze religiose de Bologne et le Dipartimento di studi storici del Medioevo e dell'età contemporanea de l'Università di Roma-La Sapienza (Rome 28-30 mai 1986), Publications de l'École Française de Rome Année 1989p. 809-826.

[625] Voir quelques analyses chez Joaquín LOSADA Espinosa, « Principe de subsidiarité et sa pertinence ecclésiologique : réponse », dans Hervé LEGRAND, et alii, *Les conférences Episcopales. Théologie, statut canonique, avenir*, Paris, Éd. Cerf, (Coll. *Cogitatio Fidei*, 149), 1988, p.450.

Ces tendances à la modernité et au progrès appelaient forcément de nouvelles attitudes tant idéologiques qu'autres.[626] Nous pouvons alors nous demander si les conditions n'étaient-elles pas réunies pour que les pères conciliaires réfléchissent sur l'importance historique de la subsidiarité ? Les faits énumérés ne pouvaient-ils pas inspirer la transposition du principe de subsidiarité du domaine civil au domaine ecclésial ? L'Église ne devait-elle pas appliquer à elle-même le principe dont elle défendait la validité pour l'ensemble des sociétés humaines ? À la lecture des documents conciliaires, nous remarquons que sa transposition dans la société ecclésiale sera hésitante et ne laissera que quelques traces.[627]

1. Subsidiarité : application hésitante dans le domaine ecclésial.

Certains auteurs, ceux qui voient dans l'Église latine la prédominance d'une structure hiérarchique, et donc une structure centralisée, feront fréquemment appel au principe de subsidiarité. D'autres vont relever le fait que, dans l'Église Catholique romaine, le principe de subsidiarité critique une trop grande prééminence décisionnelle du Saint siège ici, de la conférence épiscopale là et de l'évêque diocésain enfin, dans diverses questions. Thomas GREEN s'interroge à ce sujet : « Jusqu'à quel point certains problèmes ecclésiaux ont-ils à être résolus au niveau du Saint-Siège, si l'on favorise l'unité ou le bien de toutes les Églises ? Par ailleurs, jusqu'à quel point certains problèmes ecclésiaux ont-ils à être résolus par la conférence épiscopale et non par un évêque diocésain, si l'on veut renforcer l'unité ou le lien de l'Église dans une région donnée ? » [628]

Le principe de subsidiarité peut interroger le rapport entre la structure supérieure (Saint-Siège) et la structure inférieure (l'Église particulière). Ce principe peut interroger la relation entre l'évêque diocésain et la conférence épiscopale.

La question relative aux différents degrés de compétences dans l'Église et qui, sur le plan social, est au cœur du principe de subsidiarité, ouvre largement la voie aux controverses entre les auteurs. Nous notons, dans ce débat, que la préférence manifeste du synode général des évêques de 1987 pour les terminologies *saine autonomie* et *saine décentralisation* à la place

---

[626] De nombreux travaux ont été consacrés au principe de subsidiarité et à son application à l'Église. Il suffit de se reporter au *RIP* publié annuellement depuis 1969. Dans l'index au mot « subsidiarité », l'on trouve les références aux publications mondiales parues depuis l'année 1968 concernant le principe de subsidiarité.

[627] cf. Joël-Benoît d'ONORIO, *Le pape et le gouvernement de l'Église*, *Op. cit.*, p.197.

[628] Thomas GREEN, « L'usage fait des textes de Vatican II dans le schéma 'De Populo Dei' », dans *Concilium*, n°167 (1981), p. 89. Ce problème est aussi posé, en des termes différents, par Henri TEISSIER, « Les Conférences épiscopales et leur fonction dans l'Église », dans *Concilium*, n° 208 (1986), p. 135-143. Voir surtout p. 140-141.

de *subsidiarité* est l'indice, en aval, de ces controverses[629]. Jean-Paul II, dans son discours du 28 juin 1986 à la Curie romaine, recommandait des investigations sérieuses et des analyses approfondies de cette question tant aux théologiens qu'aux canonistes[630]. Le rapport final du synode extraordinaire de 1985 abondait déjà dans le même sens : « une étude pour examiner si le principe de subsidiarité en vigueur dans la société humaine peut être appliqué à l'Église et dans quelle mesure nécessaire comme dans quel sens l'application pourrait ou devrait en être faite. »[631]

Les avis sont divers. Le canoniste belge, Jean BEYER, jésuite, constate par ailleurs que, dans le domaine strictement juridique, le mot subsidiarité est souvent remplacé par celui d'harmonisation entre les divers droits : universel et particulier. À la question de savoir si l'Église a besoin du principe de subsidiarité, Jean BEYER a répondu : « La prise de connaissance de la juste et saine autonomie des divers ordres de personnes et des différentes entités ecclésiales offre un fondement valable à l'établissement des normes adaptées à la réalité vécue selon les dons de Dieu.[632]

Cette réponse insinue l'application inadaptée de la subsidiarité telle qu'elle s'appliquerait dans la société civile. La remarque de Philippe DELHAYE ne va-t-elle pas dans le même sens ? Pour lui, au nom même de la subsidiarité, certains ont voulu affranchir les Églises locales de toute centralisation. Cette position a pu affirmer que tout est dans l'Église locale. Elle n'aurait besoin de se référer à l'Église-Mère de Rome que pour garder

---

629 « Principe de subsidiarité », dans *Communicationes*, vol. I, 1969, p. 80-82.

630 Cf. Jean-Paul II, Discours à la curie romaine du 28 juin 1986, dans *DC.*, t. 88, n° 1923 (10-24 août) 1986, p. 765-769.

631 *Synode extraordinaire, célébration de Vatican II*, paris, Éd. du cerf, 1985, p. 563. Voir aussi Petrus HUIZING, « La subsidiarité », dans *Concilium*, n°208 (1986), p. 145-150. Lorsque nous comparons les orientations du synode de 1969 et celles du synode de 1985, il y a lieu de constater un certain recul dans la pensée de l'Église quant à l'application du principe de subsidiarité dans la communauté ecclésiale. Le contraste est bien réel. Cela ne doit pas nous étonner outre mesure. La nécessité de prendre du recul s'imposait, dit Étienne RICHER, non pour tourner le dos aux valeurs sous-jacentes au principe de subsidiarité, qu'il soit d'ailleurs jugé plus ou moins pertinent dans l'Église, mais parce que d'aucuns n'ont pas manqué de saisir l'occasion pour l'utiliser dans le sens d'un certain affranchissement de l'autorité légitime. Cf. Étienne RICHER, « Principe de subsidiarité en droit canonique : Pertinence et listes d'application », dans *BLE.*, t. 113, n° 4 (2012), p. 431. C'est ce que fait aussi remarquer Miguel DELGADO Galindo : « Le principe de subsidiarité dans l'Église ne doit pas être compris comme un expédient juridique pour conjurer les interférences de la hiérarchie ecclésiastique dans la vie des fidèles, ou pour s'assurer que celle-ci n'intervient que dans les cas où les fidèles – soit personnellement ou en tant que membres d'associations – ne sont pas en mesure d'accomplir certaines fonctions » Miguel DELGADO Galindo, « Les statuts des associations de fidèles », dans *AC.*, t. 52 (2010), p. 272.

632 Jean BEYER, « Principe de subsidiarité ou 'Juste autonomie' dans l'Église », dans *N.R.T.*, 108, 1986, p. 821.

une certaine union[633]. Pour Bernard DAVID, parlant de la compétence de l'évêque diocésain, il écrit :

> « Le terme de décentralisation traduirait peut-être de manière extérieure la nouvelle situation, mais une telle manière de parler serait théologiquement inadéquate et injuste. De même, il ne semble pas opportun de parler ici d'application du principe de subsidiarité au sens habituel de ce terme, même si ce biais a pu constituer dans les faits un moyen et un moment de restitution à l'évêque diocésain des nombreuses causes qui avaient été soustraites à sa compétence. »[634]

D'autre part, s'opposant à la critique de Jean BEYER, Walter KASPER « s'attache à répondre à l'objection de 'sécularisme' du principe de subsidiarité en montrant que le caractère mystique de l'Église ne supprime pas sa dimension 'sociale', de même que la grâce parfait la nature mais ne la détruit pas. »[635]

Pour justifier la nécessité de l'application du principe de subsidiarité dans l'Église, le canoniste français René METZ renvoie aux thèses de l'anthropologie chrétienne. Ainsi, pour cet auteur, le fondement du principe de subsidiarité est constitué par :

> « Deux dominantes de l'anthropologie chrétienne : la dignité de l'homme en tant que personne, interpellée par Dieu, et la liberté. Ces deux notions, liberté et dignité de la personne humaine, sur lesquelles est fondé le principe de subsidiarité, font partie de la doctrine traditionnelle de l'Église [...] Ces données, résultant de l'anthropologie chrétienne, sont fondamentales pour saisir la véritable raison d'être du principe de subsidiarité et aussi son caractère impératif [...] En effet, l'importance attachée à la subsidiarité ne s'explique et ne se justifie qu'avec une anthropologie qui subordonne tout l'appareil social au service de la personne humaine en raison de l'éminente dignité de cette dernière. »[636]

---

[633] Cf. Philippe DELHAYE, « Clairvoyance du Synode de 1985 », dans *EV.*, vol. 97 (1987), p. 94.

[634] Bernard DAVID, « L'Évêque diocésain », dans *EV.*, vol. 97 (1987), p. 83.

[635] Walter KASPER, « Zum Subsidiaritätsprinzip in der Kirche », dans *Communio,* 1989, p.157 cité par Patrick DU FAY DE CHOISINET, « La subsidiarité, un principe juridique contesté ? », dans *PJR.*, t. 7 (1990), p. 62.

[636] René METZ, « La subsidiarité, principe régulateur des tensions dans l'Église », dans *RDC.*, vol. 22 (1972), p. 157-158. Pour justifier les données anthropologiques de la dignité et de la liberté, René METZ cite GS. 17 ; 25, § 1 ; 26, §2 et 3. En réalité, cet auteur fait de la subsidiarité un principe régulateur des tensions dans l'Église. Ce principe intervient pour maintenir l'équilibre des tensions qui, sans cesse menace la cohésion, car il est fonction des circonstances de lieu et de temps. Ces tensions sont un phénomène normal en raison de la dualité, communauté et personne, qui existe dans l'Église et qui est voulue par Dieu. La tentation de supprimer ces tensions aboutirait à un individualisme effréné ou à une socialisation outrancière. La difficulté cependant, dans l'application du principe de subsidiarité, tient au caractère particulier qu'on ne peut pas assimiler purement et simplement à une communauté humaine semblable aux autres. Il faut ainsi éviter un écueil celui d'appliquer à la société ecclésiale la subsidiarité de la même façon qu'on l'applique à la société civile. Les règles valables dans un cas ne le sont pas tout à fait dans l'autre, en raison

Or, ajoute-t-il, « Aussi la subsidiarité devient-elle une exigence dans une conception chrétienne du monde ; elle est une conséquence logique de la place éminente donnée à la personne humaine dans la société. »[637] À l'aide de ces données anthropologiques, le contenu de la subsidiarité ecclésiale se précise plus ou moins.

Mais, au-delà de ces différentes positions adoptées par les uns et les autres, il sied de se demander si les textes conciliaires et postconciliaires font écho à ce principe. Il faut, pour cela procéder à une évaluation de quelques documents dans lesquels le principe de subsidiarité trouve un écho explicite ou implicite. Il nous faudra ensuite chercher son expression dans les débats postconciliaire, ceux notamment qui ont eu lieu dans les synodes ordinaires ou extraordinaires après le second concile du Vatican.

La lecture des quelques documents pontificaux d'avant le second concile du Vatican nous avait permis de comprendre le contexte d'utilisation et d'application du principe de subsidiarité dans le domaine de la société civile. S'est alors posée la délicate question de son usage ou, mieux, de sa transposition de la sphère de la philosophie et de la doctrine sociale de l'Église à la sphère de l'ecclésiologie latine.

2. Subsidiarité : reprise explicite au Concile Vatican II.

Le second concile du Vatican a repris très explicitement le principe de subsidiarité dans deux de ses documents. Le premier est une Constitution, *Gaudium et Spes* et le second est une déclaration, *Gravissimum educationis momentum*[638]. Dans le premier, les pères conciliaires affirment pour l'*ad extra :*

> « C'est le rôle de la communauté internationale de coordonner et de stimuler le développement, en veillant cependant à distribuer les ressources prévues avec le maximum d'efficacité et d'équité. En tenant compte, assurément, du principe de subsidiarité, il lui revient aussi d'ordonner les rapports économiques mondiaux pour qu'ils s'effectuent selon les normes de la justice »[639].

Dans le second, nous lisons ce qui suit, aussi pour l'*ad extra* :

> « Outre les droits des parents et de ceux des éducateurs à qui ils confient une partie de leur tâche, des responsabilités et des droits précis reviennent à la société civile en tant qu'il lui appartient d'organiser ce qui est nécessaire au bien commun temporel. Elle a, entre autres tâches à

---

précisément de la spécificité de la société ecclésiale. C'est en se fondant sur une authentique ecclésiologie qu'on arrive à une application correcte du principe de subsidiarité dans l'Église. Dans ce sens, cette application n'aura qu'une signification restrictive. René METZ, « La subsidiarité, principe régulateur des tensions dans l'Église », *Art. cit.*, p. 168 et 171-176.

[637] *Idem*, p. 158.

[638] Faisons déjà remarquer que ces deux documents ne sont pas de la même portée théologique et canonique.

[639] *GS*. 86, 5.

promouvoir l'éducation de la jeunesse de multiples manières. Elle garantit les devoirs et les droits des parents et des autres personnes qui jouent le rôle dans l'éducation ; elle leur fournit son aide dans ce but. Selon le principe de subsidiarité, en cas de défaillance des parents ou à défaut d'initiatives d'autres groupements, c'est à la société civile, compte tenu cependant des désirs des parents, d'assurer l'éducation. »[640]

Dans un autre passage de cette même déclaration, le second concile du Vatican parle plus clairement du principe de subsidiarité : « L'État doit donc garantir le droit des enfants à une éducation scolaire adéquate, veiller à la capacité des maîtres, au niveau des études, ainsi qu'à la santé des élèves, et d'une façon générale développer l'ensemble du système scolaire sans perdre de vue le principe de subsidiarité, donc, en excluant n'importe quel monopole scolaire. »[641]

Ces textes conciliaires précités soulignent tant la liberté de la personne humaine que le rôle de l'État et de la société civile, en cas de carence, dans l'ordonnancement des rapports de l'économie mondiale et dans la promotion du droit universel à l'éducation. Nous retrouvons les idées véhiculées généralement par les Papes depuis Léon XIII jusqu'à Jean XXIII, n'évoquant pas les avancées introduites par Pie XII, à savoir la transposition de ce principe dans la société ecclésiale.

Aucune référence explicite à ce principe dans les Constitutions dogmatiques sur l'Église, *Lumen Gentium,* dans le Décret sur la charge des évêques dans l'Église, *Christus Dominus*, dans le Décret sur le ministère et la vie des prêtres, *Presbyterorum ordinis* ou dans le Décret sur l'apostolat des laïcs, *Apostolicam actuositatem.*[642] Et pourtant, ces textes non seulement traitent de l'ecclésiologie selon le second concile du Vatican[643] mais aussi déterminent les relations interpersonnelles entre les membres de la communauté ecclésiale. D'où cette conclusion qui s'impose à notre esprit : n'ayant pas été abordé dans ces documents importants de l'Église, le principe de subsidiarité garde sa forme habituelle. Il est resté entièrement au rang de principe qui réglemente les rapports entre l'État et la société civile. Il est du domaine de la protection de l'autonomie de la personne humaine face aux structures sociales qui risquent de la broyer. Elle doit trouver dans les institutions publiques une aide et un soutien.[644] Pour le second concile du

---

[640]*GEM.* 3.

[641]*GEM.* 6

[642] Cf. aussi René METZ, « La subsidiarité, principe régulateur des tensions dans l'Église », *art. cit.,* p. 164.

[643] Valentin MASENGO Nkinda, « L'ordre juridique particulier des églises africaines selon le droit canonique. Application des principes de subsidiarité et de décentralisation », dans *Quelle Église pour l'Afrique du Troisième millénaire ? Contribution au synode spécial des Évêques pour l'Afrique. Actes de la Dix-huitième Semaine Théologique de Kinshasa* (du 21 au 27 avril 1991), Kinshasa, FCTK., 1991, p. 250.

[644]Cf. *G S.* 25, 1. Cette conclusion est aussi celle de Joël-Benoît d'ONORIO. Cf. Joël-Benoît d'ONORIO, *Le pape et le gouvernement de l'Église*, *Op. cit.,* p.196.

Vatican, le principe de subsidiarité semble concerner surtout la relation entre l'État et les autres sociétés.

Nous croyons qu'une lecture attentive des documents conciliaires peut nous amener, autant que faire se peut, à trouver, entre les lignes, non pas des références explicites à ce principe mais son expression, peut-être implicite, dans la pensée magistérielle catholique.

À cet effet, Joaquín LOSADA Espinosa pense qu'il faut voir dans le paragraphe 30 de *Lumen Gentium* une affirmation du principe de subsidiarité.[645] Ce paragraphe dit :

> « Ils savent (les pasteurs sacrés) qu'ils n'ont pas été eux-mêmes institués par le Christ pour assumer à eux seuls tout l'ensemble de la mission salutaire de l'Église à l'égard du monde, leur tâche magnifique consistant à comprendre leur mission de pasteurs à l'égard des fidèles et à reconnaître les ministères et les grâces propres à ceux-ci, de telle sorte que tout le monde à sa façon et dans l'unité apporte son concours à l'œuvre commune. »

Dans le même sens, nous pourrons trouver dans le paragraphe 8 du décret *Christus Dominus* relatif au pouvoir des évêques dans leur propre diocèse, un présupposé valable de la subsidiarité :

> « Les évêques, en tant que successeurs des apôtres, ont de soi, dans les diocèses qui leur sont confiés, tout le pouvoir ordinaire, propre et immédiat, requis pour l'exercice de leur charge pastorale, étant sauf toujours et en toutes choses le pouvoir que le Pontife romain a, en vertu de sa charge, de se réserver des causes ou de les réserver à une autre autorité. Chaque évêque diocésain a la faculté de dispenser de la loi générale de l'Église, en un cas particulier, les fidèles sur lesquels il exerce son autorité selon le droit, chaque fois qu'à son jugement la dispense profitera à leur bien spirituel, à moins qu'une réserve spéciale ait été faite par l'autorité suprême de l'Église. »

Pour MASENGO Nkinda, l'insistance sur la notion de sacerdoce commun conduit à reconnaître à chaque fidèle du Christ le droit et l'obligation de participer à la construction de l'Église, chacun selon sa vocation et son charisme. En ce sens, le décret *Apostolicam actuositatem* est une belle illustration de la reconnaissance de ce droit[646]. Ainsi par exemple, selon ce décret : « Le lien nécessaire avec l'autorité ecclésiastique étant assuré, les laïcs ont le droit de fonder des associations, de les diriger et d'adhérer aux associations et mouvements existants »[647]. Par conséquent, ces associations de laïcs jouissent d'une véritable autonomie et sont conduites

---

[645] Cf. Joaquín LOSADA Espinosa, « Principe de subsidiaire et sa pertinence ecclésiologique : réponse », dans Hervé LEGRAND, et alii, *Les conférences Episcopales. Théologie, statut canonique, avenir*, *Art. cit.*, p. 454.

[646] Valentin MASENGO Nkinda, « L'ordre juridique particulier des églises africaines selon le droit canonique. Application des principes de subsidiarité et de décentralisation », *Art. cit.*, p. 250.

[647] Cf. *AA.* 15 et 19 ; *LG.* 37

selon leurs statuts par des dirigeants librement élus. Si MASENGO Nkinda s'attendait à trouver dans ce décret l'évocation du principe de subsidiarité, le terme n'y est pas employé[648]. Mais, en dehors des textes conciliaires, ne devons-nous pas plutôt recourir aux documents synodaux postconciliaires ?

3. Subsidiarité : un regard tardif de l'Église.

L'une des créations les plus importantes du second concile du Vatican est sans doute le synode des évêques auprès du Pontife romain.[649] Ce nouvel organe s'est révélé être une institution très bénéfique au gouvernement de l'Église. Et c'est pourquoi le juriste catholique français Joël-Benoît d'ONORIO affirme, sans être théologien, ni canoniste, que le synode des évêques est : « un instrument appréciable de rapprochement entre le centre romain et la périphérie des diocèses. Les évêques sont mieux à même d'estimer à sa juste valeur le ministère pontifical et de comprendre la nécessaire et l'indispensable collaboration entre Rome et eux »[650]. Il est un instrument de la mise en œuvre du principe de collégialité. Le Motu Proprio de Paul VI, *Apostolica sollicitudo* du 15 septembre 1965 qui l'institue, tient compte de ce principe et insiste sur la nécessaire union entre les évêques et le Pape[651]. Ainsi, en presque cinquante ans après la fin du second concile du Vatican, une vingtaine de synodes ordinaires et extraordinaires ont été organisés[652]. Ne pouvant étudier ici toutes ces assemblées synodales, nous

---

[648] Valentin MASENGO Nkinda, « L'ordre juridique particulier des églises africaines selon le droit canonique. Application des principes de subsidiarité et de décentralisation », *Art. cit.,* p. 250.

[649]Ignace NDONGALA Maduku, *Pour des Églises régionales en Afrique*, Paris, Karthala, 1999, p. 105.

[650]cf. Joël-Benoît d'ONORIO, *Le pape et le gouvernement de l'Église*, *Op. cit.*, p. 408.

[651] Cf. Paul VI, « Motu Proprio *Apostolica sollicitudo* du 15 septembre 1965 », dans *AAS.*, vol. 57 (1965), p. 775-780 ; *DC.*, t. LXII, n° 1456 (3 octobre1965), col. 1663-1668. En principe, le synode n'a pas accès à l'exercice direct de l'autorité suprême qui reste l'attribution exclusive du Pape, du concile œcuménique et du collège des Évêques uni au Pontife romain. Les assemblées synodales ne font que renseigner, conseiller et aider le Pontife romain dans les domaines qu'il leur a assignés.

[652]A titre d'exemple nous citerons ceux de 1967, sur la préservation et le renforcement de la foi catholique, son intégrité, sa vigueur, son expansion, sa cohésion doctrinale et historique; de 1971, sur le sacerdoce ministériel et la justice dans le monde ; de 1974, sur l'Évangélisation dans le monde moderne (*Evangelii Nuntiandi*) ; de 1977, sur la catéchèse en notre temps (*Catechesi Tradentae*) ; de 1980, sur la famille chrétienne (*Familiaris Consortio*) ; de 1983, sur la pénitence et la réconciliation (*Reconciliatio et Paenitencia*) ; de 1987, sur la vocation et la mission des laïcs dans l'Église et dans le monde (*Christifideles laici*) ; de 1990, sur la formation des prêtres dans les circonstances actuelles (*Pastores dabo vobis*) ; de 1994, sur la vie consacrée et sa mission dans l'Église et dans le monde (*Vita Consecrata*) ; de 2001, sur l'Évêque : serviteur de l'Évangile de Jésus-Christ pour l'espérance du monde (*Pastores Gregis*) ; de 2005, sur l'Eucharistie : source et sommet de la vie et de la mission de l'Église (*Sacramentum Caritatis*) ; de 2008, sur la Parole de Dieu dans la vie et la mission de l'Église (*Verbum Domini*) ; de 2012, sur la nouvelle Évangélisation pour la transmission de la foi chrétienne. Nous notons aussi, dans ce registre, les sessions

nous limitons à celles qui, d'une manière ou d'une autre, traitent du principe de subsidiarité.

En juin 1967, la commission pontificale pour la révision du Code de Droit Canonique de 1917 envoya à ceux qui devaient participer à la première assemblée du synode des évêques les principes devant guider l'élaboration d'un nouveau *Codex.*[653] Le cinquième principe fait mention du principe de subsidiarité. Il est, pour la commission pontificale, un acquis et peut être appliqué à la communauté ecclésiale, spécialement dans le domaine du droit canonique :

> « On apportera une attention particulière au principe qui découle du principe de subsidiarité ; ce principe doit être appliqué dans l'Église avec d'autant plus de raison que la fonction des évêques avec les pouvoirs qui y sont attachés est de droit divin ; en vertu de ce principe et pourvu que l'unité législative et le droit universel et général soient respectés, la convenance et la nécessité s'accordent pour pourvoir aux intérêts de chaque institution précise par le moyen de droits particuliers et par une saine autonomie du pouvoir exécutif particulier qui leur est reconnu ; en s'appuyant donc sur ce principe, le nouveau Code confiera aux droits particuliers ou au pouvoir exécutif le soin de tout ce qui n'est pas nécessaire à l'unité de la discipline de l'Église universelle, de manière à pourvoir convenablement à une saine 'décentralisation', comme on dit, en évitant tout danger de désagrégation ou de constitution d'Églises nationales. »[654]

Pour les pères synodaux, l'application de ce principe doit obéir à une double exigence. Elle doit être comprise principalement comme un soutien aux institutions particulières. Celles-ci peuvent désormais promulguer des lois spécifiques devant les régir. Elles doivent en outre sauvegarder l'unité de la législation ecclésiastique.[655]

Il nous paraît donc que l'application du principe de subsidiarité dans la pratique du droit de l'Église soit tardive. Elle est même encore hésitante de nos jours.[656] La subsidiarité devait, selon ce cinquième principe de la

---

extraordinaires de 1969, sur l'approfondissement de la doctrine de la collégialité ; de 1985, sur le bilan de l'application du second concile du Vatican ; une assemblée spéciale pour les délégués des Évêques d'Europe en 1991, un synode pour les Églises d'Afrique en 1995.

653 Voir à ce sujet *Communicationes*, vol. I, 1969, p. 77-85.

654 *Communicationes*, vol. I (1969), p. 77-100. Voir, pour le principe de subsidiarité, p. 80-82. Voir Préface du Code *de droit canonique bilingue annoté*, 2e édition révisée et mise à jour sous la direction d'Ernest CAPARROS, Michel THÉRIAULT, Jean THORN, Montréal, Wilson &Lafleur ltée, 1999, p. 25.

655 Cf. Joseph A. KOMONCHAK, « Le principe de subsidiarité et sa pertinence ecclésiologique », dans Hervé LEGRAND, Julio MANZANARES, Antonio GARCIA Y GARCIA (éd.), *Les conférences épiscopales. Théologie, Statut canonique, Avenir.* Actes du Colloque international de Salamanque du 3 – 8 janvier 1988, Paris, Éd. du Cerf, (Coll. *Cogitatio Fidei*), 1988, p. 408.

656 Voir les analyses d'Étienne RICHER, « Principe de subsidiarité en droit canonique : Pertinence et listes d'application », dans *BLE.*, t. 113, n° 4 (2012), p. 421-440.

révision du *CIC*/1917, être comprise comme l'un des principes canoniques qui justifient la place de l'évêque diocésain aussi bien dans le système de la gouvernance de l'Église universelle que dans l'Église particulière. Il justifie par ce fait même son rôle juridique dans les affaires qui concernent son Église dans son ensemble.

Le synode des évêques de 1967 fait revenir au centre des débats ecclésiaux le principe de subsidiarité et, plus encore, il l'a replacé dans le domaine canonique. L'expression de son application dans le domaine canonique est visible dans le Code de 1983. L'Église catholique latine, en évitant d'institutionnaliser canoniquement ce que certains théologiens appellent ''Églises nationales'' ou encore ''Églises régionales'', fera en sorte qu'une certaine autonomie soit reconnue aux législations dites particulières.[657]

Dans un sens général, le synode de 1967, favorable à l'application du principe de subsidiarité dans la vie ecclésiale, suggère quelques applications pratiques. Il pourra, par exemple, inciter à une grande flexibilité de la législation canonique. Il pourra en outre permettre de redéfinir, encore davantage, le statut de l'évêque diocésain et la nature des relations entre la hiérarchie ecclésiale et les fidèles. Il pourra enfin contribuer, pense-t-on à l'époque, à l'élaboration d'une *Lex Ecclesiae Fundamentalis* unique pour toute l'Église.[658] Ce principe pourra être évoqué pour promouvoir l'unité et la diversité ou la pluralité des organismes ecclésiaux[659].

---

[657]*Idem*, p. 409. Sur les Églises régionales, nous renvoyons aux études de : NDONGALA Maduku, Ignace, *Pour les Églises régionales en Afrique*, Paris Karthala, 1999 ; Hervé LEGRAND, « Les Évêques, les Églises locales et l'Église entière. Évolutions institutionnelles depuis Vatican II et chantiers actuels de recherche », dans Hervé LEGRAND et Christophe THEOBALD (dir.), *Le Ministère des Évêques au Concile Vatican II et depuis. Hommage à Mgr. Guy Herbulot*, Paris, Cerf, 2001, p. 242-246.

[658]*Ibidem*. Historiquement, nous nous situons à l'époque où l'élaboration de la loi fondamentale n'avait pas encore fait l'objet d'une discussion minutieuse. Cette idée a été lancée en 1963 pendant le Concile Vatican II et elle connut quatre versions avant d'être abandonnée au moment de la promulgation du Code de 1983. La *Lex Ecclesiae fundamentalis* devait rassembler les canons communs aux codes latin et oriental. Son contenu a finalement été intégré, pour l'essentiel, dans ces deux codes (de 1983[latin] et de 1990[oriental]. Au sujet de cette loi fondamentale, retenons que parmi les trois points de l'ordre du jour des travaux préparatoires à la session plénière du 6 mai 1965 pour la révision du code de droit canonique de 1917, figurait celui sur la *Lex ecclesiae Fundamentalis* : « Savoir s'il faut deux codes, l'un pour l'Église latine et l'autre pour les Églises Orientales Catholiques ou un seul code avec une loi fondamentale ». Au cours de la deuxième session plénière, les membres de la Commission se penchèrent donc sur l'étude d'une méthode procédurale plus apte et sur la question de savoir s'il fallait un Code ou une Constitution qui serait commune à l'Église Latine et aux Églises Orientales Catholiques. A cette dernière question, la majorité des membres de la Commission auxquels s'étaient adjoints pour la circonstance des Patriarches Orientaux adopta la proposition en faveur d'un Code. Le 20 octobre 1981, l'assemblée plénière de la Commission de révision du Code ainsi constituée débuta l'examen de près de 400 questions relatives à divers canons du nouveau schéma. Avant de se séparer, les membres de la commission demandèrent au Saint Père de ne pas publier le

Le deuxième synode des évêques auquel nous renvoyons est celui de 1969. Il était convoqué pour examiner les relations entre les conférences épiscopales et le Siège apostolique et entre les conférences épiscopales elles-mêmes. Le principe de subsidiarité était alors traité dans le cadre de la collégialité épiscopale[660].

Déjà le document préliminaire sur l'étroite collaboration entre les conférences épiscopales et le siège apostolique reconnaissait, parmi les signes du temps, le besoin d'appliquer le principe de subsidiarité.[661] De même, dans son discours d'ouverture de la session extraordinaire du synode, le 14 octobre 1969, Paul VI, parlant de la plénitude de prérogatives et des pouvoirs découlant de la sacramentalité épiscopale, préconise une

---

schéma sur la *Lex ecclesiae Fundamentalis* et de l'insérer dans le nouveau code, ainsi que 36 des canons qui la composaient et qui concernaient les « droits et devoirs du fidèle chrétien » la « hiérarchie dans l'Église », les « sacrements » et le « magistère ». Le travail de réajustement des canons et d'harmonisation de la terminologie fut mené avec érudition. La *Lex ecclesiae Fundamentalis* serait l'image d'un droit fondamental. Cf. pour le projet de la Loi fondamentale dans *Communicationes,* t. VIII, 1976, p. 78-108 ; t. IX, 1977, p. 83-116 et 274-303. Dans ces tomes, se trouvent les textes révisés de chaque canon, les raisons qui ont justifié les différentes modifications et un petit résumé des discussions. Nous renvoyons aussi à quelques études en langue française : Petrus HUIZING, « La réforme du droit canonique », dans *Concilium,* n° 8 (1965), p. 91-117 ; Hans DOMBOIS, « Considérations de théologie et de droit à propos de la structure d'une ''lex fundamentalis ecclesiae'' », dans *Concilium,* n°48 (1969), p. 43-49 ; Giuseppe ALBERIGO, « Une loi constitutionnelle pour l'Église, garantie de la restauration », dans *Concilium,* n° 66 (1971), p. 135-146 ; M. DESDOUITS, « La loi fondamentale », dans *EV.*, vol. 81 (1971), p. 667-671 ; Pericle FELICI, « Communication au synode du 3 novembre 1971 », dans *Communicationes,* vol. 3/2, 1971, p. 169-185 ; Gustave THILS, *Une « loi fondamentale pour l'Église » ?,* Louvain, Peeters, 1971 ; « ''Communicationes'' et la ''lex fundamentalis », dans *RTL.*, n° 1 (1970), p. 228-230 ; Remigiusz SOBANSKI, « La ''Loi fondamentale'' de l'Église. Quelques réflexions », dans *NRT.,* vol. 94, n° 3 (1972), p. 251-268 ; Giuseppe ALBERIGO, « Note sur un nouveau projet de la loi fondamentale de l'Église », dans *RSPhTh.*, vol. 62, n° 4 (Octobre 1978), p. 505-522 ; Emmanuel LANNE, « Réflexion sur une éventuelle loi fondamentale de l'Église », dans *Ir.*, t. 2 (1979), 163-199.

[659] Cf. *Communicationes*, vol. I, 1969, p. 89. A la fin de tous les débats synodaux, le Cardinal FELICI conclut par l'application du principe de subsidiarité dans le Code révisé, mais avec prudence et dans l'esprit du Concile, cf. *Communicationes*, vol. 1 (1969), p. 96, 99-100.

[660] Plusieurs études traitent de cette notion : Yves CONGAR, « La collégialité de l'épiscopat et la primauté de l'Évêque de Rome dans l'Histoire : brève esquisse », dans *Angelicum,* t. 47 (1970), p. 403-427 ; Jérôme HAMER, « Les conférences épiscopales, exercice de la collégialité », dans *NRT.*, vol. 85, n° 9 (1963), p. 966 – 969 ; Joseph LECUYER, Etudes sur la collégialité épiscopale, Paris, Xavier Mappus, 1964, 107 p ; Yves CONGAR, *La Collégialité Episcopale, Histoire et Théologie,* Éditions du Cerf, 1965, 393 p ; Giuseppe ALBERIGO, « La collégialité d'après quelques théologiens de la papauté », dans *La collégialité épiscopale*, Paris, éd. du Cerf, (Coll. *Unam Sanctam*, 52), 1965, p. 183-287 ; Joseph RATZINGER, « La collégialité épiscopale. Développement théologique », dans *L'Église de Vatican II : études autour de la Constitution conciliaire sur l'Église*, Guilherme BARAÚNA (éd.), t. 3, Paris, éd. du Cerf, 1966, p. 763-790 ; François GUILLEMETTE, « Les conférences épiscopales sont-elles des institutions de la collégialité épiscopale ?», dans *Stcan.*, t. 25, n° 1 (1991), p. 413-462.

[661] Voir le document préliminaire, *DC.*, t. LXVI, n° 1550 (16 novembre 1969), p. 1013-1031.

application prudente du principe de subsidiarité dans la collégialité épiscopale : « L'application du principe de subsidiarité, tempérée par une humble et sage prudence, ne doit pas compromettre le bien commun de l'Église par de multiples et excessives autonomies particulières qui nuisent à l'unité et à la charité. »[662]

Pour l'accroissement des compétences des Conférences épiscopales, le rapport synodal final affirme : « Étant sauve la responsabilité immédiate de l'évêque dans son propre diocèse, que soient données ou reconnues de plus vastes compétences aux conférences épiscopales. Ceci est requis par le principe de subsidiarité bien compris, auquel est lié celui de solidarité. »[663] Ce rapport rappelle les pouvoirs des évêques lorsqu'ils agissent individuellement ou ensemble, restant sauves, si la nécessité et l'utilité le demandent, les éventuelles interventions du Pontife romain dans le gouvernement d'une ou de plusieurs Églises particulières[664].

Nous lisons en définitive dans le discours de clôture du synode prononcé par Paul VI :

> « Nous sommes disposés à accueillir toute aspiration légitime à une meilleure reconnaissance des caractéristiques et des exigences particulières des Églises locales, grâce à une application bien comprise du principe de subsidiarité : Principe qui requiert certainement un surcroît d'approfondissement doctrinal et pratique, mais que Nous n'hésitons pas à accepter dans son acception fondamentale. Celui-ci, cependant, ne doit pas être confondu avec une prétendue requête de « pluralisme » qui toucherait la foi, la loi morale et les lignes fondamentales des sacrements, de la liturgie et de la discipline canonique, qui tendent à conserver dans l'Église l'unité nécessaire. »[665]

---

[662] Cf. *DC.*, t. 66, n° 1550 (2 novembre 1969), p. 957-958. Voir la p. 958.

[663] *Ibidem.*

[664] *Ibidem.* Ainsi, il sera décidé que le Code de Droit Canonique en cours de rédaction donnera les normes adéquates de cet élargissement des compétences des Conférences des Évêques. Était envoyée à l'étude la possibilité de confier déjà à chaque Évêque ou à sa Conférence la compétence dans les causes qui ne concernent pas directement l'Église universelle et par conséquent ne réclament pas une solution uniforme. Cependant, dans les débats sur le rapport présenté par le Cardinal MARTY, le groupe francophone, au sujet de la détermination et de l'application du principe de subsidiarité à l'intérieur de l'Église, reconnaît que ce principe est difficile à manier, car il revêt des sens divers dans le droit civil et dans le droit ecclésiastique. D'autre part, c'est un principe affirmé dans l'Encyclique du 15 mai 1961, *Mater et Magistra* de Jean XXIII, à propos de la vie civile ; mais le passage au plan ecclésial comporte des inconvénients, car la réalité ecclésiale est d'un autre ordre. Il faut donc conserver l'idée, mais sans insister sur le terme même de « subsidiarité ». En sus, ce groupe estime qu'il faut étendre ce principe aux synodes patriarcaux et aux conférences épiscopales. Mais là encore, le Pape peut toujours se réserver les « causes » qui lui paraissent concerner le bien commun de l'Église universelle, cf. *DC.*, n° 1551 (16 novembre 1969), col. 1015-1016.

[665] Paul VI, « Allocution avant la clôture officielle du Synode extraordinaire des Évêques, le 27 octobre 1969 », dans *AAS.*, vol. 61(30 septembre 1969), p. 726-730 (Voir la p. 729) ; *DC.*, t. 66, n° 1551 (16 novembre 1969), p.1011- 1012 (Voir p. 1012). Le même Pontife dit presque la même chose le 25 mars 1971 dans son « allocution aux conférences européennes », dans

Au synode des évêques de 1974 sur l'évangélisation, la notion de subsidiarité sera évoquée dans le cadre de la décentralisation et de la coresponsabilité à promouvoir. Ce cadre suggérait déjà son application. Ce qui nous fait dire, à la suite de Joseph A. KOMONCHAK, que personne ne pouvait se prononcer contre sa validité dans l'Église.[666] De fait, la *relatio* sur la synthèse des interventions des pères synodaux affirmait :

> « Les relations entre les Églises locales et le Siège apostolique ont besoin d'être étudiées. L'Église universelle est la communion des Églises locales, à laquelle l'Église de Rome et son évêque président comme principe de l'unité et lien de la charité universelle. La réalité de l'Église locale doit être pleinement reconnue et son autorité légitime doit être complètement reconnue et promue. Cela exige que le principe de subsidiarité soit vraiment appliqué et qu'une décentralisation s'instaure de telle sorte que les Églises locales puissent assumer les responsabilités qui leur appartiennent. »[667]

Ce faisant, les prélats au synode de 1974 souhaitèrent de nouvelles mesures de décentralisation qui porteraient par exemple le titre de : l'indigénisation pastorale du christianisme. Le groupe des évêques francophones va jusqu'à réclamer, conformément aux déclarations de *Christus Dominus*, que soient reconnus aux évêques tous les pouvoirs ordinaire, propre et immédiat requis pour l'exercice de leur charge pastorale. Que soit reconnue en sus aux Églises particulières une plus grande liberté, à l'intérieur des cadres déterminés par le Saint-Siège, dans le but de créer de nouvelles formes d'expression pour l'administration des sacrements, pour l'établissement de nouveaux ministères, pour le choix des évêques, ...Que le Saint-Siège n'intervienne qu'à l'échelon des orientations générales, sans

---

AAS., vol. 63 (30 avril 1971), p. 292-294 et dans son « Encyclique *Octogesima Adveniens* du 14 mai 1971, n°24-25 », dans *AAS.*, vol. 63 (30 juin 1971), p. 418-419.

[666] Cf. Joseph A. KOMONCHAK, « Le principe de subsidiarité et sa pertinence ecclésiologique », *Art. cit.*, p. 414. Autres études : Jean BEYER, « Le principe de subsidiarité: Son application en Eglise », dans *Gregorianum*, vol. 69, n°3 (1988), p. 435-459 ; Germain LESAGE, « Le principe de subsidiarité et l'état religieux », dans *Stcan.*, t. 2, n°1 (1968), p. 99-123 ; Bertrand DE MARGERIE, « Le principe de subsidiarité vaut-il dans la société ecclésiale? », dans *Doctor communis*, Vol. 41, n°1 (1988), p. 76 ; KAUFMANN, Franz Xaver, « Le principe de subsidiarité. Point de vue d'un sociologue des institutions », dans LEGRAND, Hervé, MANZANARES Marijuán, GARCIA Y GARCIA, Antonio, *Les conférences épiscopales*, Paris, éd. du Cerf, (Coll. *Cogitatio Fidei*), 1988, p. 361-381 ; Joël-Benoît d'ONORIO, *La subsidiarité, de la théorie à la pratique*. Actes du XIIe colloque national de la Confédération des juristes catholiques de France, Paris, 20-21 novembre 1993, sous la direction de Joël-Benoît D'ONORIO, Paris, Téqui, 1995, 182 p; Antonio VIANA, « El principio de subsidiariedad en el gobierno de la Iglesia », dans Antonio VIANA. (éd.), *La dimensión de servicio en el gobierno de la Iglesia*, Navarra Gráfica Ediciones, Pamplona, 1999, p. 93-114 ; PIRSON, Dietrich, « Subsidaritätsprinzip », dans *Gesammelte Beiträge zum Kirchenrecht und Staatskirchenrecht*, Vol. 1 (2008), p. 260-262.

[667] Paul VI, *Allocution à la Session de renouveau canonique du 13 décembre 1972*, dans *AAS*, t. LXIV, 1972, p. 781 ; *DC.*, t. LXXI, n° 1663 (3 novembre 1973), p. 125.

entrer dans les détails dont les pasteurs sont les meilleurs juges au plan local[668].

Le synode des évêques de 1977, sur la catéchèse, aborde la question du principe de subsidiarité en partant de la responsabilité qu'a l'évêque de veiller à la transmission de la doctrine de la foi et à la formulation des projets catéchétiques. Dans ce travail, l'évêque « devra nouer des relations étroites avec les théologiens, les catéchètes et les spécialistes des sciences humaines. Dans la mesure du possible, il devra appliquer le principe de subsidiarité et de coresponsabilité car, plus ceux qui ont une certaine responsabilité dans la catéchèse diocésaine participent à la formulation des projets catéchétiques, plus la catéchèse elle-même sera efficace »[669].

Enfin, au synode des évêques de 2001[670], l'application du principe de subsidiarité était vivement souhaitée par les pères synodaux dans le rapport entre l'évêque et l'autorité suprême. Jean-Paul II, dans son Exportation post synodale *Pastores Gregis*, sur l'évêque, serviteur de l'Évangile, fait écho à ce souhait :

> « Dans la Salle du Synode, quelqu'un a soulevé la question de savoir si l'on ne pouvait pas étudier les rapports entre l'évêque et l'Autorité suprême à la lumière du principe de subsidiarité, spécialement en ce qui concerne les rapports entre l'évêque et la Curie romaine, en souhaitant que, dans la ligne d'une ecclésiologie de communion, ces rapports se déroulent dans le respect des compétences de chacun et donc dans la mise en œuvre d'une plus grande décentralisation. On a demandé également que soit étudiée la possibilité d'appliquer ce principe à la vie de l'Église, en sauvegardant de toute façon le fait que le principe constitutif pour

---

668 Jean POTIN, *Réalités et avenir de la catéchèse dans le monde. Principaux documents du Synode des Évêques*, Éd. le Centurion, 1978. Proposition 34 des Évêques adressée au Pape, Paris, Éd. du Centurion, 1978, p. 214.

669 *Ibidem.*

670 Nous signalons aussi, entre les synodes de 1977 et de 2001, quelques évocations du principe de subsidiarité dans quelques documents du magistère. Le *Catéchisme de l'Église catholique abrégé* reprend la définition traditionnelle du principe de la subsidiarité : « Ce principe signifie qu'une société d'ordre supérieur ne doit pas assumer des fonctions qui reviennent à une société d'ordre inférieur, la privant de ses compétences. Elle doit plutôt la soutenir en cas de nécessité ». *Catéchisme de l'Église catholique abrégé*, Paris, Bayard-Fleurus-Mame-Cerf, 2005, n°403. Pour le centenaire de l'Encyclique *Rerum novarum*, Jean-Paul II, dans son Encyclique *Centesimus annus,* reprend presque la même formulation que le *Catéchisme de l'Église catholique abrégé.* Voir Jean-Paul II, *Encyclique Centesimus annus* du 1 mai 1991, dans *DC.,* t. 88, n° 2029 (2 juin 1991), p. 543. L'instruction *Libertatis conscientia* du 22 mars 1986 de la Congrégation pour la Doctrine de la foi décrit le principe de subsidiarité en des termes semblables : « […]ni l'État ni aucune société ne doivent jamais se substituer à l'initiative et à la responsabilité des personnes et des corps intermédiaires au niveau où elles peuvent agir, ni détruire l'espace nécessaire à leur liberté… ». Congrégation pour la Doctrine de la foi, *Instruction libertatis conscientia* sur la liberté chrétienne et la libération, dans *AAS.,* vol. 79, n°73 (5 mai 1987), p. 586 ; *DC.*, t. 88, n° 1916 (1986), n° 73, p. 398.

l'exercice de l'autorité épiscopale est la communion hiérarchique des divers évêques avec le Pontife romain et avec le Collège épiscopal. »[671]

Mais ce souhait, nous semble-t-il, n'a pas trouvé une adhésion unanime de la part des pères synodaux eux-mêmes. La prudence était de mise. Jean-Paul II évoque d'ailleurs la réserve du second concile du Vatican à l'égard du mot ‘‘subsidiarité’’, privilégiant à la place le principe de collaboration dans le rapport entre l'évêque et le Pontife suprême. Ainsi, conclut-il :

> « Le concile Vatican II, qui n'a jamais employé le mot de ‘‘subsidiarité’’, a toutefois encouragé le partage entre les organismes de l'Église, lançant, sur la théologie de l'épiscopat, une nouvelle réflexion qui porte maintenant ses fruits dans l'application concrète du principe de la collégialité à la communion ecclésiale. Mais, en ce qui concerne l'exercice de l'autorité épiscopale, les Pères synodaux ont jugé que le concept de subsidiarité s'avérait ambigu et ils ont insisté sur la nécessité d'une étude théologique plus approfondie de la nature de l'autorité épiscopale à la lumière du principe de communion. »[672]

Dans la ligne de la pensée de ses prédécesseurs, Jean-Paul II est favorable à ce que le principe de subsidiarité soit appliqué dans plusieurs domaines de la vie civique, sociale et économique. Il doit être l'un des principes qui règlementent l'économie mondialisée :

> « La vision de l'Église en cette matière comprend trois points de référence essentiels et concomitants, qui sont la dignité de la personne humaine, la solidarité et la subsidiarité. C'est pourquoi *l'économie mondialisée* doit être examinée à la lumière des principes de la justice sociale, en respectant l'option préférentielle pour les pauvres, qui doivent être mis en mesure de se défendre dans une économie mondialisée, et les exigences du bien commun international. »[673]

Avec les différentes Assemblées synodales, la discussion autour du principe de subsidiarité semble apaisée. Même si ce principe a été l'objet de controverses, de réticences et de défenses, il a été proposé par les pères réunis dans les différents synodes postconciliaires comme pouvant être appliqué, à des degrés divers, dans la communauté ecclésiale[674]. De même, le principe de subsidiarité a été pris en compte dans la nouvelle codification canonique de 1983[675] ; ce qui la rend plus sobre, plus souple et laisse ainsi

---

[671] Jean-Paul II, Exhortation post synodale *Pastores Gregis,* 56, dans *AAS.,* vol. 96 (3 décembre 2004), p. 897. Voir pour cet extrait la p. 1042.

[672] *Ibidem.*

[673] *Ibidem.*

[674] C'est pour préciser l'importance du principe de subsidiarité dans la doctrine sociale de l'Église qu'un compendium a été publié, en 2004, par le Conseil Pontifical Justice et Paix. Voir Conseil Pontifical Justice et Paix, *Compendium de la doctrine sociale de l'Église*, 2 avril 2004, Paris, Éd. du Cerf, 2004.

[675] Nous ne pouvons, ici, aborder cet aspect de recherche importante et nécessaire c'est-à-dire, découvrir et analyser les canons du Code de droit canonique actuel (1983) qui sont les reflets

certaines questions concrètes concernant la vie des Églises particulières à la compétence des autorités canoniques qui, de fait, les gouvernent plus directement[676]. Il faut reconnaître que le principe de subsidiarité, sur le plan canonique, ouvre des voies pour que des initiatives favorisant un fonctionnement plus harmonieux et efficient des institutions ecclésiales soient prises en considération.[677]

Conclusion.

La portée significative du principe de subsidiarité dans la société et dans l'Église catholique latine, l'objet de nos propos, révèle à notre esprit l'importance de ce sujet dont la réflexion ne doit pas être considérée comme achevée et aboutie. Le principe de subsidiarité concerne toute la société, tant civile qu'ecclésiastique. Il peut s'appliquer dans les structures de la société étatique et dans les institutions de l'Église catholique, ici latine. Les premières manifestations de la pratique de subsidiarité se constatent déjà dans les écrits du philosophe de la Grèce antique, Aristote et, au Moyen-Âge, dans la théologie Thomiste. Le principe de subsidiarité est, aujourd'hui, l'un des principes de la doctrine sociale de l'Église catholique latine.

Nos analyses avaient pour but, non seulement de fixer les origines étymologiques du concept de *subsidiarité*, ses manifestations dans l'action sociopolitique, mais aussi de constater les hésitations quant à son application dans la communauté ecclésiale, c'est-à-dire dans les Églises particulières et locales et dans l'Église universelle. Nous avions ainsi montré que, voulant

de l'application du principe de subsidiarité. Cela nécessite des études plus approfondies des canons des livres du Code de droit canonique.

[676] Rosalio José Castillo LARA, « Criteri di lettura e comprensione del nuovo Codice », dans *Appollinaris*, vol. 56, n°3-4 (1983), p. 363. Cité par Patrick DU FAY DE CHOISINET, « La subsidiarité, un principe juridique contesté ? », *Art. cit.*, p. 60.

[677]Il y a lieu ici de signaler que le Code Pio-bénédictin ne pouvait pas prévoir l'application du principe de subsidiarité dans son système normatif. Élaboré durant la période où l'opposition à ce principe, quant à son application à la communauté ecclésiale, était encore forte, ce Code ne pouvait pas envisager sa transposition dans le domaine de la législation canonique. Comme nous l'avions dit précédemment, le principe de subsidiarité sera évoqué et envisagé comme pouvant s'appliquer à la communauté ecclésiale quelques années plus tard, sous le pontificat de Pie XII (1939-1958). Cependant, deux canons feront mention de l'expression *subsidium* (subside ou subsidiaire). Ce sont les canons 671 et 981, §2. Le premier concerne l'aide nécessaire à apporter au religieux, c'est-à-dire une assistance charitable et le second est un subside à accorder au prêtre promu au titre de titulaire de l'Église ou de la mission. Mais, il est possible d'emblée de constater que l'expression *subsidium,* dans ces deux canons, signifie une aide temporaire octroyée à un religieux renvoyé de son institut ou un subside que l'Évêque doit donner à un clerc de son diocèse pour lui assurer une vie convenable. En réalité, *subsidium* ici n'est pas utilisé d'après son sens proprement philosophique. Il reprend néanmoins l'un des aspects du principe, à savoir l'exigence faite aux institutions plus grandes d'intervenir lorsque la personne se trouve dans le besoin auquel elle ne peut pourvoir par elle-même.

garder l'unité et la communion de ces structures, le Siège de Rome a toujours vu dans l'application du principe de subsidiarité une source éventuelle des tensions au sein des communautés ecclésiales. Les différentes configurations d'une décentralisation non maîtrisée peuvent donner lieu à la naissance des *Églises nationales* ou *régionales.*[678] Cela a toujours été une hantise pour les autorités ecclésiastiques romaines. Ainsi, en lieu et place du principe de subsidiarité, l'Église latine préfère les terminologies de *saine autonomie* et de *saine décentralisation.* Mais, à voir de plus près, quelle que soit la terminologie employée, le résultat pourrait être le même, c'est-à-dire une aide et une responsabilité de la structure supérieure aux structures inférieures. Cette aide et cette responsabilité devraient respecter la liberté et la dignité de la personne humaine. Il est un principe qui ouvre les voies à un humanisme intégral et solidaire.

Il a été constaté que, au-delà de son application hésitante aux structures de l'Église latine, le principe de subsidiarité sera retenu comme l'un des principes pour la révision du *Codex Iuris canonici* de 1917. Certainement, pour la commission de la révision du Code, ce principe devrait permettre de concevoir, du moins sur le plan juridique, une Église communion voulue par le second Concile du Vatican. Il supprimerait, dans la relation entre le Siège apostolique et les autres instances ecclésiastiques, cette forme d'Église pyramidale et cléricale, monarchique, paternaliste et patriarcale.[679] Dans son fonctionnement, l'Église ne peut pas faire l'économie d'un tel principe fondé sur la liberté et la dignité de la personne humaine.

---

678 Brigitte BASDEVANT-GAUDEMET, « Des Églises nationales aux temps modernes ? », dans *AC.*, t. 51, 1 (2009), p 69-92 ; Ignace NDONGALA Maduku, *Pour les Églises régionales en Afrique*, Paris Karthala, 1999.

679 Alain NISUS, « La genèse d'une ecclésiologie de communion dans l'œuvre de Yves CONGAR », dans *RSPhTh.*, vol. 94, n° 2 (2010), p. 319.

Titre IX

De officiis ecclesiasticis et *De provisione officii ecclesiastici*. Regard d'un canoniste.

Le concept *office,* du latin *officium,* traditionnellement employé en droit canonique désigne une fonction, publique et stable, exercé en vue des fins spirituelles de l'Église. D'aucuns préfèrent le terme *ministère ecclésiastique*. Ce dernier est souvent utilisé en théologie. Par *ministères ecclésiastiques*, il faut entendre des charges dûment instituées par l'Église pour l'accomplissement des tâches spécifiques et qui, par conséquent, ne peuvent être exercées sans une investiture.[680] Mais, d'un point de vue canonique, cette définition est très réductrice. Certaines charges exercées au nom de l'Église n'ont pas été instituées par elle et ne sont pas des *ministères* à proprement parler. Tel un maître de religion d'une école catholique ou non catholique qui est soumise à la vigilance du gouvernement épiscopal dans un diocèse. Nous y reviendrons dans la suite de nos réflexions. Parfois, pour être exercées légitimement, ces charges peuvent avoir besoin d'une *provisio canonica,* qui n'est pas à confondre avec une investiture. Mais, ces charges sont attribuées par l'autorité ecclésiastique et elles sont exercées au nom de l'Église. D'autres, par extension, donnent au *ministère* un sens plus large, faisant de toute la vie chrétienne un ministère. Mais, la vie chrétienne doit d'abord être comprise comme un appel de l'Esprit pour être porteur de la Bonne Nouvelle et témoin du Christ Vivant. Elle est un état de vie qui résulte de la rencontre avec le Christ. Une telle extension est peut-être exagérée.

Il nous semble que la distinction qui paraît la plus claire aujourd'hui est plutôt celle qui est faite entre les *ministères ordonnés* et les *ministères institués*. Alors que les premiers sont fondés sur l'ordination diaconale, presbytérale et épiscopale, les seconds le sont sur un mandat public confié

---

680 Henri d'ESPINE, « Ministères ecclésiastiques divers et consécration », dans *RHPR.*, n°3 (1956), p. 179

par l'Église à des religieux non clercs, à des religieuses ou à des laïcs. Les ministres ordonnés jouissent non seulement du pouvoir d'ordre mais aussi du pouvoir de juridiction.

Pour notre part, nous disons qu'un office ecclésiastique est une fonction pour laquelle une détermination juridique a été portée. Nous distinguons un *office divin*, qui a pour origine la mission fondamentale confiée à l'Église par le Christ, et un *office ecclésiastique*, créés par l'Église pour ses besoins pastoraux. Comme pour toute fonction publique, les offices ecclésiastiques sont régis par des règles administratives du droit commun qui ont trait à leur collation ou à leur cessation, ainsi qu'aux divers aspects du statut des ministres. Aussi, avouons-le, le droit concernant les offices est en pleine évolution, car les besoins de l'Église se transforment eux-mêmes de manière rapide. On s'efforce de plus en plus de situer les offices ecclésiastiques dans une vision globale qui leur donne le sens d'un véritable service au sein d'une Église-diaconale, c'est-à-dire vouée au service du Royaume de Dieu.[681]

D'autre part, on entend par *provisio canonica* la concession d'un office ecclésiastique faite par l'autorité ecclésiastique compétente, d'après les règles prévues par le droit canonique. Nous y reviendrons dans la suite de nos propos. En effet, depuis des siècles de l'histoire de l'Église catholique romaine, la *provisio canonica* a toujours été l'un des lieux de l'exercice du pouvoir de gouvernement ou de juridiction. C'est dire que ceux qui ont le pouvoir de juridiction peuvent conférer certains offices à d'autres. Le Code de droit canonique de 1983 lui consacre deux chapitres, l'un sur la *provision de l'office ecclésiastique* et l'autre sur la *perte de l'office ecclésiastique*.[682] De fait, réfléchir sur la *procédure d'attribution canonique* des offices ecclésiastiques, c'est en même temps poser les questions relatives au pouvoir de gouvernement ou de juridiction dans l'Église, mais aussi celle de la nature canonique d'un office ecclésiastique.

Le système de la *provisio canonica* est parmi les plus vieilles pratiques que L'Église a connues dès sa constitution et son expansion. Dès les premiers siècles, le nombre de disciples du Christ augmentait rapidement.[683] La gestion des communautés devenait si difficile que les tensions intercommunautaires ne manquaient pas de soulever certaines difficultés. Elle était source de désaccords et de différends qui ne laissaient indifférents, ni les apôtres, ni leurs successeurs, ni les autres fidèles. C'est ce qui avait valu la tenue de la première *assemblée de Jérusalem*, le *concile des apôtres* raconté dans le Livre des Actes des Apôtres.[684] C'est aussi ce qui avait motivé l'institution du diaconat par les Apôtres.[685] L'élection des diacres

[681] Voir Universalis.fr : https://www.universalis.fr/encyclopedie/offices-et-ministeres-ecclesiastiques/ Consulté le 27 octobre 2023.
[682] Voir le Code de droit canonique : Livre I, Titre IX, Chapitre I et II, Can. 145-196.
[683] Actes des apôtres, 2, 47 ; 6,
[684] Actes des apôtres, 15, 1-41.
[685] Livre des Actes des apôtres, 6,1-7

était une réponse aux désaccords entre les fidèles et une manière de pourvoir aux offices de ceux qui devaient s'occuper des veuves ou, de manière générale, de ceux à qui le service de table devait être confié.

Il importe aussi de relever que, dès le début de son ministère, Jésus lui-même, en choisissant ses apôtres, désigne Pierre comme Chef du collège des apôtres. Ne doit-on pas voir dans cette désignation, un indice de ce que l'Église appellera, plus tard, *la provision* ou *la nomination* à cet office divin, de par sa nature ? Jésus lui dit : « Et moi, je te le déclare : Tu es Pierre, et sur cette pierre je bâtirai mon Église ; et la puissance de la mort ne l'emportera pas sur elle. »[686]

Ces réflexions nous ont été inspirées par certaines attitudes observées dans plusieurs de nos communautés religieuses. À l'heure où les débats sur la démocratie et sur la démocratisation de nos sociétés modernes refont surface, le respect de la dignité de la personne humaine prime sur toutes autres considérations. Il convient ici de noter que l'Église n'a pas une structure démocratique à l'instar des autres démocraties. Cependant, n'étant pas en dehors de la société, elle semble être atteinte par ces élans démocratiques que réclament divers milieux sociaux. Toute action de l'Église doit donc en tenir compte. D'autre part, il n'est pas rare, de nos jours, qu'une contestation naisse par suite d'une nomination, soit de la part de la personne légitimement promue, soit de la part d'une communauté bénéficiaire du service de l'élu. Ce dernier n'ayant pas été dûment consulté, désapprouve la procédure qui a donné lieu à la nomination. Cela s'observe aussi dans les communautés ecclésiales qui, n'ayant pas été largement informées du transfert de leur pasteur en remplacement d'un autre, contestent la venue de ce dernier. De même, il n'est pas rare que certains transferts d'offices soient interprétés comme des formes des transferts pénaux même si cela n'est pas toujours le cas. C'est ce qui arrive lorsque le transfert se fait sans que le concerné soit informé des motivations de l'autorité qui pourvoit à l'office. Dans ce cas, le candidat n'a pas les éléments d'appréciation nécessaires sur l'office, les contextes de sa réalisation, les exigences, les droits et les obligations qui en découlent, ce qui aurait permis qu'il accepte et agisse en pleine connaissance et en pleine conscience. Par conséquent, le modèle traditionnel de la provision canonique des offices ecclésiastiques peut, si on n'y prend garde, être un vecteur de division et de contestation qui fragilisent la cohésion et la communion ecclésiale. Sans trop juger les occasions qui peuvent être à la base de telles réactions, nous notons simplement que, dans beaucoup de cas, les sources de ces tensions sont à chercher dans l'ignorance ou la méconnaissance du droit de la procédure dans cette matière canonique qui, à notre avis, demeure sensible au regard des personnalités des uns et des autres.

---

[686] Matthieu 16, 18.

Le domaine de la *provisio canonica* est vaste. Il s'applique à tous les offices qui peuvent être en lien avec le gouvernement de l'Église et pour lesquels les autorités ecclésiastiques sont compétentes. De fait, les principes qui s'y appliquent ne relèvent pas seulement du droit canonique universel. Ils peuvent être aussi matière à un droit particulier qui, lui-même, tient compte des coutumes de chaque Église particulière. Ainsi par exemple, en ce qui concerne le discernement à avoir en cette matière, outre les normes du droit canonique universel, les coutumes et les traditions particulières peuvent y être observées. De même, aucune puissance extérieure ne peut faire obstacle au jugement discrétionnaire de l'autorité compétente, excepté les régimes concordataires ou autres *traités* qui s'appliquent dans certaines régions[687].

Le premier moment de nos propos sera centré sur le concept de *pouvoir de gouvernement ou de juridiction*. Notre objectif ici est d'éclairer, dans la perspective de la provision canonique, le sens théologico-canonique de la notion du pouvoir dans L'Église. Il importe de le souligner, le *pouvoir* dans l'Église est un thème qui a fait couler beaucoup d'encre. D'ailleurs, il demeure toujours un thème d'actualité pour chacune des époques de l'histoire de l'Église. Il est difficile de nier cette évidence. Il faut ici préciser qu'il ne sera nullement question de présenter un traité sur le pouvoir dans l'Église, ni même d'en faire un condensé. Nos propos seront en rapport avec le sujet de notre réflexion, la *provisio canonica*, étant lui-même subordonné au concept de pouvoir de gouvernement de l'Eglise. L'existence et la validité d'une provision canonique dépend indéniablement de la légitimité du pouvoir de celui qui l'octroie. C'est dire que la légitimité du pouvoir confère à une personne la capacité juridique dans l'accomplissement de la charge qui lui a été donnée.

Le deuxième moment sera celui sur la *nature canonique des offices ecclésiastiques*. En effet, dans le domaine d'un droit confessionnel, un office ecclésiastique doit avoir à la fois une dimension divine et spirituelle. Ces deux dimensions nous permettent de comprendre la nature d'un office ecclésiastique au regard du service qu'une personne est appelée à remplir. Il sera question de préciser la compétence des autorités ecclésiastiques, à divers niveaux, en rapport avec la nature des offices et de la procédure canonique dans l'attribution d'un office ecclésiastique, un acte juridique par

[687] C'est le cas du *régime concordataire* en Alsace-Moselle en France. C'est un accord entre le Saint-Siège (l'Église catholique) et l'État français. De même, les Évêques de Metz et Strasbourg sont nommés par décret du président de la République après accord du Saint-Siège. Cf. « Les exceptions au droit des cultes issu de la loi de 1905, L'État et les cultes, sur *vie-publique.fr*, 24 mai 2015 (consulté le 28 octobre 2023) ; « Histoire du droit local », sur *Institut du Droit local* (consulté le 8 décembre 2020) ; Brigitte BASDEVANT-GAUDEMET, « Les cultes reconnus en Alsace-Moselle de 1802 à 1870 » dans Philippe AUVERGNON, Françoise CURTIT, René DE QUENAUDON et al., *Droit et religion en Europe*, Strasbourg, PUS, 2014, 586 p. (ici p. 375-400).

lequel une autorité confère à une personne ou à plusieurs des charges ecclésiastiques.

I. Le pouvoir de gouvernement : précision juridico-canonique.

Gouverner, c'est présider aux destinées politiques, économiques et sociales d'une communauté, d'une société. Quand il s'applique à l'Église, gouverner signifie présider aux destinées spirituelles et temporelles de la communauté ecclésiale. On voit par là que le pouvoir de juridiction dans l'Église est un pouvoir public pour gouverner les fidèles afin qu'ils atteignent leur finalité surnaturelle. Selon, Jean WERCKMEISTER, le pouvoir de gouvernement, c'est le pouvoir de direction dans l'Église. Il coïncide avec les trois fonctions dans l'Eglise, prophétique, royale et sacerdotale. La *fonction royale* comporte l'exercice du *pouvoir de gouvernement*, qui se distingue classiquement, en *pouvoir législatif*, *judiciaire* et *exécutif*. Cependant, en droit canonique, ces trois pouvoirs distincts ne sont pas pour autant séparés comme dans une société politique. La même personne peut les incarner. Ainsi, le Pontife romain et les Évêques sont à la fois législateurs, juges et chefs.[688] Il nous semble qu'il faut relativiser cette affirmation. Car, par délégation, un pouvoir peut être donné à une personne qui, en réalité, agit en lieu et place de l'autorité.

Lorsqu'il est question de définir le pouvoir, le *codex* de 1983 utilise deux expressions : *gouvernement* et *juridiction*. Comme noté précédemment, le pouvoir de gouvernement peut aisément se définir comme pouvoir de *direction*. Le pouvoir de juridiction peut, lui, avoir plusieurs significations. C'est un terme polysémique. Gérard FRANSEN dans sa *réflexion sur la juridiction ecclésiastique* perçoit bien la difficulté de circonscrire l'expression *juridiction*. En effet, une difficulté du dialogue nécessaire entre canonistes et juristes, entre théologiens et canonistes, entre historiens et systématiciens provient de la terminologie. S'il est un terme ambigu dans le vocabulaire canonique, s'il est un concept mal défini et équivoque dans la spéculation théologique, c'est celui de juridiction. Cette équivoque provient d'abord du fait que canonistes comme théologiens modernes donnent à la notion de juridiction une extension qu'elle n'a que chez eux. Pour le juriste, comme pour l'historien du droit, qui dit juridiction dit essentiellement *pouvoir de juger* (juridiction contentieuse) ou *de rédiger des documents* qui feront foi en justice, ou encore *de faire certains actes requérant une participation à la puissance publique* (juridiction gracieuse). Pour le canoniste moderne ou pour le théologien, juridiction désigne avant tout *le*

---

[688] Cf. Jean WERCKMEITER, *Petit dictionnaire de droit canonique*, Paris Éd. du Cerf, 1993, p.160

pouvoir législatif, le pouvoir judiciaire ensuite, et enfin tout *ce qui a rapport avec le droit*, y compris l'activité administrative, comme le pouvoir de dispenser ou le droit de contrôle. En plus, on appelle encore juridiction *le pouvoir des clefs, le pouvoir d'absoudre* (qui suppose que l'on a reçu *juridiction* de l'évêque compétent ou du droit lui-même). Bref, juridiction désigne l'ensemble de la juridicité de l'Église, et le *pouvoir* à qui incombe le devoir de créer et de valoriser cette juridicité est conçu comme un vrai *pouvoir*, distinct du magistère et du pouvoir d'ordre.[689]

En fait, il nous semble qu'en droit canonique, juridiction renvoie ordinairement à l'idée d'un espace physique ou psychologique. Ainsi, le diocèse et la paroisse sont des juridictions, des lieux où s'exerce le pouvoir de juridiction. On peut donc avoir le pouvoir sur une juridiction et pas sur une autre. Ce terme est aussi utilisé, le plus souvent, en droit canonique pour désigner soit, dans un sens fonctionnel, *le pouvoir de dire le droit*, soit dans un sens organique pour signifier les *organes qui sont dotés du pouvoir de dire le droit.* En ce sens, *juridiction* peut ici se comprendre comme le pouvoir donné à une autorité pour conférer un office, par exemple. On constate d'autre part que le *Codex* de 1917 préfère le terme *potestas iurisdictionis* (pouvoir de juridiction) à celui de *potestas regiminis* (pouvoir de gouvernement). Ce dernier est mis en avant dans le *Codex* de 1983 qui précise par ailleurs qu'il est équivalent de *potestas iurisdictionis*. Dans la suite de nos propos, nous utiliserons l'un comme l'autre avec la même signification, c'est-à-dire pouvoir de direction.

1. Le pouvoir de gouvernement : Double nature, divine et canonique.

Le Titre VIII du premier Livre du *Codex* de 1983 sur les *Normes générales* porte sur le pouvoir de gouvernement, de juridiction ou de *direction*. Comme nous l'avions noté précédemment, il s'agit là de l'une des questions fondamentales pour l'Église. La *direction* de l'Église est régie par des normes ecclésiastiques et canoniques[690]. Le canon 129, § 1 énonce la norme générale en la matière : « Au pouvoir de gouvernement qui dans l'Église est vraiment d'institution divine et est encore appelé pouvoir de juridiction, sont aptes, selon les dispositions du droit, ceux qui ont reçu l'ordre sacré. »[691] Signalons en outre que le canon 130 donne une précision

[689] Cf. Gérard FRANSEN, « Réflexions sur la juridiction ecclésiastique », dans *RTL.*, vol. 2, n°2 (1971), p. 129.

[690] Nous faisons cette distinction pour simplement signifier que les normes de la *direction de l'Église* ne sont pas toutes à chercher dans le Code de droit canonique.

[691] Il y a quelques sources qui sont souvent citées pour le canon 129 § 1 : Can. 196 du Codex de 1917 ; SCRIS., 14 decembris 1918, dans *AAS.*, vol. 11(1919), p. 128-133 (Un laïc peut-il être juge dans un tribunal ecclésiastique ?) ; *Pontificia commissio pro Russia*, Ind. 20 janvier 1930 ; Pie XII, Allocution de 5 octobre 1957, dans *AAS.*, vol. 49 (1957), p. 927 ; *LG.*, n° 33 ; *AA.*, 24 ; SA., *Decisio*, 11 iun. 1968 ; SCRIS., *Rescr.*, 7 feb. 1969 ; SCRIS., *Decr. Clericalia*

non de moindre importance : « Le pouvoir de gouvernement s'exerce de soi au for externe ; cependant il s'exerce parfois au for interne seul ; les effets que son exercice a naturellement au for externe ne sont alors reconnus dans ce for que dans la mesure où le droit en décide pour des cas déterminés. »[692] C'est dire que le pouvoir de gouvernement s'exerce naturellement au *for externe* et quelquefois au *for interne*.

Le *for* est l'un des héritages du droit romain. Il désigne un tribunal, une juridiction.[693] Il énonce des critères de compétence législative ou juridictionnelle. Le droit canonique est parmi les branches de la science juridique qui ont maintenu la distinction entre le *for externe* et le *for interne*. Le *for externe* relève de la responsabilité extérieure, visible et apparente de chacun dans la société et dans l'Église. Le pouvoir du *for externe* a pour mission première de sauvegarder le bien public et secondairement celui des personnes. Le *for interne*, c'est le tribunal de la conscience. C'est ce qui correspond au jugement d`un acte par rapport à sa conscience personnelle. Il relève de l'intime, de la conviction, de la foi, du non-droit.[694] En effet, l'Église, de par sa nature *sui generis*, est une réalité à la fois visible et invisible. Par conséquent, l'exercice du pouvoir ecclésiastique ne peut se limiter exclusivement à sa dimension sociale, au *for externe*, comme c'est le cas pour le pouvoir séculier. Son domaine d'exercice s'étend aussi à l'intériorité de chaque individu, le *for interne*. C'est le *for interne sacramentel*. C'est quand le pouvoir de l'Église s'exerce dans le sacrement de pénitence.[695] L'exercice d'un tel pouvoir suppose la *potestas sacra* (le pouvoir sacré) qu'on reçoit à l'ordination sacerdotale. Le *for interne* est *extra-sacramentel* quand il appartient au domaine interne non sacramentel, tout en gardant le sceau du secret. La *Note de la Pénitencerie Apostolique sur l'importance du for interne et l'inviolabilité du sceau sacramentel* l'explicite en ces termes :

---

instituta, 27 nov. 1969, dans *AAS*., vol. 61 (1969), p. 739-740), Sec. Facul., 1 oct. 1974 ; SCRIS, Rescr., 26 iun. 1978, 3 ; SCRIS., *Resp*. 21 aug. 1978.

692 Le Can. 130 du *Codex* de 1983 correspond au Can. 196 du *Codex* de 1917 : « Le pouvoir de juridiction ou de direction, qui existe dans l'Église de par l'institution divine, se divise en pouvoir de for externe et pouvoir de for interne ou sur la conscience. Ce dernier pouvoir est sacramentel ou extra-sacramentel. »

693 *For* vient du latin. Chez les romains le tribunal siégeait sur la place publique dénommé le "Forum". Il s'emploie dans certaines expressions juridiques, telle "la loi du for", traduction de *lex fori* utilisée en particulier en droit international pour exprimer que la loi qui doit être appliquée à une situation déterminée, est la législation du lieu où la juridiction qui a été saisie, est en vigueur. Voir Serge BRAUDO, *Dictionnaire du droit privé*, en ligne, consulté le 30 octobre 2023.

694 Voir aussi dans Gérard FRANSEN, « Réflexions sur la juridiction ecclésiastique », *Art. cit.*, p. 131.

695 Pour certains canonistes, il ne faut pas voir dans cette distinction entre le *for externe* et le *for interne* deux pouvoirs distincts. En réalité, il n'y a qu'un seul pouvoir qui s'exerce dans des conditions et dans des circonstances différentes au *for externe*, c'est-à-dire public, au tribunal et au *for interne*, c'est-à-dire secret et pénitentiel.

> « Au domaine juridico-moral du *for interne* appartient aussi ce que l'on appelle le *for interne extra-sacramentel*, toujours secret, mais extérieur au sacrement de la Pénitence. Ici aussi, l'Eglise exerce sa mission et son pouvoir salvifique : non pas en remettant les péchés, mais en procurant des grâces, en rompant des liens juridiques, comme les censures[696], par exemple et en s'occupant de tout ce qui regarde la sanctification des âmes, et donc la sphère propre, intime et personnelle de chaque fidèle. Au *for interne extra-sacramentel* appartient en particulier la *direction spirituelle*, dans laquelle le fidèle confie son chemin de conversion et de sanctification à un prêtre, à un/e/consacré/e ou à un laïc. »[697]

Le pouvoir de gouvernement est de nature divine et canonique. De nature divine, le canon 118 du code *Pio-bénédictin* liait déjà le pouvoir de gouvernement (*potestas regiminis*) au pouvoir d'ordre (*potestas sacra*).[698] C'est dire que seuls ceux qui ont la *potestas sacra* pouvaient prétendre avoir le pouvoir pour gouverner l'Église. Le *Codex* de 1983, tout en apportant quelques légères modifications, s'oriente dans le même sens. Ainsi qu'il est affirmé au canon 1008 :

> « Par le sacrement de l'ordre, d'institution divine, certains fidèles sont constitués ministres sacrés par le caractère indélébile dont ils sont marqués ; ils sont aussi consacrés et députés pour être pasteurs du peuple de Dieu, chacun selon son degré, en remplissant en la personne du Christ Chef les fonctions d'enseignement, de sanctification et de gouvernement. » Cette affirmation qui se trouve encore renforcée par le canon 290(a) : « l'ordination sacrée, une fois validement reçue, n'est jamais annulée [...] »[699]

---

[696] La censure est une peine par laquelle un baptisé, délinquant et contumace, est privé de certains biens spirituels ou attaché à des biens spirituels, jusqu'à ce que, la contumace ayant cessé, il reçoive l'absolution. » Cf. Can 2241/*Codex* de 1917.

[697] Voir « *Note de la Pénitencerie Apostolique sur l'importance du for interne et l'inviolabilité du sceau sacramentel »,* Mauro Cardinale PIACENZA *Pénitencier majeur*, Monsignore Krzysztof NYKIEL, *Régent,* Donné à Rome, au siège de la Pénitencerie apostolique, le 29 juin 2019 après approbation du Pape François, en date du 21 juin 2019.

[698] Can. 118 « *Soli clerici possunt potestatem sive ordinis sive iurisdictionis ecclesiasticae et beneficia ac pensiones ecclesiasticas obtinere* » (Seuls les clercs peuvent recevoir le pouvoir d'ordre, le pouvoir de juridiction, ainsi que les bénéfices et les pensions ecclésiastiques). Voir certaines sources de ce canon : Constitution, *Regimini univesalis Ecclesiae,* § 10, du 4 mai 1515 publié par le Pape Léon X durant la célébration du Concile de Latran V (1512 à 1517) ; Bulle *Exsurge Domine.* C'est une Bulle contre les erreurs de Martin Luther et de ses disciples publiée 15 juin 1520 par le pape Léon X en réponse aux enseignements de Martin Luther et à ses 95 thèses et autres écrits qui s'opposaient au pouvoir de la papauté. Voir ici l'erreur 13 ; Concile de Trente (1545-1563), session VII, *de sacramentis in genere,* canon 10; session XIV, *depoenitentia,* chap. 6, canon 10 ; session XXIII, *de ordine*, chap. 4, canon 7 ; session XXIV, *de ref.*, chap. 12 ; Benoît XIV, Encyclique *Quemadmodum Preces* du 23 mars 1743, § 3, 6 ; Pie IX, lettre apostolique « *Multiplices inter* » du 10 juin 1851.

[699] Cependant le Can. 290(b) établit les conditions de la perte de l'état cléricale : « ...Un clerc perd cependant l'état clérical : 1° par sentence judiciaire ou décret administratif qui déclare l'invalidité de l'ordination sacrée ; 2°par la peine de renvoi légitimement infligée ; 3° par

Le pouvoir de gouvernement est d'origine divine ou de nature divine parce que l'Ordre sacré reçu par ceux qui sont habilités à l'exercer a été institué par le Christ. L'Ordre sacré confère la *potestas sacra*.[700] Le sacerdoce hiérarchique est, fondamentalement, une participation spécifique au sacerdoce du Christ. Il donne un pouvoir sacramentel duquel découle le *tria munera* ou le triple pouvoir d'enseigner (*munus docendi*), de sanctifier (*munus sanctificandi*) et de gouverner (*munus regendi*). Le sacerdoce hiérarchique participe au pouvoir divin et ne peut être attribué que par un acte divin. Il produit une consécration spéciale personnelle qui fait de certains baptisés des personnes consacrées agissant *in persona Christi capitis* lorsqu'ils exercent leur sacerdoce hiérarchique.

L'exercice du pouvoir de gouvernement dans l'Église est régi par les lois canoniques. Ainsi, il n'est pas seulement de nature divine mais aussi canonique. Déjà, en amont, le droit fixe les conditions de validité et de licéité d'une ordination sacrée. Ainsi qu'il est noté au canon 1025, § 1 :

> « Pour que la collation des ordres du presbytérat ou du diaconat soit licite, il est requis que le candidat, après la probation exigée par le droit, possède les qualités voulues, au jugement de l'Évêque propre ou du Supérieur majeur compétent, qu'il ne soit retenu par aucune irrégularité ni aucun empêchement, et qu'il ait rempli les conditions préalables selon les Canons 1033-1039; en outre, les documents dont il s'agit au Canon 1050 auront été réunis, et l'enquête prévue au Canon 1051 aura été faite. »[701]

---

rescrit du Siège Apostolique ; mais ce rescrit n'est concédé par le Siège Apostolique aux diacres que pour des raisons graves et aux prêtres pour des raisons très graves ». Notons que le caractère indélébile du sacrement de l'ordre est toujours préservé conformément au Can. 1338, § 2 : « La privation du pouvoir n'est pas possible, mais seulement l'interdiction d'exercer ce pouvoir ou d'en exercer certains actes ; de même n'est pas possible la privation des grades académiques ». Cf. le commentaire de ce canon du *code de droit canonique. Bilingue et annoté*) : « l'impossibilité de priver du pouvoir d'ordre (§2) se fonde sur la nature de ce pouvoir (divine), alors que l'interdiction de priver des grades académiques prend appui sur la norme positive. Par conséquent, toute peine expiatoire qui irait à l'encontre de cette norme serait invalide, mais pour des raisons différentes : dans le premier cas, elle est interdite parce que nulle, dans le second, elle est nulle parce qu'interdite ».

700 Nous ne pouvons oublier ici les pertinentes réflexions que nous propose Laurent VILLEMIN dans son ouvrage *Pouvoir d'ordre et pouvoir de juridiction. Histoire théologique de leur distinction*, Paris, Cerf, 2003, (Coll. *Cogitatio Fidei*, 228), 505 p. Nous empruntons le condensé présenté par Gilles ROUTHIER dans sa recension sur cet ouvrage publié dans la Revue *Laval théologique et philosophique*, vol. 61, n° 2 (juin 2005), p. 415-416. Voir aussi ALPHONSE BORRAS, « La *sacra potestas*, la seule voie pour la participation des laïcs au gouvernement de l'Église ? », dans *NRT*, t. 144, n°4 (2022), p. 612-628.

701 Les Can. 1033-1039 fixent ce qui est requis avant l'ordination. Can. 1050 : « Pour que quelqu'un puisse être promu aux ordres sacrés, les documents suivants sont requis : 1- une attestation des études dûment accomplies, selon le Canon 1032; 2- s'il s'agit d'ordinands au presbytérat, une attestation de la réception du diaconat; 3- s'il s'agit de candidats au diaconat, une attestation de baptême et de confirmation, ainsi que de la réception des ministères dont il s'agit au Canon 1035; de plus, une attestation de la déclaration dont il s'agit au Canon 1036, ainsi que, si l'ordinand qui doit être promu au diaconat permanent est marié, une attestation

Dans l'exercice du pouvoir de gouvernement, la loi canonique établit aussi la distinction entre *pouvoir ordinaire* et *pouvoir délégué.* Cette distinction est fondamentale en droit canonique. Le *pouvoir ordinaire* est celui qui est attaché par le droit lui-même à un office.[702] Le *pouvoir ordinaire* peut être, selon le c. 131 § 2 soit *propre*, lorsqu'il est exercé par le titulaire de l'office en son nom propre ou soit *vicarial*, lorsqu'il est exercé au nom d'un autre tout en étant lié à un office. Le pouvoir de gouvernement est un *pouvoir délégué* lorsqu'il est accordé à la personne elle-même sans médiation d'un office.[703] La délégation doit toujours être prouvée par un écrit ou, à défaut, par deux témoins.

Avant d'envisager une analyse sur les offices ecclésiastiques proprement dits, il nous faut donner certaines précisions concernant la structure de gouvernement de l'Église. En effet, la deuxième partie du deuxième Livre du Code de droit canonique de 1983 traite de la constitution hiérarchique de l'Église aux canons 330- 572. La suite de nos propos ne sera pas une analyse systématique de cette structure hiérarchique. Nous limiterons nos analyses aux autorités ecclésiastiques qui, dans l'Église, ont un pouvoir de gouvernement territorial, c'est-à-dire un pouvoir lié à un territoire ou à une juridiction canonique. Le Pontife Suprême et le collège des Evêques (avec le Pape) exercent leur pouvoir juridictionnel sur L'Église du monde entier et donc sur toutes les Églises particulières. Les Évêques diocésains sont les pasteurs des Églises locales à leur charge et y exercent leur pouvoir de gouvernement. En vertu de leur pouvoir, ces autorités ecclésiastiques peuvent concéder une *provisio canonica.* Cette liste pourra s'allonger au fur et à mesure des applications canoniques que nous proposerons.

2. Le pouvoir de gouvernement : autorités canoniques.

Deux organes sont détenteurs du pouvoir suprême dans l'Église : l'Évêque de Rome et le Collège des Évêques. De l'Évêque de Rome, le canon 332, § 1 du *Codex* de 1983 statue :

> « Le Pontife Romain obtient le pouvoir plénier et suprême dans l'Église par l'élection légitime acceptée par lui, conjointement à la consécration épiscopale. C'est pourquoi, l'élu au pontificat suprême revêtu du caractère épiscopal obtient ce pouvoir dès le moment de son acceptation. Et si l'élu n'a pas le caractère épiscopal, il sera ordonné aussitôt Évêque. »[704]

---

de la célébration du mariage et du consentement de l'épouse. » Le Can. 1051 précise les dispositions à observer pour l'enquête sur les qualités requises chez l'ordinant.

[702] Cf. Can. 131, § 1.

[703] *Idem.*

[704] Voir aussi Jean-Paul II, Constitution apostolique *Universi dominici gregis*sur la vacance du siège apostolique et l'élection du pontife romain du 22 février 1996, n° 88. Cf. *AAS.*, vol. 88, n° 4 (1996), 305-343 ; *DC.*, t. 93, n° 2134 (1996) 251-266. Il est à noter que, par la Constitution apostolique *Universi dominici gregis* (en 1996), Jean-Paul II apportait quelques modifications à la Constitution apostolique *Romano Pontifici eligendo* du 1er octobre 1975

Et au canon 331 de préciser :

« L'Évêque de Église de Rome, en qui demeure la charge que le Seigneur a donnée d'une manière singulière à Pierre, premier des Apôtres, et qui doit être transmise à ses successeurs, est le chef du Collège des Évêques, Vicaire du Christ et Pasteur de L'Église tout entière sur cette terre ; c'est pourquoi il possède dans L'Église, en vertu de sa charge, le pouvoir ordinaire, suprême, plénier, immédiat et universel qu'il peut toujours exercer librement. »

Les canons précités décrivent en des termes précis le pouvoir du Pontife romain. En vertu de son office, c'est-à-dire de sa charge primatiale et en tant que successeur de Pierre à qui le Seigneur a donné le pouvoir des clés de lier et délier, le Pontife romain est à la tête du Collège épiscopal et exerce sur l'Église tout entière un pouvoir de gouvernement suprême et plénier. C'est dire que tous les pasteurs et les autres fidèles, aussi bien personnellement que collectivement, lui sont soumis hiérarchiquement et lui doivent obéissance, quels que soient leur rite et leur rang hiérarchique, et non seulement dans ce qui se rapporte à la foi et aux mœurs, mais aussi dans tout ce qui appartient à la discipline et au gouvernement de l'Église répandu sur toute la terre.[705] En sus, au canon 333, §1 et 2, il est stipulé :

« En vertu de sa charge, non seulement le Pontife Romain possède le pouvoir sur l'Église tout entière, mais il obtient aussi sur toutes les Églises particulières et leurs regroupements la primauté du pouvoir ordinaire par laquelle est à la fois affermi et garanti le pouvoir propre ordinaire et immédiat que les Évêques possèdent sur les Églises particulières confiées à leur soin. » Et au §2 de ce même canon, il est écrit : « Dans l'exercice de sa charge de Pasteur Suprême de l'Église, le Pontife Romain est toujours en lien de communion avec les autres Évêques ainsi qu'avec l'Église tout entière ; il a cependant le droit, selon les besoins de l'Église, de déterminer la façon personnelle ou collégiale d'exercer cette charge. »[706]

Trois sources possibles[707] sont évoquées lorsqu'il est question du pouvoir suprême de l'Évêque de Rome tel que décrit au canon 331[708]. Généralement, on cite d'abord la *Profession de foi de l'Empereur Michel Paléologue* du 6

---

promulguée par Paul VI. Voir *AAS.*, vol. 67 (1975), p. 605-645. De même, Benoit XVI a apporté, par sa lettre Apostolique en forme de Motu proprio *De aliquibus mutationibus in normis de electione Romani Pontificis*, quelques modifications aux normes relatives à l'élection du Pontife romain du 11 juin 2007. Voir dans *AAS.*, vol. 99, n° 9 (2007), p. 776-777 ; *DC.*, t. 104, n° 2392 (décembre 2007), p. 1087.

705 Voir le commentaire du Can. 331 du *Code de droit canonique*. Bilingue et annoté, 2e édition révisée et mise à jour, sous la direction d'Ernest CAPPAROS, Michel THÉRIAULT, Jean THORN, Wilson & Lafleur ltée, Montréal, 1999.

706 Lire à ce sujet Joël-Benoît d'ONORIO, *Le Pape et le gouvernement de l'Eglise*, Paris, Fleurus-Tardy, 1992, pp.65-223.

707 Sans compter les sources du Concile Vatican II comme *LG.*, 18 ; *CD.*, 2.

708 Le Can. 331 correspond au Can. 218, § 1.

juillet 1274[709], ensuite le Décret *Pro Graecis* du Concile de Florence du 6 juillet 1439[710] et enfin la Constitution dogmatique *Pastor aeternus* du Concile Vatican I du 18 juillet 1870[711]. Sans ignorer l'importance de ces sources, il nous semble qu'il faut comprendre ce que déclare le canon 331 comme l'aboutissement d'une longue histoire faite de querelles, de divisions, de schismes dans l'Église.[712] Sans nous attarder sur cette histoire du pouvoir suprême du Pontife romain, disons simplement que les sources lointaines du pouvoir suprême du Pontife romain sont à chercher déjà dans l'Antiquité chrétienne. Elles sont d'abord liées au Siège de Pierre, la primauté pétrinienne ou primauté du Siège de Rome. Avec des évolutions historiques, le Siège de Rome aura la primauté d'honneur, dans l'ordre de préséance. Viendra ensuite la considération de sa charité avec l'aide matérielle qu'elle apportait aux églises, le primat de la charité ; puis au prestige de la véracité de sa doctrine, la Primauté de l'Église de Rome. En Occident, c'est la primauté juridictionnelle et primauté législative qui vont davantage s'affirmer dans la lutte entre l'Église et les rois, les princes. La primauté juridictionnelle va donc s'imposer, au milieu des contestations de divers ordres, à l'intérieur comme à l'extérieur de l'Église.[713]

---

[709]« Cette même sainte Eglise romaine possède aussi la primauté et autorité souveraine et entière sur l'ensemble de l'Eglise catholique. Elle reconnaît sincèrement et humblement l'avoir reçue, avec la plénitude du pouvoir, du Seigneur lui-même, *en la personne du bienheureux Pierre, chef ou tête des apôtres, dont le pontife romain est le successeur*. Et comme elle doit, avant les autres, défendre la vérité de la foi, ainsi les questions qui surgiraient à propos de la foi doivent être définies par son jugement. N'importe quel accusé peut en appeler à elle, dans les affaires qui relèvent des tribunaux d'Eglise ; et dans toutes les causes qui touchent à la juridiction ecclésiastique, on peut recourir à son jugement. *A elle sont soumises toutes les Eglises*, dont les prélats lui rendent obéissance et révérence. Sa plénitude de pouvoir est si établie qu'elle admet les autres Eglises à partager sa sollicitude. Cette même Eglise romaine a honoré beaucoup d'Eglises, et surtout les Eglises patriarcales, de divers privilèges, sa prérogative étant cependant toujours sauve dans les conciles généraux comme en d'autres occasions. » L'occasion de cette profession de foi est l'acceptation de la profession de foi filioquiste sous Grégoire X pare la délégation de l'Empereur Michel VIII Paléologue au Concile de Lyon de 1274. Voir Heinrich DENZINGER, *Enchiridion symbolorum definitionum et declarationum de rebus fidei et morum, quod emendavir, auxit, in linguam germanicam transtulit et adiuvante Helmuto HOPING*, edidit Petrus HUNERMANN, ed. 37, Friburgi, Brisgoviae, Basileae, Romae, Vindobonae, Herder, 1991,861

[710] Concile de Florence, Décret *Pro Graecis* du 6 juillet 1439. Heinrich DENZINGER, *Enchiridion symbolorum definitionum et declarationum de rebus fidei et morum*, 1307.

[711]Voir dans *Acta Sanctae Sedis* 6 (1870-1871), 40-47, voir Heinrich DENZINGER, *Enchiridion symbolorum definitionum et declarationum de rebus fidei et morum,* 3050-3075.

[712] On peut lire l'article de HUGUES PORTELLI, « Le pouvoir du pape et ses limites », dans *Pouvoirs* n° 162/3 (2017), p. 27-34.

[713] Pour plus d'informations, on peut lire Brigitte BASDEVANT-GAUDEMET, « *Plenitudo potestatis* », dans Marie-France RENOUX-ZAGAMÉ, Ceslas-Bernard BOURDIN, Jean-Paul DURAND, « Droit divin de l'État Genèse de la modernité politique », dans *RETM.*, n° 227 (décembre 2003), p. 171-178 ; Jean GAUDEMET, « La primauté pontificale dans le décret de Gratien », dans Rosalio José Castillo LARA (dir.), *Studia in honorem eminentissimi cardinalis Alphonsi M. Stickler,* Rome, LAS., (Coll. *Studia et textus historiae iuris canonici,*

Le pouvoir suprême de l'Évêque de Rome suscite beaucoup de questions en interne comme en externe. D'aucuns trouvent que, parler, de nos jours, du pouvoir ordinaire, suprême, plénier, immédiat et universel du Pontife Romain renvoie aux sombres époques du centralisme romain à outrance. Il évoque le souvenir d'une Église pyramidale.[714] Mais la suprématie qu'on reconnaît au pouvoir du Pontife romain n'est-elle pas la conséquence de l'universalité que réclame l'Église catholique de rite latin ?

Il est un fait, le Pontife romain dispose de plusieurs structures de coopérations. Outre les Évêques pris individuellement, il y a le collège des Évêques[715], le synode des Évêques[716], les collèges des cardinaux[717], la curie romaine[718], les légats du pontife romain[719]. Ces structures, chacune dans son domaine spécifique, coopèrent au pouvoir suprême du Pontife romain. Nous notons ici l'importance du rôle de la curie romaine. Celle-ci est un ensemble d'organismes, c'est-à-dire des congrégations, des conseils et des offices divers appelés dicastères. Comme le note d'ailleurs le Pape François dans sa *constitution apostolique Praedicate evangelium* :

---

7),1992, p. 139 ; HUGUES PORTELLI, « Le pouvoir du pape et ses limites »Dans *Pouvoirs* n° 162/3 (2017), p. 27-34.

714 VOIR L'ARTICLE D'HUGUES PORTELLI, « Le pouvoir du pape et ses limites », dans *Pouvoirs* n° 162/3 (2017), p. 27-34.

715 Pour le Can. 336 « Le Collège des Évêques dont le chef est le Pontife Suprême et dont les Évêques sont les membres en vertu de la consécration sacramentelle et par la communion hiérarchique entre le chef et les membres du Collège, et dans lequel se perpétue le corps apostolique, est lui aussi en union avec son chef et jamais sans lui, sujet du pouvoir suprême et plénier sur l'Église tout entière. » Dans ce Can., la note la plus importante à relever est – *jamais sans lui* -. Il est donc clair que le collège des Évêques n'est sujet du pouvoir plénier et suprême que s'il est en union avec son chef, le Pontife Suprême. La communion et l'unité donnent au collège des Évêques, *avec le Pontife Romain* le caractère du Corps Apostolique.

716Can. 342 : « Le synode des Évêques est la réunion des Évêques qui, choisis des diverses régions du monde, se rassemblent à des temps fixés afin de favoriser l'étroite union entre le Pontife Romain et les Évêques et d'aider de ses conseils le Pontife Romain pour le maintien et le progrès de la foi et des mœurs, pour conserver et affermir la discipline ecclésiastique, et aussi afin d'étudier les questions concernant l'action de l'Église dans le monde. »

717Canon 349 : « Les Cardinaux de la Sainte Église Romaine constituent un Collège particulier auquel il revient de pourvoir à l'élection du Pontife Romain selon le droit particulier; les Cardinaux assistent également le Pontife Romain en agissant collégialement quand ils sont convoqués en corps pour traiter de questions de grande importance, ou individuellement, à savoir par les divers offices qu'ils remplissent en apportant leur concours au Pontife Romain surtout dans le soin quotidien de l'Église tout entière. »

718Canon 360 : « La Curie Romaine dont le Pontife Suprême se sert habituellement pour traiter les affaires de l'Église tout entière, et qui accomplit sa fonction en son nom et sous son autorité pour le bien et le service des Églises, comprend la Secrétairerie d'État ou Secrétariat du Pape, le Conseil pour les affaires publiques de l'Église, les Congrégations, Tribunaux et autres Instituts ; leur constitution et compétence sont définies par la loi particulière. »

719Canon 362 : « Le Pontife Romain a le droit inné et indépendant de nommer des Légats et de les envoyer auprès des Églises particulières dans les diverses nations ou régions, ou en même temps auprès des États et Autorités publiques, ainsi que de les transférer et de les rappeler, en respectant cependant les règles du droit international en ce qui regarde l'envoi et le rappel des Légats accrédités auprès des États.

« Pour rendre possible et efficace la mission pastorale du Pontife romain reçue du Christ Seigneur et Pasteur, dans sa sollicitude pour toute l'Église, et pour maintenir et cultiver le rapport entre le ministère pétrinien et le ministère de tous les évêques, le Pape, dans l'exercice de son pouvoir suprême, plénier et immédiat sur l'Église universelle, [...] se sert des dicastères de la Curie romaine ; c'est donc en son nom et par son autorité que ceux-ci remplissent leur tâche pour le bien des Églises et le service des pasteurs sacrés. »

Les organismes de la Curie sont donc chargés d'assister le Pape dans le gouvernement de l'Église. Ils sont formés des collaborateurs venus de toutes les Églises pour faciliter une meilleure compréhension des questions qui se posent dans l'Église du monde. De même, il n'est pas rare que ces organismes soient consultés lorsqu'il est question, pour le Pontife romain de pourvoir à certains offices ecclésiastiques tels que la nomination des Évêques diocésains, coadjuteurs ou auxiliaires.

La deuxième figure que nous analysons, c'est l'Évêque diocésain. Il est noté au canon 391, § 1 : « Il appartient à l'Évêque diocésain de gouverner l'Église particulière qui lui est confiée avec pouvoir législatif, exécutif et judiciaire, selon le droit. » Alors que le canon 381, § 1 précise la nature du pouvoir de gouvernement épiscopal : « À l'Évêque diocésain revient, dans le diocèse qui lui est confié, tout le pouvoir ordinaire, propre et immédiat requis pour l'exercice de sa charge pastorale, à l'exception des causes que le droit ou un décret du Pontife Suprême réserve à l'autorité suprême ou à une autre autorité ecclésiastique. »[720] La consécration épiscopale lui confère la *tria munera* évoquée ci-dessus, sanctifier, enseigner et gouverner.

Dans la pratique, l'Évêque diocésain gouverne son diocèse en s'appuyant sur des conseils et en déléguant certaines de ses compétences. Le pouvoir de l'Évêque *en matière législative* s'étend sur tout ce qui est nécessaire à la vie de son Église, sauf pour ce qui concerne les questions réservées au Pontife romain ou à une autre instance, telle que la Conférence des Évêques. Ce pouvoir lui revient de manière exclusive et il ne peut le déléguer sinon dans des conditions prévues par le droit. Cependant, de son pouvoir discrétionnaire, l'Évêque diocésain peut écouter les conseils des organismes et des conseils de son diocésain ou d'ailleurs, avant de promulguer des normes[721] ou avant de donner des directives générales pour son diocèse. L'Évêque diocésain peut exercer son *pouvoir exécutif* directement ou par l'intermédiaire de ses vicaires généraux ou de ses vicaires épiscopaux. Il s'agit des décrets généraux pris en exécution des lois, ou des instructions qui explicitent les lois ou des actes administratifs particuliers. Enfin, l'évêque

---

[720] Can. 381, §2 « Ceux qui sont à la tête des communautés de fidèles dont il s'agit au Can. 368 sont équiparés aux Evêques diocésains, sauf s'il apparaît qu'il en va autrement de par la nature des choses ou bien en vertu des dispositions du droit ».

[721] Notons que ces lois peuvent être prises soit lors d'un synode, ce sont des lois synodales, soit être prises personnellement sous la forme d'ordonnances, ce sont des lois épiscopales.

peut exercer son pouvoir judiciaire, personnellement ou, comme dans la plupart des cas, par l'intermédiaire d'un vicaire judiciaire, un official.[722]Outre ces trois pouvoirs traditionnels, il revient à l'Évêque diocésain la gestion du patrimoine du diocèse. Pour ce faire, il est assisté du Conseil diocésain pour les Affaires économiques et du conseil formé des trois membres désignés par l'Évêque.

Il nous faut noter que, comme pour la curie romaine auprès de l'Évêque de Rome, l'Évêque diocésain est assisté dans l'accomplissement de sa tâche pastorale par la curie diocésaine qui, selon le canon 469, se compose des organismes et des personnes qui prêtent leur concours à l'Évêque dans le gouvernement du diocèse tout entier, surtout dans la direction de l'action pastorale, dans l'administration du diocèse, ainsi que dans l'exercice du pouvoir judiciaire.[723] Nous le dirons plus loin, ces organismes et ces personnes sont particulièrement importants lorsqu'il est question d'une consultation ou d'une demande d'avis obligatoire ou relatif pour la validité de l'acte à poser de la part de l'Évêque diocésain.

Enfin, il nous faut envisager dans notre étude une dernière catégorie d'autorités ecclésiastiques qui a un pouvoir de gouvernement : le curé d'une paroisse. Le canon 519 dispose à cet effet, « Le curé est *le pasteur propre* de la paroisse qui lui est remise en exerçant, sous l'autorité de l'Évêque diocésain dont il a été appelé à partager le ministère du Christ, la charge pastorale de la communauté qui lui est confiée, afin d'accomplir pour cette communauté les fonctions d'enseigner, de sanctifier et de gouverner avec la collaboration éventuelle d'autres prêtres ou de diacres, et avec l'aide apportée par les laïcs, selon le droit. » Notons ici que le droit ne parle pas du pouvoir mais de l'accomplissement de la charge pastorale.

On constate une nette évolution dans la notion juridique du curé. Le canon 451, § 1 du *Codex* de 1917 prescrivait : « Le curé est le *prêtre ou la personne morale* à qui une paroisse est confiée, comme son office propre, avec la cure d'âmes à exercer sous l'autorité de l'Ordinaire du lieu. » L'introduction du vocable *pasteur propre* dans le *Codex* de 1983donne à l'office du curé un contenu théologique plus riche. D'un point de vue ecclésiologique, ce vocable confère une signification plus pastorale à l'office du curé. Le canon 519 de la nouvelle législation canonique lie l'exercice du

---

722 Voir le Can. 391, § 2.

723 La recommandation faite par le Pape Paul VI dans son Motu Proprio *Ecclesiae sanctae, sur l'application des décrets conciliaires sur la charge pastorale des Évêques, des prêtres, la vie religieuse, et les missions* du 6 août 1966, n° 17 § 1 recommande que « les Évêques veillent aussi à ce que tous les conseils diocésains soient coordonnés le plus parfaitement possible, grâce à une détermination précise de leurs compétence, à une participation mutuelle de leurs membres, à des sessions communes ou continues, et d'autres manières. » Voir dans *DC.*, n° 1477 du 4 sept. 1966, p. 1451. Recommandation reprise par le Can. 473, § 1.

curé au ministère du Christ. D'autre part, cette législation, au canon 520, § 1, interdit la nomination d'une personne juridique comme curé.[724]

Coopèrent à la charge pastorale du curé les vicaires paroissiaux. Le Décret sur la charge pastorale des évêques dans l'église *christus dominus* note à ce sujet :

> « Les vicaires paroissiaux, qui sont les coopérateurs du curé, apportent chaque jour une aide précieuse et active à l'exercice du ministère paroissial sous l'autorité du curé. C'est pourquoi, entre le curé et ses vicaires, doivent exister des relations fraternelles, une charité et un respect mutuels toujours en éveil, une entraide réciproque par le conseil, la collaboration et l'exemple ; ainsi serviront-ils la paroisse en plein accord de volonté et avec un même zèle. »[725]

En terminant ce premier point, nous faisons quelques observations. D'abord, même de nos jours, il existe un préjugé tenace qui tend à considérer les ministres de l'Église Catholique, consacrés par l'ordination, comme les détenteurs d'un pouvoir hiérarchique trop absolu pour ne point sembler dominateur. Et, dans cette perspective, qu'ils soient diacres, mais surtout prêtres ou évêques, leurs autorités risquent de paralyser ou de freiner la présence et l'action des laïcs qui participent à la vie et à la mission de l'Eglise. Rien ne peut justifier un tel argument. Il n'y a donc aucune polémique possible à ce sujet. Tout cela tient résolument à la succession apostolique et au sacrement de l'ordre dont les trois degrés font les ministres de l'Église. Le pouvoir qui en découle n'a d'autre fin que le service du Peuple de Dieu. C'est la considération du Peuple de Dieu qui est première. Et ce peuple de Dieu rassemble tous les baptisés qui partagent le sacerdoce commun des fidèles afin de témoigner leur communion dans la foi et dans la mission. Pour un service plus exclusif du Peuple de Dieu, l'Église envoie ceux qu'elle a appelés et consacrés par imposition des mains. Leur ministère est moins un gage de dignité ou de supériorité que l'accomplissement d'un service.[726]

De même, on ne saurait faire l'impasse, dans cette analyse, sur une dimension importante du pouvoir dans l'Église. C'est la dimension du pouvoir comme service. Tout pouvoir est au service du sacerdoce baptismal.[727]Autant, il faut affirmer avec fermeté, sur le plan canonique, l'importance de la structure hiérarchique de l'Église et le pouvoir de ceux

---

[724] Can. 520, § 1 : « Une personne juridique ne sera pas curé ; toutefois l'Évêque diocésain, mais non pas l'Administrateur diocésain, peut, avec le consentement du Supérieur compétent, confier une paroisse à un institut religieux clérical ou à une société cléricale de vie apostolique, même en l'érigeant dans l'église de l'institut ou de la société, *à condition cependant qu'un seul prêtre soit le curé de la paroisse ou, si la charge pastorale est confiée solidairement à plusieurs, qu'il soit le modérateur dont il s'agit au Canon 517, § 1.* »

[725] Voir *CD.*, 30, 3. Voir aussi le Can. 545, § 1et 2.

[726] cf. *Catéchisme de l'Eglise Catholique.* Edition définitive avec guide de lecteur, Paris, Éd. Fidélité/Racine, 1998, p. 818.

[727]*Idem*, n°1120.

qui ont reçu le sacrement de l'ordre, autant, nous devons témoigner, sur le plan pastoral, d'une certaine netteté d'esprit pour identifier ce pouvoir comme un service pour le peuple de Dieu. Cette notion de service, de la *diaconie*, est intrinsèquement liée au ministère. Il va sans dire que le ministère ordonné ou le sacerdoce ministériel est au service du sacerdoce baptismal.

II. Les offices ecclésiastiques et les modes d'attributions.

Comme nous l'avons décrit plus haut, le pouvoir de gouvernement ecclésiastique s'exerce selon plusieurs modalités et dans divers domaines de la vie de l'Église. La *provisio canonica* en est un. Or, parler de la *provisio canonica*, c'est évoquer dans tous les cas la notion d'office ecclésiastique. Car, même les autorités ecclésiastiques qui exercent un pouvoir propre, ont été, elles-mêmes, l'objet des provisions canoniques. C'est le cas par exemple du Pontife romain qui, après l'acceptation de son élection, peut, à son tour, faire de la *provisio canonica* pour telle ou telle autre charge au bénéfice d'autres fidèles. L'élection ici est la voie canonique, de la part des cardinaux électeurs, de pourvoir au Siège vacant de l'Évêque de Rome. C'est aussi le cas d'un Évêque diocésain qui nomme ses collaborateurs après que lui-même ait été nommé par le Pontife romain.

D'autre part, selon canon 146 : « Un office ecclésiastique ne peut être validement obtenu sans provision canonique. » Il va sans dire donc que la provision canonique, comme voie d'attribution des offices ecclésiastiques, est l'un des lieux évidents de l'exercice du pouvoir du gouvernement ecclésiastique. Nous allons, dans le cadre de ces analyses, approcher deux notions, *la signification canonique d'un office ecclésiastique* et *l'attribution canonique d'un office ecclésiastique* ou la *provisio canonica.*

1. Des offices ecclésiastiques.

Il est important, avant toute chose, de réaffirmer l'évidence énoncée au canon 274, § 1 : « Seuls les clercs peuvent recevoir des offices dont l'exercice requiert le pouvoir d'ordre ou le pouvoir de gouvernement ecclésiastique. »

Les deux paragraphes du canon 145 donnent la description d'un office ecclésiastique : toute charge constituée de façon stable par disposition divine ou ecclésiastique pour être exercée en vue d'une fin spirituelle (§ 1). De fait, les obligations et les droits propres à chaque office ecclésiastique sont déterminés par le droit qui le constitue ou par le décret de l'autorité compétente qui, tout ensemble, le constitue et le confère (§ 2).

Un office ecclésiastique est une charge personnelle composant parmi d'autres l'organisation de l'Église et que le ou les titulaires exercent de façon stable. La loi ou la nature des choses donnent à ces fonctions une finalité spirituelle. La stabilité dont il est question ici est une stabilité objective de l'office (*stabiliter constitutum*) et non une stabilité subjective (*stabiliter collatum*) qui, elle, est du côté du bénéficiaire.[728] C'est la stabilité de l'office et non du titulaire de l'office. C'est dire qu'un office ecclésiastique n'est pas défini par rapport à une personne physique et ne disparaît pas lorsque cette dernière le perd. L'office du curé ne disparaît pas avec son titulaire. Cette détermination canonique a l'avantage de donner une consistance juridique à l'office, indépendamment du changement des titulaires ou de la vacance de l'office lui-même.

Comme noté au canon 145, § 1, ces charges sont de *droit divin*, le Pontife romain, l'évêque diocésain ou de *droit humain*, le président d'une Conférence épiscopale, le Vicaire général, le juge, le Chancelier, l'Économe diocésain, les Conseillers épiscopaux, etc.[729] Les charges confiées à certains membres des Instituts de vie consacrée sont aussi des offices ecclésiastiques.[730] En fait, un office ecclésiastique est une figure juridique institutionnalisée à travers laquelle agit la personnalité juridique de l'entité à laquelle il appartient. C'est dire que, un office ecclésiastique rend légitime l'action du bénéficiaire par rapport aux institutions auxquelles le droit reconnaît une personnalité juridique et au nom de laquelle il agit : le Pontife romain par rapport à la personne juridique ou morale le Saint-Siège, l'Évêque diocésain par rapport à la personne juridique le diocèse, le président de la Conférence des Évêques par rapport à la Conférence épiscopale, un curé par rapport à la paroisse, etc. En fait, le titulaire de l'office assume, par une collation canonique et plus tard par une prise de possession, l'exercice de toutes ces fonctions qui ne se confondent pas avec

---

[728] La notion de *stabiliter constitutum* avait poussé les membres de la commission de la révision du *codex* de 1917 d'abandonner le concept de *parochorum inamovibilium*. En effet, l'ancienne législation (celle de 1917) distinguait entre les curés amovibles et les curés inamovibles c'est-à-dire jouissant d'une stabilité particulière. Dans le nouveau code, les curés peuvent être nommés pour une période fixée par la Conférence épiscopale. Cette notion (curé *inamovible*) ayant été elle-même supprimée par le Second Concile du Vatican, la stabilité n'est plus individuelle. Voir *CD*., 31 : « Dans sa paroisse chaque curé doit jouir, en son office, de la stabilité que requiert le bien des âmes. En conséquence *la distinction entre curés amovibles et curés inamovibles est abrogée* et on révisera et simplifiera la manière de procéder à la translation et au déplacement des curés, afin que l'Évêque puisse dans le respect de l'équité, aux sens naturel et canonique du terme, pourvoir plus commodément aux exigences du bien des âmes. »

[729] Nous ne pouvons pas énumérer ici tous les types d'offices ecclésiastiques. La liste ne serait jamais exhaustive. De droit humain, ces offices peuvent être institués par l'autorité ecclésiastique selon les besoins et les exigences de l'Église. De fait, certains offices qui existent dans une Église peuvent ne pas exister dans une autre. De même, selon les besoins ecclésiaux, le droit particulier ou le droit propre peut créer des offices ecclésiastiques.

[730] Voir le commentaire du Can. 145 dans *Code de droit canonique*. Bilingue et annoté, 2e édition révisée et mise à jour, sous la direction d'Ernest CAPPAROS, Michel THÉRIAULT, Jean THORN, Wilson &Lafleur ltée, Montréal, 1999.

ses droits subjectifs propres, puisque l'exercice des compétences de l'office n'est pas un droit du sujet mais un devoir juridique accompagné de la responsabilité correspondante.[731]

Le pouvoir ordinaire de l'Église s'exerce par les offices constitués de façon stable. Il sied d'observer deux choses à ce stade. D'abord, selon le canon 150 : « un office comportant pleine charge d'âmes, dont l'accomplissement requiert l'exercice de l'ordre sacerdotal, ne peut être validement attribué à qui n'est pas encore revêtu du sacerdoce. » Ensuite, selon le canon 228, §1 et 2 « §1 Les laïcs reconnus idoines ont la capacité à être admis par les pasteurs sacrés à des offices et charges ecclésiastiques qu'ils peuvent exercer selon les dispositions du droit. §2 Les laïcs qui se distinguent par la science requise, la prudence et l'honnêteté, ont capacité à aider les pasteurs de l'Église comme experts ou conseillers, même dans les conseils selon le droit. » Ces deux canons nous renseignent qu'un office ecclésiastique s'exerce toujours selon qu'il exige de la part de son détenteur la réception de l'ordre sacré ou simplement le baptême et éventuellement des compétences. A vrai dire, le code de 1983 a adopté strictement la description du canon 145, §1 du *Codex* de 1917.

Nous avons déjà observé au canon 145, § 2 que les obligations et les droits propres à chaque office ecclésiastique dépendent de la nature des attributions assignées. Le droit peut déterminer la nature des pouvoirs qui se greffent à un office. Et celui qui détient la compétence canonique de pourvoir à tel ou tel office peut, dans les limites de ses droits, exercer son pouvoir discrétionnaire pour conférer des pouvoirs supplémentaires qui ne sont pas explicitement fixés par le droit lui-même. Il est donc de fait que la notion d'office ecclésiastique est liée à la notion de pouvoir. Comme noté précédemment, tout office confère un pouvoir, et celui qui l'attribue doit avoir le pouvoir canoniquement reconnu à cet effet.

Il apparaît clairement que la notion d'office ecclésiastique donne un contenu réel à celle de la *provisio canonica.* Il est même possible de dire qu'un office ecclésiastique suppose la *provisio canonica.* Ainsi, un office ecclésiastique ne peut rester longtemps vacant, surtout celui qui est institué pour la direction d'âme. Ainsi, le canon 151 prescrit : « La provision d'un office comportant charge d'âmes ne sera pas différée sans raison grave. »

Avant de clore ce point de notre réflexion, posons-nous une dernière question relative à la compétence de celui qui est habilité à exercer une *provisio canonica.* À plus d'un endroit, nous avons déjà fait mention de l'autorité compétente qui, seule, est habilitée à conférer un office ecclésiastique.

Disons d'abord que, le droit reconnaît à certaines personnes la *capacité* de pourvoir à des offices ecclésiastiques. En droit canonique, la compétence

[731]*Ibidem.*

de l'autorité ecclésiastique a un double rapport : au pouvoir et à la nature de l'office à pourvoir.

De toute évidence, nous commençons par le Pontife Romain. En effet, comme noté plus haut, en vertu de sa compétence universelle sur toute l'Église, le Pontife Romain exerce son pouvoir sur toute l'Église, soit par lui-même, soit par à travers une délégation. En principe, ce droit est sans limite. Notons simplement, parmi tant d'autres, l'exercice du pouvoir pontifical dans la provision canonique des membres de sa structure du gouvernement comme par exemple celle de la curie romaine, la secrétairerie d'État, les congrégations, les conseils, les commissions, et les autres institutions et tribunaux[732], des légats pontificaux[733], etc. Il nomme des évêques.[734] La liste n'est certainement pas exhaustive.

En ce qui concerne les Évêques diocésains, on sait qu'en vertu de leur pouvoir ordinaire, propre et immédiat requis pour l'exercice de leur charge pastorale, selon le canon 381, §1, ils jouissent de la pleine compétence dans la provision canonique dans leurs diocèses, à l'exception de la réserve de l'autorité Suprême. Ce dernier peut transférer ses compétences à une autre autorité, par exemple à la Conférence épiscopale. Le droit canonique reconnaît à l'Évêque diocésain le pouvoir d'ériger d'autres offices non prévus par le droit universel pour les besoins de son Église locale. Il a légitimement aussi le droit d'y pourvoir.

Par conséquent, l'Évêque diocésain procède librement à la provision canonique de ceux qui occupent des offices dans la curie diocésaine[735], les vicaires généraux et épiscopaux[736], le conseil diocésain pour les affaires économiques[737], l'économe diocésain[738], les administrateurs de biens[739], certains membres du conseil presbytéral[740] et du collège des consulteurs[741],

---

[732] Lire l'ouvrage de Joël-Benoît d'ONORIO, *Le Pape et le gouvernement de l'Eglise,* Paris, Ed. Fleurus –Tardy, 1992, p.615.

[733]Can. 362 : « le Pontife Romain a le droit inné et indépendant de nommer des Légats et de les envoyer auprès des Eglises particulières dans les diverses nations ou régions, en même temps auprès des Etats et Autorités publiques, ainsi que de les transférer et de les rappeler, en respectant cependant les règles du droit international en ce qui regarde l'envoi et le rappel des Légats accrédités auprès des Etats. »

[734] Can. 377, §1 : « Le Pontife Suprême nomme librement les Evêques ou il confirme ceux qui ont été légitimement élus ; §2 Tous les trois ans au moins, les Evêques d'une province ecclésiastique ou bien, là où les circonstances y invitent, les Conférences des Evêques dressent d'un commun accord et en secret une liste de prêtres, même membres d'instituts de vie consacrée, les plus aptes à l'épiscopat, et ils la transmettent au Siège Apostolique, demeurant ferme le droit de chaque Evêque de faire connaître séparément au Siège Apostolique le nom de prêtres qu'il estime dignes et idoines pour la charge épiscopale »

[735] Can. 470

[736] Can. 477, § 1.

[737]Can. 492, §1.

[738]Can. 494, §1.

[739]Can. 1279 §1.

[740] Can. 497, n° 3

le chanoine ou prêtre pénitencier[742]. Restant sauves, les dispositions du canon 682, § 1[743], stipulent que la provision canonique de l'office de curé revient à l'Évêque diocésain.[744]Et, là où les circonstances l'exigent, l'Évêque peut nommer, solidairement, plusieurs prêtres pour la charge pastorale d'une paroisse ou de plusieurs paroisses ensemble, à la condition que l'un d'eux soit le modérateur de l'exercice de la charge pastorale, c'est-à-dire qu'il dirige l'activité commune et en réponde devant l'Évêque.[745]L'Évêque diocésain nomme librement le vicaire paroissial, après avoir entendu, s'il le juge opportun, le ou les curés des paroisses pour lesquelles le vicaire paroissial sera nommé, ainsi que le vicaire forain.[746] L'Évêque diocésain désigne un administrateur paroissial, c'est-à-dire un prêtre qui remplacera, en cas de vacance ou d'empêchement, le curé, pour raison d'emprisonnement, d'exil ou de relégation, d'incapacité ou de maladie ou pour toute autre cause.[747] À moins d'une autre disposition du droit particulier, le vicaire forain est nommé par l'Évêque diocésain, après que celui-ci, à son jugement prudent, ait entendu les prêtres qui exercent leur ministère dans ce vicariat.[748] Le recteur d'église est nommé librement par l'Évêque diocésain, restant sauf le droit d'élection ou de présentation qui appartiendrait légitimement à quelqu'un. Dans ce cas, il revient à l'Évêque diocésain de confirmer ou d'instituer le recteur.[749]Sauf autre disposition du droit ou de droits spéciaux qui reviennent légitimement à quelqu'un, le chapelain est nommé par l'Ordinaire du lieu à qui il appartient aussi d'instituer celui qui est présenté ou de confirmer l'élu.[750]

À propos d'un tribunal diocésain, le droit canonique statue que le juge de première instance est l'Évêque diocésain, qui peut exercer le pouvoir

---

[741] Can. 502, § 1.

[742] Can. 508, §1-2. Voir aussi le Can. 509, § 1-2.

[743] Can. 682, § 1 : « S'il s'agit d'un office ecclésiastique à conférer à un religieux dans un diocèse, c'est l'Évêque diocésain qui nomme le religieux sur présentation du Supérieur compétent ou du moins avec son consentement. »

[744] Can. 523. Par contre, lorsque le siège épiscopal est vacant ou empêché, il appartient à l'Administrateur diocésain ou à celui qui dirige le diocèse par intérim : d'accorder l'institution ou la confirmation aux prêtres qui auraient été légitimement présentés ou élus à une paroisse ; de nommer les curés, après une année de vacance ou d'empêchement du siège. Voir le Can. 525.

[745] Can. 517, § 1. Lire ce canon en parallèle avec les canons 543 et 544

[746] Can. 547. restant sauves les dispositions du Canon 682, § 1.

[747] Can. 539. L'administrateur paroissial est soumis aux mêmes devoirs et jouit des mêmes droits que le curé, à moins que l'Évêque diocésain n'en ait décidé autrement (Can. 540, § 1). L'administrateur paroissial ne peut rien faire qui puisse porter préjudice aux droits du curé ou être dommageable aux biens paroissiaux (Can. 540, § 2)

[748] Can. 553.

[749] Can. 557, § 1. Par recteurs d'églises, on entend ici les prêtres à qui est confiée la charge d'une église qui n'est ni paroissiale ni capitulaire, ni attachée à la maison d'une communauté religieuse ou d'une société de vie apostolique qui y célèbre les offices (Can. 556).

[750] Can. 565

judiciaire par lui-même ou par autrui, selon les canons.[751] S'il n'exerce pas le pouvoir judiciaire par lui-même, l'Évêque diocésain est tenu de constituer un Vicaire judiciaire ou Official ayant pouvoir ordinaire de juger, différent du Vicaire général, à moins que l'exiguïté du diocèse ou le petit nombre de causes ne suggèrent de faire autrement.[752] Dans le fait, le Vicaire judiciaire constitue un seul et même tribunal avec l'Évêque, mais il ne peut juger des causes que l'Évêque s'est réservées.[753] De même, dans son diocèse, l'Évêque constituera des juges diocésains qui seront clercs. Cependant, la Conférence des Évêques peut permettre que des laïcs soient également constitués juges et que, en cas de nécessité, l'un d'entre eux puisse être choisi pour former le collège.[754] Dans ce même domaine, il appartient à l'Évêque de nommer le promoteur de justice et le défenseur du lien, qu'ils soient clercs ou laïcs, docteurs ou licenciés en droit canonique.[755]

Rappelons que les domaines dans lesquels s'exerce le pouvoir de gouvernement sont variés. Ils se tendent aussi dans des domaines des offices qui sont indirectement en lien avec le salut des âmes. Ainsi par exemple, il revient, selon le canon 805, à l'Évêque diocésain la compétence de nommer ou d'approuver les maîtres qui enseignent la religion dans des écoles catholiques de la juridiction du diocèse. De même, si une raison de religion ou de mœurs le requiert, de les révoquer ou d'exiger leur révocation. Ce canon est l'une des conséquences du canon 804, §1. D'après ce dernier canon, l'enseignement et l'éducation religieuse catholique donnés en toute école, ou transmis par les divers instruments de communication sociale, sont soumis à l'autorité de l'Église. Il appartient à la Conférence des Évêques d'édicter des règles générales concernant ce champ d'action et à l'Évêque diocésain de l'organiser et de veiller sur lui. En conséquence, l'Ordinaire du lieu veillera à ce que les maîtres affectés à l'enseignement de la religion dans les écoles, même non catholiques, se distinguent par la rectitude de la doctrine, le témoignage d'une vie chrétienne et leur compétence pédagogique.

Il convient aussi de signaler qu'en droit en général et en droit canonique en particulier, la personne majeure jouit du plein exercice de ses droits.[756] Cependant, la personne mineure est soumise à la puissance de ses parents ou tuteurs dans l'exercice de ses droits[757], excepté ceux pour lesquels la loi

---

[751] Can. 1419, § 1.

[752] Can. 1420, § 1. Au Vicaire judiciaire peuvent être donnés des adjoints appelés Vicaires judiciaires adjoints ou Vice-officiaux. Tant le Vicaire judiciaire que les Vicaires judiciaires adjoints doivent être prêtres, jouissant d'une réputation intacte, docteurs ou au moins licenciés en droit canonique, et âgés d'au moins trente ans. Voir § 3 et 4 de ce même canon.

[753] Can. 1420, § 2.

[754] Can. 1421, § 1 et 2.

[755] Can. 1435.

[756] Can. 98, § 1.

[757] Pour le Can. 99 : « Qui manque habituellement de l'usage de la raison est censé ne pouvoir se gouverner lui-même et est assimilé aux enfants. »

divine ou le droit canonique exempte de cette puissance. C'est le cas, par exemple, du canon 1478, § 3 qui ordonne que : « Dans les causes spirituelles et celles qui leur sont connexes, les mineurs, s'ils ont l'usage de la raison, peuvent agir et répondre sans le consentement de leurs parents ou de leur tuteur, et cela par eux-mêmes s'ils ont quatorze ans accomplis ; sinon, par le curateur constitué par le juge. »[758] Dans tous les cas, les prescriptions du droit civil national du mineur seront observées, à moins que le droit canonique ne dispose autrement ou si, dans certains cas et pour une juste cause, l'Évêque diocésain a jugé bon d'y pourvoir par la nomination d'un autre tuteur.[759]

Nous retenons de précédentes analyses que la *provisio canonica* est un processus d'attribution d'un office ecclésiastique. Celui-ci est une charge à accomplir pour le bien commun de l'Église ou pour le salut des âmes. Elle est l'un des lieux de l'exercice du pouvoir de gouvernement dans l'Église. La *provisio* n'est pas un acte dénué du fondement canonique. Il se réalise selon des modes et des processus juridiquement définis *ad validitatem*. La suite de nos analyses tente d'élucider les différentes procédures canoniques d'attribution des offices ecclésiastiques.

2. Procédures canoniques d'attribution des offices ecclésiastiques.

Le code de droit canonique de 1983 ne définit pas strictement la *provisio canonica*. Il faut donc lire la doctrine canonique pour en découvrir le sens. En effet, l'ancienne législation canonique, celle de 1917, définissait la *provisio canonica* comme une concession d'un office ecclésiastique, faite par l'autorité ecclésiastique compétente, d'après les règles des saints canons.[760] Ainsi que le note le canon 146, un office ecclésiastique ne peut être validement obtenu sans provision canonique. Dans le cas contraire, c'est une usurpation. De même, la rétention illégitime d'une charge, après la privation ou la cessation de celle-ci peut se comparer à une usurpation. Dans ces cas, le canon 1381, § 1 déclare : « Quiconque usurpe un office ecclésiastique sera puni d'une juste peine. » En dehors de certaines exceptions, aucune intrusion, ni ingérence de l'autorité civile ne sont permises, la liberté et l'indépendance de l'Eglise étant garanties.

---

[758] C'est aussi le cas du canon 1071, § 1, n° 6 : « § 1. Sauf le cas de nécessité, personne n'assistera sans l'autorisation de l'Ordinaire du lieu : n°6, au mariage d'un enfant mineur, à l'insu ou malgré l'opposition raisonnable de ses parents. » Ce canon insinue donc que l'Ordinaire peut, dans ce cas, donner son accord. Alors, l'enfant mineur agira en son nom.

[759] Can. 98, § 2. En cas de conflit par exemple, les dispositions du droit canonique s'appliqueront d'une manière complémentaire et préférentielle pour certaines situations. Le juge ecclésiastique peut alors désigner un tuteur dans certains cas. Voir par exemple les cas des Can. 1478, § 2 et 3 et 1479).

[760] Can. 147, §2 du CIC/1917.

Dans la pratique administrative ecclésiastique, la *provisio canonica* comprend trois étapes caractérisées par trois actes successifs : la désignation de la personne, l'attribution du titre, l'institution physique ou la prise de possession canonique. Ces actes peuvent être posés par la même personne ou par des personnes différentes. À notre avis, le plus important est le second, c'est-à-dire l'attribution du titre. Il est généralement posé par l'autorité ecclésiastique compétente de façon explicite.

La législation en vigueur donne deux conditions fondamentales pour accéder à un office ecclésiastique. Il faut être dans *la communion de l'Église* et *être idoine*, c'est-à-dire pourvu des qualités que le droit universel ou particulier, ou la loi de fondation requiert pour cet office.[761]

Dans le domaine de la *provisio canonica*, il nous semble que la condition de baptisé ou la réception du sacrement de l'ordre ne suffisent pas. La finalité spirituelle de tout office ecclésiastique exige, en plus, la *communion ecclésiale de fait*. La communion se définie souvent dans son sens négatif et signifie *n'être pas en situation juridique d'excommunié*. L'excommunication est, dans l'Église, une peine canonique. Nous pensons que cette exigence de communion ecclésiale doit ici être comprise dans son sens large. Elle est une exigence positive vérifiable par l'union du candidat aux pasteurs légitimes, par son adhésion au magistère et par sa participation aux moyens qui vivifient et unissent réellement à la communauté ecclésiale.[762] Ainsi que le stipule le Can. 205 : « Sont dans la pleine communion de L'Église catholique sur cette terre les baptisés qui sont unis au Christ dans l'ensemble visible de cette Eglise, par les liens de la profession de foi, des sacrements et du gouvernement ecclésiastique. » On le voit, ici, la pleine communion qui est en fait une intégration des baptisés dans l'Église catholique, résulte de *tria vincula*, c'est-à-dire les trois liens ou attaches : la profession d'une même foi, la participation aux mêmes sacrements, et la reconnaissance de l'autorité pastorale du Pape et des Évêques.[763] Par rapport à la provision canonique, le Can. 149, §1 précise et complète le Can. 150. Ainsi, pour ceux qui ont l'ordre sacré, le droit canonique recommande une double exigence : avoir reçu l'ordre sacré et être en communion de l'Église *de facto*. C'est ainsi que, pour certains offices, une *profession de foi* peut être imposée. Quelques cas ont été recensés par le canon 833.[764]Ce qui n'empêche pas que, dans le cadre

---

[761] Can. 149, § 1.

[762] Cf. commentaire des Can. 149-150 du *Code de droit canonique bilingue et annoté,* Montréal, Ed. Wilson & Itée, 1999.

[763] Jean WERCKMEISTER, *Petit dictionnaire de droit canonique,* Paris, Cerf, 1993, p.60 (note communion)

[764] Can. 833 : « Sont tenus par l'obligation d'émettre personnellement la profession de foi, selon la formule approuvée par le
Siège Apostolique : 1- devant le président ou son délégué, tous ceux qui participent avec voix délibérative ou consultative à un Concile Œcuménique ou particulier, au synode des Évêques ou au synode diocésain; quant au président, il émet cette profession devant le Concile ou le

d'un droit particulier, d'autres offices rallongent la liste prévue au canon précité. Celle-ci serait un moyen pour vérifier la communion ecclésiale du candidat.[765]

D'autre part, il est établi que le candidat doit être idoine. L'adjectif *idoine* signifie convenable, apte, approprié. L'idonéité en droit canonique est l'ensemble des qualités, des aptitudes exigées à une personne en vue d'un service donné. Ce sont des aptitudes pour exercer l'office en présence. Le canon 149, § 2 statue : « La provision d'un office ecclésiastique faite à une personne qui n'a pas *les qualités requises* n'est nulle que si *ces qualités sont expressément exigées* à peine de nullité par le droit universel ou particulier, ou par la loi de fondation ; sinon elle est valide, mais elle peut être rescindée par décret de l'autorité compétente ou par sentence du tribunal administratif. » Usant de son pouvoir discrétionnaire, l'autorité compétente qui procède à la collation est la seule capable d'apprécier l'idonéité d'un candidat.

Le droit universel ou le droit particulier peut exiger de la part du candidat des qualités humaines ou scientifiques précises qui seraient nécessaires dans l'accomplissement de la charge. Le droit canonique distingue deux manières d'agir : si ces qualités sont *nécessaires*, la *provisio canonica* est nulle et la prive d'effets. L'absence de ces qualités a fait naître chez le candidat une situation juridique d'incapacité qui affecte en même temps la collation. Cela n'est vrai que lorsqu'une mention expresse est faite de cette nécessité *ad validitatem.*[766] Dans le cas contraire, c'est-à-dire lorsqu'aucune mention n'est faite de cette nécessité, la collation est valide. Elle produit des effets juridiques. Cependant, pour le canon 149, §2, une telle collation peut être rescindée par décret de l'autorité compétente ou par sentence du tribunal administratif. Ce décret rendra donc nulle la collation.[767]

---

synode; 2- ceux qui sont promus à la dignité cardinalice, selon les statuts du sacré Collège; 3- devant le délégué du Siège Apostolique, tous ceux qui sont promus à l'épiscopat, ainsi que ceux qui sont équiparés à l'Évêque diocésain; 4- devant le collège des consulteurs, l'Administrateur diocésain; 5- devant l'Évêque diocésain ou son délégué, les Vicaires généraux, épiscopaux et judiciaires; 6- devant l'Ordinaire du lieu ou son délégué, les curés, le recteur et les professeurs de théologie et de philosophie dans les séminaires, à leur entrée en fonction; ceux qui doivent être promus à l'Ordre du diaconat; 7- devant le Grand Chancelier ou, à son défaut, devant l'Ordinaire du lieu ou leurs délégués, le recteur d'une université ecclésiastique ou catholique à son entrée en fonction; devant le recteur, s'il et prêtre, ou devant l'Ordinaire du lieu ou leurs délégués, les enseignants des disciplines concernant la foi et la morale dans les universités, à leur entrée en fonction; 8- les Supérieurs dans les instituts religieux cléricaux et dans les sociétés de vie apostolique cléricales, selon les constitutions.

[765] Voir le commentaire du Can. 149-150 dans *Code de droit canonique*. Bilingue et annoté, 2e édition révisée et mise à jour, sous la direction d'Ernest CAPPAROS, Michel THÉRIAULT, Jean THORN, Wilson &Lafleur Itée, Montréal, 1999.

[766] Can. 149, § 2.

[767] Voir le commentaire du Can. 149-150 dans *Code de droit canonique*. Bilingue et annoté, 2e édition révisée et mise à jour, sous la direction d'Ernest CAPPAROS, Michel THÉRIAULT, Jean THORN, Wilson &Lafleur Itée, Montréal, 1999. Signalons qu'il

En sus, la législation canonique de 1983 reprend, en matière des offices ecclésiastiques, deux cas d'invalidité de la *provisio canonica* du *Codex* de 1917 : *la provision simoniaque* et *la provision d'un office qui n'est pas vacant*.

Pour le premier, le canon 149, § 3 ordonne que : « La provision simoniaque est nulle de plein droit ». La simonie est un achat, une vente de biens spirituels, de sacrements, de postes hiérarchiques ou de charges ecclésiastiques. Elle doit son nom à un personnage du livre des Actes des Apôtres, Simon le Magicien, qui sollicita saint Pierre pour l'achat de son pouvoir de faire des miracles.[768] La législation canonique actuelle ne donne aucun contenu de la pratique simoniaque. Elle se contente d'affirmer le fait. Ainsi, pour comprendre la simonie, d'un point de vue canonique, il faut faire recours à la doctrine. En effet, le canon 727, § 1 et 2 du *Codex* de 1917 distinguent la *simonie de droit divin* et la *simonie de droit ecclésiastique*. Comme il est écrit dans ce canon :

> « §1 *Est simonie de droit divin* la volonté délibérée d'acheter ou de vendre pour un prix temporel des choses intrinsèquement spirituelles, par ex. les sacrements, la juridiction ecclésiastique, une consécration, les indulgences, etc. ; ou une chose temporelle annexée à une chose spirituelle en sorte que la chose temporelle ne peut exister sans l'élément spirituel, par ex. un bénéfice ecclésiastique, ou que la chose spirituelle fait l'objet, quoique partiel, du contrat, par ex. la consécration dans une vente

---

est possible, dans l'Église, de s'opposer, par une procédure administrative, à un décret. Le système judiciaire canonique connaît un système de *recours administratifs et une juridiction administrative* à l'image des Etats modernes. Avouons que ce système est peu développé. C'est le pape Paul VI qui a introduit dans l'Église catholique le système actuel à l'occasion de la grande réforme de la Curie romaine qu'il a faite en 1967. En fait, il a créé un tribunal administratif qui puisse recevoir des plaintes contre des actes administratifs singuliers c'est-à-dire destinés à des personnes physiques et juridiques. Ce tribunal est une section du Tribunal *Suprême de la Signature Apostolique* qui a vu ainsi sa compétence s'enrichir. Peuvent lui être soumis tout acte émanant d'une personne titulaire du pouvoir de gouvernement qu'elle soit à l'échelon particulier comme un Évêque ou à l'échelon universel comme une congrégation romaine (par exemple, la révocation d'une personne, clerc ou laïque d'une charge officielle, ou la suppression ou même transformation d'une paroisse). Seuls les actes administratifs portés par le pape ne sont pas soumis à cette juridiction. S'il s'agit d'un acte d'Évêque diocésain, avant d'ester auprès de ce tribunal, il est nécessaire de s'être adressé en premier à l'auteur de l'acte pour réexamen puis d'avoir présenté sa plainte auprès d'une congrégation de la Curie romaine, la congrégation compétente pour les cas en cause, au moyen d'un recours hiérarchique. Voir Patrick VALDRINI, *La justice de l'Église*, Séance du lundi 2 octobre 2006, *Académie des sciences morales et politiques,* Consulté le 28 octobre 2023. D'ailleurs, la Constitution apostolique *Praedicate evangelium* du Pape François sur la Curie romaine du 19 mars 2022 ne supprime pas le tribunal administratif au sein du Tribunal Suprême de la Signature Apostolique. Voir Art. 197. Cette Constitution apostolique a abrogé et a remplacé la Constitution Apostolique *Pastor Bonus* promulguée le 28 juin 1988 par Jean-Paul II.

[768] Livre des Actes des Apôtres, 8, 9-21. Lire ici un article intéressant de Paul De VOOGHT, « La *simoniaca haeresis* selon les auteurs ecclésiastiques », dans *ETL*, vol 30, Facs. 1 (1954), p. 64-80.

> de calice consacré. §2 Est *simonie de droit ecclésiastique*, le fait de donner des choses temporelles annexées à une chose spirituelle en échange de choses temporelles annexées à une chose spirituelle, ou des choses spirituelles contre des choses spirituelles, ou même des choses temporelles contre des choses temporelles, si cela est interdit par l'Église à cause du péril d'irrévérence pour les choses spirituelles, constitue. »

Sur ce, le canon 729, 1° du *Codex* de 1917 dispose :

> « En dehors des peines statuées contre le simoniaque, le contrat simoniaque lui-même et-si la simonie a lieu au sujet de bénéfices, offices et dignités-la provision subséquente sont sans valeur, même si la simonie a été commise par un tiers, et à l'insu de celui qui est l'objet de la provision, pourvu que cela ne se fasse pas en fraude ou contre la volonté de ce dernier. C'est pourquoi : 1° Avant toute sentence du juge ecclésiastique, la chose donnée et acceptée de façon simoniaque doit être rendue, s'il est possible de la restituer et si ce n'est pas contraire à la révérence qui lui est due ; le bénéfice, l'office, la dignité doivent être abandonnés. »

Le canon149, § 3 applique ce que la doctrine canonique a prescrit.

Pour le second, le canon 153, §1 précise : « *la provision d'un office qui n'est pas vacant* en droit est nulle de plein droit et n'est pas validée par une vacance subséquente. » La vacance d'un office ecclésiastique ne se présume pas. Elle ne doit pas être l'objet d'une présomption sans preuve. Elle est un fait et doit être juridiquement constatée. La prescription du canon 184, § 1 est l'un des moyens de le constater : « un office ecclésiastique se perd par l'expiration du temps déterminé, par la limite d'âge fixée par le droit, par la renonciation, le transfert, la révocation et la privation. »[769] De même, la provision d'un office est consignée, autant sa vacance est notifiée par écrit, soit de la part de son titulaire, soit de la part de l'autorité compétente. Ainsi, selon le canon 184, § 3 : « Quand la perte d'un office est devenue effective, elle doit être le plus tôt possible notifiée à tous ceux qui ont quelque droit à sa provision. » Une *provisio canonica* est conséquence de la vacance de l'office. Dans la pratique, les deux moments, c'est-à-dire, la vacance et la provision peuvent se faire au même moment et dans un unique processus.

Dans le contexte de la vacance d'un office ecclésiastique, on observe deux exceptions pour lesquelles un office ecclésiastique non vacant peut faire l'objet d'une *provisio canonica.* D'abord celle formulée au canon 153, § 2, selon laquelle *un office qui, en droit, est attribué pour un temps déterminé.* Dans ce cas, la provision peut être faite dans les *six mois* qui précèdent le terme. Elle prend cependant effet le jour où l'office est effectivement vacant. On le voit, ici la provision canonique précède la vacance d'un office ecclésiastique. Cependant, elle produit des effets à la vacance effective dudit office. On se gardera cependant d'observer les canons 153, § 3 et le canon 154. Pour le premier : « La promesse de conférer

[769] Voir aussi les canons 187-189 ; 190-191 ; 192-195 ; 196.

un office, quel qu'en soit l'auteur, ne produit aucun effet juridique » et pour le second : « Un office vacant en droit, mais encore illégitimement possédé, peut être conféré à condition que la possession soit dûment déclarée illégitime et que les lettres de collation mentionnent cette déclaration. » Ce canon n'évoque aucune sanction comme conséquence de la possession illégitime observée.

Avant d'aborder la question relative aux processus d'attribution d'un office ecclésiastique, il faudra encore faire mention de deux autres principes qui, à notre avis, relèvent du bon sens. Le premier principe est celui énoncé au canon 152 : « Ne seront conférés à personne deux ou plusieurs offices incompatibles, c'est-à-dire qui ne peuvent être remplis ensemble par une seule et même personne. » La doctrine canonique distingue *l'impossibilité physique* de *l'impossibilité légale*. La première provient de l'impossibilité matérielle d'accomplir simultanément les obligations afférentes à deux offices ecclésiastiques avec le risque qu'ils ne soient pas remplis convenablement. La seconde est celle que la loi elle-même établit[770]. Comme nous pouvons le constater, si l'impossibilité légale est dite expressément par la loi, celle physique est simplement constatée par le candidat lui-même.

Le deuxième principe vient du canon 156 : « La provision de tout office doit être consignée par écrit. » C'est l'application de l'une des normes du droit administratif ecclésiastique. Il est évoqué notamment aux canons 51[771] et 474[772] du code de droit canonique de 1983. La prudence exige que, dans cette consignation, l'autorité compétente précise les droits et les obligations de l'office à pourvoir au regard du droit universel ou du droit particulier.[773] En outre, elle prendra soin de déterminer, si nécessaire, la manière

---

[770] Can. 423, §2 : « L'administrateur diocésain ne sera pas en même temps l'économe ; par conséquent, si l'économe du diocèse est élu administrateur, le conseil pour les affaires économiques élira un autre économe à titre provisoire » ; Can. 425, §1 « Seul peut être validement désigné pour la charge d'Administrateur diocésain un prêtre âgé de trente-cinq ans accomplis, qui n'a pas déjà été élu, nommé ou présenté au même siège vacant » ; Can. 478, §2 « La fonction de vicaire épiscopal ne peut être cumulée avec celle de chanoine pénitencier, ni confiée à des consanguins de l'Evêque jusqu'au quatrième degré » ; Can. 492, §3 « Sont exclues du conseil pour les affaires économiques les personnes apparentées à l'Evêque jusqu'au quatrième degré de consanguinité ou d'affinité » ; Can. 1436, §1 « La même personne peut toutefois tenir le rôle de promoteur de justice et de défenseur du lien, mais pas dans la même cause ». Les canons précités sont ceux qui établissent l'impossibilité légale.

[771] Can. 51 « Le décret sera donné par écrit, avec l'exposé au moins sommaire des motifs, s'il s'agit d'une décision »

[772] Can. 474 « Les actes de la curie destinés à avoir effet juridique doivent être signés par l'ordinaire dont ils émanent, et ceci pour la validité, et en même temps par le chancelier de la curie ou par un notaire ; mais le chancelier doit faire connaître les actes au modérateur de la curie »

[773] Can. 145, §2 : « les obligations et les droits propres à chaque office ecclésiastique sont déterminés par le droit qui le constitue ou par le décret de l'autorité compétente qui, tout ensemble, le constitue et le confère »

d'accomplir certains actes liés à cet office. Le *décret de la provision canonique* ne laissera rien au hasard de peur que les actes liés à l'office ne respectent pas les limites canoniques dans lesquelles ils ont été inscrits.

La dernière préoccupation de nos analyses est les modes d'attribution des offices ecclésiastiques. En effet, le canon 147 du *Codex* de 1983, en décrivant la *provisio canonica*, donne en même temps les modes de son attribution :

> « La provision d'un office ecclésiastique se fait par la libre collation de la part de l'autorité ecclésiastique compétente, par l'institution qu'elle accorde à la suite d'une présentation, par la confirmation qu'elle donne à la suite d'une élection ou par l'admission qu'elle fait d'une postulation, enfin, par la simple élection et l'acceptation de l'élu, si l'élection n'a pas besoin d'être confirmée ».

La législation canonique en vigueur retient donc quatre modes d'attribution des offices ecclésiastiques : la libre collation, la présentation, l'élection, la postulation. Formellement, chacun de ces modes obéit à des règles définies par le droit. Nous ne ferons mention que de quelques-unes, à titre indicatif.

- *De libera collatione*.

Le canon 157 rappelle : « Sauf autre disposition explicite du droit, il revient à l'Évêque diocésain de pourvoir par libre collation aux offices ecclésiastiques dans sa propre Église particulière. » La libre collation peut être comprise comme l'acte par lequel l'autorité ecclésiastique procède librement et directement à la provision d'un office ecclésiastique. Elle se dit lorsque n'intervient aucune autre instance que l'autorité qui pourvoit.[774] Elle ne nécessite aucune procédure. En matière de *provisio canonica* d'offices ecclésiastique, la libre collation constitue la règle générale.

Bien qu'il n'y ait aucune autre obligation juridique à procéder à la collation d'un office en faveur d'un candidat, dans de nombreuses circonstances, aux termes du canon 127, §1- 3[775], le droit conseille ou exige

---

[774] Cf. Jean WERCKMEISTER, *Petit dictionnaire de droit canonique,* Paris, Cerf 1993, p.57.

[775]Can. 127 : « § 1. Lorsque le droit prescrit que le Supérieur, pour poser un acte, a besoin du consentement ou de l'avis d'un collège ou d'un groupe de personnes, le collège ou le groupe doit être convoqué selon le Canon 166, à moins que, lorsqu'il s'agit seulement de demander un avis, le droit particulier ou propre n'en ait décidé autrement ; et pour que l'acte soit valide, il faut que le Supérieur obtienne le consentement de la majorité absolue de ceux qui sont présents, ou qu'il demande l'avis de tous.

§ 2. Lorsque le droit prescrit que le Supérieur, pour poser un acte, a besoin du consentement ou de l'avis de certaines personnes prises individuellement : 1- si le consentement est exigé, l'acte est invalide quand le Supérieur ne demande pas le consentement de ces personnes ou qu'il agit à l'encontre du vote de celles-ci ou de l'une d'elles; 2- si la consultation est exigée, l'acte est invalide si le Supérieur n'entend pas ces personnes; bien qu'il n'ait aucune obligation de se rallier à leurs avis même concordants, le Supérieur ne s'en écartera pas sans une raison prévalente dont l'appréciation lui appartient, surtout si ces avis sont concordants.

la consultation préalable de certains organes de gouvernement ecclésiastique. C'est les cas des canons 494, § 1 ; 509, § 1.[776] La consultation préalable n'oblige pas l'autorité ecclésiastique ou le Supérieur, lorsqu'il s'agit d'un religieux. Cependant, elle est une voie de sagesse. C'est une simple protection juridique. L'autorité ecclésiastique est libre d'accepter ou de rejeter les différents avis recueillis lors de ces consultations.

La libre collation peut être aussi un régime de suppléance pour certains cas prévus par le droit. Il est ainsi générateur d'un droit subjectif donnant à l'autorité ecclésiastique le pouvoir d'agir lorsque les organes ayant ordinairement cette compétence n'interviennent pas dans le délai légalement établi.[777] De même, pour certains cas, la libre collation est la fin du processus de la *provisio canonica.* Ainsi en est-il de la présentation. Lorsqu'il est question d'une présentation, l'autorité compétente n'intervient que pour accorder l'institution de cet office.[778]

- *De praesentatione.*

Le droit commun et, quelquefois, le droit particulier reconnaissent à certaines autorités ecclésiastiques la compétence d'intervenir dans la provision canonique des offices ecclésiastiques par une présentation légitime.[779] Ainsi que le stipule le canon 158, § 1 : « La présentation à un office ecclésiastique par celui qui en détient le droit doit être faite à l'autorité à qui il appartient d'accorder l'institution pour cet office, et cela dans *les trois mois à compter du moment où la vacance a été connue*, sauf autres dispositions légitimes. »

En réalité, la présentation peut être précédée par une élection ou par une autre forme de désignation, selon le droit ou les statuts. La présentation est ainsi un moyen terme entre l'élection et la provision canonique proprement dite. Ce mode de présentation nous rappelle celui du patronage sur les bénéfices et les fondations dans le régime canonique du *Codex* de 1917 [780] et

---

§ 3. Tous ceux dont le consentement ou l'avis est requis sont tenus par l'obligation d'exprimer sincèrement leur sentiment, et si la gravité des affaires le demande, d'observer soigneusement le secret, obligation que le Supérieur peut exiger ».

[776] Can. 494, §1 : « Dans chaque diocèse l'Évêque, après avoir entendu le collège des consulteurs et le conseil pour les affaires économiques, nommera un économe vraiment compétent dans le domaine économique et remarquable par sa probité » ; 509, §1 : « Il revient à l'Évêque diocésain, mais non pas à l'Administrateur diocésain, après avoir entendu le chapitre, de conférer tous et chacun des canonicats tant dans l'église cathédrale que dans l'église collégiale, tout privilège contraire étant révoqué; c'est au même Évêque qu'il revient de confirmer celui que le chapitre lui-même a élu comme président. »

[777] Cf. Les Can. 162 ; 165 ; 185, §2.

[778] Can. 158, §1.

[779] Can. 158, §1 : « La présentation à un office ecclésiastique par celui qui en détient le droit doit être faite à l'autorité à qui il appartient d'accorder l'institution pour cet office, et cela dans les trois mois à compter du moment où la vacance a été connue, sauf autres dispositions légitime »

[780] Cf. Can. 1411-1488.

qui a été aboli par le *Motu Proprio Ecclesiae sanctae* du Pape Paul VI.[781] Le code actuel a maintenu le régime du *ius praesentationis*.

La présentation est faite soit par une seule personne, soit par un collège ou un groupe de personnes à qui revient la compétence de désigner le candidat. Si elle est faite par un collège ou un groupe de personnes, la présentation se fera selon les dispositions prévues par le Code de droit canonique aux termes des canons 165-179. La présentation peut concerner une ou plusieurs personnes.[782] Les candidats (ou le candidat) sont ainsi présentés à l'autorité compétente pour l'institution. Tel est le cas du canon 377, § 4 qui recommande que : « À moins de disposition autre légitimement établie, l'Évêque diocésain qui estime que son diocèse a besoin d'un auxiliaire proposera au Siège Apostolique une liste d'au moins trois prêtres les plus aptes à recevoir cet office » ou du canon 577, § 2 : « Même si l'église appartient à un institut religieux clérical de droit pontifical, il revient à l'Évêque diocésain d'instituer le recteur présenté par le Supérieur » ou, encore, du canon 682, § 1 : « S'il s'agit d'un office ecclésiastique à conférer à un religieux dans un diocèse, c'est l'Évêque diocésain qui nomme le religieux sur présentation du Supérieur compétent ou du moins avec son consentement. »

La présentation obéit à certaines règles juridiques. Pour le canon 163 : « L'autorité à qui il revient, selon le droit, d'instituer le candidat présenté, instituera *celui qui est légitimement présenté*, qu'elle a *reconnu idoine* et qui *a accepté* ; si plusieurs candidats légitimement présentés ont été reconnus idoines, elle doit instituer l'un d'entre eux. ». De cette règle générale découle plusieurs autres règles : nul ne sera présenté contre son gré. La personne proposée à la présentation, une fois interrogée sur ses intentions, peut être présentée, si elle ne s'est pas récusée dans *les huit jours utiles* (Canon 159). Nul ne peut se présenter lui-même ; mais un collège ou un groupe de personnes peut présenter l'un de ses membres (Canon 160 § 2). Sauf autre disposition du droit, celui qui a présenté un candidat qui n'a pas été reconnu idoine peut encore, mais *une seule fois* seulement, en présenter un autre *dans le mois*. Si le candidat renonce ou meurt avant d'avoir été institué, celui qui possède le droit de présentation peut l'exercer de nouveau *dans le mois* à compter du jour où il a eu connaissance de la renonciation ou de la mort du candidat (Canon 161 § 1 et 2). Celui qui n'a pas fait de présentation en temps utile selon les Canons 158, § 1, c'est-à-dire dans *les trois mois* à compter du moment où la vacance a été connue, ainsi que celui qui a présenté *deux fois un candidat reconnu non idoine*, perdent pour cette fois

---

781 Voir Paul VI, *Motu Proprio Ecclesiae Sanctae* du 6 août 1966 sur l'application des décrets conciliaires sur la charge des Evêques, les prêtres, la vie religieuse et les missions, dans *AAS.*, vol. 58(1966), pp.757-787 ; *D.C.* n° 1477(1966), col. 1441-1470, surtout le n° I, 18.

782 Canon 160, § 1 : « Qui possède le droit de présentation peut présenter un ou plusieurs candidats, tous ensemble ou successivement.

leur droit de présentation ; l'autorité à qui il revient d'accorder l'institution *pourvoira alors librement* à l'office vacant, mais avec le consentement de l'Ordinaire propre du candidat prévu (Canon 162).

- *De electione.*

L'élection est le troisième mode d'attribution d'un office ecclésiastique. En effet, aux termes du canon 164, les normes établies par le droit universel sur les élections ont un caractère particulièrement subsidiaire. Ce canon établit une règle générale : « *Sauf autre disposition du droit*, les dispositions des canons suivants seront observées dans les élections canoniques. » Généralement, une élection est conduite selon les règles édictées par le droit particulier ou par les statuts légitimement fixés. Ce droit et ces statuts définissent ce qu'il convient d'observer dans la conduite d'une élection. C'est seulement en l'absence de telles réglementations particulières que le droit universel intervient dans une élection canonique.

L'élection canonique bénéficie elle aussi d'une normative stricte. Sauf autre disposition du droit ou des statuts légitimes du collège ou du groupe, si un collège ou un groupe de personnes possède le droit d'élire à un office, l'élection ne sera pas différée au-delà de *trois mois utiles* à compter du jour où est connue la vacance de l'office[783]. Passé ce délai, l'autorité ecclésiastique qui possède le droit de confirmer l'élection, ou celle qui succède au collège ou au groupe dans le droit de provision, pourvoira librement à l'office vacant (Canon 165). Pour qu'un suffrage soit valide, il doit être : *libre.* Est invalide le suffrage de celui qui a été amené directement ou indirectement, par crainte grave ou par dol, à élire une personne ou

[783] À la vacance de l'office : Le président du collège ou du groupe convoquera tous les membres du collège ou du groupe ; mais la convocation quand elle doit être personnelle est valable si elle est faite au domicile de l'électeur, à son quasi-domicile ou au lieu de sa résidence. Si un électeur n'a pas été convoqué, et a été de ce fait absent, l'élection est valide. Cependant, à la demande de l'électeur négligé, sous réserve de la preuve de l'omission et de l'absence, l'élection, même confirmée, doit être rescindée par l'autorité compétente, à condition qu'il soit juridiquement établi que le recours a été introduit au plus tard dans les trois jours à compter du moment où l'intéressé a eu connaissance de l'élection. Si plus du tiers des électeurs ont été négligés, l'élection est nulle de plein droit, à moins que tous les électeurs négligés n'aient en fait pris part à l'élection (Canon 166, § 1-3). Une fois la convocation légitimement faite, le droit d'émettre un suffrage appartient aux personnes présentes au jour et au lieu fixés dans la convocation ; est exclue la faculté d'émettre les suffrages par lettre ou par procureur, sauf autre disposition légitime des statuts. Si l'un des électeurs est présent dans la maison où se tient l'élection, mais ne peut y participer à cause du mauvais état de sa santé, les scrutateurs recueilleront son suffrage écrit (Canon 167). Avant le début de l'élection, au moins deux scrutateurs seront désignés parmi les membres du collège ou du groupe. Les scrutateurs recueilleront les suffrages et, en présence du président de l'élection, vérifieront si le nombre des bulletins correspond à celui des électeurs ; ils dépouilleront ensuite les suffrages et feront connaître publiquement le nombre de voix obtenues par chacun. Si le nombre des suffrages dépasse celui des votants, rien n'a été fait. Tous les actes de l'élection seront exactement relatés par la personne qui remplit la charge de secrétaire, signés au moins par le secrétaire, le président et les scrutateurs, et seront soigneusement conservés aux archives du collège (Canon 173, § 1-4).

plusieurs séparément. Toute condition mise au suffrage avant l'élection doit être tenue pour nulle et non avenue (Canon 172, § 1 et 2). Est invalide de plein droit l'élection dans laquelle la liberté a été réellement entravée de quelque façon que ce soit (Canon 170). Pour qu'une élection soit valide, aucune personne étrangère au collège ou au groupe ne peut être admise à donner son suffrage (Canon 169). Est inhabile à émettre un suffrage la personne : qui est incapable d'un acte humain ; qui n'a pas voix active ; qui est frappée d'une peine d'excommunication infligée ou déclarée par sentence judiciaire ou par décret ; qui a notoirement abandonné la communion de l'Église. Si l'une des personnes susdites prend part au vote, son suffrage est nul ; cependant, l'élection est valide, à moins qu'il ne soit avéré que, sans ce suffrage, l'élu n'aurait pas eu le nombre de suffrages requis (Canon 171, §1 et 2).

La législation canonique prévoit aussi un *régime d'élection par compromis*. De fait, le Législateur dispose : sauf autre disposition du droit ou des statuts, l'élection peut également se faire par compromis, pourvu toutefois que les électeurs, d'un consentement unanime et donné par écrit, transfèrent pour cette fois leur droit d'élire à une ou plusieurs personnes idoines prises au sein du collège électoral ou en dehors (Cf. Canon 174, §1). Ces personnes (ou cette personne) procéderont à l'élection au nom de tous les électeurs en vertu de la faculté reçue. S'il s'agit d'un collège ou d'un groupe composé exclusivement de clercs, les compromissaires doivent avoir reçu les ordres sacrés, sinon l'élection est invalide. Les compromissaires doivent en outre suivre les dispositions du droit concernant l'élection et, pour la validité de celle-ci, ils doivent observer les conditions apposées au compromis. Les conditions qui seraient contraires aux normes électorales sont tenues pour nulles et non avenues (Canon 174, § 3). Le droit établit les conditions de la cessation du compromis. Ce dernier cesse notamment dans les cas de la révocation des compromissaires (ou du compromissaire) faite par le collège ou le groupe avant tout commencement d'exécution, lorsqu'une condition apposée au compromis n'a pas été remplie ou quand l'élection faite se trouve être nulle (Canon 175). À la cessation du compromis, le droit de porter le suffrage retourne aux commettants. Sauf autre disposition du droit ou des statuts, est tenue pour élue et proclamée par le président du collège ou du groupe, la personne qui a obtenu le nombre requis de suffrages, selon le Canon 119, n°1[784](Canon 176).

---

[784]Can. 119, n° 1 : « En ce qui concerne les actes collégiaux, sauf autre disposition du droit ou des statuts : 1- en fait d'élection, a force de droit ce qui, la majorité des personnes qui doivent être convoquées étant présente, a recueilli les suffrages de la majorité absolue des présents; après deux scrutins sans effet, le vote portera sur les deux candidats qui ont obtenu le plus grand nombre de voix ou, s'ils sont plusieurs, sur les deux plus âgés; si, après le troisième scrutin, les candidats restent à égalité, le plus âgé sera considéré comme élu. » L'élection doit être notifiée aussitôt à la personne élue ; celle-ci, dans le délai de huit jours utiles, à compter de la réception de la notification, doit signifier au président du collège ou du

- *De postulatione.*

La postulation est une variante de l'élection. Elle intervient dans les cas où, le droit ne s'y opposant pas, les suffrages se reportent, à une large majorité, sur un candidat atteint d'un empêchement canonique dont l'autorité compétente dispense habituellement.[785] Elle se résume dans ce qui est dit au canon 180, §1 : « Si un *empêchement canonique*, pour lequel la dispense peut être donnée et l'est habituellement, fait obstacle à l'élection de la personne que les électeurs estiment la plus apte et qu'ils préfèrent, ceux- ci peuvent la postuler par leur suffrage auprès de l'autorité compétente, sauf autre disposition du droit. » Comme pour les autres figures de la *provisio canonica*, la postulation, *ad validitatem*, doit répondre à quelques critères. En effet, pour que la postulation soit valable, les deux tiers au moins des suffrages sont requis. Le suffrage pour la postulation doit être exprimé par les mots : je postule, ou un terme équivalent[786] (Canon 181 § 1 et 2). La postulation doit être envoyée dans *un délai de huit jours utiles*, par le président, à l'autorité compétente à qui il appartient de confirmer l'élection. Il revient à cette même autorité d'accorder la dispense de l'empêchement ou, si elle n'en a pas le pouvoir, de la demander à l'autorité supérieure. Si la confirmation n'est pas requise, la postulation doit être envoyée à l'autorité compétente pour qu'elle accorde la dispense. Si la postulation n'a pas été envoyée dans le délai prescrit, elle est nulle par le fait même. Le collège et le groupe sont alors, pour cette fois, privés du droit d'élire ou de postuler, à moins qu'il ne soit prouvé que le président a été retenu par un juste empêchement d'envoyer la postulation, ou bien que par dol ou négligence, il s'est abstenu de l'envoyer en temps opportun. La postulation ne confère

---

groupe si elle accepte ou refuse l'élection ; sinon, l'élection est sans effet. Si la personne élue n'accepte pas, elle perd tout droit acquis en vertu de l'élection, même si elle accepte par la suite, mais elle peut être élue de nouveau ; le collège ou le groupe doit procéder à une nouvelle élection dans le délai d'un mois à compter du jour où le refus a été connu (Canon 177, § 1 et 2). Par l'acceptation de son élection lorsque celle-ci n'a pas besoin de confirmation, la personne élue acquiert aussitôt l'office de plein droit ; sinon, elle n'acquiert qu'un droit à l'office (Canon 178). Si l'élection a besoin d'être confirmée, la personne élue doit, dans un délai de huit jours utiles à compter de l'acceptation, demander, par elle-même ou par autrui, la confirmation à l'autorité compétente ; sinon, elle est privée de tout droit, à moins qu'elle ne prouve avoir été retenue par un juste empêchement. Si la personne élue est trouvée idoine selon le Canon 149, § 1, et si l'élection a été faite selon le droit, l'autorité compétente ne peut pas refuser la confirmation. La confirmation doit être donnée par écrit. Avant que la confirmation ne lui soit notifiée, il n'est pas permis à la personne élue de s'immiscer dans l'administration de l'office, ni au spirituel ni au temporel, et les actes de gouvernement qu'elle ferait éventuellement seraient nuls. Une fois notifiée la confirmation, la personne acquiert l'office de plein droit, sauf autre disposition du droit (Can. 179, § 1-5)

[785] Cf. commentaire du Can. 180 du *Code de droit canonique bilingue et annoté*, Montréal, Ed. Wilson & Itée, 1999.

[786] On constate ici que la législation en vigueur a maintenu la tradition canonique du Can. 180, § 2 du *Codex* de 1917. Cette formule assure que les électeurs sont conscients des obstacles qui existent chez le candidat.

aucun droit à la personne postulée. De même, l'autorité compétente n'est pas tenue par l'obligation de l'accepter. Une fois la postulation présentée à l'autorité compétente, les électeurs ne peuvent plus la révoquer, à moins que l'autorité n'y consente (Canon 182 § 1-4). Si l'autorité n'admet pas la postulation, le droit d'élire fait retour au collège ou au groupe. Si la postulation a été admise, elle doit être notifiée à la personne postulée qui doit répondre selon le Canon 177, § 1. Qui accepte la postulation admise obtient l'office aussitôt et de plein droit (Canon 183, § 1-3).

Au terme de ce cheminement, il nous reste d'évoquer les principes du droit commun qui doivent guider toute l'action de l'Église spécialement en ce qui concerne l'attribution des offices ecclésiastiques. Il y a d'une part *l'équité canonique* et d'autre part *la consultation préalable* ou mieux, *le dialogue préalable* qui doit être sincère entre l'autorité compétente et le candidat à l'office ecclésiastique. Ces deux principes, pensons-nous, permettent qu'on agisse de façons charitable car la *provisio canonica* n'est pas seulement un acte juridique, moins encore un acte disciplinaire mais, elle doit être un acte teinté d'une certaine humanité. Ainsi qu'il est dit au troisième principe de *la révision du Codex* de 1917 :

> « Pour favoriser au maximum le soin pastoral des âmes, outre la vertu de justice, on fera dans le nouveau droit une place à la charité, à la tempérance, à l'humanité, à la modération, par lesquelles on recherchera l'équité, non seulement dans l'application des lois que doivent faire les pasteurs mais dans la législation elle-même et par conséquent chaque fois qu'il ne sera pas nécessaire d'observer strictement le droit à cause du bien public ou de la discipline ecclésiastique générale, on écartera les règles trop rigides et même plus, on recourra plutôt à l'exhortation et à la persuasion. »[787]

La *justice* et l'*équité* sont deux notions qui demeurent fondamentales dans toute action du gouvernement ecclésiastique. Le rôle du droit en général, c'est de promouvoir la justice. Celle-ci garantit la liberté et l'égalité entre les citoyens. Et, pour le droit canonique, elle garantit la liberté et l'égalité entre tous les fidèles dans l'Église. Ainsi, en plus de la justice, la liberté et l'égalité doivent accompagner l'action du pouvoir de gouvernement dans l'Eglise. Toutes ces notions participent à créer les conditions d'une action qui s'inspire de l'équité. Celle-ci étant un facteur d'équilibre dans le jugement qui, se laissant guider par la charité, la tempérance, l'humanité et la modération, éclaire l'agir de l'autorité ecclésiastique compétente. D'ailleurs, Aristote, philosophe grec, définit l'équité comme *le juste qui dépasse la loi écrite*.[788] Elle consiste à juger *selon la vérité* et non *selon la loi*. C'est considérer non la loi, mais le législateur ; non pas la lettre de la loi, mais l'esprit de celui qui l'a faite, non

[787] Voir La Préface du *Code de droit canonique* de 1983.

[788] Aristote, *Rhétorique I,* 1374a

pas l'action, mais l'intention ; non pas la partie, mais le tout.[789] L'équité canonique est donc un esprit général du droit, qui peut s'opposer à l'application d'une loi positive.[790]C'est est une justice tempérée par la charité et par la douceur de la miséricorde. En ce sens, l'équité canonique, tout en étant au-dessus de la loi, confère à l'action juridique une dose de charité évitant ainsi tout juridisme, tout légalisme et tout formalisme juridique.[791] Et, dans le cadre de nos réflexions, l'équité doit être comprise comme une attitude de l'autorité compétente qui contribue à l'appréciation juste des cas de chaque candidat à l'office ecclésiastique. L'équité participe donc au discernement discrétionnaire que doit faire l'autorité ecclésiastique pour les cas en présence.

L'autre principe est celui d'une *consultation préalable, d'un dialogue sincère* avec le candidat à l'office. Nous l'avions noté plus haut, la législation canonique actuelle prévoit certaines situations où l'autorité ecclésiastique doit consulter préalablement, de manière obligatoire ou relative, certains organes du gouvernement ecclésial. C'est ce qui arrive lorsque certains actes délicats doivent être accomplis. C'est le cas, par exemple, dans la nomination d'un économe diocésain par l'Évêque au canon 494, §1[792]. C'est aussi le cas des nominations de certains supérieurs des instituts religieux par celui qui en a la compétence, conformément au canon 625, §3.[793] Le bon sens peut recommander de procéder à une consultation, à une demande d'avis ou de consentement des organes prévus par le droit, qu'avant la *provisio canonica*. Il peut aussi être recommandé un dialogue personnel avec le candidat à un office ecclésiastique. Ce procédé, certes non juridique, a un double avantage. Il peut renseigner l'autorité compétente sur les aptitudes du candidat mais aussi, par rapport à ce dernier, ses attentes, ses craintes, ses hésitations. Il peut éclairer le candidat au regard des droits et des obligations qui découlent de l'office auquel il a été proposé. Toute cette démarche répond aux exigences du bien commun de l'Église et à la finalité de toute action ecclésiale, le *salut des âmes*.

Conclusion.

Le regard d'un canoniste sur les régimes canoniques des offices ecclésiastiques et la provision canonique était l'objet formel qui a guidé et

---

[789] Aristote, *Rhétorique I,* 1374b.

[790] Jean WERCKMEISTER, *Petit dictionnaire de droit canonique, Op. cit.*, p.95

[791] Cf. Jean-René KIEDI Kionga, « les enjeux canoniques d'une législation particulière. Cas des églises locales d'Afrique », dans *RAT.*, vol. 27, n°54 (octobre 2003), p. 257-259.

[792] Can. 494, § 1 : « Dans chaque diocèse l'Évêque, *après avoir entendu le collège des consulteurs et le conseil pour les affaires économiques*, nommera un économe vraiment compétent dans le domaine économique et remarquable par sa probité. »

[793] Can. 625, § 3. Voir aussi d'autres exemples aux Can. 127 ; 162 ; 216 ; 667, § 4 ; 744, §1 ; 745 ; 764 ; 801 ; 803, § 3 ; 868, § 1, 1° etc.

orienté les analyses que nous avons proposées dans les précédentes pages. La prise de conscience de la non-observance de certaines normes canoniques en la matière a été l'une des motivations qui nous a animé pour approcher ces sujets très peu étudiés en droit canonique.

L'étude présentée entendait montrer que les *officis ecclesiasticis* et la *provisio canonica* sont des lieux évidents de l'exercice du pouvoir de gouvernement ou de juridiction ecclésiastique. Elle a exposé les principes juridiques et canoniques qui régissent le domaine des offices ecclésiastiques et de la provision canonique.

À bien des égards, la question des offices ecclésiastiques est l'une des questions importantes dans l'Église. Les offices ecclésiastiques sont des services précis d'importance vitale et, dirions-nous, nécessaires à l'Être même de l'Église. Ils sont constitués par l'Église et reconnus par elle. Ils comportent des vraies et réelles responsabilités et sont établis pour une certaine durée. Avec les mutations que connaissent nos sociétés, les autorités ecclésiastiques doivent faire preuve d'inventivité aussi bien dans l'organisation des offices existants que dans l'institution d'autres, surtout dans les Églises particulières et locales, pour s'adapter aux évolutions que nous imposent les contextes sociaux. Plusieurs orientations s'offrent aux recherches, notamment celles relatives à la question du visage que doivent prendre les offices ecclésiastiques, à la question du ministère presbytéral en général et du curé en particulier, dans le contexte de pénurie des prêtres. Plusieurs diocèses de la vieille Europe engagent déjà des réflexions sur cette question. Le statut canonique de l'office du curé est-il menacé ? Ces réflexions s'étendent au domaine des offices confiés aux laïcs, d'un point de vue canonique.

Le Second Concile du Vatican nous fournit plusieurs données pour une saine appréciation et une claire compréhension des offices ou des ministères dans l'Église, dans leur diversité et dans leur particularité. Mais ces données ne sont que des éléments fondamentaux qui doivent être soumis aux discernements en vue d'une contextualisation dans chacune des expériences de nos communautés ecclésiales. Il est difficile, à notre avis, de trouver dans ces données une compréhension qui réponde concrètement et directement aux situations particulières de chaque communauté. Il faut d'ailleurs noter que, depuis la célébration du Concile Vatican II, les pratiques des communautés ecclésiales et, même les différents textes qui les organisent, ont fortement changé et se sont largement développées. Mais, malgré cela, il nous semble qu'à côté de ces autres textes post-conciliaires, les doctrines conciliaires demeurent précieuses pour éclairer les questions actuelles. Cette démarche permet de penser une meilleure articulation entre les offices canoniques existants et ceux qui doivent être institués. C'est une façon, parmi tant d'autres, de proposer des réponses adéquates à chacune des situations ecclésiales nouvelles. Elle permet ainsi de dégager les spécificités et les pertinences de ces offices à instituer.

La *provisio canonica* est tributaire de trois notions : celle du pouvoir de gouvernement ou de juridiction, celle de la nature de l'office ecclésiastique et celle du mode de collation. L'installation canonique pour certains offices est l'aboutissement de ce processus à plusieurs étapes. La double nature du pouvoir du gouvernement, divine et canonique, donne le pouvoir à l'autorité ecclésiastique reconnue par le droit de conférer un office. La nature de l'office détermine la suite du processus pour une éventuelle collation. Ainsi, nous avons distingué, entre autres, un office qui comporte la charge d'âmes des autres qui, de par leur institution ecclésiale, participent au bien de l'Église. La collation est ordinairement faite librement par l'autorité ecclésiastique. Cependant, nous avons pris soin d'évoquer les normes qui entourent chacun des régimes de la provision canonique, afin que la collation se fasse dans des conditions qui garantissent sa validité.

De même, nous avions tenu compte d'un certain nombre de principes qui, à notre avis, doivent accompagner la *provisio canonica* : l'équité canonique et la consultation préalable. Au-delà des normes canoniques, ces principes apportent à l'autorité ecclésiastique un éclairage nouveau pour que les actions à mener soient de véritables lieux de l'accomplissement de la charité évangélique et chrétienne.

C'est ainsi, estimons-nous, qu'une provision canonique ne peut pas être l'œuvre de la seule autorité ecclésiastique compétente. Elle doit s'insérer dans un cadre général de concertation à la fois individuelle et communautaire. Ceci n'affaiblit pas son pouvoir et son autorité. Il devrait d'ailleurs être interprété comme l'expression d'un discernement sage et prudent. Aussi, le pouvoir ecclésiastique dans la provision canonique, tout en exigeant une obéissance religieuse à l'élu, veillera à ce que n'entrent pas en compte le favoritisme fondé sur le tribalisme, le régionalisme, le clanisme, etc. Nous ne pouvons ignorer cet aspect, surtout dans des diocèses du Sud de Sahara, où les appartenances tribales, régionales ou claniques emportent, quelquefois, sur des intérêts généraux à promouvoir. En outre, le discernement sage et prudent de l'autorité compétente sera accompagné d'un dialogue sincère avec la personne proposée pour un office. L'obéissance responsable ne peut être ici que conséquence *d'un dialogue sincère*. C'est seulement dans cette condition que la dignité est sauvegardée et que les jugements des uns et des autres échappent à l'arbitraire.

Il nous faut reconnaître, au terme de ces réflexions, que nos propos restent modestement indicatifs sur un sujet qui peut faire l'objet d'une étude interdisciplinaire. Sous sa forme de ministères ou des charges, les offices ecclésiastiques sont l'objet des réflexions en théologie, en pastorale, en ecclésiologie, en sociologie, etc. En somme, il faut reconnaître que beaucoup reste encore à dire car le domaine du pouvoir de gouvernement ecclésiastique qui est le fondement de *provisio canonica* est en lui-même très complexe.

Sources et bibliographie

I. Sources et documents généraux

A. Sources

IIIe *Conférence générale* de *l'Épiscopat latino- américain et Caribéen. Document final*, Puebla (Mexique), 1979, n. 786.

Archidiocèse de Kinshasa, *Rôle et fonctions du mokambi (responsable laïc) de paroisse*, Kinshasa, Éditions de l'Archidiocèse de Kinshasa, 1985.

Archidiocèse de Kinshasa, *Se préparer au sacrement de Mariage. 32 thèmes de partage pour groupes de fiancés*, Kinshasa, Médiaspaul, 2001 ;

Catéchisme de l'Eglise Catholique. Édition définitive avec guide de lecture, Paris, Centurion/Cerf/Fleurus-Mame/Librairie éditrice vaticane, 1998.

Code de droit canonique. Bilingue et annoté, 2e édition révisée et mise à jour, sous la direction d'Ernest CAPPAROS, Michel THÉRIAULT, Jean THORN, Wilson &Lafleur Itée, Montréal, 1999.

Comité Canonique Français des Religieux, *Vie religieuse, Ermitisme, Consécration des vierges, communautés nouvelles*, Paris, Éd. du cerf, 1993, p. 214.

Congrégation de la Doctrine de la Foi, « *Instruction sur quelques questions concernant la collaboration des fidèles laïcs au ministère des prêtres* », dans *L'Osservatore Romano* du 18 novembre 1997, p. 9-14.

Conseil œcuménique des Églises, *Face Au Sida. L'action des églises*, Genève, WCC/ Publications, 1998.

Conseil Pontifical Justice et Paix, *Compendium de la doctrine sociale de l'Église*, 2 avril 2004, Paris, Éd. du Cerf, 2004.

Déclaration *Fiducia supplicans* sur la signification pastorale des bénédictions du Cardinal Víctor Manuel FERNÁNDEZ, préfet du Dicastère pour la Doctrine de la foi du 18 décembre 2023.

Déclaration universelle des droits de l'homme de 1948

Défense de la déclaration de l'Assemblée du clergé de France de 1682, touchant la puissance ecclésiastique (Nous utilisons l'édition de Louis Cellot, 1774).

Dictionnaire de droit canonique et de pratique bénéficiale, Avignon, 1761 (Une réédition de 1770 chez Benoît Duplain à Lyon et 4 vol.), *Institutes et histoire du droit canonique,* Lyon, 1770 (10 vol.) ;
Dictionnaire de Droit Canonique, t. V, Paris, Letouzey et Ané, 1953, col. 135-1137
Dictionnaire de Théologie Catholique, Letouzey et Ané, T.IV., Paris, 1911, Col, 1430.
Directives et orientations pastorales des Évêques du Zaïre, Éd. du Secrétariat générale, Kinshasa, 1995.
Encyclopédie méthodique par ordre de matières ; par une société de Gens de lettres, de Savants et d'Artistes, t. III, Paris, Chez Charles-Joseph PANCKOUCKE, Madrid, Jacques Thévin, 1783.
Instruction sur quelques questions concernant la collaboration des fidèles laïcs au ministère des prêtres du 15 aout 1997
Le Nouveau Théo. L'Encyclopédie Catholique pour tous, Paris, Mame, 2009, p. 473.
Lettres apostoliques de S. S. Léon XIII. Encycliques, Brefs, etc. Texte latin avec traduction française, t. III, Paris, A. Roger et F. CHERNOVIZ, reproduit par la Bibliothèque Saint Libère, 2010, p. 18-71.
Les libertés de l'Église gallicane, Lyon, 1771 (5 vol.)
Lettre du Pape adresse au *cardinal* Luis Francisco LADARIA FERRER, *Préfet de la Congrégation pour la Doctrine de la foi,* donne *accès aux femmes aux ministères du lectorat et de l'acolytat* rendu publique le 10 janvier.
MANSI, Gian Domenico, *Sacrorum Conciliorum nova et Amplissima collectio* (Plusieurs volumes).
Message du Pape François à l'occasion du 50e anniversaire du décret Apostolicam Actuositatem, le 22 octobre 2015, Dicastero per la Comunicazione - Libreria Editrice Vaticana, 2015.
Monitor Ecclesiasticus : Commentarium de re canonica et pastorali post Vaticanus II, Roma, Editio Pontificio, IV, 1969, p. 553-662.
Monumenta Germaiæ Historica, Epistolae selectæ, éd. Erich Caspar, Berlin, Weidmannsche Buchhandlung, 1920, p. 202-208.
Patrologie Latine(Plusieurs tomes).
REID, Hubert, *Dictionnaire de droit québécois et canadien,* Montréal : Wilson et Lafleur, 2e éd., 1996.
Synode extraordinaire, célébration de Vatican II, paris, Éd. du cerf, 1985.
Synode spécial des évêques pour l'Afrique. Eglise en Afrique et sa mission évangélisatrice vers l'an 2000. « Vous serez mes témoins », Paris, Centurion, Cerf, 1993.

B. Les actes pontificaux

Benoît XVI, Motu proprio *De aliquibus mutationibus in normis de electione Romani Pontificis*, quelques modifications aux normes relatives à l'élection du Pontife romain du 11 juin 2007. Voir dans *AAS.*, vol. 99, n° 9 (2007), p. 776-777 ; *DC.*, t. 104, n° 2392 (décembre 2007), p. 1087ss.

Benoît XVI, *Discours aux participants à l'Assemblée plénière du Conseil Pontifical pour les laïcs,* du 15 novembre 2008, Dicastero per la Comunicazione, Libreria Editrice Vaticana, 2008.

Benoît XVI, *Discours aux participants de la XXIVe Assemblée plénière du Conseil pontifical pour les laïcs,* du 21 mai 2010, Dicastero per la Comunicazione, Libreria Editrice Vaticana, 2010.

Boniface VIII, *Bulle Ausculat fili* dans Georges DIGARD, Maurice FAUCON, Antoine THOMAS et Robert FAWTIER, *Les Registres de Boniface VIII : recueil des bulles de ce pape publiées ou analysées d'après les manuscrits originaux des archives du Vatican,* t. 3, Paris, E. de Boccard, 1921, n° 4424, col. 328-335.

Boniface VIII, *Bulle Unam sanctam* sur l'unité de l'Église, du 18 novembre 1302, dans Georges DIGARD, Maurice FAUCON, Antoine THOMAS et Robert FAWTIER, *Les Registres de Boniface VIII : recueil des bulles de ce pape : publiées ou analysées d'après les manuscrits originaux des archives du Vatican,* n°5382, col. 888-890.

François, *Constitution apostolique Praedicate evangelium pour la réforme de la Curie romaine*, du 19 mars 2022. *OssRom* du 19 mars 2022, p. 1-12.

François, *Exhortation apostolique Evangelii Gaudium,* du 24 novembre 2013, *AAS.*, 105, n° 12(2013), p. 1019-1137 *; DC.*, n. 2513 (2014), p. 32

François, *Lettre apostolique en forme de motu proprio Mitis Iudex Dominus Iesus sur la réforme des causes en déclaration de nullité du mariage*, du 8 septembre 2015, dans *AAS.*, vol. 107 (2015), 958-970 ; *DC.*, t. 113 (2016), 9-17.

François, *Lettre apostolique en forme de motu proprio Mitis et Misericors Iesus, sur la réforme du procès canonique pour les causes de déclaration de nullité du mariage dans le Code des Canons des Églises orientales*, du 15 août 2015, dans *AAS.*, vol. 107 (2015), 946-957, traduction française dans *DC.,* t. 113 (2016), 18.

François, *Lettre apostolique sous forme de Motu proprio, Spiritus Domini, sur la modification du canon 230 § 1 du code de droit canonique en ce qui concerne l'accès des personnes de sexe féminin au ministère institue du lectorat et de l'acolytat*, du 11 janvier 2021, *AAS.*, vol. 113, n° 2 (2021), p. 169-170

François, *Lettre apostolique sous la forme de Motu proprio, Antiquum ministerium, établissant le ministère de catéchiste*, du 10 mai 2021, Libreria Editrice Vaticana, 2021, 20 p.

François, *Message à l'occasion du 50e anniversaire du décret Apostolicam Actuositatem,* du 22 octobre 2015, Dicastero per la Comunicazione - Libreria Editrice Vaticana, 2015.

Jean XXIII, *Encyclique Mater et Magistra*, du 15 mai 1961, *AAS.*, vol. 53, n° 8 (1961), p.401-464 ; DC., n° 1551, 16 novembre 1969, col. 1015-1016.

Jean XXIII, *Encyclique Pacem in terris,* du 11 avril 1963 sur la paix entre toutes les nations fondée sur la vérité, justice, la charité, la liberté du 11 avril 1963, *AAS.,* vol. 55, n° 5 (1963), p. 257-304 ; *DC*. t. 60, n° 1398, 24 avril 1963, col. 513-544.

Jean XXIII, *Encyclique Princeps Pastorum* sur les missions catholiques, du 28 novembre 1959, dans *AAS.*, 51, n° 16 (1959), p. 833- 864.

Jean-Paul II, *Discours à Campo Grande, Salvador de Bahia,* le 6 juillet 1980, dans *OssRom.*, le 29 août 1980, p. 4- ;

Jean-Paul II, *Discours à la Conférence épiscopale de Papouasie, Nouvelle-Guinée et Îles Salomon, Port Moresby,* le 8 mai 1984, dans *OssRom.* du 15 mai 1984, p. 9- 10 ;

Jean-Paul II, *Discours à la Ve Assemblée du Conseil pontifical pour les laïcs,* Castel gandolfo du le 5 octobre 1981, dans *OssRom. du* 13 octobre, 1981, p. 4

Jean-Paul II, *Discours aux participants à l'assemblée plénière du conseil pontifical pour les laïcs,* dans *OssRom.*, n° 1 (11 juin 1991), n° 4, p. 4.

Jean-Paul II, *Discours lors de la rencontre avec le clergé, les religieux et les laïcs à Bangkok*, le 11 mai 1984, n° 5, dans *OssRom.*, le 22 mai 1984, p. 6.

Jean-Paul II, *Homélie à Angra do Heroismo*, le 11 mai 1991, n° 5, dans *OssRom.* du le 21 mai 1991, p. 7 ;

Jean-Paul II, *Homélie à Tolède*, le 4 novembre 1982, dans *OssRom.*, le 16 novembre 1982, p. 13-14.

Jean-Paul II, *Homélie pour la clôture du Synode hollandais*, n° 6, le 31 janvier 1980, dans *OssRom.*, le 5 février 1980, p. 1-2 ;

Jean-Paul II, *Le discours aux participants à la VIe Assemblée plénière du conseil pontifical pour les laïcs le 12 octobre 1982*, Dicastero per la Comunicazione, Libreria Editrice Vaticana, 1982.

Jean-Paul II, *La pertinence du Christianisme africain de Jean-Paul II*, Belgique, Ed. Ensemble, 2000, 704 p.

Jean-Paul II, *Allocution au Symposium international de droit canonique*, du 19 au 24 avril 1993, *DC,* t. 90 n° 2074 (20 juin 1993), p. 552-554.

Jean-Paul II, *Discours à la présentation solennelle du Code de droit canonique*, du 3 février 1983, DC., t. 80, n°1847 (6 mars 1983), p.247-250.

Jean-Paul II, *Lettre Encyclique Domnum et vivificantem*, *DC.*, *vol.* 83 (1986), p. 583-610.
Jean-Paul II, *Message la Journée mondiale des missions*, 1991, n° 1, dans *OssRom.* du 11 juin 1991, p. 12.
Jean-Paul II, *Constitution apostolique Universi dominici gregis* sur la vacance du siège apostolique et l'élection du pontife romain, du 22 février 1996, *AAS.*, vol. 88, n° 4(1996), p. 305-343 ; *DC.*, t. 93, n° 2134 (1996) 251-266.
Jean-Paul II, *Exhortation apostolique post-synodale Christifideles laici*, 30 décembre 1988, *AAS.*, vol. 81, n° 4 (1989), p. 393-591 ; *DC.*, t. 86 (1989), p. 153-196
Jean-Paul II, *Exhortation apostolique post-synodale Ecclesia in Africa*, *DC.*, n° 2123 (1995), p. 817-855.
Léon XIII, *Encyclique Rerum novarum sur la condition des ouvriers*, du 15 mai 1891, ASS., t. 23, 1890-1891, p. 641-670 ; traduction française dans *Lettres apostoliques de S. S. Léon XIII, encycliques, brefs, etc.*, avec texte latin en regard, Paris, A. Roger et Chernovitz, t. 3, s. d., p. 18-71. [Reproduit par la Bibliothèque Saint-Libère, 2010]
Paul VI, *Allocution au Congrès international de droit canonique*, du 19 février 1977, *DC.*, t. 74, n° 1716 (20 mars 1977), p. 251-253.
Paul VI, *Allocution au Congrès international de droit canonique*, du 19 janvier 1970, *DC.*, t. 67, n° 1557 (15 février 1970), p.155-157.
Paul VI, *Allocution aux membres et consulteurs de la Commission pour la révision du Code de droit canon*, du 20 novembre 1965, *DC.*, t. 62, n° 1461 (19 décembre 1965), col. 2139-2144.
Paul VI, *Allocution du 20 novembre 1965 aux membres et consulteurs de la Commission pour la révision du Code de droit canon*, *DC.*, t. LXII, n° 1461 (19 décembre 1965), col. 2139.
Paul VI, *Allocution au Congrès international des canonistes*, du 25 mai 1968, *DC.*, t. 65, n° 1519 (23 juin 1968), col. 1060-1064.
Paul VI, Motu proprio *De episcopalis potestatis* du 2 mai 1967, *AAS.*, t. 59 (1967), p. 385-390 ; DC., t. 64, n°1495 (4 juin 1967), col. 985-988.
Paul VI, *Motu proprio De episcoporum muneribus*, du 15 juin 1966, *DC.*, t. 63, n°1475 (17 juillet 1966), col. 1249-1254.
Paul VI, *Motu proprio Ecclesiæ Sanctæ*, du 6 août 1966, *AAS.*, t. 58 (1966), p. 757-787 ; *DC.*, t. 62, n°1477 (4 septembre 1966), col. 1441-1470.
Paul VI, *Constitution apostolique Romano Pontifici eligendo* du 1er octobre 1975, AAS., 67 (1975), p. 605-645
Paul VI, *Motu proprio Pastorale munus* concédant certains pouvoirs et privilèges aux évêques, du 30 novembre 1963, dans *DC.*, t. 61, n° 1415 (5 janvier 1964), col. 10-14.
Paul VI, *Exhortation apostolique Evangelii nuntiandi, Annoncer l'Évangile aux hommes de notre temps*, du8 décembre 1975, n. 76 ; *DC.*, t. 73, n° 1689 (1976), p. 1-22.

Pie XI, *Encyclique Quadragesimo anno*, du 15 mai 1931, *AAS.*, vol. 23 (1931), p. 177-228.
Pie XI, *Encyclique Quamvis Nostra*, du 27 octobre 1935, *AAS.*, vol. 28(1936), p. 160-161.
Pie XII, *Encyclique Mystici Corporis Christii sur le Corps Mystique du Christ*, du 29 juin 1943, *AAS.*, vol. 35 (20 juillet 1943), p. 193-249.
Pie XII, *Encyclique Summi pontificatus*, du 20 octobre 1939, *AAS.*, vol. 31, n° 13 (1939), p. 423- 453.
Pie XII, *Encyclique Quamvis Nostra*, du30 avril 1936, AAS., vol. 28, n° 5(1936), p. 159-164

II. Travaux spécialisés.

ABERCROMBIE, Nigel, *The origins of jansenism*, Clarendon Press, 1936, 341 p.
Achille LUCHAIRE, *Innocent III, la papauté et l'empire*, Paris, Éd. Hachette, 1906, 306 p.
Ad VAN DER HELM, *Un clergé parallèle ?: Étude socio-juridique de l'activité des laïcs dans l'Eglise catholique en France et aux Pays-Bas*, Strasbourg, Cerdic-Publications, (coll. *Recherches Institutionnelles*, 20), 1993. 404 p.
AGAR José, Martin De, *Legislazione delle conferenze episcopali complementare al CIC*, Millano, Ed. Giuffrè, (Collana : Ateneo romano S. Croce-Trattati diritto), 1990, p.768.
AGAR José, Martin De, Luis NAVARRO, *Legislazione delle conferenze episcopali complementare al CIC*, Ed. Coletti a san Pietro, 2009, p. 1372 ;
AGUESSY, HONORAT, « Cadre théorique : Les concepts de tribu, ethnie, clan, pays, peuple, nation, État, etc. et les sociétés africaines », dans *Présence Africaine*, vol. 3-4, n° 127-128 (1983), p. 17- 42.
AILLY, Pierre d', « Tractatus de ecclesiae, concilii generalis, Romani pontificis et cardinalium authoritate, Capitulum II, Tertiæ partis », dans Joannis Gersonii, *Opera omnia*, tomus secundus, Pars prima, Antwerpiæ, Sumptibus Societatis, 1706.
ALBERIGO, Giuseppe, « La collégialité d'après quelques théologiens de la papauté », dans *La collégialité épiscopale*, Paris, éd. du Cerf, (coll. *Unam Sanctam*, 52), 1965, p. 183-287
ALBERIGO, Giuseppe, « Note sur un nouveau projet de la loi fondamentale de l'Église », dans *RSPhTh.*, vol. 62, n° 4 (Octobre 1978), p. 505-522.
ALBERIGO, Giuseppe, « Une loi constitutionnelle pour l'Église, garantie de la restauration », dans *Concilium*, n° 66 (1971), p. 135-146.
ALBERIGO, Giuseppe, *Chiesa conciliare. Identita e significato del conciliarismo*, Brescia, Paideia Editrice, 1981, 368 p.
ALÈS, Adhémar d', « La réconciliation des 'lapsi' au temps de Dèce », dans *RQH.*, t. 47 (1912), p. 337-383.

ALEXIS de Tocqueville, *Œuvres complètes,* Paris, Gallimard, 1951-2002 (29 volumes parus).

ALTHUSIUS, Johannes, *Politica methodice digesta et exemplis sacris et profanis illustrata, cui in fini adjuncta est Oratio panegyrica de utilitate, necessitate et antiquitate scholarum [La politique, exposé de façon méthodique, et illustrée par des exemples sacrés et profane…],* Éd. révisée et augmentée en 1610 et 1614 (plusieurs volume).

ANTOINE, Philippe, « Le code du droit canonique face aux exigences de l'inculturation », dans *AC.,* t. 34 (1991), p. 175-204.

ARISTOTE, *Politique,* I. nouvelle traduction par Jules TRICOT, Paris, Librairie Philosophique J. VRIN, 1962, p. 54- 55.

ARQUILLIÈRE Henri-Xavier, « Saint Grégoire VII. Essai sur sa conception du pouvoir pontifical », dans *RHEL.*, t. 21, n° 93 (1935), p. 552-561.

ASSIER-ANDRIEU, Louis, *Le droit dans les sociétés humaines,* Paris, Nathan, (Coll. *Essais et recherches*), 1996, 316 p.

AUGUSTIN, *De correctione Donatistarum liber*, dans *Œuvres complètes de Saint Augustin,* t. V, traduction de PERONNE, VINCENT, ÉCALLE, CHARPENTIER et BARREAU, Paris, Librairie de Louis Vivès, 1870.

BAMBERG, Anne, *Introduction au droit canonique : principes généraux et méthodes de travail,* Paris, Ellipses, 2013, 131 p.

BAMBERG, Anne, *Le pouvoir de gouvernement : Canons et notions clefs,* 2012, 7 p.⟨halshs-00735692⟩ c

BARRAL, Pierre, « Le magistère de Pie XI sur l'Action catholique », dans Actes du colloque de Rome (15-18 mars 1989) organisé par l'École française de Rome en collaboration avec l'Université de Lille III - Greco n° 2 du CNRS, l'Università degli studi di Milano, l'Università degli studi di Roma - « La Sapienza », la Biblioteca Ambrosiana, Publications de l'École Française de Rome, n° 223, (1996), p. 591-603.

BARROMÉE, Christian, *Le procès de Jean XXIII : dix semaines qui ébranlèrent l'Église*, Paris, Publibook, 2005, 244 p.

BASDEVANT- GAUDEMET, Brigitte, « *Plenitudo potestatis* », dans Marie-France RENOUX-ZAGAMÉ, Ceslas-Bernard BOURDIN, Jean-Paul DURAND, « Droit divin de l'État Genèse de la modernité politique », dans *Revue éthique et théologie morale,* n° 227 (décembre 2003), p. 171-178.

BASDEVANT- GAUDEMET, Brigitte, « Les cultes reconnus en Alsace-Moselle de 1802 à 1870 » dans Philippe AUVERGNON, Françoise CURTIT, René DE QUENAUDON et al., *Droit et religion en Europe*, Strasbourg, PUS, 2014, p. 375-400.

BASDEVANT- GAUDEMET, Brigitte, « Office ecclésiastique : points de repères pour une histoire d'un concept », dans *AC.,* 1997, p. 7-20.

BASTIAN, Jean-Pierre, « Quelques approches protestantes contemporaines du phénomène sectaire », dans *RDC.,* vol. 51, n°1 (2001), p. 75-88.

BATIFFOL, Pierre, « Les recours à Rome en Orient avant le concile de Chalcédoine », dans *RHE.*, vol. 21, n° 1 (1925), p. 5-32.

BAUDRILLART, Alfred, « Constance (concile de) », dans *DTC.*, t. III/1, Paris, Letouzey et Ané, 1908, col. 1220-1223.

BAURA, Eduardo, *La dispensa canonica della legge,* Milan, Giuffrè Editore, 1997, 287 p.

BAVAUD, Georges, « Un thème augustinien repris par le Conciliarisme », dans *REAP.*, vol. 10, n° 1 (1964), p. 45-49.

BECKER, Annette, « L'histoire religieuse de la guerre 1914-1918 », dans *RHEF*, t. 217 (2000), p. 539-549

BÈDE de la Gormandière, Jean, *De la liberté de l'Église gallicane*, Saumur, Chez Isaac Desbordes, 1646.

BÉGOU-DAVIA, Michèle, *L'interventionnisme bénéficial de la papauté au XIII siècle : les aspects juridiques*, Paris, De Boccard, 1997, 622 p.

BELEPE Nkumu-Nkema, Joseph, *Les Bakambi : une approche du renouveau ecclésial ou persistance du modèle clérical ?* Thèse de doctorat soutenue par Joseph BELEPE Nkumu-Nkema, sous la direction de François MOOG et Anne VANDEHHOECK (Institut catholique de Paris et Katholieke universiteit Leuven, 2019, 448 p (Manuscrit).

BÉRAULT-BERCASTEL, Antoine-Henri de, *Histoire de l'Église*, t. 10, Paris, Gauthier frères, 1809.

BERGER, Élie, *Saint Louis et Innocent IV : étude sur les rapports de la France et du Saint-Siège*, Paris, Thorin, 1893, III-427 p.

BERNARD, Guillaume, *Introduction à l'histoire du droit et des institutions : V^e^ au XVIIIe siècle*, vol. I, 2e éd., revue et augmentée, Levallois-Perret, Studyrama, (Coll. *Panorama du droit*), 2011, 567 p.

BERNHARD, Jean. « A propos de l'indissolubilité du mariage chrétien », dans *RSR., t.* 44, n° 1-2 (1970), p. 49-62.

BEUGRE DAPKA, Honoré, *La statut canonique des communautés nouvelles*, Paris, L'Harmattan, 2018, 376 p.

BEYER, Jean, « Le principe de subsidiarité : Son application en Eglise », dans *Gregorianum*, vol. 69, n°3 (1988), p. 435-459.

BEYER, Jean, « Principe de subsidiarité ou « Juste autonomie dans Eglise », dans *NRT*, vol. 108 (1986), p. 801-822

BIANTSISSILA, Guy Aurélien, *Enfants de la rue. Pour quel avenir en Afrique*, Les Éditions du Net, 2015, 108 p.

BIMWENY, Oscar, « Religions Africaines, un « lieu » de la théologie chrétienne africaine », dans *Religions Africaines et Christianisme. Colloque International de Kinshasa*, Kinshasa, FTCK., 1979, p. 159-225.

BIMWENYI, Oscar, « Inculturation en Afrique et Attitude des Agents de l'évangélisation », dans *BTA.*, vol. 5 (1981), p. 5-17.

BINOCHE, Bertrand, « Les deux principes du libéralisme », dans *Actuel Marx*, vol. 2, n°36 (2004), p. 123-149.

BLANCHARD, Christophe, *La dispense en droit privé*, Paris, éditions Panthéon Assas, 2010, 730 p.

BLÉ, Raoul Germain, « La prolifération des sectes en Côte d'Ivoire : l'expression d'une réalité sociale », dans *RSR., t. 87, n°* 1 (2013), p. 77-92.

BONÉ, Édouard, « Réflexion pastorale autour du SIDA », dans RTL., 18-4 (1987), p. 454-483.

BORRAS, Alphonse, « À propos des « communautés nouvelles ». Réflexion d'un canoniste », dans *Vie Consacrée,* n° 4 (1992), p. 228-246

BORRAS, Alphonse, « La *sacra potestas*, la seule voie pour la participation des laïcs au gouvernement de l'Église ? », dans *NRT*, t. 144, n°4 (2022), p. 612-628.

BORRAS, Alphonse, « Ordre et juridiction : les enjeux théologiques actuels de l'histoire d'une distinction. À propos d'un ouvrage récent », dans *RTL*., fasc. 4 (2004), p. 495-509.

BOSSUET, Jacques Bénigne, *Défense de la déclaration de l'Assemblée du clergé de France de 1682, touchant la puissance ecclésiastique,* t. II, Paris, Chez Louis Cellot, 1774, 769 p.

BOSSUET, Jacques Bénigne, *Discours sur l'histoire universelle* (1681), dans *Œuvres*, textes établit et Annoté par l'Abbé VELAT et Yvonne CHAMPAILLER, Paris, Gallimard, 1961.

BOUJU, Isabelle, « Les mouvements d'Action Catholique en France : de l'évangélisation à l'engagement social », dans *Norois*, n°174 (Avril-Juin 1997), p. 275-292.

BOULET, Marguerite, « Les élections épiscopales en France au lendemain du concordat de Bologne 1516-1531 », dans *Mélanges de l'école française de Rome,* t. 57/1, 1940, p. 190-234.

BOUTRY, Philippe, « Ultramontanisme », dans Philippe LEVILLAIN (dir.), *DHP.*, Paris, Fayard, 1994, p. 1651-1653.

BREDIN, Jean-Denis, *Code Civil de Français 1804*, Paris, éd. Dalloz, 2004.

BRUGERETTE, Joseph, *Les grands papes : Innocent III et l'apogée du pouvoir pontifical*, Paris, Bloud et Cie, (Coll. *Science et Religion-Étude pour le temps présent*), 1905, 67 p.

BRYS, Joseph, *De dispensatione in iuris canonico, praesertim apud decretistas et decretalistas, usque ad medium s. XIV,* Bruges, 1925, 276 p.

BUHLMANN, Walbert, *La tierce Eglise est là*, Kinshasa, Ed. Saint Paul, 1981, 287 p.

CANDELIER, Gaston, « A propos de l'incapacité de contracter mariage (canon 1095) », dans *RTL*., vol. 16, n°4 (1985), p. 409-446.

CANDELIER, Gaston, « Mariage et divorce. Problèmes actuels », *RTL.*, vol. 19, n° 4 (1988), p. 433-458

CARBONNIER, Jean, « Effectivité et ineffectivité de la règle de droit », dans *AS.*, t. 57 (1957-1958) repris dans *Flexible droit,* LGDJ, 3e Éd., 1976, p. 99-111.

CARBONNIER, Jean, « La sociologie juridique et son emploi en législation », Communication de jean CARBONNIER à l'académie des sciences morales et politiques, 23 octobre 1967, Paris, académie des sciences morales et politiques, 91-98 (1968) et dans *AS.*, t. 57, n° 2 (2007), p. 393 - 401.

CARBONNIER, Jean, *Sociologie juridique*, Thémis-PUF, 1978, 423 p.

CENALMOR PALANCA, Daniel, « Iter esquemático y fuentes de las obligaciones y derechos de todos los fieles en el CIC 83 y en el CCEO [Schéma et sources des obligations et droits de tous les fidèles du CIC 83 et au CCEO] », dans *Fidelium iura : suplemento de derechos y deberes fundamentales del fiel*, n°5 (1995), p. 51-84.

CEYSSENS, Lucien, « Le jansénisme. Considérations historiques préliminaires à sa notion », dans *AG.*, t. 71 (1952), p. 3-32.

CEYSSENS, Lucien, « Sources relatives aux débuts du jansénisme et de l'antijansénisme, 1640-1643 », dans *RHE.*, fasc. 31, p. x sq.

CHABOT, Jean-Luc, *La doctrine sociale de l'Église*, Paris, PUF, 1989, 127 p.

CHENAUX, Philippe, *Le temps de Vatican II. Une introduction à l'histoire du Concile*, Paris, Éd. Desclée de Brouwer, 2012, 227 p.

CHEZA, Maurice (éd.), *Synode africain : Histoires et textes*, Paris, Karthala, 1996, 428 p.

CHEZA, Maurice, « La création des ministères laïcs dans l'Église de Kinshasa », dans Gilles ROUTHIER, Frédéric LAUGRAND (éds.), *L'espace missionnaire. Lieu d'innovations et de rencontres interculturelles, Actes du colloque du CREDIC à Québec (23-27 août 2001)*, Paris, Karthala, 2001, p. 343-351.

CHEZA, Maurice, Henri DERROITTE, et René LUNEAU, *Les évêques d'Afrique parlent. 1969-1992. Documents pour le synode africain*, Paris, Centurion, 1992, 443 p.

Clément d'Alexandrie, *Le Pédagogue*, I, introduction et notes d'Henri-Irénée MARROU et traduction de Marguerite HARL, Paris, Éd. du Cerf, (Coll. *SC.,* 70), 1960, 298 p.

COACHE, Louis, *Le Droit canonique est-il aimable*? : *Initiation au droit canonique, commentaires sur le nouveau code, situation actuelle de l'Église*, Moulin du Pin, 1986, 360 p.

Collectif, *Genèse et Débuts du grand schisme d'Occident. Colloque international du Centre national de la recherche scientifique d'Avignon 25-28 septembre 1978)*, Paris, Éd. du CNRS, 1980, 652 p.

CONDÉ, Pierre-Yves, « La fragilité du droit. ''Déthéologisation'' et ''théologisation'' du droit canonique après Vatican II », dans *Droit et Société,* n° 63-64, 2-3 (2006), p. 527-551.

CONGAR, Yves, *La Collégialité Episcopale, Histoire et Théologie,* Éditions du Cerf, 1965, 393 p.
CONGAR, Yves, « La collégialité de l'épiscopat et la primauté de l'évêque de Rome dans l'Histoire : brève esquisse », dans *Angelicum*, t. 47 (1970), p. 403-427.
CONGAR, Yves, « Laïc et laïcat », *Dictionnaire de Spiritualité*, t. 9, Paris, Beauchesne,1975, col. 103-107.
CONGAR, Yves, *Le Concile de Vatican II. Son Église peuple de Dieu et Corps du Christ*, Paris, Beauchesne, 1984, 176 p.
COOMAN, Guido, Maurice Van STIPHOUT et Bart WAUTERS, *Zeger-Bernard Van ESPEN at the crossroads of Canon Law, history, theology and Church-State relations,* Leuven, Paris, Steling, Va, 2003, IXX-529 p.
COQUILLE, Guy, *Les œuvres de maistre Coquille : contenant plusieurs traités touchant les libertez de l'Église, l'histoire de France et le droit françois. Entre lesquels plusieurs n'ont point encore été imprimez, & les autres ont été exactement corrigez. Et dans cette nouvelle édition, revue, & corrigée, & augmentée*, Vol. I, Bordeaux, C. Labottiere, 1703.
CORNU, Gérard (dir.), *Vocabulaire juridique,* Paris, PUF, (13e Éd. mise à jour par Marie CORNU), 2020, XXXI-1091 p.
CORTESE, Ennio, « Théologie, droit canonique et droit romain. Aux origines du droit savant (XIe-XIIe siècle) », dans *Compte rendu des séances de l'Académie des inscriptions et Belles Lettres*, 146-1 (2002), p. 57-74.
COTTRET, Monique, *Histoire du* jansénisme : XVIIe-XIXe siècle, Paris, Perrin, (Coll. *Pour l'histoire*), 2016, 400 p.
COULY, J.-A., « Les dispenses en droit canonique », dans *RCID.*, t. 71 (1932), 174 p.
COUTANT, Arnaud, *Tocqueville et la constitution démocratique,* Paris, Mare et Martin, 2008, 680 p.
COUTANT, Arnaud, *Une critique républicaine de la démocratie libérale, de la démocratie en Amérique de Tocqueville*, Paris, Mare et Martin, 2007, 561 p.
CRISPI, Valentina, « L'interculturalité », dans *Le Télémaque*, vol. 1, n° 47 (2015), p. 17-30
DAGRON, Gilbert, « Orient-Occident : césaropapisme et théorie des deux pouvoirs face à la modernité », dans *L'Épreuve. RETM. « Supplément »*, n°227 (décembre 2003), p. 143-157.
DAUJAT, Jean, *Pie XI Pape Action Catholique*, Paris, Tequi, 1999, 240 p.
DAVID, Bernard, « L'évêque diocésain », dans *EV.,* vol. 97 (1987), p. 81-90 ; 102-106.
DE CEVINS, Marie-Madeleine et Jean-Michel MATZ (dir.), *Structures et dynamiques religieuses dans les sociétés de l'Occident latin (1179-1449)*, Rennes, PUR., (Coll. *Histoire*), 2010, 576 p.

DE SAINT MOULIN, Léon, « Origine et développement des ministères laïcs », dans Léonard

DEBERNARDI, Piergiorgio, *Tempo di comunione*, Rome Ed. Rogate, 1979.

DEDIEU, Joseph, « Protestantisme », dans *DTC.,* t. 13/1, Paris, Letouzey et Ané, 1936, col. 850-907.

DEGORGE VIRGINIE, « Les enfants dits « sorciers » dans les rues congolaises », dans *Le Journal des psychologues*, vol. 1, n° 274 (2010), p. 36-39.

DEGORGE, Virginie et Olivier DOUVILLE, « Les « enfants-sorciers » ou les rejetons de la guerre en Afrique Équatoriale. Un défi pour l'anthropologie psychanalytique », dans *Figures de la* psychanalyse, vol. 2, n° 24 (2012), P. 233- 249 ;

DELACROIX, Simon (dir.), *Documents Pontificaux de sa Sainteté Pie XII 1941*, Saint-Maurice (Suisse), Éd. Saint-Augustin, 1962, 407 p.

DELANOTE, Daniel, *À la recherche de l'âme africaine. Ministères laïcs dans l'Église de Kinshasa*, Bruxelles, 2008, 71 p.

DELARUELLE, Étienne, Edmond-René LABANDE et Paul OURLIAC, *L'Église au temps du Grand schisme et de la crise conciliaire (1378-1449),* Paris, Bloud et Gay, 1962, 455 p.

DELGADO Galindo, Miguel, « Les statuts des associations de fidèles », dans *AC.,* t. 52 (2010), p. 271-294.

DELHAYE, Philippe, « Clairvoyance du Synode de 1985 », dans *EV., v*ol. 97 (1987), p. 90- 94.

DENIS, Paul et Jacqueline SCHAEFFER (dir.) *Sectes*, Paris, PUF., 1999, 198 p.

DENISART, Jean-Baptiste, *Collection de décisions nouvelles et des notions relatives à la jurisprudence actuelle,* Vol. II, Paris, Chez la veuve Desaint, 1777.

DENZINGER, Henrici, *Enchiridion symbolorum. Definitionum et declarationum de rebus fidei et morum,* Editio. 31, Barcinone, Friburgi, Romae, Herder, 1960.

DENZINGER, Heinrich, *Enchiridion symbolorum definitionum et declarationum de rebus fidei et morum*, quod emendavir, auxit, in linguam germanicam transtulit et adiuvante Helmuto HOPING, edidit Petrus HUNERMANN, ed. 37, Friburgi, Brisgoviae, Basileae, Romae, Vindobonae, Herder, 1991,

DER HELM, Ad Van, *Un clergé parallèle ?,* Strasbourg, Cerdic-Publications, (coll. *Recherches Institutionnelles*, 20), 1993. P. 12.

DESCAMPS, Philippe, « *Ubi natura ibi jus* », dans *Le sacre de l'espère humaine*, 2009, p. 1-11.

DESDOUITS, M., « La loi fondamentale », dans *EV., v*ol. 81 (1971), p. 667- 671.

DESJARDINS, Gabriel, « Le concordat. Étude théologique, historique et canonique », dans *RCID.*, vol.22 (1884), p. 462-482 ; vol. 23 (1884), p. 257-270 ; vol. 24 (1885), p. 189-201 ; vol. 25 (1885), p. 3-14.

DEVISSE, Jean, *Hincmar, archevêque de Reims, 845-882.* Genève, Droz, 1976. 3 vol., 1579 p.

DIENI, Edoardo, « De l'épistémologie à l'ontologie du droit canonique », dans *RDC., v*ol. 61, n° 1(2012), p. 157-169.

DIETLER, Marcel, « La théocratie pontificale et Innocent III », dans *Echos de Saint-Maurice*, t. 64 (1966), p. 93-109.

DIGARD, Georges, Maurice FAUCON, Antoine THOMAS et Robert FAWTIER, *Les Registres de Boniface VIII : recueil des bulles de ce pape publiées ou analysées d'après les manuscrits originaux des archives du Vatican,* t. III, Paris, E. de Boccard, 1921, n° 3925-5408.

DÖLLINGER, Ignaz von (éd.), *La papauté : son origine au Moyen-Âge et son développement jusqu'en 1870,* Paris, F. Alcan, 1904, 475 p.

DOMBOIS, Hans, « Considérations de théologie et de droit à propos de la structure d'une ''lex fundamentalis ecclesiae'' », dans *Concilium*, n° 48 (1969), p. 43-49.

DU FAY DE CHOSINET, Patrick, « La subsidiarité, un principe juridique contesté ? », dans *PJR*, t. 7 (1990), p. 55-68.

DUCHATELEZ, Kamiel, « La « condescendance » divine et l'histoire du salut », dans *NRT.*, vol. 6 (juin 1973), p. 594-621.

DUCHATELEZ, Kamiel, « La notion d'économie et ses richesses théologiques », dans *NRT.*, vol. 92, n° 3 (mars 1970), p. 267-292.

DUMAS, Auguste, « L'Église de Reims au temps des luttes entre Carolingiens et Robertiens (888-1027) », dans *RHEF.,* t. 30 (1944), p. 7-37

DUPAC DE BELLEGARDE, Gabriel, *Actes et décrets du Concile diocésain de Pistoia de l'an 1786*, t. I, Paris, Chez Atton Bracali, 1789.

DUPIN, André Marie Jean Jacques, *Liberté de l'Église gallicane. Manuel du droit public ecclésiastique français, contenant les 83 articles des libertés, avec un commentaire ; la déclaration du clergé de 1682, sur les limites de la puissance ecclésiastique, le concordat, et sa loi organique,* Paris, Henri Plon, 1860, 572 p.

DUPUY, Bernard, « Les appels de l'Orient à Rome du Concile de Nicée au Concile de Chalcédoine », dans *Ist.,* vol. 4 (1987), p. 361-377.

DURAND de Maillane, Pierre-Toussaint, *Les libertez de l'Église gallicane, prouvées et commentées suivant l'ordre et la disposition des articles dressés par M. Pierre Dupuy,* Vol. II, Lyon, Chez Pierre Bruys et Ponthus, 1771.

DURAND, Jean-Paul, « Mouvements et communautés catholiques de fidèles nés au XXe siècle : quelques défis pour le droit canonique », Dans *RETM*, vol. 4, n° 232, p. 37-50.

ÉCHAPPE, Olivier, « La reconnaissance du droit d'association par les droits canonique et français : une problématique », dans *AC.*, t. 52 (2010), p. 237-247.

ESCHIMANN, Jean- Paul, « l'impensé de l'inculturation », dans *LV.*, 205(1992), p.17-32.

ESPEN, Zeger-Bernard Van, *Jus ecclesiasticum universum*, Paris, 1721(voir l'édition Ex officina Matternichiana, 1748).

ESPEN, Zeger-Bernard Van, *Opera omnia*, t. II, Louvain, 1753, p. 754-773.

ESPINE, Henri d', « Ministères ecclésiastiques divers et consécration », dans *RHPR*, n° 3 (1956), p. 179-185.

ETSHINDO EPANDJOLA, Damien, Églises de réveil et salut chrétien au Congo-Kinshasa : quels défis pour l'Église catholique ?, Paris, Harmattan, 2016, 329 p.

EUSÈBE, *Histoire ecclésiastique,* t.1/ 1-4, texte grec d'E. SCHWARTZ, GCS, traduction et annotations de Gustave BARDY, Paris, Éd. du Cerf, (coll. *SC.*), 2001, 221 p.

FATH, Sébastien et Frédéric ENCEL, *Les évangéliques à l'assaut du monde*, Hérodote vol. 4, n° 119, (2005), 192 p

FEBRONIUS, Justinus, *De statu Ecclesiæ et legitima potestate Romani Pontificis : liber singularis ad reuniendos dissidentes in religione christianos compositus,* Evrardus, 1763.

FEBVR, Lucien, « Du fédéralisme et de Proudhon », dans *Annales. Économies, Sociétés, Civilisations*, 1e année, n° 3 (1946), p. 264-265.

FELICI, Pericle, « Communication au synode du 3 novembre 1971 », dans *Communicationes,* vol. 3/2 (1971), p. 169-185.

FITER, Roger, « Droit canonique, droit humain original ou instrument d'oppression au sein de L'Église », dans *PJR.*, t. 7(1990), p. 49-54.

FLEURY, Claude, « Discours sur les libertés gallicanes », dans *Opuscules de M. l'Abbé L'Abbé Fleury, contenant le traité du choix et de la méthode des études, l'institution au droit ecclésiastique, le mémoire sur les affaires du clergé de France, et les discours sur les libertés de l'Église gallicane, sur l'Écriture Sainte, sur la poésie des Hébreux, et sur la prédication,* 1780-1781.

FLEURY, Claude, « Institutions au droit ecclésiastique », dans *Opuscules de M. l'Abbé L'Abbé Fleury, contenant le traité du choix et de la méthode des études, l'institution au droit ecclésiastique, le mémoire sur les affaires du clergé de France, et les discours sur les libertés de l'Église gallicane, sur l'Écriture Sainte, sur la poésie des Hébreux, et sur la prédication,* t. II, 1780.

FLICHE, Augustin, « La réforme grégorienne », dans *RHEL,* t. 12/55, 1926, p. 145-167

FLICHE, Augustin, « Les origines du gallicanisme », dans *JS.*, (octobre-décembre 1942), p. 145-158.

FLICHE, Augustin, *La réforme grégorienne et la reconquête chrétienne (1957-1123)*, Paris, Bloud & Gay (Coll. *Histoire de l'Église depuis les origines jusqu'à nos jours*, 8), 1940, 502 p.

FLICHE, Augustin, *La réforme grégorienne. T. II. Grégoire VII*, Paris, Librairie Ancienne Honoré Champions, 1925, VIII- 466 p.

FLICHE, Augustin, *Le règne de Philippe Ier, Roi de France : 1060-1108*, Paris, Société française d'imprimerie et de librairie, 1912, 600 p.

FLICHE, Augustin, *Saint Grégoire VII,* Paris, Paris, Librairie Lecoffre J. Gabalda (éditeur), 1920, 190 p.

FONBAUSTIER, Laurent, *La déposition du pape hérétique : Une origine du constitutionnalisme ?*, Paris, Éditions Mare et Martin (coll. *Bibliothèque des thèses*), 2016, 1170 p.

FOREVILLE, Raymonde, *Latran I, II, III, IV*, Paris, Orante, 1965, 445 p.

FOREY, Elsa, « Le droit canonique : une discipline juridique ? », dans *RDC.*, vol., 61, n° 1(2011), p. 43-56.

FRANCESCHI, Sylvio de, « Les problématiques ecclésiologiques françaises au prisme des lectures italiennes Gallicanisme et antiromanisme janséniste au temps de la papauté intransigeante (de la mi-XVIIIe siècle à la mi-XIXe siècle », dans *Les échanges religieux entre l'Italie et la France 1760-1850*, Frédéric MEYER, Silvain MILBACH (éd.), Chambéry, éd. de l'Université de Savoie, (coll. *SRP.*, 15), 2010, p. 61-80.

FRANCESCHI, Sylvio De (dir.), *Le Pontife et l'erreur. Anti-infaillibilisme catholique et romanité ecclésiale aux temps post tridentins (XVIIe-XXe siècles)*, Édité par l'équipe Religions, sociétés et acculturation (RESEA) du laboratoire de recherche historique Rhône-Alpes (LARHRA, UMR 5190, (Coll. *Chrétiens et Sociétés. Documents et Mémoires*), vol. 11, 2010, 187 p.

FRANSEN, Gérard, « Réflexions sur la juridiction ecclésiastique », dans *RTL.*, vol. 2, n°2 (1971), p. 129.

FURLONG, Paul, David CURTIS, *The Church faces the modern world. Rerum novarum and its impact*, London, Earslsgate Press, 1994, 270 p.

GABILLET, Philippe, Martin SERGENT, « Pouvoir coercitif », dans Raphaëlle LAUBIE (dir.), *Pouvoirs et influences. Abus de pouvoir, argent, célébrité..., les détecter et les comprendre*, Paris, Dunod, p. 51-59.

GADILLE, Jacques, « L'épiscopat français au premier concile du Vatican », dans *RHEF.*, t. 157 (1970), p. 327-346.

GAQUÈRE, François, *Pierre de Marca (1594-1662) : Sa vie, ses œuvres, son gallicanisme*, Angers, Paris, Imprimerie centrale, P. Lethielleux, 1932, 335 p.

GARCIA, Carmen Pena, *Mariage et cause de nullité dans le droit de l'Eglise*, Paris, Harmattan, 2021, 504 p.

GARFAGNINI, Gian Carlo, *La Tractatus potestate et direction papale de Jean de Paris et le différend entre Boniface VIII et Philippe le Bel*, Spoleto, Centre d'études italiennes sur le haut Moyen-Âge, 1990.

GAUDEMET, Jean, *Église et cité. Histoire du droit canonique*, Paris, Éd. du Cerf, 1994, 740 p.

GAUDEMET, Jean, *Formation du droit canonique et gouvernement de l'Église de l'Antiquité à l'Âge classique*, paris, Éd, Presses Universitaires de Strasbourg, 2008, 446 p.

GAUDEMET, Jean, *les sources du droit de l'Eglise en occident du IIe-VIIe siècle* (coll. *Initiation au Christianisme Ancien*), Paris, Cerf, CNRS, 1985, 188.

GAUDEMET, Jean, « La primauté pontificale dans le décret de Gratien », dans Rosalio José Castillo LARA (dir.), *Studia in honorem eminentissimi cardinalis Alphonsi M. Stickler,* Rome, LAS., (coll. *Studia et textus historiae iuris canonici,* 7), 1992, p. 139.

GAYET, Louis, *Le Grand schisme d'Occident d'après les documents contemporains déposés aux archives secrètes du Vatican*. t. I et II, 1889-1890.

GAZIER, Augustin, *Histoire général du mouvement janséniste depuis ses origines jusqu'à nos jours*, Paris, H. Champion, 1924 (2 vols).

GEFFRÉ, Claude, « Le pluralisme religieux et l'indifférentisme ou le vrai défi de la théologie chrétienne », dans *RTL*., n° 31(2000), p. 3-32.

GEFFRÉ, Claude, « Mission et inculturation », dans *Spiritus*, vol.78, n°109 (décembre 1987), p. 406-427.

GERSON, Jean, *Œuvres complètes*, t. V, introduction, texte et notes par Mgr Palémon GLORIEUX, Paris, Desclée, 1963, p. 64-90.

GIANCARLO Zizola, « Le pouvoir romain : centralisation et bureaucratisation dans l'Église catholique », *LV.,* vol. 25, n° 133 (Juin-Juillet-Août 1977), p. 18-36.

GIORGIO, Feliciani, « Quel statut canonique pour les communautés nouvelles? », dans *AC*., vol. 42 (2000), p. 151-165

GLASSON, Ernest Désiré, *Du consentement des époux au mariage. D'après le droit romain, le Droit canonique, l'Ancien droit français, le Code Napoléon et les législations étrangères*, Paris, A. Durand, Libraire-éditeur, 1866, 320 p.

GODOY, Manoel José de, « Les communautés ecclésiales de base comme lieu de la catéchèse » (traduit de l'espagnol par Rose Marie SOARES PEREIRA), dans *LV*., vol. 73, n° 1 (2018), p. 63-71.

GOLDIE, Rosemary, *Paul VI, « les laïcs et le laïcat »,* dans Publications de l'École Française de Rome, n° 72 (1984), p. 295-316.

GONÇALVES, Bruno(dir.), *Comprendre la réforme des procédures de nullité de mariage selon le motu proprio Mitis Iudex Dominus Iesus. Colloque de la Faculté de Droit Canonique de l'Institut catholique de Paris*, Paris, Artège Lethielleux, 2019, 357 p.

GONÇALVES, Bruno, « Le procès matrimonial plus bref devant l'Évêque diocésain : présentation et mise en lumière de quelques enjeux », dans *AC,* t. 57, n° 1 (2016), p. 185-210

GONZALEZ, Philippe, Paul PHILIBERT, « Les communautés nouvelles : une réception de Vatican II », dans *LV.*, vol. 62, n° 4 (2007), p. 419-431.

GOUDOT, Jean-Philippe, « La restauration de l'unité visible de l'Église au concile de Constance (1414/1415-1418) », dans *NRT.,* vol. 128 (2006), 594-612.

GOUGUENHEIM, Sylvain, *La réforme grégorienne. De la lutte pour le sacré à la sécularisation du monde*, Temps Présent, Paris, 2010, 256 p.

GRAZIANI, Paul, *Boniface VIII et le premier conflit en la France et le Saint-Siège,* Paris, Bloud, 1906, 68 p.

GREEN, Thomas, « L'usage fait des textes de Vatican II dans le schéma '*De Populo Dei*' », dans *Concilium*, n° 167 (1981), p. 79-91.

GREINER, Philippe, « Quelques repères pour une épistémologie du droit canonique », dans *Transversalités*, vol. 1, n° 144 (2018), p. 129-141.

GREINER, Philippe, « Les relations canoniques entre ministres ordonnés et laïcs exerçant des charges ecclésiales », dans *AC.,* t. 52, p. 315-330.

GREINER, Philippe, « Office ecclésiastique et responsabilité d'aumônerie », dans *AC.,* t. 49 (2007), p. 97-106.

GUERN, Michel Le, « Le Jansénisme : une réalité politique et un enjeu de pouvoirs », dans *RSR.,* t. 91, n° 3 (2003), p. 461-488.

GUILLEMETTE, François, « Les conférences épiscopales sont-elles des institutions de la collégialité épiscopale ? », dans *Stcan.*, t. 25, n° 1 (1991), p. 413-462.

GUYOT, Marie-Théodore, *La somme des conciles généraux et particuliers*, édition revue par le Directeur des *Analecta juris pontificii,* t. II, Paris, Victor Palmé, 1868.

GUYOTJEANNIN, Olivier, « *Dictatus papae* », dans *DHP.*, Paris, Fayard, 1994, p. 563-564.

HAMER, Jérôme, « Les conférences épiscopales, exercice de la collégialité », dans *NRT.,* vol. 85, n° 9 (1963), p. 966 – 969

HANOTAUX, Gabriel, *Essai sur les libertés de l'Église gallicane depuis les origines jusqu'au règne de Louis XIV*, Paris, Anciennes librairie Gerner Baillière, Félix Alcan (éd.), 1888.

HEFELE, Charles Joseph, *Histoire des conciles d'après les documents originaux originaux,* t. VII/1, Paris, Letouzey et Ané, 1916.

HEFELE, Charles-Joseph, *Histoire des conciles d'après les documents originaux,* t. VII/2, Paris, Letouzey et Ané, 1916.

HEGEL, Georg Wilhelm Friedrich, *Encyclopédie des sciences philosophiques en abrégé,* 1817.

HEGEL, Georg Wilhelm Friedrich, *Esthétique ou philosophie de l'art, 1835-1837* (un ensemble de cours publié à titre posthume par Heinrich Gustav HOTHO).

HEGEL, Georg Wilhelm Friedrich, *La phénoménologie de l'esprit,* Bamberg et Würzburg, 1807.

HEGEL, Georg Wilhelm Friedrich, *Principes de la philosophie du droit, ou droit naturel et science de l'État en abrégé,* Berlin, 1821.

HÉRICOURT du Vatier, Louis de, *Œuvre posthume de maître Louis de Héricourt contenant les mémoires sur des questions de droit canonique,* t. IV, Paris, Desaint et Saillant, 1759 (3ᵉ mémoire).

HÉRICOURT du Vatier, Louis de, *Les loix ecclésiastiques de France dans leur ordre naturel et une analyse des livres du droit canonique conférés avec les usages de l'Église gallicane,* Paris, Pierre Gilles Le Mercier, 1756.

HÉRISSANT, Louis Théodore, *Avis aux princes catholiques, ou mémoires de canonistes célèbres,* 2ᵉ partie, S.l., 1768.

HILAIRE, Yves-Marie, « Les vœux des évêques français après l'annonce du Concile de Vatican II (1959) », dans *Actes du colloque organisé par l'École française de Rome en collaboration avec l'Université de Lille III, l'Istituto per le scienze religiose de Bologne et le Dipartimento di studi storici del Medioevo e dell'età contemporanea de l'Università di Roma-La Sapienza (Rome 28-30 mai 1986)*, Publications de l'École Française de Rome, 113(1989), p. 101-117.

HILDESHEIMER, François, *Le jansénisme*, Paris, Publisud, 1991, 221 p.

HINCMAR de Reims, *De Praedestinatione Dei et Libero Arbitrio. Posterior dissertatio. Adversus Gothescalcum et caeteros Praedestinationos, Patrologie Latine.*, t. 125, col. 65-474.

HUBERT, Loyens, *Traité des dispenses, divisé en deux parties dont la première comprend les règles et les principes généraux des dispenses et l'autre est une application de ces règles et de ces principes aux dispenses de mariages*, Cologne, chez Nicolas Schouten, 1687, 252 p.

HUIZING, Petrus, « La subsidiarité », dans *Concilium*, n° 208 (1986), p. 145-150.

HUIZING, Petrus, « La réforme du droit canonique », *Concilium,* n° 8 (1965), p. 91-117.

HURTER, Friedrich von, *Histoire du pape Innocent III et de son siècle,* Paris, A. Vaton, 1840.

IGNACE d'Antioche, *Lettre aux Smyrniotes, VIII, Patrologie grecque*, t.5, col. 713-734, introduction et traduction de Pierre Thomas CAMELOT, Paris, Éd. du Cerf, (Coll. *SC*., 10), 1969, p. 132-145.

IMBART de la Tour, Pierre, *Les origines de la réforme : L'Église catholique. La crise et la renaissance,* t. 2, 2ᵉ éd., Paris, Éd. Hachette, 1944, 592 p.

INGESTI Imongia, Frédéric, « Vers une célébration intégrée du mariage canonique en République Démocratique du Congo à la lumière du code de 1983 », dans *RAT.,* vol 28, n°55 (avril 2004), p. 99-110.

JACOBS, Ann, « Les laïcs, membres du Peuple de Dieu, à travers le Code de droit canonique », dans *RTL.*, vol. 18, n° 1 (1987), p. 30-47.

JAMET de la Guessière, François et MICHEL du Chemin, *Journal des principales audiences du parlement, avec les arrêts qui y ont été rendus et plusieurs questions et règlements,* Paris, Cie des Libraires associées, 1757 (7 vols).

JAUME, Lucien, *Tocqueville : Les sources aristocratiques de la liberté*, Paris, Fayard, 2008, 473 p.

JEAN de Paris, *On royal and papal power,* traduction et introduction par Arthur P. MONAHAN, New-York, Columbia University Presse, 1974, 197 p.

JEANNIN, Pierre, « Althusius », dans Jean TOUCHARD (dir.) *Histoire des idées politiques,* t. I, PUF, 1959, p. 293-298.

JOSSE le Plat, *Monumenta ad historiam concilii tridentini potissimum illustranda*, t. II. *Complectens Monumenta ab Anno 1518 ad Annum 1540,* Louvain, 1782, p. 597, 601-602ss.

JOUBERT, Jacques, « De la primauté dans l'Église conçue comme communion », dans *RDC.*, vol. 45 (1995), p. 133-140.

JUSTICE, A., *À propos de l'infaillibilité du pape : le Syllabus, le pouvoir des rois, le concile de Constance,* Paris, F. Juven, 1899.

KABASELE, François, *Rencontre Nord-Sud, une graine d'Evangile*, Kinshasa, Ed. Baobab, 1996, 152 p.

KAKULE Mbakwira-Vusa, « Droit Canonique Particulier (Projet) selon le Nouveau Droit Canonique », dans *Théologie Africaine. Bilan et perspectives. Dix-Septième semaine Théologique de Kinshasa du 2-8 avril 1989 »*, Kinshasa, FCK., 1989, p. 341-361.

KANGUDI Kabwatila, « Inculturation et Libération en théologie africaine », dans *Théologie Africaine. Bilan et perspectives, Actes de la dix-septième Semaine théologique de Kinshasa (2-8 avril 1989)*, Kinshasa F.C.K., 1989, p. 199 - 209.

KAPLAN, Michel (éd.), Patrick BOUCHERON et Jean KERHERVÉ, *Le Moyen-Âge : XIe–XVe siècle,* t. 2, Paris, éd. Bréal,1994, 397 p.

KAPTIJN, Astrid, « Le style et les dispositifs d'assouplissement du droit canonique », dans *AC.*, t. 52 (2010), p. 331-344.

KAUFMANN, François Xavier, « Le principe de subsidiarité : point de vue d'un sociologue des institutions », dans Hervé LEGRAND, Julio MANZANARES, Antonio GARCIA Y GARCIA (éd.), *Les conférences épiscopales. Théologie, Statut canonique, Avenir.* Actes du Colloque international de Salamanque du 3 – 8 janvier 1988, Paris, Éd. du Cerf, (Coll. *Cogitatio Fidei*), 1988, p. 361-381

KELLEY, John Norman Davidson, « Alexandre V », dans John Norman Davidson KELLEY, *Dictionnaire des papes*, traduit de l'anglais par Collette OCSO, Brepols Publishers, (Coll. *PDB.*), 1994, p. 491-492.

KEMBIE, « Lecture critique du statut des laïcs en responsabilité pastorale dans le diocèse de Kikwit », dans *Pour une institution des laïcs dans l'Église. Africains et Européens en quête de renouveau conciliaire*, Paris, L'Harmattan, 2004, p. 252-253.

KERVÉGAN, Jean-François, « Souveraineté et représentation chez Hegel », dans *RFHIP.*, t. 2, n° 14, 2001, p. 321-336.

KIEDI kionga, Jean-René, « Canonicité et moralité de la dispense », dans *AC.*, t. 54 (2012), 207-223.

KIEDI Kionga, Jean-René, « La ''provisio canonica''. Lieu canonique de l'exercice du pouvoir de gouvernement ecclésiastique dans le Code de droit canonique », dans *Epistémologie et théologie. Les enjeux du dialogue foi-science-éthique pour l'avenir de l'humanité. Mélange en l'honneur de S. Exc. Mgr. Tharcisse Tshibangu Tshishiku pour ses 70 ans d'âge et 35 ans d'épiscopat (Sous la direction de Léonard Santedi et Modeste Malu Nyimi)*, Faculté Catholique de Kinshasa, 2006, p. 667-694.

KIEDI Kionga, Jean-René, « Le consentement matrimonial canonique et les épreuves de la modernité et de la culture africaine. Analyse de quelques faits socio-culturels en République Démocratique du Congo », dans *RASM.*, n°13 (2008), p. 167-196.

KIEDI Kionga, Jean-René, « Les associations de fidèles. Une interpellation canonique et pastorale » dans *RAT*, vol. 29, n° 58 (2005), p.

KIEDI Kionga, Jean-René, « Les droit et obligations de fidèles laïcs. Une étude analytico-juridique », dans *RASM.*, n°10-11 (1999), p. 85-96.

KIEDI Kionga, Jean-René, « les enjeux canoniques d'une législation particulière. Cas des églises locales d'Afrique », dans *RAT.*, vol. 27, n°54(octobre 2003), p. 253-275.

KIEDI Kionga, Jean-René, « Quelques aspects canoniques de la prise en charge matérielle de l'Église par ses propres fidèles », dans *RASM.*, n°6 (1997), p. 33-39.

KIEDI Kionga, Jean-René, *la dispense en droit canonique. Pour des adoucissements d'applications de règles en catholicisme romain*, Paris, éd. du Cerf, 2020, 621 p.

KOENEN, Gérard (dir.), *Les ministères laïcs à Kinshasa. Documents de la Commission des Ministères laïcs de Kinshasa*, Foncaba, Bruxelles, 1987.

KOMONCHAK, Joseph A., « Le principe de subsidiarité et sa pertinence ecclésiologique », dans Hervé LEGRAND, Julio MANZANARES, Antonio GARCIA Y GARCIA (éd.), *Les conférences épiscopales. Théologie, Statut canonique, Avenir.* Actes du Colloque international de Salamanque du 3 – 8 janvier 1988, Paris, Éd. du Cerf, (Coll. *Cogitatio Fidei*), 1988, p. 391-447.

KÜNTZIGER, Jacques, *Febronius et le fébronianisme : étude historique sur le mouvement réformateur provoqué dans l'Église catholique au XVIIIe siècle*, Bruxelles, Académie royale des sciences, des lettres et des beaux-arts de Belgique, 1891.

L'œuvre scientifique de Jean Gaudemet. Actes du Colloque tenu à Sceaux et à Paris les 26 et 27 janvier 2012 organisé par le Centre Droit et sociétés religieuses et l'Institut d'histoire du droit. Texte réunis par Michèle BÉGOU-DAVIA, Franck ROUMY, Olivier DESCAMPS, François JANKOWIAK, Paris, Éd. Panthéon-Assas, 1914, 262 p.

La pensée juridique d'Alexis de Tocqueville. Études réunies par Manuel CARIUS, Charles COUTEL et Tanguy Le MARC'HADOUR, Arras, Artois Presses Universitaire, 2005, 97 p.

La pertinence du Christianisme africain de Jean-Paul II : les discours de Jean-Paul II en Afrique (1980-1998), textes rassemblés par l'Abbé Omer KATSHIOKO Kapita et Don Jean-Léon KATSHIOKA (traduits et présentés par « La Documentation Catholique »), Maffe, Éd. Ensemble, 1999, 703 p.

LABELLE, Micheline, « Multiculturalisme, interculturalisme, antiracisme : le traitement de l'altérité », dans *REMI.*, vol. 31 - n°2 (2015), p. 31-54.

LACOTTE, Rémy Hême de, « De la polémique anti-gallicane à l'affirmation d'un catholicisme intransigeant : les usages *l'Auctorem fidei* dans les controverses religieuses en France dans la première moitié du XIXe siècle », dans *Du Jansénisme au modernisme. La bulle Auctorem fidei (1794), pivot du magistère romain (Colloque international organisé par Jean-Baptiste AMADIEU et Simon ICARD, en partenariat avec République des Savoirs*, le Laboratoire d'Études sur les Monothéismes et le Labex Transfers, Paris, Beauchesne, (Coll. *Théologie historique*), 2020, p. 171-200

LADNER, Gerhart B., «The Concept of Ecclesia and Christianitas and their Relation to the Idea of Papal Plenitudo Potestatis from Gregory VII to Boniface VIII », dans *MHP.*, n° 18 (1954), p. 49-77.

LAFONT, Ghislain, *Histoire théologique de l'Église catholique. Itinéraire et formes de la théologie*, Paris, Cerf, (Coll. *Cogitatio Fidei*, 179), 1994, p. 115-120, 136-140.

LALLART, MARIE JOSE, « Les enfants de la rue : leurs lois », dans *Savoirs et clinique*, vol. 1, n°4 (2004), p. 59- 65

LANGERON, Édouard, *Grégoire VII et les origines de la doctrine Ultramontaine*, Paris, Éd. Thorin, 1874, 422 p.

LANNE, Emmanuel, « Réflexion sur une éventuelle loi fondamentale de l'Église », dans *Ir.*, t. 2 (1979), 163-199.

LAPEMA, Daniela, Le *pouvoir de vie et de mort. Souveraineté et peine capitale*, Paris, PUF., 2011, 384 p.

LARA, Rosalio José Castillo, « La place du droit canonique dans la vision conciliaire de l'Église », dans *Stcan.*, t. 24, 1990, p. 5-26.

LARA, Rosalio José Castillo, « Criteri di lettura e comprensione del nuovo Codice », dans *Appollinaris*, vol. 56, n°3-4 (1983), p. 363.

LARA, Rosalio José Castillo, « La primauté pontificale dans les collections canoniques grégoriennes », dans César ALZATI (éd.), *Cristianità ed*

Europa, Miscellanea di studi in onore di Luigi Prosdocimi, vol. 1, Roma-Freiburg-Wien, Herder, 1994, p. 59-90

LAROY, Yann, « La notion d'effectivité du droit », dans *Droit et société,* vol. 3, n°79 (2011), p. 715-732.

LASCOUMES Pierre et Evelyne SERVERIN, « Théories et pratique de l'effectivité du droit », dans *Droit et société,* vol. 2 (1986), p. 101-124

LASCOUMES, Pierre, « Effectivité », in André-Jean ARNAUD (dir.), *Dictionnaire encyclopédique de théorie et de sociologie du droit*, Paris, LGDJ, 1993, p. 217.

LAUBIE, Raphaëlle (dir.), *Pouvoirs et influences. Abus de pouvoir, argent, célébrité..., les détecter et les comprendre*, Paris, Dunod, 240 p.

LAUNAY, Marcel, Pie XI, *le Pape de l'action catholique*, Paris, Éd. du Cerf, 2018, 237 p.

LAVALLÉE, Joseph, *Histoire inquisitions religieuses d'Italie d'Espagne et de Portugal : depuis leur origine jusqu'à la conquête de l'Espagne*, vol. 1, Paris, Richomme, Capelle et Renand, 1809, 412 p.

LE BRAS, Gabriel, « Synodes et conciles parisiens », dans *RHEF.*, t. 147 (1964), p. 35-46

Le ius particulare dans le droit canonique actuel : Définitions, domaines d'application, enjeux. Actes du Colloque tenu à Strasbourg le 6 mai 2011 organisé par l'Institut de Droit canonique et le Centre PRISME-Sdre (UMR7012) de l'Université de Strasbourg, sous la direction de Marc AOUN et de Jeanne-Maris TUFFERY-ANDRIEU, Perpignan, Artège, 2013, 212 p.

LE TOURNEAU, Dominique, *Les communautés hiérarchiques de l'Eglise catholique,* Paris, Éd. Wilson Lafleur, 2017, 418 p.

LE TOURNEAU, Dominique, *Droits et devoirs fondamentaux des fidèles et des laïcs dans l'Église*, Montréal, Wilson et Lafleur (coll. *Gratianus*), 2011, 396 p.

LE VALLOIS, Philippe, « *Définitions de la « secte et attitudes envers les sectes dans l'Eglise Catholique Romaine* », dans *RDC.,* vol. 51 (2001), p. 43-73.

LECLERCQ, Jean, *Jean Quidort et l'ecclésiologie du XIII*[e] *siècle,* Paris, Libraire philosophique J. Vrin, 1942, 268 p.

LECUYER, Joseph, *Etudes sur la collégialité épiscopale*, Paris, Xavier Mappus, 1964, 111 p.

LEFEBVRE, Pierre, « Les Bakambi ou responsables de communauté à Kinshasa », dans *TLM*, 9 (janvier-mars 1977), p. 15.

LEGRAND, Hervé, « Les Évêques, les Églises locales et l'Église entière. Évolutions institutionnelles depuis Vatican II et chantiers actuels de recherche », dans Hervé LEGRAND et Christophe THEOBALD (dir.), *Le Ministère des Évêques au Concile Vatican II et depuis. Hommage à Mgr. Guy Herbulot*, Paris, Cerf, 2001, p. 242-246.

LENFANT, Jacques, *Histoire du concile de Constance,* t. I, Paris, Chez Pierre Humbert, 1727.

Les Ministères laïcs à Kinshasa. Documents de la Commission des ministères laïcs de Kinshasa présentés par Gérard KOENEN avec la collaboration du Cardinal Joseph-Albert MALULA, de Mgr. Tharcisse TSHIBANGU et de Daniel DELANOTE, Bruxelles, Fondation catholique de bourses d'études pour africains, 1987, 61 p.

LESAGE, Germain, « Le principe de subsidiarité et l'état religieux », dans Stcan., t. 2, n°1 (1968), p. 99-123.

LESAGE, Germain, *La nature du droit canonique*, Ottawa, Éd. de L'université d'Ottawa, 1960, 224 p.

L'œuvre scientifique de Jean Gaudemet. Actes du colloque tenu à Sceaux et à Paris les 26 et 27 janvier 2012, texte réunis par Michèle BEGOU-DAVIA, Franck ROUMY, Olivier DESCAMPS, François JANKOWIAK, Paris, Éd. Panthéon-Assas, 2014, 262 p.

LOLO, BERTHE ÉLISE, « Polygame de cœur, monogame de fait ! », dans *Revue du MAUSS*, vol. 1, n°39 (2012), p. 329-343

LOSADA Espinosa, Joaquín, « Principe de subsidiarité et sa pertinence ecclésiologique : réponse », dans Hervé LEGRAND, et alii, *Les conférences Episcopales. Théologie, statut canonique, avenir,* Paris, Éd. Cerf, (Coll. *Cogitatio Fidei*, 149), 1988, p.449- 454.

M. De VILEVAULT, Louis-Guillaume et M. De BRÉQUIGNY, *Ordonnance des rois de France de la troisième race, recueillies par ordre chronologique contenant les ordonnancements depuis le commencement du règne de Charles VII, jusques & compris l'année 1447*, Vol. XIII. Paris, Imprimerie royale, 1782.

MAILLARD-LUYPAERT, « Monique, « Urbain VI », dans Philippe LEVILLAIN (dir.), *DHP.*, Paris, 1994, p. 1682.

MAIMBOURG, Louis, *Histoire du Grand schisme d'Occident,* Paris, Chez Sébastien Mabre-Carmoisy, 1678.

MAIRE, Catherine Laurence, « Quelques mots piégés en histoire religieuse moderne : jansénisme, jésuitisme, gallicanisme, ultramontanisme », dans *Annales de l'Est, Association d'historiens de l'Est*, 2007, p.13-43.

MAIRE, Catherine, Bernard Bourdin, Patrice Gueniffey, *Le "gallicanisme": une singularité française ?*, Paris, éd. du Cerf, 2023, 246 p.

MALULA, Joseph-Albert (Cardinal), « La tâche du prêtre-animateur dans une paroisse confiée à un *mokambi* laïc », dans *Vie pastorale*, 11 (septembre 1982), p. 19-22.

MALULA, Joseph-Albert, *Mariage et Famille*, dans *DC*., n° 1880(1984), 870-873.

MANENT, Pierre, *Tocqueville et la nature de la démocratie. Introduction*, Paris, Julliard, 1982.

MANZANARES, Julio, Antonio GARCIA Y GARCIA, Hervé LEGRAND (éd.), *Les conférences épiscopales. Théologie, Statut canonique, Avenir.*

Actes du Colloque international de Salamanque du 3 – 8 janvier 1988, Paris, Éd. du Cerf, (Coll. *Cogitatio Fidei*), 1988, 530 p.

MARCA, Pierre de, *De concordia de Sacerdotii et imperii seu de libertatibus ecclesiæ Gallicanæ* (1642).

MARECHAUX, Xavier, « Les séquelles de la déchristianisation de l'an II : l'héritage laïc sous le Consulat et l'Empire », dans *Napoleonica. La Revue*, t. 3, n° 15 (2012), p. 4 - 16.

MARGERIE, Bertrand DE, « Le principe de subsidiarité vaut-il dans la société ecclésiale? », dans *Doctor communis*, vol. 41, n°1 (1988), p. 76.

MARIE, Alain, « La tradition africaine face à la modernité occidentale », dans *Le Genre humain*, vol. 1, n° 14 (1986), p. 175-190

MARTÈNE, Edmond et Ursul DURAND, *Thesaurus novus anecdotorum,* t. 2, Paris, 1717, col. 1545

MARTIMORT, Aimé-Georges, *Le Gallicanisme*, PUF, (coll. *Que sais-je ?*), 1973, 128 p.

MARTIN, Victor, *Les origines du gallicanisme*, t. I, Paris, Bloud et Gay, 1939, 382 p.

MASENGO Nkinda, Valentin, « L'ordre juridique particulier des églises africaines selon le droit canonique. Application des principes de subsidiarité et de décentralisation », dans *Quelle Eglise pour l'Afrique du Troisième millénaire ? Contribution au synode spécial des évêques pour l'Afrique. Quelle Eglise pour l'Afrique du troisième millénaire ? Actes de la Dix-huitième Semaine Théologique de Kinshasa, (du 21 au 27 avril 1991)*, Kinshasa, FCK., 1991, p. 247- 254.

MATENKADI FINI FINI, Antoine, « Les *Bakambi* : état de la question », dans Léonard SANTEDI Kinkupu (Éd.), *L'avenir des ministères laïcs : enjeux ecclésiologiques et perspectives pastorales : actes du colloque célébrant le 20ème anniversaire de l'institution des ministères laïcs à Kinshasa (du 19 au 24 novembre 1995),* Édition "Signes des temps", 2008, Éd. "Signes des temps", 2008, 234 p.

MATENKADI FINI FINI, Antoine, « L'expérience pastorale des responsables laïcs des paroisses au Zaïre : histoire et perspectives », dans *StCan.*, 28 (1994), p. 155-164.

MATENKADI, Antoine, « Questions africaines au code de droit canonique », dans *Inculturation et libération en Afrique aujourd'hui. Mélanges en l'honneur du professeur Abbé Mulago Gwa-Cikala*, Kinshasa, FCTK., 1990, p. 253-259.

MATTÉI, Paul, *Le christianisme antique. De Jésus à Constantin*, 3e éd., Armand Colin, 5 févr. 2020, 320 p.

MBUKA, Cyprien, « Création des ministères laïcs au Zaïre : enjeux ecclésiologiques », dans Léonard SANTEDI Kinkupu (Éd.), *L'avenir des ministères laïcs : enjeux ecclésiologiques et perspectives pastorales : actes du colloque célébrant le 20ème anniversaire de l'institution des*

ministères laïcs à Kinshasa (du 19 au 24 novembre 1995), Edition "Signes des temps", 2008, p. 37.
McCREADY, William D., « Papal plenitudo potestatis and the Source of Temporal Autority in Late Medieval Papal Hierocratic Theory », *Speculum,* t.48 (1973), p. 654-674.
MESSNER, Francis, « Le droit associatif dans l'Église catholique et dans la société française », dans *PJR.*, 1, 1984, 111-132.
MESSNER, Francis, *Les « sectes » en Europe*, p. 5-19
METENA M'TEBA, Simon-Pierre, « L'inculturation dans la tierce - Eglise, Pentecôte de Dieu ou revanche des cultures ? », dans *Concilium*, n° 239(1992), p.171-191.
METZ, Jean Baptiste, « Unité et pluralité. Problèmes et perspectives de l'inculturation », dans *Concilium*, n°1, 229 (1989), p. 87-96.
METZ, René, « La subsidiarité, principe régulateur des tensions dans l'Église », dans *RDC.*, t. 22 (1972), p. 155-176.
MEYENDORFF, John, *L'Orient chrétien et l'essor de la papauté : l'Église de 1071-1453,* Paris, Éd. du Cerf, 2001, 522 p.
MIAYOUKOU, HERVE, « Droit canonique des associations privées de fidèles : quelle actualisation depuis l'innovation de la codification de 1983 ? Contexte français », dans *AC.*, t. 53 (2011), p. 319-340.
MICHAUD-QUANTIN, Pierre, *Universitas : expressions du mouvement communautaire dans le Moyen-Âge latin*, Paris, Librairie philosophique, J. Vrin, 1970, 360 p.
MICHEL, Alain-René, « Pie XI et l'Action catholique en France », dans Actes du colloque de Rome (15-18 mars 1989) organisé par l'École française de Rome en collaboration avec l'Université de Lille III - Greco n° 2 du CNRS, l'Università degli studi di Milano, l'Università degli studi di Roma - « La Sapienza », la Biblioteca Ambrosiana, Publications de l'École Française de Rome, n° 223, (1996), p. 657-673
MIGNE, Jacques Paul (éd.), *Theologiae cursus completus*, t. 25, Lutetiæ Parisiorum, 1840, col.707-711.
MILLET, Hélène (dir.), « Le Grand Schisme d'Occident (1378-1417) », dans *Le Midi et le grand schisme d'Occident*, Cahiers de Fanjeaux n° 39 (Éd. Privat), 2004, p. 21-37.
MILLET, Hélène, « Grand schisme d'Occident », dans *DHP.,* Éd. Philippe Levillain, Paris, 1994, p. 729-735.
MILLET, Hélène, *L'Église du Grand schisme (1378-1417)*, Paris, Picard, 2009, 272 p.
MILLON-DELSOL, Chantal, *L'État subsidiaire : ingérence de l'État, le principe de subsidiarité aux fondements de l'histoire européenne*, Paris, PUF, 1992, 232 p.
MILLON-DELSOL, Chantal, *Le principe de subsidiarité*, Paris, PUF., (Coll. *Que sais-je ?*), 1993, 127 p.

MINNERAH, Roland, *L'Église, société parfaite : histoire d'une doctrine concordataire de 1862 à 1962*, 1980, 788 p.

MINNERAH, Roland, « Face à l'État, réémergence de l'Église ''société parfaite'' », dans *Société, droit et religion*, n°6, 1 (2016), p. 9- 19.

MINNERAH, Roland, *Le droit de l'Église à la liberté. Du syllabus à Vatican II*, Paris, Éd. Beauchesne, (Coll. *Le point théologique*, 39), 1982, 207 p.

MINNERATH, Roland, *La primauté de l'Évêque de Rome et l'unité de l'Église du Christ*, Paris, Gabriel Beauchesne, 2010, 190 p.

MOERSCHBACHER, Marco, « Les ministères dans l'Église. L'exemple des ministères laïcs à Kinshasa », dans *Les Eglises d'Afrique entre fidélité et invention. Du synode romain de 1994 aux défis du XXIe siècle*, Paris, Karthala, (Coll. *Chrétiens en liberté*), 2022, p. 211-232.

MOKE (Mgr), « Les ministères laïcs et l'organisation de la pastorale dans l'archidiocèse de Kinshasa », dans Léonard SANTEDI Kinkupu (Éd.), *L'avenir des ministères laïcs : enjeux ecclésiologiques et perspectives pastorales : actes du colloque célébrant le 20ème anniversaire de l'institution des ministères laïcs à Kinshasa (du 19 au 24 novembre 1995),* Edition "Signes des temps", 2008, p. 32.

MOMBILI Thumaini, Melchior Édouard, *L'aspect d'autonomie et de communion dans la praxis africaine des recours à Rome (IIIe-Ve siècles). Essai d'interprétation du comportement ambivalent de l'épiscopat africain,* Roma, Pontificia università gregoriana, 2001, 375 p.

Monitor Ecclesiasticus : Commentarium de re canonica et pastorali post Vaticanus II, Roma, Editio Pontificio, IV, 1969, p. 553-662.

MOORE, John Clara, *Pope Innocent III (1160/61-1216). To Root Up and to Plant*, Leiden, Boston, Brill, 2003, 316 p.

MORGHEN, Raffaello, « *L'apogeo del papato medievale. Innocenzo III* », dans *Medioevo cristiano*, Bari, Laterza, 1984, p. 149-162.

MORRISEY, Francis George, *Les documents pontificaux et de la Curie : leur portée canonique à la lumière du Code de droit canonique de 1983*, traduction établie par Marie-Paule COUTURIER, Ottawa, Faculté de droit canonique, Université Saint-Paul, 1992, 34 p.

MORRISEY, Francis, « Le nouveau code améliore-t-il le droit de l'Eglise Catholique », dans *Concilium*, n° 205(1986), p.53-66.

MULAGO Gwa Cikala, Vincent, *Mariage traditionnel africain et mariage chrétien,* Kinshasa, Ed. St Paul Afrique, 1991, 111 p.

MUNIER, Charles, « Église et droit canonique du XVIe siècle à Vatican I », dans *REDC Revista espagňola de derecho canonico,* 1964, p. 589-617.

MUSHIPU Mbombo, Dieudonné, *Théologie africaine face aux sectes. Défi lancé à la société et aux grandes Eglises africaines*, Paris, Harmattan, 2017, 226 p.

NAUROIS, Louis De, « Le juridisme et le droit », dans *NRT.*, vol. 90, n° 10(1968), p.1064-1082.

NAZ, Raoul, « Excuse » dans *DDC*, t.5, Paris, Letouzey et Ané, 1953, col.628-636

NDONGALA Maduku, Ignace, *Pour des églises régionales en Afrique*, Paris Karthala, 1999, 343 p.

NÉMO, Philippe, *Histoire du Libéralisme en Europe*, Paris, PUF, 2006, 1427 p.

NEUMANN, Johannes, « Le dynamisme social de l'Église en tant que communauté », dans *Concilium,* n°48 (1969), p. 15-26

NISUS, ALAIN, « La genèse d'une ecclésiologie de communion dans l'œuvre de Yves Congar », dans *RSPT.*, t. 94, 2 (2010), p. 309-334.

NISUS, Alain, *L'Église comme communion et comme institution. Une lecture de l'ecclésiologie du cardinal Congar à partir de la tradition des Églises de professant*, Paris, Cerf, (Coll. *Cogitation Fidei*, 282), 2012, 508 p.

NKELENGE Mitendo, Hilaire, *Vers une sacramentalité du système matrimonial négro-africain : une analyse des concepts de contrat-alliance appliqués au mariage*, Fribourg, APF, (Coll. *Etudes d'éthique chrétienne*), 2003, 411 p.

NOIROT, M., « Dispense », dans *Catholicisme hier - aujourd'hui- demain*, t. 3, Paris, Letouzey et Ané, 1952, col. 889.

NUTTINCK, Michel, *La vie et l'œuvre de Zeger-Bernard Van ESPEN. Un canoniste janséniste, gallican et régalien à l'Université de Louvain (1646-1728)*, Louvain, Publication universitaire, 1969, 717 p.

ONORIO Joël-Benoît d'(dir.), *La subsidiarité, de la théorie à la pratique*. Actes du XIIe colloque national de la Confédération des juristes catholiques de France, Paris, 20-21 novembre 1993, sous la direction de Joël-Benoît D'ONORIO, Paris, Pierre Téqui, 1995 ; 182 p, Bonchamp-lès-Laval, éd. Pierre Téqui, 2000, 182 p.

ONORIO, Joël-Benoît d', « Le Concile Vatican II et le droit », Actes du colloque organisé par l'École française de Rome en collaboration avec l'Université de Lille III, *l'Istituto per le scienze religiose de Bologne et le Dipartimento di studi storici del Medioevo e dell'età contemporanea de l'Università di Roma-La Sapienza* (Rome 28-30 mai 1986), Publications de l'École Française de Rome, 1989, 113, p. 651-688

ONORIO, Joël-Benoît d', *Le Pape et le gouvernement de l'Eglise*, Paris, Fleurus-Tardy, 1992, 616 p.

OPSITCH, Yann, « L'apostasie et l'organisation de l'Eglise primitive - Apostasy and the organisation of the early Church », dans *Horizons Chrétiens,* vol. 9, n°33 (1984), p. 3-9.

Opuscules de M. l'Abbé L'Abbé Fleury, contenant le traité du choix et de la méthode des études, l'institution au droit ecclésiastique, le mémoire sur les affaires du clergé de France, et les discours sur les libertés de l'Église gallicane, sur l'Écriture Sainte, sur la poésie des Hébreux, et sur la prédication, t. II, Anismes, Chez Pierre Beaume, 1780.

ORCIBAL, Jean, « Les origines du jansénisme d'après les récentes publications du R. P. Lucien CEYSSENS », dans *RHE.*, t. 53 (1958), p. 830-838.

Origène, *Traité des principes*, 3, 13-14, *PG.*, t. XI, col. 274-275 ; 4, 5, 8, *PG.*, t. XI, col. 332, traduction de GROUZEL et Manlio SIMONETTE, Paris, Éd. du Cerf, (*SC.*, 268), 1980, p.77 et 79 ; 85 et 87.

ÖRSY, Ladislas, « Vie de l'Église et renouveau de droit canon », dans *NRT.*, vol. 85, n° 9, (novembre 1963), p. 952-965.

OURLIAC, Paul, « Le schisme et les conciles, 1378-1449 », dans Marie MAYEUR, Charles PIETRI, André VAUCHEZ, Marc VENARD, *Histoire du christianisme des origines à nos jours*, t. VI, Paris, Desclée de Brouwer, 1990, p. 89-140.

OURLIAC, Paul, « Sociologie du concile de Bâle », dans *RHE*, t. 56, n° 1 (1961), p. 5-32.

PACAUT, Marcel, *La Théocratie. L'Eglise et le pouvoir au Moyen Age, Paris,*

Descellée Mame, 1995, 196 p.

PACAUT, Marcel, *Histoire de la papauté de l'origine au concile de Trente*, Fayard, 1976, 397 p.

PACAUT, Marcel, *Louis VII et les élections épiscopales dans le Royaume de France,* Paris, J. Vrin, 1957, 163 p.

PARALIEU, Roger, *Guide pratique du Code de Droit Canonique. Notes pastorales,* Bourges, Ed. Tardy, 1985, 460 p.

PASSICOS, Jean, « Approches pour une épistémologie et pour une herméneutique du droit canonique », dans *APD.*, n° 38(1993), p. 65-72.

PASSICOS, Jean, « Quel droit pour quelle Église ? Quelques questions fondamentales pour un nouveau temps de réformes », dans *AC.*, t. 21 (1977), p. 19-37.

PEELMAN, Achiel, *L'inculturation. L'Eglise et les cultures,* Paris, Desclée, 1988, 197 p.

PENNINGTON, Kenneth, *Popes and Bishops. The Papal Monarchy in the Twelfth and Thirteenth Centuries*, Philadelphie, University of Pennsylvania Press, 1984, 225 p.

PIACENZA, Mauro Cardinale, *Note de la Pénitencerie Apostolique sur l'importance du for interne et l'inviolabilité du sceau sacramentel »,* Donné à Rome, au siège de la Pénitencerie apostolique, le 29 juin 2019 après approbation du Pape François, en date du 21 juin 2019.

PICQ, Jean, « L'État libéral, son droit et sa crise. Modèle français et modèle anglais (1800-1920) », dans *Une histoire de l'État en Europe. Pouvoir, justice et droit du Moyen-Âge à nos jours*, éd. Presses de Sciences Po, (Coll. *Les Manuels de Sciences Po*), 2009, p. 457- 47.

Pierre LEFEBVRE, « Les Bakambi ou responsables de communauté à Kinshasa », dans *TLM*, 9 (janvier-mars 1977), p. 15.

PIERROT, Michel, *Les ombres de l'histoire. Crime et châtiment au XIXe siècle,* Paris, Flammarion, 2001, 427 p.

PIRENNE, Henri, Augustin RENAUDET, Edouard PERROY et alii, *La fin du Moyen-Âge. La désagrégation du monde médiéval (1285-1453)*, t. 1, Paris, PUF, 1931, 569 p.

PIRSON, Dietrich, « Subsidaritätsprinzip », dans *Gesammelte Beiträge zum Kirchenrecht und Staatskirchenrecht*, vol. 1 (2008), p. 260-262.

PITHOU, Pierre, « Les libertés de l'Église gallicanes », dans André Marie Jean Jacques DUPIN, *Liberté de l'Église gallicane. Manuel du droit public ecclésiastique français, contenant les 83 articles des libertés, avec un commentaire ; la déclaration du clergé de 1682, sur les limites de la puissance ecclésiastique, le concordat, et sa loi organique,* Paris, Henri Plon, 1860.

PLANCHARD, M. J., « Étude des indults accordés aux évêques de France pour dispenser des empêchements de mariage », *NRT.*, vol., 18 (1886), p. 384-391

POCQUET DU HAUT-JUSSÉ, A., « Le second différend entre Boniface VIII et Philippe le Bel », dans *Mélanges Albert Dufourcq : études d'histoire religieuse*, Paris, Plon, 1932, p. 73-108.

PORTELLI, Hugues, « Le pouvoir du pape et ses limites », dans *Pouvoirs*, vol. 3, n° 162 (2017), p. 27-34.

POTIN, Jean, *Réalités et avenir de la catéchèse dans le monde. Principaux documents du Synode des évêques*, Éd. le Centurion, 1978. Proposition 34 des évêques adressée au Pape, Paris, Éd. du Centurion, 1978, 238 p.

POULAT, Émile, « La modernité à l'heure de Vatican II », dans *Le deuxième concile du Vatican (1959-1965*). Actes du colloque organisé par l'École française de Rome en collaboration avec l'Université de Lille III, l'Istituto per le scienze religiose de Bologne et le Dipartimento di studi storici del Medioevo e dell'età contemporanea de l'Università di Roma-La Sapienza (Rome 28-30 mai 1986), Publications de l'École Française de Rome, 1989 p. 809-826

POWELL, James Matthew, *Innocent III: Vicar of Christ or Lord of the World ?*, Boston, Heath, 1963, 74 p.

PRADELLES-MONOD, Marie-Lorraine, « Sous la filiation : l'ancestralisation », dans *Cliniques méditerranéennes*, t. 1, n° 63 (2001), p. 31-37.

PROVOST, *James* et Knut WALF, « Droit de L'Eglise et réalité de L'Eglise » dans *Conciluim*, n° 205(1986), p.8.

PUIS, Pierre Du, *Histoire du différend d'entre le pape Boniface VIII et Philippe le Bel roy de France,* Paris, Cramoisy, 1655.

RAÏ, Pierre, « L'économie dans le droit canonique byzantin des origines jusqu'au XIe siècle. Recherches historiques et canoniques », dans *Ist.*, t. 1 (janvier-mars 1973), p. 260-326.

RANGEON, François, « Réflexion sur l'effectivité du droit », dans CURAPP, *les usages sociaux du droit*, Paris, PUF, 1989.

RATZINGER, Joseph, « La collégialité épiscopale. Développement théologique », dans *L'Église de Vatican II : études autour de la Constitution conciliaire sur l'Église*, Guilherme BARAÚNA (éd.), t. 3, Paris, éd. du Cerf, 1966, p. 763-790.

RECCHI, Silvia, *Autonomie financière et gestion des biens dans les jeunes Eglises d'Afrique*, Paris, Éditions L'Harmattan, 2007, 242 p.

RECCHI, Silvia, « La production du droit particulier par les conférences épiscopales », dans *AC.*, t. 50, n° 1 (2008), p. 53-61.

REGNIER, Guy, *Vocation et mission des laïcs dans l'église et dans le monde 20 ans après le concile Vatican II*, Paris, Centurion 1985 60 p.

RÉMOND, René, *Le XIXe siècle, 1815-1914. Introduction à l'histoire de notre temps*, Seuil, 1974, 248 p.

Rerum novarum. Écriture, contenu et réception d'une encyclique, Actes du colloque international, Rome, 18-20 avril 1991, organisé par l'École française de Rome et le GRÉCO n° 2 du CNRS, Roma, École française de Rome (Coll. *École française de Rome*, 232), 1997.

Rerum Novarum. L'uomo centro della società e via della Chiesa, Atti del Congresso Internazionale Universitario Interuniversitario, éd. Giovanni DIURNI, Cité du Vatican, Libreria Editrice Vaticana, 1992.

REY, Dominique, *Les laïcs dans l'Eglise aujourd'hui*, Salvator, 2010, pp 31 et 35.

RICHER, Étienne, « Principe de subsidiarité en droit canonique : Pertinence et listes d'application », *BLE.*, t. 113, n° 4 (2012), p. 421-440.

ROBINSON, Geoffrey (Mgr), *Mariage, divorce et nullité. Une introduction à la procédure suivie dans les causes en déclaration de nullité dans l'Eglise Catholique*, traduit par Claude AUGER, Roch PAGÉ et Jean-Louis LEMIEUX, Ottawa, Paris, Chalet, 1986, 95 p.

ROCHER, Guy, *Études de sociologie du droit et de l'éthique*, Les Éditions Thémis, 1996, 327 p.

ROCQUAIN, Felix Théodore, *La papauté au Moyen-Âge : Nicolas Ier, Grégoire VII, Innocent III, Boniface VIII. Études sur le pouvoir pontifical*, Paris, Didier, 1881, 393 p

ROCQUAIN, Félix, « Philippe le Bel et la bulle *Ausculat fili* », dans *BEC.*, vol. 44 (1883), p. 393-418.

ROCQUAIN, Félix, Théodore, *La Cour de Rome et l'esprit de réforme avant Luther,* t. 3. *Le schisme. Les approches de la réforme,* Paris, Ancienne Librairie Thorin et fils, 1897, 456 p.

ROUCO-VARELA, Antonio María, « Le statut ontologique et épistémologique du droit canonique : notes pour une théologie du droit canonique », dans *RSPhTh.*, vol. 57, n° 2 (Avril 1973), p. 203-227.

ROUTHIER, Gilles, Frédéric LAUGRAND (éds.), *L'espace missionnaire. Lieu d'innovations et de rencontres interculturelles*. Actes du colloque du CREDIC à Québec (23-27 août 2001), Paris, Karthala, 2001, 437 p.

RUFIN, *Summa decretorum,* éd. Singer, *Die Summa Decretorum des Magister Rufinus*, Paderborn, 1902 (réimp. Aalen-Paderborn, 1963).

RUSSELL, Alexander, « Popular Authority in Conciliar and Canonistic Thought : the Case of Elections [Autorité populaire dans la pensée conciliaire et canonistique : le cas des élections] », dans *RHR*., t. 231, n° 2 (2014), p. 313-340.

SAINT-CHARMANT, Jean de, « Sectes et christianisme en Afrique noire », dans *Revue des Deux Mondes*, 1962, p. 339-353

SAINT-JEAN, Mathieu, « La représentation contemporaine du corps comme allégorie de la société », dans *Lien social et politique*, n°59 (printemps 2008), p. 139-147.

SALEMBIER, Louis, *Le Grand schisme d'Occident,* 3e éd., Paris, Librairie Victor Lecoffre, 1902, 440 p.

SANTEDI Kinkupu (Éd.), *L'avenir des ministères laïcs : enjeux ecclésiologiques et perspectives pastorales : actes du colloque célébrant le 20ème anniversaire de l'institution des ministères laïcs à Kinshasa (du 19 au 24 novembre 1995),* Edition "Signes des temps", 2008, p. 54-55.

SCHATZ, Klaus, *La primauté du Pape. Son histoire des origines à nos jours*, Paris, Éd. du Cerf, 1992, 288 p.

SCHLICK, Jean, « Association civile et association d'Église ». *PJR*, 2006, 2, 1985, pp.248-265.

SCHOUPPE, Jean-Pierre, « Le droit-devoir des fidèles de subvenir aux besoins de l'église », dans *Fidelium Iura*, n°9 (1999), p. 203-253.

SCHOUPPE, Jean-Pierre, « Le statut épistémologique du droit canonique », dans *Escritos en honor de Javier HERVADA,* vol. Spécial de *Ius Canonicum*, Pamplona, 1999, p. 81-96.

SCHOUPPE, Jean-Pierre, « Les circonscriptions ecclésiastiques ou communautés hiérarchiques de l'Église catholique », dans *ETL*, vol 81, n° 4 (2005), p 435-467

SCHOUPPE, Jean-Pierre, *Elementi di diritto patrimoniale canonico*, Milano, Giuffrè ed. (Coll. *Pontificio ateneo della santa croce : trattati di diritto*, 4), 1997, 214 p.

SESBOÜÉ, Bernard, *La théologie au XXe siècle et l'avenir de la foi. Entretiens avec Marc* LEBOUCHER, Paris, Desclée de Brouwer, 2007, 391 p.

SIMEANT-GERMANOS, Johanna, « Socialisation catholique et biens de salut dans quatre ONG humanitaires françaises », dans *Le Mouvement Social*, vol. 2, n° 227(2009), p. 101-122

SOBANSKI, Remigiusz, « La ''Loi fondamentale'' de l'Église. Quelques réflexions », dans *NRT.,* vol. 95, n° 3 (1972), p. 251-268.

SOIRON FALLUT, Mélanie, *Les églises de réveil en Afrique centrale et leurs impacts sur l'équilibre du pouvoir et la stabilité des Etats : les cas du Cameroun, du Gabon et de la République du Congo*, Paris, Ministère de la Défense – Délégation aux Affaires stratégiques 2012, 49 p.

SOUTHERN, Richard William, *L'Église et la société dans l'Occident médiéval,* Paris, Flammarion, 1997, 314 p.

SWIEZAWSKI, Stefan, *Les tribulations de l'ecclésiologie à la fin du Moyen-Âge,* Paris, Éd Gabriel Beauchesne, 1997, 150 p.

TALLON, Alain, *Conscience nationale et sentiment religieux en France au XVI*[e] *siècle : essai sur la vision gallicane du monde*, Paris, PUF, 2002, 315 p.

TAVENEAUX, René, « Jansénisme et vie sociale en France au XVIIe siècle », dans RHEF., vol. 152 (1968), p. 27-46.

TAWIL, Emmanuel, *Du gallicanisme administratif à la liberté religieuse. Le Conseil d'État et le régime des cultes depuis la loi de 1905*, Aix-en-Provence, Presses universitaires d'Aix-Marseille, 2009, 249 p.

TEISSIER, Henri, « Les Conférences épiscopales et leur fonction dans l'Église », dans *Concilium,* n° 208 (1986), p. 135-143.

Théologie et choc des cultures. Colloque de l'Institut catholique de Paris, janvier 1982, édité par Claude GEFFRÉ, Paris, Éd. du Cerf, 1984, 190 p.

THÉRY, Julien, « Le gouvernement romain de la Chrétienté autour de 1206 : Innocent III et les débuts de la théocratie pontificale », dans *MD.,* vol. 21 (2007), p. 33-37.

THÉRY, Julien, « Le triomphe de la théocratie pontificale du IIIe concile du Latran au pontificat de Boniface VIII (1179-1303) », dans Marie-Madeleine DE CEVINS et Jean-Michel MATZ (dir.), *Structures et dynamiques religieuses dans les sociétés de l'Occident latin (1179-1449*), Rennes, PUR, 2010, p. 17-31.

THILS, Gustave, *Une « loi fondamentale pour l'Église » ?*, Louvain, Peeters, 1971, 32 p.

THOMAS, Jules, *Le concordat de 1516, ses origines, son histoire au XVI*[e] *siècle,* Paris, Librairie Alphonse Picard et Fils, 1910, 448 p.

THOMAS, LOUIS-VINCENT, « De l'oralité à l'écriture : le cas négro-africain », dans *Négritude : traditions et développement*, sous la direction de GUY MICHAUD, Éditions Complexe, 1979, p. 119-150

THOMASSIN, Louis, *Ancienne et nouvelle discipline de l'Église* (Nouvelle édition, revue, corrigé et augmentée par M. ANDRÉ), Paris, Bar-le-Duc, 1864- 1867 (Plusieurs tomes).

THOMASSY, Raymond, *Jean Gerson et le Grand schisme d'Occident,* 2e éd., Paris, Lyon, Perisse Frères, 1852,375 p.

Tocqueville et la littérature, sous la direction de François MELONIO et José-Luiz DIAZ, Paris, Presses de l'Université Paris-Sorbonne, 2005, 255 p.

TORRELL, Jean- Pierre, *La théologie de l'épiscopat au premier concile du Vatican*, Paris, Éd. du Cerf, 1961, 334 p.

TOXÉ, Philippe, « La réforme des procès en nullité de mariage selon le motu proprio *mitis iudex dominus iesus* », dans *AC.*, t. t. 56, n° 1 (2014), p. 87-127

TOXÉ, Philippe, « L'office ecclésiastique dans l'organisation de l'Eglise », dans *AC.*, t. 49 (2007), p. 55-82

TRISTAN, Martine, Jérémy WINANDY (dir.), *La réforme grégorienne : une « révolution totale » ?*, Paris, Classiques Garnier, 2021, 231 p.

ULLMANN, Walter, *The Origins of the Great Schism: A Study in Fourteenth-century Ecclesiastical History*, Université de Virginie, 1972, 244 p.

UTZ, Arthur Fridolin (éd.), *La doctrine Sociale de l'Église à travers les Siècles. Documents pontificaux du XVème au XXème siècle* (Textes originaux et traductions), t. 1, Paris, Éd. Beauchesne, 1970, 3091 p.

VALDRINI, Patrick, « Charges et offices confiés aux laïcs : le point de vue juridique », dans *A.C.*, t. 35, 1992, p. 91-100

VALDRINI, Patrick, « Note sur la notion d'office ecclésiastique dans le code de droit canonique », dans *AC.*, t. 49 (2007), p. 47-53.

VALOIS, Noël, *La France et le Grand schisme d'Occident*, Paris, Alphonse Picard et fils, 1896-1902 (Plusieurs volumes).

VALOUS, Guy De, *Le monachisme clunisien Vie intérieure des monastères et organisation de l'ordre, T. I. L'abbaye de Cluny. Les monastères clunisiens*, Seconde édition augmentée, Paris, Éd. A. et J. Picard, 1970.

VALICOURT, Emmanuel de, « Le canon 127 et l'exercice du pouvoir de gouvernement De l'évêque diocésain », dans *AC.*, t. LIII (2011), p. 209-250.

VAN LIER, Rick, « Communautés Nouvelles et Nouvelles Formes de Vie Consacrée. Bilan et prospectives », dans *Vie consacrée*, n°2 (2012), p. 97-114

VAUCHEZ, André, *La théocratie, l'Église et le pouvoir au Moyen-Âge*, Paris Fayard 1957, 302 p.

VAUCHEZ, André (dir.), *Ermites de France et d'Italie (XI-XV siècle)*, Rome, École française de Rome, 2003, (Coll. *De l'École française de Rome*, 313), 525 p.

VAUCHEZ, André, « Les laïcs au Moyen-Âge entre ecclésiologie et histoire », dans *Études*, t. 402, n° 1 (2005), p. 55-6.7

VAUCHEZ, André (éd.), *Histoire du christianisme des origines à nos jours*, t. V, *Apogée de la papauté et extension de la chrétienté (1054-1274)*, Desclée de Brouwer, Paris, 1993, 973 p.

VAUCHEZ, André, « La lente valorisation de l'état laïque (XIIe-XVe siècle) », dans Marie-Madeleine DE CEVINS, Jean-Michel MATZ, *Structures et dynamiques religieuses dans les sociétés de l'occident latin (1179-1449)*, Rennes, PUR, (Coll. *Histoire*), 2010, p. 217-227.

VAUSSARD, Maurice, *La fin du pouvoir temporel des papes*, Paris, Spes, 1964, 225 p.

VERSPIEREN, Patrick, « L'Eglise catholique face à l'épidémie de sida », Dans *Études*, t. 406, n° 2 (2007), p. 213- 225.

VETULANI, Adam, « Gratien et le droit romain », dans *RHDFE.*, série 4, vol. 24 (1946-1947), p. 11-48.

VIANA, Antonio, « El principio de subsidiariedad en el gobierno de la Iglesia », dans Antonio VIANA (éd.), *La dimensión de servicio en el gobierno de la Iglesia*, Navarra Gráfica Ediciones, Pamplona, 1999, p. 93-114.

VILLEMIN, Laurent, *Pouvoir d'ordre et pouvoir de juridiction. Histoire théologique de leur distinction*, Paris, Cerf, (coll. *Cogitatio Fidei*, 228), 2003, 505 p.

VILLIEN, Antoine, « Dispense », dans *DTC.*, t. 4/2, Paris, Letouzey et Ané, 1911, Col. 1440.

VISMARA, Paola, « L'influence de la France, du synode de Pistoia à *l'Auctorem fidei* », dans Frédéric MEYER, Silvain MILBACH, *Les échanges religieux entre l'Italie et la France, 1760-1850*, Éd. de l'Université de Savoie, (Coll. *SRP.*, 15), 2010, p. 43-58.

VOGEL, Cyrille, « Unité de l'Église et pluralité des formes historiques d'organisation ecclésiastique du IIIe au IVe siècle » in Yves CONGAR et Bernard DUPUY, *Épiscopat et l'Église universelle*, Paris, Éd. du Cerf, (Coll. *US.*, 39), 1962, p. 615-616.

VOOGHT, Paul De, *Les pouvoirs du concile et l'autorité du Pape au concile de Constance,* Éd. du Cerf, 1965,198 p.

VOOGHT, Paul De, « La *simoniaca haeresis* selon les auteurs ecclésiastiques », dans *ETL*, vol 30, Facs. 1 (1954), p. 64-80.

WACKENHEIM, Charles, « Esquisse d'une théologie des ministères », dans *RSR*, t. 47, fascicule 1, 1973. *Dialogue sur l'avenir des ministères*, p. 3-26.

WAGNON, Henri, « Le droit canonique dans l'Église d'aujourd'hui », dans *RTL.,* t. 1 (1970), p. 134-135.

WAREMBOURG, Nicolas, *Guy Coquille et le droit français : Le droit commun coutumier dans la doctrine juridique du XVIe siècle*, S.l., S.n., 2005, 864 p. [thèses de doctorat soutenue le 9 mai 2005 à l'Université de droit et de la santé, Lille 2]

WAUTHIER, Claude, *Sectes et prophètes d'Afrique noire*, Paris, Éd. du Seuil, 2007, 288 p.

WERCKMEISTER, Jean, *Petit Dictionnaire de Droit Canonique,* Paris, Éd. du Cerf, 1993.

ZACCARIA, Francesco Antonio, *L'anti-Febronius, ou la primauté du Pape justifiée par le raisonnement et par l'histoire,* traduit de l'italien par l'Abbé Adolphe-Charles PELTIER, t. 1, Paris, Nouvelle librairie catholique Victor Sarlit, 1859, 534 p.

III. Sites internet

⟨halshs-00735692⟩ c

https://www.nonfiction.fr/article-7772-dossier-la-laicite-au-cur-du-catholicisme.htm.

celam.org, site du *Conseil épiscopal latino-américain*

www.ohchr.org

https://www.revue-interrogations.org/La-reinvention-du-droit-romain-au.

http://geoconfluences.ens-lyon.fr/informations-scientifiques/a-la-une/notion-a-la-une/mondialisation-globalisation.

http://sens, public.org/articles/482/

www.http://fr.m.wikipedia.org/wiki/Johannes_Althusius

https://www.universalis.fr/encyclopedie/offices-et-ministeres-ecclesiastiques/

https://www.universalis.fr/encyclopedie/inculturation/

vie-publique.fr

Index

A. Index des auteurs cités.

LUNEAU, René : 300

B. Index des matières.

C. Index des sources normatives.

Liste des sigles et des abréviations.

AA.	*Apostolicam actuositatem*. Décret sur l'apostolat des laïcs (Vatican II).
AAS.	*Acta Apostolicæ Sedis*.
AC.	L'Année canonique.
APF	*Academic Press Fribourg*.
AG.	*Analecta gregoriana.*
AGd.	*Ad Gentes divinitus*. Décret sur l'activité missionnaire de l'Église (Vatican II).
APD.	Archives de Philosophie du Droit.
AS.	L'Année sociologique.
ASSR.	Archives des Sciences Sociales des Religions.
BEC.	Bibliothèque de l'École des Chartes.
BLE.	Bulletin de littérature ecclésiastique, Institut catholique de Toulouse.
BTA.	Bulletin de Théologie Africaine.
Can.	*Canon (s).*
CCEO/1990 :	Code des Canons des Eglises Orientales (Canons en vigueur depuis le 01 octobre 1991).
CD.	*Christus Dominus.*
CEC/1998.	Catéchisme de l'Église Catholique (l'édition de 1998).
CHAD.	Catholicisme hier - aujourd'hui- demain.
CIC/1917.	*Codex iuris canonici* (Code de droit canonique de 1917).
CIC/1983.	*Codex iuris canonici* (Code de droit canonique de 1983).
CM.	Cliniques méditerranéennes.
COE.	Conseil œcuménique des Églises.
Col.	Colonne.
Coll.	Collection.
D C.	Documentation catholique (La).
DDC.	Dictionnaire de droit canonique.
DDQC :	Dictionnaire de droit Québécois et Canadien.
DH.	*Dignitas Humanae*. (Déclaration sur la liberté religieuse [Vatican II]).
DHP.	Dictionnaire historique de la papauté.
DTC.	Dictionnaire de théologique catholique.
DUDH.	Déclaration Universelle des Droits de l'Homme.

EA.	*Ecclesia in Africa.*
EN.	*Evangelii nuntiandi.*
ETL	*Ephemerides theologicae Lovanienses.*
EV.	Esprit et Vie.
FI.	*Fidelium Iura* (Revue).
FTCK.	Facultés Catholiques de Kinshasa.
GEM.	*Gravissimum Educationis Momentum*. Déclaration sur l'Education Chrétienne (Vatican II).
GS.	*Gaudium et Spes*. Constitution pastorale sur l'Église dans le monde de ce temps (Vatican II).
Ir.	Irénikon.
Ist.	Istina.
JS.	Journal des savants.
LG.	*Lumen Gentium*. Constitution dogmatique sur l'Église (Vatican II)
LV.	*Lumen Vitae.*
MD.	Mémoire Dominicaine.
MHP	*Miscellanea Historiae Pontificiae.*
NRT.	Nouvelle revue théologique.
OE.	Décret. *Orientalium Ecclesiarum* (sur les Églises orientales catholiques)
OP.	*Presbyterorum Ordinis* (Décret sur le ministère et la vie des prêtres).
OssRom.	*L'Osservatore Romano*.
PDB.	Petits dictionnaires bleus (Coll.)
PG.	Patrologie grecque.
PJR.	Praxis Juridique et des religions.
PT.	Le Point Théologique *(*Coll.)
PUC.	Presses de l'Université de Californie.
PUF.	Presses Universitaires de France.
PUR.	Presse Universitaire de Rennes.
PUS	Presses universitaires de Strasbourg.
RASM.	Revue africaine des sciences de la mission.
RAT.	Revue Africaine de Théologie.
RCID.	Revue Catholique des Institutions et du Droit.
RDC.	Revue de droit canonique.
REAP.	Revue d'études augustiniennes et patristiques.
REDC.	*Revista espagňola de derecho canonico.*
REMI	Revue européenne des migrations internationales.
RETM.	Revue d'éthique et de théologie morale, « Le Supplément ».
RFHIP.	Revue Française d'Histoire des idées Politique.
RHDFE.	Revue historique de droit français et étranger.
RHE.	Revue d'histoire ecclésiastique.

RHEF.	Revue d'histoire de l'église de France.
RHEL.	Revue d'histoire ecclésiastique de Louvain.
RHPR	Revue d'histoire et de philosophie religieuse.
RHR	Revue de l'histoire des religions.
RIP.	Répertoire bibliographique des institutions chrétiennes.
RQH.	Revue des questions historiques.
RSPhTh.	Revue des sciences philosophiques et théologiques.
RSR.	Recherches de science religieuse.
RTL.	Revue théologique de Louvain.
SCRIS	*Sacra Congregatio pro Religiosis et Institutis Saecularibus*
SC.	Sources chrétiennes (Collection).
SRP.	Sociétés, religions, politique (Coll.)
Stcan.	*Studia canonica.*
ST.	*Summa Theologicae* (Somme de théologie/ St. Thomas d'Aquin).
TLM.	Revue TELEMA.
US.	*Unam sanctam* (Collection).
VP.	Vie Pastorale (Revue).

Remerciements

Mes premiers remerciements et ma profonde gratitude s'adressent aux lecteurs du manuscrit de cet ouvrage, Jean-Marc EVRARD, Alain BOIRET, Cécile MARVOYER. Je les remercie pour leur disponibilité et leurs conseils avisés.

J'exprime aussi ma reconnaissance à Nicole EVRARD qui m'a soutenu par ses conseils et ses encouragements lors de la rédaction de cet ouvrage. Que les nombreuses personnes qui m'ont tendu la main quand mon esprit s'affaiblissait trouvent aussi ici un signe de reconnaissance.

Table des matières

Structures éditoriales du groupe L'Harmattan

L'Harmattan Italie
Via degli Artisti, 15
10124 Torino
harmattan.italia@gmail.com

L'Harmattan Hongrie
Kossuth l. u. 14-16.
1053 Budapest
harmattan@harmattan.hu

L'Harmattan Sénégal
10 VDN en face Mermoz
BP 45034 Dakar-Fann
senharmattan@gmail.com

L'Harmattan Cameroun
TSINGA/FECAFOOT
BP 11486 Yaoundé
inkoukam@gmail.com

L'Harmattan Burkina Faso
Achille Somé – tengnule@hotmail.fr

L'Harmattan Guinée
Almamya, rue KA 028 OKB Agency
BP 3470 Conakry
harmattanguinee@yahoo.fr

L'Harmattan RDC
185, avenue Nyangwe
Commune de Lingwala – Kinshasa
matangilamusadila@yahoo.fr

L'Harmattan Congo
67, boulevard Denis-Sassou-N'Guesso
BP 2874 Brazzaville
harmattan.congo@yahoo.fr

L'Harmattan Mali
ACI 2000 - Immeuble Mgr Jean Marie Cisse
Bureau 10
BP 145 Bamako-Mali
mali@harmattan.fr

L'Harmattan Togo
Djidjole – Lomé
Maison Amela
face EPP BATOME
ddamela@aol.com

L'Harmattan Côte d'Ivoire
Résidence Karl – Cité des Arts
Abidjan-Cocody
03 BP 1588 Abidjan
espace_harmattan.ci@hotmail.fr

Nos librairies en France

Librairie internationale
16, rue des Écoles
75005 Paris
librairie.internationale@harmattan.fr
01 40 46 79 11
www.librairieharmattan.com

Librairie des savoirs
21, rue des Écoles
75005 Paris
librairie.sh@harmattan.fr
01 46 34 13 71
www.librairieharmattansh.com

Librairie Le Lucernaire
53, rue Notre-Dame-des-Champs
75006 Paris
librairie@lucernaire.fr
01 42 22 67 13

www.ingramcontent.com/pod-product-compliance
Lightning Source LLC
LaVergne TN
LVHW011156061026
849535LV00003B/750
* 9 7 8 2 3 3 6 4 3 8 0 0 9 *